AF750217

La représentation des collectivités territoriales

Logiques Juridiques

Fondée par Gérard Marcou

Dirigée par Jean-Claude Némery et Thomas Perroud

Le droit n'est pas seulement un savoir, il est d'abord un ensemble de rapports et pratiques que l'on rencontre dans presque toutes les formes de sociétés. C'est pourquoi il a toujours donné lieu à la fois à une littérature de juristes professionnels, produisant le savoir juridique, et à une littérature sur le droit, produite par des philosophes, des sociologues ou des économistes notamment.

Parce que le domaine du droit s'étend sans cesse et rend de plus en plus souvent nécessaire le recours au savoir juridique spécialisé, même dans des matières où il n'avait jadis qu'une importance secondaire, les ouvrages juridiques à caractère professionnel ou pédagogique dominent l'édition, et ils tendent à réduire la recherche en droit à sa seule dimension positive. À l'inverse de cette tendance, la collection « Logiques juridiques » des éditions L'Harmattan est ouverte à toutes les approches du droit. Tout en publiant aussi des ouvrages à vocation professionnelle ou pédagogique, elle se fixe avant tout pour but de contribuer à la publication et à la diffusion des recherches en droit, ainsi qu'au dialogue scientifique sur le droit. Comme son nom l'indique, elle se veut plurielle.

Dernières parutions

Jean-Louis SABLON, *Violences et autres infractions sexuelles. Le droit de A à Z pour les connaître et les combattre*, 2025.

Vincent BENELBAZ, *Les doctrines du corporatisme : Vichy et les Républiques*, 2025.

Sous la coordination de Cristina Elena POPA TACHE, Elise Nicoleta VÂLCU et Cătălin-Silviu SĂRARU, *Droit international et intégration européenne, Perspectives de l'Europe centrale et orientale*, 2025.

Ludivine CLOUZOT et François-Xavier FORT (dir.), *La réforme du dialogue social dans la fonction publique,* 2025.

Hind ADIL, *Le droit des assurances sous l'égide des lois marocaines pour débutants, Les contrats terrestres et de transports maritimes et aériens*, 2025

Esteban RENAUD, *La normativité des conclusions. Le pouvoir jurisprudentiel des rapporteurs publics près le Conseil d'État*, 2025.

Patrick Mboyo Bakambo

La représentation des collectivités territoriales

Préface d'Olivia Bui-Xuan

L'Harmattan

Du même auteur :

« Commande publique. Retour sur l'intégration des clauses sociales », *La Gazette*, n° 8/2604, 2022.

« 'Gilets jaunes' et égalité territoriale », *in Les « gilets jaunes » au prisme du droit*, LGDJ-Lextenso Éditions, Paris, 2020.

« Représentation et représentativité au Sénat », *in Représentation et représentativité dans les institutions*, LGDJ-Lextenso Éditions, Paris, 2016.

Les clauses sociales dans les marchés publics, Les Impliqués, Paris, 2017.

©L'Harmattan, 2025
5-7, rue de l'École-Polytechnique - 75005 Paris
www.editions-harmattan.fr

ISBN : 978-2-336-50917-4
EAN : 9782336509174

À mes enfants, Guerlain, Altesse Charlotte et Elyone Marceline,
Je dédie mes réussites passées et à venir.

À mes parents, Jean-Pierre et Marceline,
À mes frères et sœurs,
Par les qualités ou défauts de ces quelques lignes, puissiez-vous trouver le plaisir de partager ensemble ce bel accomplissement.

« On peut avoir la connaissance théorique d'un art sans le mettre en pratique, la vertu consiste entièrement dans l'application qu'on en fait. »

Marcus Tullius Cicero (Cicéron)

PRÉFACE

C'est un grand plaisir de préfacer cet ouvrage de M. Patrick MBOYO BAKAMBO, issu d'une thèse de doctorat en droit public soutenue à l'université Évry Paris-Saclay, le 20 décembre 2023, devant un jury composé de Nicolas KADA (président), Olivier RENAUDIE (rapporteur), Maylis DOUENCE (rapporteure) et Michel DEGOFFE.

Si ce travail de recherche a été réalisé sous ma direction, j'ai veillé à laisser à M. Patrick MBOYO BAKAMBO une grande marge de liberté : il s'agit donc de sa thèse. D'autres pistes auraient certainement pu être explorées, des points auraient pu être approfondis et, comme toute recherche doctorale, des analyses prêtent à discussion. Mais la thèse de M. Patrick MBOYO BAKAMBO a le mérite d'avoir ouvert à la réflexion un impensé du droit public français : la représentation des collectivités territoriales dans les instances de droit public. Si des travaux sur le Sénat existaient en la matière, il s'agit de la première analyse transversale d'une question, jusqu'alors ignorée par les spécialistes du droit des collectivités territoriales.

Le format de cet ouvrage s'explique par le profil singulier de M. Patrick MBOYO BAKAMBO : en parallèle de sa recherche doctorale, il a exercé comme juriste chargé de la commande publique, d'abord dans des mairies puis, à partir de 2018, à l'établissement public territorial Grand Paris Seine Ouest. Mener de front une thèse de doctorat et une activité professionnelle exige nombre de sacrifices, les recherches et la rédaction ne pouvant être réalisées que sur le temps libre. Par ailleurs, M. Patrick MBOYO BAKAMBO a bénéficié, en 2020, d'une année de césure pour réaliser son projet d'évolution professionnelle, projet qu'il a brillamment réussi en 2021, ce qui témoigne de qualités évidentes. Une autre singularité de M. Patrick MBOYO BAKAMBO vient du fait qu'il est père de trois enfants : Guerlain, Altesse Charlotte et Elyone Marceline, cette dernière étant née pendant les années de doctorat.

Au regard du contexte dans lequel la thèse a été rédigée – sans même évoquer la crise sanitaire qui a été particulièrement difficile pour les doctorants et doctorantes –, M. Patrick MBOYO BAKAMBO aurait pu opter pour la facilité en se restreignant à une approche descriptive de son sujet de recherche. Or, il s'inscrit dans une démarche beaucoup plus ambitieuse en proposant une grille de lecture des différents mécanismes de représentation des collectivités territoriales, à partir d'une typologie des formes de représentations : « représentation-mandat », « représentation-habilitation », « représentation-incarnation » pour mettre en évidence les spécificités de situations et de logiques qui sont parfois confondues.

Déjà complexe, cette typologie est confrontée, dans la seconde partie de la thèse, à la question de la représentativité des collectivités territoriales. Celle-ci se pose avec une acuité particulière dans le champ de l'intercommunalité, que l'on songe à loi « Engagement et proximité » du 27 décembre 2019 ou, encore plus récemment, à la loi du 26 juin 2023 tendant à garantir la continuité de la représentation des communes au sein des conseils communautaires. Rappelons que le rapport de la sénatrice Nadine BELLUROT, enregistré à la présidence du Sénat le 1er mars 2023, insistait sur le fait que les règles de représentation au sein des instances communautaires constituaient un « frein supplémentaire à la représentation juste et continue des communes au sein de leur EPCI à fiscalité propre » (p. 8).

Incomplète, la législation en la matière va certainement se densifier à l'avenir, comme en témoigne par exemple la proposition de loi visant à améliorer la représentativité des conseils communautaires et à mieux associer les conseillers municipaux au fonctionnement de l'intercommunalité, adoptée par le Sénat et enregistrée à la présidence de l'Assemblée nationale le 23 juillet 2024. Le fait que l'intitulé du texte oscille entre l'emploi du terme « représentation » et celui de « représentativité » n'est pas anodin. Gageons que la thèse de M. Patrick MBOYO BAKAMBO contribue à éclairer le législateur à ce sujet !

Olivia Bui-Xuan

AVANT-PROPOS

Le sujet du présent ouvrage a principalement trait à la thématique d'une représentation plurielle des collectivités territoriales et diversement imprégnée de la représentativité, sous le prisme du droit positif. Dans le cheminement de la réflexion ainsi menée, la représentation est conçue comme un procédé subtil de droit public en vertu duquel les compétences et responsabilités des personnes morales – en l'occurrence les collectivités territoriales – sont dévolues à des personnes physiques qui, de manière collégiale ou individuelle, ont le pouvoir de prendre des actes juridiques au nom et pour le compte de ces personnes morales.

Rappelons que le projet de cette recherche est né dans le cadre d'un colloque sur la « représentation et représentativité dans les institutions », qui s'est tenu le 5 novembre 2015 à l'université Évry Paris-Saclay. Durant huit années de recherche, l'articulation de la thématique choisie a dès lors oscillé entre la notion de représentation, qui constitue son orientation théorique, et celle des collectivités territoriales, qui lui donne une assise pratique à la fois observable et vérifiable. D'emblée, il a fallu se confronter aux difficultés initiales liées à la conceptualisation du sujet, et en particulier de la notion de représentation, pour ensuite décomposer et définir ses termes clés.

Le postulat de cette recherche est que, en droit public, le procédé de la représentation trouve des applications diverses et variées au sujet des collectivités territoriales par le biais des mécanismes juridiques permettant à leurs représentants de vouloir et d'agir au nom et pour le compte de ces collectivités. En réalité, la représentation est inhérente au statut juridique des collectivités territoriales et procède d'une nécessité ontologique : en tant que personnes morales, ces collectivités sont – « par nature » – dans l'incapacité d'agir elles-mêmes en leur nom et pour leur compte. Cette dimension fondamentale du statut des collectivités territoriales traduit de quelle façon leurs représentants opèrent dans les instances où ces collectivités sont représentées.

L'on peut s'interroger sur l'importance de préciser dans cette recherche que le représentant veut et agit « au nom et pour le compte » de la personne morale publique représentée. Cette précision traduit en fait la complétude de la représentation ainsi opérée, mais elle n'est pas propre au droit public. En effet, par un arrêt n° 22-12865 du 29 novembre 2023, la Cour de cassation a étendu ce raisonnement aux sociétés – personnes morales de droit privé – en formation. Dorénavant, l'acte qui engage une société en formation, et dont cette société peut ensuite, après avoir acquis la personnalité juridique, décider de reprendre les engagements souscrits, est conclu en son nom et pour son compte.

Il en demeure que la complexité du sujet de la recherche nécessite d'avoir une approche singulière. Aussi, partant de l'étymologie de la représentation, la conceptualisation de la thématique a consisté, dans un premier temps, à saisir l'origine de la notion, d'en proposer une définition de manière générale, de dégager sa description et de traduire sa déclinaison. Dans un second temps, il s'est agi d'effectuer l'analyse et l'assimilation du sujet en identifiant les dix points qui en constituent les principaux éléments caractéristiques. L'originalité de cette démarche a produit une nouveauté sur le plan scientifique que le lecteur pourra particulièrement apprécier : l'élaboration d'un tableau synoptique de la représentation des collectivités territoriales dans la sphère publique.

Ce tableau, qui recense de façon non exhaustive mais méthodique différentes hypothèses de la représentation des collectivités territoriales, est le fruit une réflexion profonde. Il intègre même le caractère public de l'intervention de certains acteurs de droit privé dans la représentation des collectivités territoriales, mais avec une finalité d'intérêt public au niveau local, national, voire supranational. C'est le cas des sociétés d'économie mixte locales et des sociétés publiques locales, mais aussi des associations d'élus locaux uniquement dans le cadre leur fonction de proposition pour la désignation des délégués des collectivités françaises au Comité des régions de l'Union européenne et au Congrès des pouvoirs locaux et régionaux du Conseil de l'Europe.

Dans toutes les hypothèses recensées, le cadre juridique correspond à une représentation externe d'au moins une catégorie de collectivités territoriales, ce qui exclut notamment les centres communaux d'action sociale, les commissions consultatives des services publics locaux et les offices de tourisme des communes. Toutefois, le tableau proposé n'épuise pas l'ensemble des hypothèses de la représentation étudiées dans cette recherche. Le lecteur pourra en effet trouver dans les développements d'autres cadres de la représentation des collectivités territoriales, à l'instar des établissements publics fonciers de l'État, du dispositif de la collectivité chef de file, ainsi que des contrats administratifs dits *in house*.

Cela étant dit, je remercie Madame la professeure Olivia BUI-XUAN d'avoir accepté de diriger mon doctorat au sein du Centre de Recherche Léon Duguit (CRLD) de l'Université Paris-Saclay. Je lui adresse ma profonde gratitude pour la confiance qu'elle m'a accordée dans le déroulé de mon travail de recherche, ainsi que pour les conseils, suggestions et remarques qu'elle a émis dans le respect de ma liberté de proposition.

Je tiens également à remercier Madame Maylis DOUENCE, Maîtresse de conférences, ainsi que Messieurs les professeurs Nicolas KADA, Olivier RENAUDIE et Michel DEGOFFE de l'intérêt qu'ils ont bien voulu accorder à ma thèse de doctorat en la lisant et en prenant part au jury de soutenance.

Dans le même registre, j'adresse ma profonde gratitude à la Faculté de Droit de l'Université de Kinshasa et à la Cellule technique d'appui à la décentralisation congolaise pour avoir facilité l'élaboration de l'appendice de ce manuscrit. Il s'agit d'un texte motivé par la curiosité du chercheur et le souci d'apporter une modeste contribution à la (re)construction de la République démocratique du Congo, pays qui connaît une situation tragique depuis trente ans au prix de millions de morts. Sa préparation et sa rédaction, réalisées en marge de la recherche doctorale, est le fruit d'une réflexion personnelle issue de nombreuses lectures et de multiples échanges lors des voyages que j'ai effectués à Kinshasa au cours des quatre dernières années. J'ose espérer que l'approche comparative et les éclairages particuliers de cette étude supplémentaire seront autant appréciés que le texte principal du présent ouvrage.

Je souhaite enfin dire toute ma reconnaissance au Doyen Jean-Louis ESAMBO KANGASHE ainsi qu'aux personnes qui, de près comme de loin, m'ont incité à progresser. Je n'oublie pas le tendre réconfort, les précieux conseils, les aimables encouragements et surtout les prières de mes proches. Que l'accomplissement de cette œuvre soit aussi leur mérite, et puisse chacun se reconnaître à travers ces lignes.

Je terminerai cet avant-propos par une célèbre citation de Pierre Corneille dans *Le Cid* : « À vaincre sans péril, on triomphe sans gloire ».

LISTE DES ABRÉVIATIONS ET SIGLES

act.	Actualité
ADF	Assemblée des départements de France
AJDA	Actualité juridique de droit administratif
Aff.	Affaire
AMF	Association des maires de France et des présidents d'intercommunalité
APUR	Atelier parisien d'urbanisme
BJCL	Bulletin juridique des collectivités locales
CAA	Cour administrative d'appel
CC	Cour constitutionnelle
CE	Conseil d'État
CEA	Collectivité européenne Alsace
CESE	Conseil économique, social et environnemental
CFL	Comité des finances locales
CGCT	Code général des collectivités territoriales
CGFP	Code général de la fonction publique
CGI	Code général des impôts
chap.	Chapitre
CJUE	Cour de justice de l'Union européenne
CMM	Conférence métropolitaine des maires
CNCD	Commission nationale de la coopération décentralisée
CNEN	Conseil national d'évaluation des normes
CNRS	Centre national de recherche scientifique
coll.	Collection
COM	Collectivité d'Outre-mer
CPER	Contrat de plan État-région
CPLR	Congrès des pouvoirs locaux et régionaux
CTAP	Conférence territoriale de l'action publique
CTM	Conférence territoriale des maires
DC	Déclaration de conformité à la Constitution
DGCL	Direction générale des collectivités locales
dir.	Sous la direction de
DROM	Département et région d'Outre-mer
éd.	Édition

EPCI	Établissement public de coopération intercommunale
EPT	Établissement public territorial
et al.	*et alii* (et les autres auteurs)
fasc.	Fascicule
FNAP	Fonds national des aides à la pierre
GEC	Groupement eurorégional de coopération
GECT	Groupement européen de coopération territoriale
GEMAPI	Gestion des milieux aquatiques et prévention des inondations
GLCT	Groupement local de coopération transfrontalière
HATVP	Haute Autorité pour la transparence de la vie publique
HCT	Haut conseil des territoires
Ibidem	Au même endroit
Infra	Plus bas
Introd.	Introduction
JCP A	La semaine juridique édition Administration
JCP G	La semaine juridique édition générale
JO	Journal officiel
JORF	Journal officiel de la République française
JORDC	Journal officiel de la République démocratique du Congo
L.	Livre
LGDJ	Librairie générale de droit et de jurisprudence
MAPTAM	Modernisation de l'action publique territoriale et affirmation des métropoles
n°	Numéro
NOTRe	Nouvelle organisation territoriale de la République
Nouv.	Nouvelle / Nouveau
NUTS	Nomenclature des unités territoriales statistiques
OCDE	Organisation de coopération et de développement économiques
ONU	Organisation des Nations unies
op. cit.	Référence déjà citée
p.	Page

pp.	De la page à la page
PETR	Pôle d'équilibre territorial et rural
QPC	Question prioritaire de constitutionnalité
RDP	Revue de droit public et de science politique en France et à l'étranger
RF	Régions de France
RFFP	Revue française de finances publiques
RFDA	Revue française de droit administratif
RFDC	Revue française de droit constitutionnel
RIP	Référendum d'initiative partagée
SA	Société anonyme
SCoT	Schéma de cohérence territorial
SDCI	Schéma départemental de coopération intercommunale
SEML	Société d'économie mixte locale
SIVOM	Syndicat intercommunal à vocation multiple
SIVU	Syndicat intercommunal à vocation unique
SPL	Société publique locale
sq.	Suivants
Supra	Plus haut
t.	Tome
TA	Tribunal administratif
TAAF	Terres australes et antarctiques françaises
TFUE	Traité sur le fonctionnement de l'Union européenne
trad.	Traduction
TUE	Traité sur l'Union européenne
UE	Union européenne
V.	Voir
vol.	Volume

SOMMAIRE

INTRODUCTION GÉNÉRALE

1. Une question philosophique résume l'une des querelles théologiques et existentielles à l'origine de la séparation des Églises chrétiennes d'Occident et d'Orient : existe-t-il une représentation de Dieu ? Cette question conduit de manière générale à mettre en exergue une problématique qui a traversé l'histoire, depuis le Moyen-âge, celle relative au rapport entre un sujet et sa représentation[1]. Elle divise encore actuellement les opinions tranchées, en dépit du fait que le pape FRANÇOIS et le patriarche orthodoxe KIRILL ont pu concrétiser un « rêve » presque millénaire : la rencontre des deux plus hautes autorités des deux Églises, depuis le schisme de 1054[2].

2. En outre, la problématique du rapport entre un sujet et sa représentation a taraudé les esprits critiques, à l'instar d'Arthur SCHOPENHAUER qui estime que « l'être des choses consiste en leur représentation »[3]. S'engager dans l'étude du même sujet, pour ce qui concerne les collectivités territoriales dans les instances de droit public, relève dès lors d'une gageure et présente les caractéristiques d'un exercice de style et de finesse de nature à susciter l'appréhension. Celle-ci est davantage perceptible en sachant que la thématique de cette recherche intègre de surcroît une notion hétérogène : l'articulation de cette thématique consiste en ce que la notion de représentation constitue son orientation théorique, tandis que celle des collectivités territoriales lui donne une assise pratique à la fois observable et vérifiable. Ainsi, il convient de commencer ce travail par une réflexion liminaire essentiellement axée sur la détermination de l'objet de la recherche (I), la définition de l'intérêt et du cadre de la recherche (II), la justification

---

[1] V. Philippe DIDIER, *De la représentation en droit privé*, LGDJ, 2000, p. 2.

[2] La rencontre s'est tenue à l'aéroport de La Havane, sur l'île de Cuba, le 12 février 2016. V. Isabelle MANDRAUD et Cécile CHAMBRAUD, « Rencontre historique entre le pape et le patriarche de Moscou », *Le Monde*, 12 février 2016 [mis en ligne sur le site https://www.lemonde.fr/religions/article/2016/02/06/rencontre-historique-a-cuba-entre-le-pape-francois-et-le-patriarche-kirill_4860528_1653130.html] [consulté le 14 juillet 2018].

[3] Volker SPIERLING, *Arthur Schopenhauer, un abécédaire*, Éditions du Rocher, trad. de Jean LAUNAY, 2004 : « Vous ne connaissez ni ciel, ni terre, ni soleil comme ils sont en soi et pour soi ; vous ne connaissez qu'une représentation où tout cela se produit et se met en scène », a ajouté le philosophe allemand.

de la méthodologie et du positionnement de la recherche (III), ainsi que la présentation des hypothèses de la recherche et de la problématique défendue (IV).

I. LA DÉTERMINATION DE L'OBJET DE LA RECHERCHE

3. Pour expliquer ce qui est au cœur de cette étude, il est nécessaire de décomposer et définir les termes clés du sujet (B) ; et partant de la définition, il faut justifier l'approche retenue pour aborder le sujet et le prisme à travers lequel il sera analysé (C). Mais avant, il convient de présenter les difficultés initiales liées à la conceptualisation du sujet (A).

A. Des difficultés initiales du sujet liées à la conceptualisation de la représentation

4. Comme l'affirme Hans KELSEN, « [t]oute tentative visant à définir un concept doit partir de l'usage courant du mot qui dénote ce concept » [4]. Or, il n'y a jamais eu de concept général, ou pluridisciplinaire, convenu auquel le terme « représentation » peut être rattaché à cause notamment de son caractère à la fois polysémique et protéiforme. L'usage de ce terme pâtit en conséquence d'un manque de rigueur, dans une perspective rationaliste, y compris parmi les théoriciens d'une même discipline scientifique. De plus, « [l]a familiarité que les juristes et les politologues semblent entretenir avec [ce substantif] ne suffit pas, loin s'en faut, à lui conférer une clarté que compromet au contraire la banalisation, voire la banalité de son usage »[5].

5. La notion de représentation ne participe pas d'une « économie de pensée » [6], en tant qu'abstraction conceptuelle. Aussi est-il nécessaire de procéder d'abord à l'analyse du terme de manière générale et ensuite d'assimiler son application dans d'autres disciplines,

---

[4] Hans KELSEN, *Théorie générale du droit et de l'État* (1945), trad. de Valérie FAURE et Béatrice LAROCHE, LGDJ-Bruylant, 1997, p. 56.

[5] Jean Arnaud MAZERES, « Les collectivités locales et la représentation », *RDP*, mai-juin, 1990, p. 617.

[6] François GENY cité par Michel STORCK, *Essai sur le mécanisme de la représentation dans les actes juridiques*, LGDJ, coll. « Bibliothèque de droit privé », 1982, p. 8.

et en particulier en droit public. Ce travail d'analyse et d'assimilation du sujet doit toutefois se garder de formaliser sa portée rationnelle ou empirique, voire de le cantonner dans une approche particulière. Pour cela, partant de l'étymologie de la représentation (1), il convient de saisir l'origine du concept (2), d'en proposer une définition (3), de dégager sa description (4) et de traduire sa déclinaison (5).

1. Étymologie de la représentation

6. Le terme « représentation » vient du substantif latin *repraesentatio*, dont le verbe *repraesentare* signifie rendre présent. Donc la représentation est étymologiquement un procédé qui consiste à rendre présent ce qui, bien entendu, est absent[7]. Mais en réalité, la traduction univoque de ce terme est opposée au caractère plurivoque, voire équivoque, de son usage y compris dans sa langue d'origine.

7. En effet, la polysémie du terme « représentation » remonte à ses origines latines : *repraesentatio* n'a pas le même sens lorsqu'il est utilisé par un juriste que lorsqu'il est évoqué par un rhéteur. Chez Cicéron (Ier siècle avant Jésus-Christ), comme d'autres juristes romains, le verbe *repraesentare*, dont est tiré le substantif *repraesentatio*, a deux acceptions : soit « l'acte de se présenter en personne devant une audience »[8], soit le fait de mettre en évidence la valeur comptable de certains biens en matière d'échange, de créance ou de succession. Chez Quintilien (Ier siècle après Jésus-Christ) en revanche, le verbe *repraesentare* évoque l'aptitude à décrire une scène à un tel degré de précision qu'elle « semble être visible »[9]. Dans les deux cas, l'utilisation du terme signifie autre chose que l'idée de « rendre présent ce qui est absent », ce qui apparaît ensuite en français.

---

[7] V. en ce sens Olivia BUI-XUAN, « Propos introductifs », *in* Olivia BUI-XUAN (dir.) *Représentation et représentativité dans les institutions*, LGDJ-Lextenso, coll. « Colloques & Essais », 2016, p. 10.

[8] Jean-Pascal DALOZ, *La représentation politique*, Armand Colin, coll. « U », 2017, p. 11.

[9] Quentin SKINNER, *From humanism to Hobbes. Studies in Rhetoric and Politics*, Cambridge University Press, 2018, pp. 12 *sq*.

2. Origine du concept

8. Dans les sciences humaines en général, et le droit en particulier, la représentation a longtemps été rattachée à la notion de mandat, traditionnellement définie comme un acte juridique en vertu duquel une personne, le mandant, donne le pouvoir à une autre, le mandataire, d'agir en son nom et pour son compte. Au sens de l'article 1984 du Code civil, agir ou faire quelque chose pour le compte d'autrui et en son nom reviendrait d'emblée à « représenter » le sujet, titulaire du droit exercé, auquel les effets de l'action sont directement imputables, comme s'il avait agi lui-même. Dès lors, selon le théoricien de droit privé Michel STORCK, la notion de représentation met l'accent sur deux composantes qui lui sont consubstantielles : il est nécessaire que l'acte soit réalisé « pour le compte » et « au nom » de la même personne, rejetant ainsi toute représentation « en l'absence de l'un de ces deux éléments constitutifs »[10].

9. Ce raisonnement, logiquement soutenable, a été juridiquement biaisé lorsqu'il s'est agi de rattacher la représentation à la notion de mandat : agir pour le compte d'autrui et au nom d'autrui. La doctrine qui s'en est servi pendant une bonne partie du XIXe siècle a péché un peu par mimétisme. Selon Nicolas DISSAUX et Romain LOIR, « c'est parce que le mandat implique de la part du mandataire une relation avec un tiers que la doctrine a pu y raccrocher le mécanisme de la représentation »[11], qui implique également une relation entre le fondé de pouvoir et un tiers. Et les professeurs d'ajouter : « Le recours au concept de représentation n'était rien d'autre à l'origine que l'habillage technique censé rendre compte de la configuration tripartite sur laquelle repose l'économie d'un mandat »[12].

10. Il faudrait y voir le prolongement du principe fondateur de l'autonomie de la volonté : la doctrine a vite été séduite par le caractère « volontariste » de la représentation qui, semble-t-il, offre une capacité de rayonnement de la volonté en dehors du mécanisme traditionnel du mandat. Dans le même sens, le silence du législateur de 1804, qui n'a

---

[10] M. STORCK, *op. cit.* (n° 6), p. 239. Il est important de relever qu'à l'époque le législateur n'avait pas encore établi le régime général de la représentation, tel qu'il existe aujourd'hui dans le Code civil.

[11] Nicolas DISSAUX et Romain LOIR, *Droit de la distribution*, LGDJ-Lextenso, coll. « Précis Domat », 2017, § 970.

[12] *Ibidem*.

pas pris le soin de fixer un régime général de la représentation, a constitué le terreau sur lequel se sont épanouies l'influence, tantôt par synecdoque, tantôt par métonymie, ainsi que l'emprise de la notion de mandat sur celle de représentation. Pour autant, Michel STORCK, pour sa part, a pris le soin de s'écarter de cette erreur doctrinale en précisant que « [l]a représentation [...] se différencie, par ses conditions de mise en œuvre et par les effets créés, d'autres techniques d'action »[13], notamment le mandat.

11. Dès lors, si l'on considère l'autonomie de la volonté comme principe fondateur en droit privé, le procédé de la représentation ne peut s'appliquer en droit public qu'autant le degré de transparence du représentant est aussi faible que la volonté du représenté, voire inexistant. Devant la faiblesse ou l'inexistence de la volonté du représenté, cette abstraction juridique permet *a minima* de prendre en compte ses intérêts, c'est-à-dire « [à] défaut de pouvoir respecter pleinement l'autonomie individuelle, on se contente de garantir la participation de la personne aux prises de décisions qui l'affectent »[14]. En ce sens, Colette CLAVREUL estime que « si, en effet, on peut concevoir la représentation comme une procuration, une sorte de mandat, les rapports réels entre représentants et citoyens ne sont pas réglés comme dans un échange bilatéral »[15]. On quitte ainsi le domaine de la « représentation de la volonté » au sens strict, qui caractérise la conception générale de ce procédé, pour entrer dans celui de la « représentation des intérêts » plus opérationnel en droit public. Il ne s'agit pas finalement de passer outre la volonté du représenté *ut singuli*[16], mais plutôt de la convertir en intérêt *ut communi*[17], notamment par une nouvelle conceptualisation.

---

[13] M. STORCK, *op. cit.* (n° 6), p. 239 : ici, l'auteur fait allusion au mandat notamment.
[14] V. P. DIDIER, *op. cit.* (n° 1), p. 7.
[15] Colette CLAVREUL, *L'influence de la théorie d'Emmanuel SIEYÈS sur les origines de la représentation en droit public*, thèse dactylographiée, t. I, Université Paris I – Panthéon-Sorbonne, 1982, p. 181.
[16] Personnellement.
[17] Collectivement. Il faut retenir cependant que l'intérêt général n'est pas la somme des intérêts particuliers.

3. Définition du concept

12. De manière générale, on ne compte pas moins d'une dizaine de définitions du terme « représentation » dans le dictionnaire *Larousse* et une vingtaine dans le dictionnaire alphabétique et analogique de la langue française de Paul ROBERT. Ce dernier retient comme premières significations du terme l'« [a]ction de mettre devant les yeux ou devant l'esprit de [quelqu'un] », ainsi que « [l]e fait de rendre sensible (un objet absent ou un concept) au moyen d'une image, d'une figure, d'un signe »[18]. En outre dans son acception en droit, la représentation est définie comme un « [p]rocédé juridique en vertu duquel une personne accomplit un acte au nom et pour le compte de la personne qu'elle représente ; procédé juridique en vertu duquel des héritiers du défunt viennent à sa succession, à la place d'un de leurs ascendants décédés antérieurement »[19]. Plutôt laconique, l'auteur du *Vocabulaire juridique* dit pour sa part que la représentation a trait à « [l']action de représenter »[20], dans le sens de rendre un tiers présent devant autrui. Et dans cette perspective classique et disciplinaire, le *Guide du langage juridique* ajoute qu'il s'agit d'un « mécanisme juridique par lequel une personne, le *représentant*, agit au nom et pour le compte d'une autre personne, le *représenté* »[21].

13. De ce qui précède, il n'existe aucune définition générale susceptible d'unifier la notion de représentation, particulièrement en droit, et de postuler un régime juridique commun de la relation entre le représentant et le représenté. Le législateur n'a pas défini ni prévu un régime général de la représentation applicable aussi bien en droit privé qu'en droit public. Aussi observons-nous que, dans le langage ordinaire, lorsqu'on utilise le verbe « représenter », cela tend à « refléter », « reproduire », « rendre », bref « être la réplique à l'identique » (du sujet représenté). Chung-Wu CHEN estime quant à lui que la

---

[18] Alain REY (dir.), *Le grand Robert de la langue française*, 2e éd., t. 5, nouv. éd. augmentée, Dictionnaires Le Robert, 2001, p. 1972.

[19] *Le petit Larousse illustré 2018*, Larousse, 2017, p. 999.

[20] Gérard CORNU (dir.), *Vocabulaire juridique*, 12e éd. mise à jour, Presses universitaires françaises , coll. « Quadrige », 2018, pp. 906-907.

[21] Sébastien BISSARDON, *Guide du langage juridique : vocabulaire, pièges et difficultés*, 3e éd., LexisNexis, coll. « Objectif droit », 2009, p. 395.

représentation est une « opération menée au nom d'autrui en vue de produire des effets juridiques sur la tête de ce dernier »[22].

14. Le concept de représentation apparaît en définitive comme un procédé ayant trait essentiellement à la réalisation des actes juridiques de conservation et d'administration en droit privé. En revanche, dans une vision publiciste, le *Dictionnaire de la culture juridique* identifie le procédé de la représentation lorsque « des individus élus pour un temps déterminé décident en conscience et avec compétence de la politique à mener, dont ils sont comptables au sortir de la fonction »[23]. Pour Léon DUGUIT, « [i]l y a représentation toutes les fois que les manifestations d'une volonté sont considérées comme ayant la même valeur et produisant les mêmes effets *que si* elles émanaient d'une autre volonté »[24]. Et pour Stéphane RIALS, « la représentation [...] n'est rien d'autre [...] que l'image plus ou moins déformante d'une réalité qui se dérobe »[25].

15. Ainsi, la représentation est sur le plan juridique un procédé en vertu duquel une personne, le représentant, réalise des actions qui engagent autrui, le représenté. Cette définition générique donne une ouverture à la conceptualisation de la représentation dans cette recherche essentiellement en répondant à la question suivante : qui est représenté ? Le raisonnement développé par la suite repose sur le principe que le représenté est le sujet de la représentation[26]. L'idée n'est pas tant de s'engager dans une analyse historique, encore moins comparative, des concepts que d'aboutir à une théorie classique et soutenable de la représentation. Confronté à une multiplicité de définitions, et donc de sens, l'idée est plutôt d'acquérir, à partir des usages courants et disciplinaires de ce terme, des outils d'analyse clairs

---

[22] Chung-Wu CHEN, *Apparence et représentation en droit positif français*, LGDJ, coll. « Bibliothèque de droit privé », t. 340, 2000, p. 5.

[23] Denis ALLAND et Stéphane RIALS (dir.), *Dictionnaire de la culture juridique*, Lamy- Presses universitaires françaises, coll. « Quadrige - Dicos Poche », 2014, p. 1335.

[24] Cité par Georges DUPUIS, « Définition de l'acte unilatéral », *in Recueil d'études en hommage à Charles Eisenmann*, Cujas, 1975, p. 208.

[25] Stéphane RIALS, « La représentation », *Droits*, n° 6, 1987, p. 3.

[26] Dans le sens contraire, il s'agirait de le considérer comme l'objet de la représentation : on représente qui ?

et applicables à la compréhension du sujet de cette recherche, mais aussi de rendre moins complexe sa description.

4. Description du concept

16. La représentation est avant tout un procédé mental, subtil. Elle prend ensuite l'acception courante ou disciplinaire que l'usager du langage, de manière commode, ou le théoricien, de manière plutôt rigoureuse, veut lui attribuer. Mais quelle que soit la forme, la notion de représentation traduit essentiellement deux verbes en anglais : *act for* – agir (pour) – et *stand for* – se tenir debout pour (quelqu'un ou quelque chose). En français, outre « le fait de *tenir lieu* », la représentation est « le fait ou l'action de *porter la parole* d'autrui » mais aussi « le fait de *ressembler* (dans l'instant et dans la durée) à autrui »[27]. Dans tous les cas, elle évoque à la fois l'idée d'une absence et d'une présence simultanées, qui n'est pas pour autant contradictoire. Cette idée charnière révèle la dichotomie du concept et la subtilité du procédé, tout en mettant en évidence deux entités principales : acteurs de la représentation (représentant et représenté) et autrui (tiers).

17. En droit privé, chacun répond en principe de ses propres actions. À la question de savoir ce qui fait qu'un sujet réponde d'une action qu'il n'a pas personnellement réalisée, la doctrine répond que c'est parce que l'action est le reflet de la volonté du sujet[28]. La représentation est ainsi décrite comme un « mécanisme d'imputation dérogatoire »[29], à l'instar d'autres formes du mandat. À ce titre, la simulation ou le prête-nom prévu est ainsi défini : « Lorsque les parties ont conclu un contrat apparent qui dissimule un contrat occulte, ce dernier, appelé aussi contre-lettre, produit effet entre les parties. Il n'est pas opposable aux tiers, qui peuvent néanmoins s'en prévaloir. »[30] Apparaissent ainsi trois formes d'action :

---

[27] Jean-Marie DENQUIN, « Pour en finir avec la crise de la Représentation », *Jus Politicum*, n° 4, 2010, p. 5.
[28] V. la préface d'Yves LEQUETTE dans l'ouvrage de P. DIDIER, *op. cit.* (n° 1), p. VII.
[29] *Ibidem.*, p. VIII. V. en ce sens les arrêts de la Cour de cassation n° 16-14750, Chambre civile 3, du 18 mai 2017 et n° 16-20994, Chambre civile 1, du 20 septembre 2017.
[30] Article 1201 du Code civil.

A	Action au nom d'autrui :	exercer la prérogative d'une autre personne
B	Action pour le compte d'autrui :	engager directement l'actif ou le passif d'une autre personne
C	Action d'autrui :	produire des effets directs et immédiats envers une autre personne

18. Cette description n'est cependant pas concevable en droit public : ici, la représentation est plutôt un dispositif de principe, voire un théorème fondateur du système de gouvernance formalisé en droit positif. En effet, le principe de la souveraineté nationale adoptée par la République renvoie à l'idée d'un pouvoir représentatif, dont les autorités élues ne reçoivent aucune consigne des électeurs et n'ont aucun compte à leur rendre dans l'exercice du pouvoir. Désormais parler de « mandat représentatif » n'est ni un pléonasme ni un oxymore.

19. Deux logiques interviennent pour formaliser cette conception de la représentation en droit public :

- Soit la logique ascendante : les représentants constituent des organes des pouvoirs publics, et leur relation de représentation avec la population est appréciée en termes de proportionnalité[31] ;
- Soit la logique descendante : les représentants sont censés exercer un pouvoir susceptible de répondre aux demandes des intéressés, et leur relation de représentation avec ces derniers est appréciée en termes de capacité [32].

5. Déclinaison du concept

20. La représentation a plusieurs acceptions en droit privé, selon qu'on l'envisage en matière contractuelle, en matière des relations professionnelles, en matière civile ou pénale, en matière de la propriété artistique et littéraire, etc. Par exemple, l'article 751 du Code civil modifié par la loi n° 2006-728 du 23 juin 2006 dit : « La représentation est une fiction juridique qui a pour effet d'appeler à la succession les

[31] Dans cette logique, la minorité subit la loi de la majorité ainsi que l'impact des décisions qui s'ensuivent.
[32] Par exemple, en matière de compétences locales pour l'accueil des gens du voyage.

représentants aux droits du représenté »[33]. Il a fallu cependant attendre que le législateur introduise dans le même Code des dispositions générales fixant le régime commun de la représentation[34], au travers de l'ordonnance n° 2016-131 du 10 février 2016[35]. C'est alors que le régime général de la représentation a été défini en ces termes : « Lorsque le pouvoir du représentant est défini en termes généraux, il ne couvre que les actes conservatoires et d'administration. Lorsque le pouvoir est spécialement déterminé, le représentant ne peut accomplir que les actes pour lesquels il est habilité et ceux qui en sont l'accessoire »[36].

21. Dans le prolongement de cette lecture du Code civil et des formes d'action relevées dans la description susmentionnée, quatre acceptions juridiques du terme « représentation » peuvent être mises en évidence[37] :

1	Représentation-perception (A) :	refléter un sujet sensible
2	Représentation-exhibition (A) :	rendre réel un sujet non sensible
3	Représentation-figuration (A+B) :	tenir la place d'autrui, ou « vicariance »[38]
4	Représentation-fonction (B+C) :	réaliser l'intérêt collectif

22. La distinction entre ces quatre acceptions de la représentation est essentiellement fondée sur le degré de transparence du représentant : il est transparent dans les trois premières acceptions et non-transparent dans la dernière. En conséquence, le mécanisme de la représentation

---

[33] Article 29 de la loi n° 2006-728 du 23 juin 2006 portant réforme des successions et des libéralités, JORF n° 145, 24 juin 2006.
[34] Articles 1153 à 1161 du Code civil.
[35] Ordonnance n° 2016-131 du 10 février 2016 portant réforme du droit des contrats, du régime général et de la preuve des obligations, JORF n° 0035, 11 février 2016.
[36] Article 1155 du Code civil modifié par l'article 2 de l'ordonnance n° 2016-131 du 10 février 2016.
[37] Pour plus de développements sur la typologie des mécanismes de représentation, v. O. BUI-XUAN, *op. cit.* (n° 7), p. 13.
[38] V. J.-P. DALOZ, *op. cit.* (n° 8), p. 8 *sq.* L'auteur retient trois types de représentations : mentale, vicariante et théâtrale. La représentation vicariante est préférée par les théoriciens en particulier pour expliquer le mécanisme de la représentation politique.

appliqué à chaque situation concrète est le fait, entre autres, du degré de transparence du représentant et de ce que l'on voudra retenir de lui[39].

23. On peut retenir que le procédé de la représentation évolue en trois stades sur le plan juridique, à savoir : la manifestation d'une volonté (l'auteur de l'acte est celui qui manifeste la volonté, soit le représentant), l'exercice d'un droit subjectif (le sujet du droit exercé est le titulaire du droit subjectif, soit le représenté) et la naissance d'effets de droit (le sujet d'imputation est la personne liée par les effets de l'acte, soit le représenté)[40]. Pour ce faire, trois paramètres doivent être pris en compte :

a	L'existence du représenté :	son absence durant la représentation
b	Le consentement / la confiance du représenté :	l'opérabilité ou l'inopérabilité de son consentement / de sa confiance
c	Le pouvoir du représentant :	l'étendue et l'autonomie de son pouvoir

24. Au demeurant, dans la version déformée de la représentation en général, les simulacres censés permettre d'appréhender le réel dépassent leur fonction en déterminant ce qui est réel aux yeux de l'observateur. Le risque est de tomber dans le piège du simulacre qui tend à rendre la représentation réelle par l'effacement du représenté, car en portant toute l'attention au représentant on finit par le confondre au représenté. Sur le plan de la philosophie du droit, il faut garder à l'esprit que la représentation est une construction cognitive qui participe de la fiction juridique conçue pour permettre l'application des règles de droit sur la réalité. C'est le sens même de la simulation contenue dans le procédé de la représentation des collectivités territoriales : le réel est en effet une illusion qu'il convient de décomposer pour mieux appréhender le sujet.

---

[39] V. les développements relatifs aux origines de la transparence et l'autonomie de la volonté dans l'ouvrage de P. DIDIER, *op. cit.* (n° 1), p. 6.
[40] V. M. STORCK, *op. cit.* (n° 6), p. 239.

B. La décomposition et la définition des termes clés du sujet

25. De manière générale, la représentation désigne un procédé en vertu duquel une personne, le représentant, traduit subtilement la présence d'autrui, le représenté. Au sens de la présente recherche, elle a trait à un procédé en vertu duquel le représentant, personne physique, voudrait et agirait au nom de la collectivité territoriale représentée, personne morale publique, et pour l'intérêt général ; il s'agirait pour le représentant d'agir de son mieux conformément aux règles de droit public. Il ressort de cette définition une typologie de la représentation sous trois formes : la représentation-mandat, la représentation-habilitation et la représentation-incarnation. Son application aux collectivités territoriales intègre plusieurs idées connexes, ainsi que des notions que l'on peut relever de manière succincte en partant de l'usage courant des termes qui les évoquent.

1. Le représentant

26. Le représentant constitue la charnière du procédé de la représentation. Fondé du pouvoir de représentation, il est traditionnellement perçu comme l'interface entre le représenté – par la confiance de ce dernier *ex ante* ou *ex post* – et le tiers – par la croyance légitime qu'il inspire à celui-ci. L'objectif principal qui lui est assigné, c'est de garantir les intérêts du représenté en restant attaché à la volonté de ce dernier ou, à défaut, à ce qu'elle devrait être fidèlement. Aussi, de ce qui précède, on peut ressortir l'articulation du rôle du représentant et de la valeur qui lui est reconnue dans un mécanisme de représentation.

27. La transparence du représentant, telle qu'appréhendée dans cette recherche, ne se mesure pas à l'aune du fait « d'être ou ne pas être ». Il ne s'agit pas pour le représentant d'apparaître puis de disparaître, selon une célèbre analogie de TARRIBLE, « comme un échafaudage devenu inutile après la construction de l'édifice »[41]. En effet, la transparence évoquée subrepticement par le tribun est entièrement applicable à la représentation des personnes physiques, en particulier en droit privé. Elle l'est moins en revanche à la représentation des personnes morales qui en général sont consubstantiellement rattachées à leurs représentants. Ainsi, à l'instar des autres personnes morales, les

[41] Cité par Pierre-Antoine FENET, *Recueil complet des travaux préparatoires du Code civil*, t. XIV, Videcoq, 1836, p. 596.

collectivités territoriales s'expriment au travers des personnes physiques que le législateur qualifie d'organes.

28. Cela étant, l'apparition des termes « volonté » et « intérêt » à ce niveau n'est pas de nature à réduire les difficultés relevées précédemment, loin de là. Elle rappelle que le rôle du représentant n'est pas autonome : en tant qu'organe, il est rattaché à un objectif précis dans le cadre d'un procédé juridiquement complexe. Selon Raymond CARRE DE MALBERG, « il est remarquable que, à la différence du mot représentant, qui éveille immédiatement l'idée d'une personne agissant pour le compte d'une autre, le mot organe ne met aucunement en relief la personnalité de l'individu qui veut pour la collectivité. Bien au contraire, ce mot est employé à dessein pour masquer et faire disparaître la personne qui fait fonction d'organe »[42].

2. L'élu et l'organe

29. Étant à la fois représentant et organe de la collectivité, l'acteur de la représentation n'est pas perçu de la même manière car « [d]errière le représentant, il existe une personne ; l'organe n'a point de personnalité propre : il est partie intégrante de la collectivité »[43]. La représentation en droit public dépasse dès lors le sens originel de la notion, caractérisé par un procédé du reflet ou de l'incarnation, pour placer la relation représentant-représenté dans un ordre institutionnel.

30. L'enjeu est de dégager la subtilité des rapports entre le représentant et le sujet de la représentation dans chaque mécanisme, notamment en faisant la distinction des fonctions élective et organique. Dans ce contexte, il faut se garder de la tendance à considérer indifféremment les termes d'élu et d'organe, même s'il est courant de désigner une collectivité territoriale par le vocable « organe », entendu comme élément faisant partie du tout que constitue la personne morale. On peut particulièrement prêter le flanc à cette tendance lorsqu'apparaît en général une « identification » de la volonté des personnes publiques dans celle de leurs représentants. Concernant les collectivités territoriales, l'alinéa 3 de l'article 72 de la Constitution dit en substance qu'elles s'administrent librement par des conseils élus. Une des

---

[42] Raymond CARRE DE MALBERG, *Contribution à la Théorie Générale de l'État*, t. II, Sirey, 1922, § 379.
[43] *Ibidem.*, § 374.

questions majeures de cette recherche est de déterminer le statut des représentants lorsqu'ils expriment la volonté des collectivités territoriales : décident-ils ou agissent-ils en tant que détenteurs d'un mandat électif ou en tant qu'organes de ces collectivités ?

31. C'est en ce sens que Raymond CARRE DE MALBERG entend par organes « les hommes qui, soit individuellement, soit en corps, sont habilités par la Constitution à vouloir pour la collectivité et dont la volonté vaut, par cette habilitation statutaire, comme volonté légale de la société »[44]. Cette affirmation tend à faire abstraction des volontés individuelles au sein de la collectivité ainsi que des moyens permettant de les prendre en compte valablement, et en particulier la méthode du sondage d'opinion. En considérant les représentants simplement comme des organes, on ignore, en conséquence, que ces personnes ont pu accéder à la fonction de représentation notamment au travers d'un processus électoral qui a nécessité la confiance des électeurs par le biais du vote.

32. Dans le prolongement de cette nuance conceptuelle, il faut retenir que la personne morale de droit public – analysée ci-dessous – peut être désignée par le vocable « organe ». Suivant cette assertion, elle est perçue comme un élément faisant partie d'un tout que constitue plus globalement une autre personne morale de droit public : l'État.

3. La personnalité morale publique

33. La représentation en droit public préfigure la personnification, sinon de la collectivité, d'un ordre juridique restreint, créé ou existant. Comme l'estime Evelyne LAGRANGE, elle « procède d'une série de différenciations [...] aux fins de l'accomplissement d'actes déterminés qui ne seront imputés ni aux 'représentés' ni aux 'représentants' mais à l'autre sujet : la personne morale »[45]. À celle-ci sont imputés juridiquement les actes de ses représentants dans les instances de droit public. Dans cette recherche, ces instances sont entendues comme des organes collectifs intervenant dans l'adoption ou l'application des décisions au sein des structures politiques ou administratives, ou encore dans une procédure électorale à l'instar du collège électoral pour

---

[44] R. CARRÉ DE MALBERG, *op. cit.* (n° 42), § 373.

[45] Evelyne LAGRANGE, *Représentation et organisations internationales*, thèse dactylographiée, Université Paris I – Panthéon-Sorbonne, 2000, p. 16.

l'élection des sénateurs. Ce raisonnement fait appel à une réflexion, brève mais nécessaire, sur l'ordre juridique que constitue la personnalité morale des collectivités territoriales, mais également l'assise que celle-ci donne au procédé de la représentation.

34. D'une part, la notion de la personnalité morale publique, telle que démontrée notamment par Léon MICHOUD [46] et Jean-Bernard AUBY [47], a contribué au renouvellement de l'appréhension des personnes publiques à l'instar du droit administratif. Elle implique non pas une synthèse de volontés individuelles, mais une volonté distincte et une capacité réelle du sujet de droit – et de la représentation – d'émettre sa propre volonté et de l'accomplir. La personne morale publique constitue dès lors l'ordre institutionnel pour lequel un mécanisme de représentation naît et s'épanouit. Par la suite, la dualité de la personnalité morale en droit public participe de la double conception des entités publiques en droit administratif : d'un côté, en tant qu'entités dotées de la puissance publique et, de l'autre, en tant qu'entités titulaires de la personnalité civile. Il n'en demeure pas moins que les personnes publiques demeurent à plusieurs points de vue rattachées aux caractéristiques communes de la représentation ; elles sont différenciées par leur régime général, notamment à l'analyse d'autres notions connexes comme le pouvoir et ses origines.

35. D'autre part, la représentation est également perçue en droit public comme un procédé dont l'objet est de mettre ensemble des intérêts parfois contradictoires. La pluralité d'intérêts conduit à rechercher dans certains cas l'aptitude du représentant à porter, voire refléter, les spécificités des représentés ou de leurs intérêts : c'est notamment ce que traduit le concept de représentativité. Les collectivités territoriales ont la responsabilité de promouvoir et de mettre en œuvre des intérêts « collectifs et permanents », notamment ceux de leurs habitants. Toutefois, le régime général du droit public ne

---

[46] V. Léon MICHOUD, *La théorie de la personnalité morale et son application en droit français*, 2e éd., LGDJ, 1924 ; *La théorie de la personnalité morale et son application au droit français*, 3e éd. mise au courant de la législation, de la doctrine et de la jurisprudence par Louis TROTABAS, 2e vol., LGDJ, 1932. V. aussi les approfondissements de Xavier DUPRE DE BOULOIS, « La personnalité morale selon Michoud : regard publiciste », *in* Xavier DUPRE DE BOULOIS et Philippe YOLKA (dir.), *Léon Michoud*, LGDJ - Lextenso, 2014, pp. 171-189.

[47] Jean-Bernard AUBY, *La notion de personne publique en droit administratif*, thèse dactylographiée, Université de Bordeaux, 1979.

permet d'identifier au sein des personnes morales publiques qu'un seul intérêt : l'intérêt public. Ainsi, pour ces collectivités, des spécificités de diverses natures sont identifiables et méritent d'être prises en compte, notamment la densité de la population, la montagne, le littoral, la forêt, la ruralité, l'urbanité, etc. ; mais elles ne constituent pas pour autant des intérêts similaires à ceux des personnes morales privées. Dans le cas contraire, il ne s'agirait que d'autres formes de « particularismes locaux » présents aux origines des collectivités territoriales.

4. Les collectivités territoriales

36. Selon le *Lexique des collectivités locales*, une collectivité territoriale est une « personne morale de droit public, administrée par un conseil élu au suffrage universel, dotée de compétences générales exercées sur un territoire déterminé »[48]. Cette définition, qui reprend essentiellement la conception de l'article 72, alinéa 1, de la Constitution, ne fait cependant aucune référence au groupement humain qui se trouve être à la base de la collectivité. Ainsi, dans le cadre de cette recherche, les collectivités territoriales sont définies comme des personnes morales de droit public constituant une entité sociale et administrative et représentées par des organes élus, au travers desquels elles exercent des compétences sur un territoire délimité. Il s'agit des communes, des départements, des régions, des collectivités à statut particulier[49], mais aussi des établissements publics de coopération intercommunale (EPCI).

37. Dans le dernier cas, aux termes de l'article 1609 nonies C du Code général des impôts (CGI), c'est précisément les EPCI à fiscalité propre (communautés de communes, communautés d'agglomération, communautés urbaines et métropoles), ainsi que les syndicats de communes et les syndicats mixtes. En effet, les EPCI sont à fiscalité propre lorsqu'ils sont substitués aux communes membres, notamment pour l'application des dispositions relatives à la cotisation foncière des entreprises et la cotisation sur la valeur ajoutée des entreprises, ainsi que pour la perception du produit de ces taxes, et pour la fixation

---

[48] Patrick GERARD, *Lexique des collectivités locales*, Presses universitaires françaises, 1995, p. 27.

[49] Les collectivités à statut particulier sont notamment la métropole de Lyon, la Collectivité européenne d'Alsace (CEA) et la collectivité de Corse.

du taux de la taxe d'habitation, de la taxe foncière sur les propriétés bâties et de la taxe foncière sur les propriétés non bâties[50].

38. À l'origine, la création des intercommunalités était conditionnée, outre l'intervention du représentant de l'État dans le département du siège, au respect du principe de la compétence spécialisée des établissements publics ainsi que des règles relatives au rattachement[51] et à la représentation indirecte des habitants. Cette dernière condition a été supprimée par la loi du 17 mai 2013[52], tandis que les autres sont pratiquement tombées en désuétude et les EPCI sont apparus comme des sujets de la libre administration des collectivités territoriales[53]. Il s'en est suivi une forme d'hybridation de la nature des représentants locaux dans les organes délibérants des EPCI, qui les caractérise dans toutes leurs dimensions y compris en cas de retrait de communes[54].

39. Depuis 2014, l'élection des conseillers communautaires est étroitement liée à celle des conseillers municipaux, c'est-à-dire l'élection « par fléchage », si bien qu'elle en est tributaire à deux points de vue. D'une part, il est impossible d'être conseiller communautaire sans être conseiller municipal ou d'arrondissement[55]. D'autre part, le lien tient à l'adjonction de la liste des candidats à l'élection des conseillers communautaires, soit sur une liste distincte mais sur un même bulletin de vote dans les communes de 1 000 habitants et plus, soit sur une seule liste de vote dans les communes de moins de 1 000

---

[50] Article 1609, nonies C, du CGI.

[51] Les établissements publics sont en principe caractérisés par leur rattachement à une autre personne publique : l'État ou une collectivité territoriale.

[52] Le principe de l'élection des conseillers communautaires au suffrage universel direct a été consacré d'abord par l'article 8, alinéa 3, de la loi n° 2010-1563 du 16 décembre 2010 de réforme des collectivités territoriales et repris notamment par l'article 33 de la loi n° 2013-403 du 17 mai 2013 relative à l'élection des conseillers départementaux, des conseillers municipaux et des conseillers communautaires, et modifiant le calendrier électoral, JORF n° 0114, 18 mai 2013.

[53] V. en ce sens Bakary DRAME, « Établissement public de coopération intercommunale (EPCI) et principe constitutionnel de libre administration des collectivités territoriales, *BJCL*, n° 12/18, pp. 837-844 ; Cécile REGOURD, « Libre administration et intercommunalité », *AJDA*, n° 41, 2018, pp. 2327-2333.

[54] V. sur ce point, à la suite des dernières élections municipales et communautaires, l'analyse de Guillaume DUMAS, « Comment quitter sa structure sans trop de casse », *La Gazette*, n° 9/2555, 2021, pp. 58-60.

[55] Article L.273-5, I du Code électoral.

habitants[56]. Pour reprendre une formule aussi ancienne que pertinente du professeur André DE LAUBADERE, les EPCI sont devenus des « collectivités territoriales fédératives »[57].

40. Cependant, le Conseil constitutionnel a récemment réaffirmé que « les établissements publics de coopération intercommunale ne constituent pas des collectivités territoriales au sens de l'article 72 de la Constitution »[58]. En ce sens, la méconnaissance des principes fondamentaux tels que la libre administration et l'autonomie financière des collectivités territoriales ne saurait constituer un grief dans un contentieux constitutionnel concernant les EPCI. Mais de manière courante le terme « collectivité territoriale » est utilisé soit pour désigner la personne morale (commune, département, région ou collectivité à statut particulier), soit pour désigner la population sous son administration.

41. Par ailleurs, au même titre que l'égalité entre les citoyens, l'égalité entre les collectivités territoriales peut être déduite de l'interprétation combinée du principe d'égalité du suffrage issu de l'article 6, alinéa 3, de la Constitution et du principe de l'égalité devant la loi, tiré de l'article 6 de la Déclaration des droits de l'Homme et du Citoyen. Christophe GESLOT estime à ce titre que par cette lecture « l'association du principe d'égalité du suffrage et du principe d'égalité devant la loi ainsi largement entendu quant à ses bénéficiaires, engendre un principe d'égale représentation de tous les habitants. Le premier de ces principes postule une égale représentation des citoyens, tandis que

---

[56] Article L.273-9 du Code électoral.

[57] André DE LAUBADERE, « Vicissitudes actuelles d'une distinction classique : établissement public et collectivité territoriale, à propos des groupements des collectivités territoriales », *in Mélanges Couzinet*, Université des sciences sociales de Toulouse, 1974, p. 444. L'auteur a critiqué en son temps le législateur dans son attitude tendant à refuser de considérer les intercommunalités comme des collectivités territoriales. Si ses propositions pour un « fédéralisme administratif » n'ont guère connu un franc succès, force est de constater que les problèmes de droit qu'il a identifiés en 1974 sont encore d'actualité jusqu'à ce jour.

[58] V. CC, décision n° 2023-852 DC, 20 juillet 2023, *Loi visant à régulariser le plan local d'urbanisme intercommunal de la communauté de communes du Bas-Chablais*, considérant 12 ; CC, décision n° 2022-1013 QPC, 14 octobre 2022, *Communauté d'agglomération Vienne Condrieu Agglomération*, considérant 14.

le second élargit le cercle des bénéficiaires de cette égalité »[59]. Il est dès lors préférable d'utiliser le terme « habitants » qui renvoie à un critère démographique élargi que le terme « citoyens » qui, lui, fait référence au critère de la nationalité. En réalité, pour apprécier le respect du principe d'égalité du suffrage, le Conseil constitutionnel recourt de manière constante notamment au critère démographique tendant à prendre en compte non pas le nombre de citoyens qui constitue le corps électoral mais plutôt la population, soit l'ensemble des habitants d'une collectivité territoriale.

42. Une difficulté apparaît dès lors pour concilier dans la même étude, d'une part, les modalités de la représentation dont l'objectif est d'intégrer les intérêts des habitants dans l'action publique des collectivités territoriales et, d'autre part, celles dont l'objectif est de satisfaire la volonté des collectivités territoriales manifestée par leurs représentants ou leurs organes élus. Les collectivités territoriales sont-elles dès lors cadres ou sujets de la représentation[60] ? Dans ces conditions, il n'est pas envisageable de mener une étude sur la représentation qui juxtaposerait deux objectifs différents : la représentation des habitants des collectivités territoriales (interne) et la représentation de ces collectivités elles-mêmes (externe). Les deux approches de la représentation sont fondées essentiellement sur la personnalité morale des collectivités territoriales appréhendées soit comme cadres d'une représentation interne, soit comme sujets d'une représentation externe. Dans le dernier cas, elles agissent dans des « situations juridiques objectives »[61], de sorte qu'elles servent indirectement de réceptacle de l'expression de la volonté de leurs habitants. C'est ainsi que ces collectivités sont considérées dans cette recherche plutôt comme des sujets de la représentation, c'est-à-dire elles sont titulaires de droits, mais aussi d'obligations, qui peuvent se

---

[59] Christophe GESLOT, « Condition de nationalité et droit de vote », *in* Thierry DEBARD et François ROBBE (dir.), *Le caractère équitable de la représentation politique*, L'Harmattan, coll. « Questions contemporaines », 2005, p. 14, note 6.

[60] V. Didier RIBES, « Représenter le territoire ? », *in* Anne-Marie LE POURHIET, Bertrand MATHIEU, Ferdinand MELIN-SOUCRAMANIEN et Dominique ROUSSEAU (dir.), *Représentation et représentativité*, Dalloz, coll. « Thèmes & commentaires », 2008, pp. 20-22. L'auteur évoque la dichotomie de la représentation du territoire, en le présentant à la fois comme « support » et « objet » du processus de représentation.

[61] Xavier DUPRE DE BOULOIS, « La personnalité morale selon Michoud : regard publiciste », *in* Xavier DUPRE DE BOULOIS – Philippe YOLKA (dir.), *Léon Michoud*, LGDJ - Lextenso, 2014, p. 177.

décliner en compétences eu égard au régime juridique de leur personnalité morale.

5. La représentativité

43. La représentation est dans cette recherche un procédé juridique susceptible d'intégrer des considérations non-juridiques attachées à la qualité des personnes physiques agissant au nom et, surtout, pour le compte des collectivités territoriales. À l'analyse des quatre acceptions de la représentation vues précédemment, c'est la représentation-fonction qui laisse intervenir, plus que les autres acceptions, un substantif apparenté qui vient complexifier la réflexion sur un sujet non moins difficile à conceptualiser : la représentativité. Celle-ci tend de manière classique à mesurer « l'écart entre représentants et représentés ou l'adéquation de la volonté des premiers à celle des seconds »[62]. Il s'agirait à première vue de l'un des vestiges du concept de mandat[63], dont le modèle a servi à la construction juridique du procédé de la représentation.

44. On y trouve par ailleurs l'idée d'avoir des représentants qui « ressemblent » aux représentés, donc susceptibles d'agir comme ces derniers agiraient eux-mêmes en leur nom et pour leur compte. En parallèle, l'on cherche à éviter, sinon à réduire autant que possible, le décalage entre les représentés et les représentants. Mais l'objectif n'est pas de même nature pour les personnes publiques, et par conséquent la représentativité a tendance à perdre la substance de sa conception originelle. Faut-il en déduire que le régime juridique de la personnalité morale des collectivités territoriales rend celles-ci complètement abstraites, c'est-à-dire réduites à l'identique ? Ces collectivités gardent-elles quand même leurs différences, ou du moins leurs particularités ?

45. *A priori*, l'enjeu de la représentativité dans la sphère publique est le risque de décalage de la fonction de représentation. Ce risque est en réalité assez limité de manière générale à cause de la personnalité morale de droit public qui entraine l'unicité d'intérêt de tous ceux qui en sont dotés (État, collectivité territoriale, établissement public, etc.). Concernant les collectivités territoriales, le risque de décalage est en

---

[62] E. LAGRANGE, *op. cit.* (n° 46), p. 20.

[63] V. l'article 1984 du Code civil. Il convient de remarquer que la définition du mandat codifiée par la loi du 10 mars 1804 promulguée le 20 mars 1804 n'a jamais connu de modification.

particulier plus restreint à cause du double statut – organe et représentant – du titulaire de la fonction de représentation. Il en découle un risque limité essentiellement à l'expression de la volonté des collectivités représentées : garantit-elle l'intérêt public ou des intérêts particuliers ?

46. Cette observation suscite des questionnements dans cette recherche sur la pratique de la représentativité, notamment : quelle est la portée de la surreprésentation des petites communes au Sénat ? quelle est la portée de la sous-représentation des petites communes aux conseils communautaires des EPCI ? Néanmoins, l'unicité d'intérêt qui caractérise la finalité des personnes publiques rend inopérante l'idée de rechercher quelque « correspondance » ou « identité » avec leurs représentants. En ce sens, la question de la représentativité a tendance à perdre de sa substance, mais elle ne disparaît pas pour autant. On peut ainsi affirmer que le véritable enjeu de la représentativité est l'exercice d'un pouvoir réel par des représentants – personnes physiques – susceptibles d'accomplir la volonté des collectivités territoriales représentées – personnes morales publiques.

6. La volonté

47. De manière générale, la volonté constitue l'un des critères fondamentaux du procédé de la représentation. Elle est, dans un cadre classique, le fondement de la relation entre le représenté et le représentant, mais ne suffit pas dans tous les cas de figure pour expliquer, voire établir, la relation entre le représentant et le tiers. Dans le dernier cas, le lien n'est pas systématiquement apparent entre le représenté et le tiers.

48. En droit privé, cet aspect de la représentation se montre avec acuité particulièrement en droit des sociétés : sous couvert d'appréciation de l'intérêt collectif et de l'intérêt des ayants droits, les dirigeants peuvent s'affranchir des règles objectives et exprimer en toute liberté une volonté qui ne correspond pas forcément aux attentes des administrateurs. Dans le cadre de cette recherche, il est possible d'identifier trois situations faisant intervenir l'idée de volonté dans la représentation en droit public : la volonté pleine, par exemple dans les mécanismes du mandat ; la volonté restreinte ou fléchée, par exemple dans les mécanismes de l'habilitation ; la volonté inexistante, par exemple dans le mécanisme de l'incarnation. Le droit positif prévoit en outre des situations dans lesquelles la volonté du représenté soit ne peut être exprimée directement, soit n'est pas valable. Il sera dès lors nécessaire d'appliquer d'autres formes de représentation issues de la loi ou de la décision du juge, par exemple la tutelle ou la curatelle. Dans tous les cas, lorsqu'elle est opérante dans un mécanisme de représentation, la volonté pourrait être complétée par une autre notion connexe : la confiance.

7. La confiance

49. La représentation sous-entend en principe l'idée de confiance réciproque entre les parties impliquées : le représentant, le représenté et le tiers. En d'autres termes, il convient de considérer la représentation « comme un mécanisme qui facilite la vie juridique du représenté, aussi bien quand sa source est volontaire, légale ou judiciaire »[64]. La confiance est donc inhérente à la représentation, en particulier lorsque la volonté du représenté est mise en exergue. Au surplus, lorsqu'il est requis, le consentement générateur de la confiance peut être émis en amont ou en aval du procédé de la représentation sans remettre en cause sa validité.

50. D'une part, la confiance du représenté envers le représentant le conduit à admettre l'action de ce dernier comme s'il avait agi lui-même, en cherchant à garantir au maximum ses propres intérêts. Louis ROEDERER affirmait à ce titre devant l'Assemblée nationale que « l'essence même de la représentation (...) c'est que chaque individu ait confondu par une confiance libre sa volonté individuelle à la volonté de son représentant »[65]. D'autre part, la confiance du tiers envers le représentant le conduit à voir en ce dernier l'expression de la volonté – indiscutable – du représenté avec lequel il croit loyalement interagir. Le risque est dès lors que la confiance soit rompue d'un côté comme de l'autre parce que le représentant – présumé – aurait agi en dépassant le pouvoir reçu du représenté, ou même que le représentant aurait agi sans avoir reçu le pouvoir du représenté.

---

[64] C.-W. CHEN, *op. cit.* (n° 22), p. 1.

[65] Extrait du discours du 10 août 1791, cité par R. CARRE DE MALBERG, *op. cit.* (n° 42), p. 270.

51. En droit privé, la confiance tend à minimiser ce que l'on pourrait appeler « le risque d'agence »[66], en maintenant la représentation le plus fidèlement possible dans l'objectif qui lui a été assigné de manière volontaire, légale ou judiciaire. En droit public en revanche, le risque n'est pas de même nature : ici, il faut éviter ce qui est appelé dans cette recherche le décalage de mission. D'un côté comme de l'autre du droit, l'objectif est que le pouvoir soit mis en œuvre dans un rapprochement, le plus possible, de l'action du représentant avec la volonté du représenté. Ce raisonnement par ailleurs applicable à la représentation des habitants des collectivités territoriales, soit la représentation interne, n'a pas la même portée lorsqu'il s'agit de représenter ces collectivités elles-mêmes en tant que personnes morales de droit public, soit la représentation externe. Le lien est donc étroit entre la confiance du représenté, voire du tiers, et le pouvoir du représentant par lequel elle se montre.

8. Le pouvoir

52. La représentation ne peut être mise en pratique sans l'exercice du pouvoir par le représentant : c'est l'autre élément fondamental de ce procédé, à côté de la volonté, et la première condition pour le représentant. Ce dernier exerce le pouvoir par le fait soit de la loi, soit d'une décision de justice, soit, lorsqu'il est requis, du consentement exprimant la volonté du représenté. Il en résulte de manière classique que le représentant est censé exercer le pouvoir qu'il tient du consentement du représenté, dont il respecte la volonté fidèlement, et inspire par suite une confiance légitime au tiers qui voit à travers lui l'action loyale du représenté.

53. En revanche, une interprétation doctrinale amène à penser que la portée du pouvoir n'est pas aussi déterminante dans le procédé de la représentation que dans le cadre du mandat de droit privé : il relève plus de la « constatation » que de l'« explication »[67]. Si cette affirmation est soutenable en droit privé, il n'en est pas de même en droit public. En outre, affirmer que la représentation en droit public « est une forme de collaboration du peuple avec les gouvernants »[68] traduit une méprise du

---

[66] C.-W. CHEN, *op. cit.* (n° 22), p. 1.

[67] P. DIDIER, *op. cit.* (n° 1), p. 407 : « Autrement dit, face une situation concrète où l'on se demande si l'on doit reconnaître qu'il y a ou non représentation, la notion de pouvoir a peu de portée pratique ».

[68] M. STORCK, *op. cit.* (n° 6), note 7, p. 8.

rôle et du pouvoir des représentants dans cette branche du droit. En effet, dans cette branche du droit, le pouvoir de représenter est de la même nature que celui de gouverner : ils procèdent tous les deux de la volonté du Constituant et ensuite du législateur[69]. Ce pouvoir ne découle donc pas de la volonté des représentés *ab initio* car « ce n'est pas au moment de l'élection que s'opère le phénomène générateur de la représentation ; ce n'est pas l'élection qui confère au représentant la vertu représentative : cette vertu lui a été attribuée d'avance par la Constitution »[70].

54. Ainsi, de manière générale, le pouvoir du représentant constitue l'autre élément fondamental de la représentation en droit public. Il en est la résultante, car « [l]e langage du droit se substituant aux images, la vertu de 'rendre présent' s'efface derrière la fonction [...] »[71]. Cette configuration de la représentation sort du cadre classique vu précédemment, dès lors que le représentant tire son pouvoir en dehors de la volonté du représenté. Le raisonnement contraire, à l'instar de celui qui est appliqué en droit privé, conduirait à penser que le représentant, notamment l'élu local, ne serait pas fondé du pouvoir ; il ne serait donc pas juridiquement responsable des actes posés dans le cadre de son « mandat », qui serait alors un mandat impératif. Ce raisonnement ne saurait prospérer puisque le Constituant a consacré la nullité absolue du mandat impératif[72].

9. L'intérêt

55. En droit privé, la représentation se caractérise notamment par « le défaut complet d'intérêt personnel de la part de l'intermédiaire »[73], en l'occurrence le représentant. C'est ce qui traduit le fait qu'elle n'est concevable « que dans la sphère du patrimoine et notamment en matière d'obligation. Il n'y pas de représentation en matière de délits et de quasi-délits »[74]. Dans cette perspective, il n'y a pas de représentation

---

[69] V. en ce sens R. CARRE DE MALBERG, *op. cit.* (n° 42), § 382. L'auteur estime que le représentant « tire son pouvoir non point de l'élection, mais de la Constitution elle-même. »
[70] *Ibidem*.
[71] V. en ce sens E. LAGRANGE, *op. cit.* (n° 45), p. 9.
[72] Article 27, alinéa 1, de la Constitution de la Ve République.
[73] Hippolyte G. NICOLEANO, *De la représentation indirecte*, thèse de doctorat soutenue en 1912, M. Giard & E. Brière, 1912, p. 20.
[74] *Ibidem*, p. 18.

stricto sensu dans l'hypothèse où le représentant aurait un « intérêt propre ». Selon Hippolyte G. NIOLEANO, « pour qu'il y ait représentation, il faut que l'intermédiaire agisse au nom et pour le compte du représenté et que les effets de l'acte conclu se produisent immédiatement et directement dans le patrimoine du représenté »[75]. C'est donc la liberté contractuelle du tiers en connaissance de cause qui est en jeu afin de faire naître une intention commune. Toutefois, l'action pour le compte et au nom d'autrui n'épuise pas l'« essence » du procédé de la représentation : « [l']intermédiaire peut très bien agir en son nom, mais faire comprendre au tiers contractant que l'acte qu'il conclut est fait pour le compte d'un autre et qu'il veut que les effets de cet acte se produisent directement et immédiatement dans le patrimoine du représenté »[76]. Une observation attentive de cette théorie amène à penser que cela va dans le sens du droit appelé à donner satisfaction à la volonté des parties et aux « intérêts » en cause.

56. En revanche, dans une démarche de retournement du raisonnement *ab initio*, Philippe DIDIER tend à conceptualiser la représentation par l'identification des parties impliquées, en ce qu'elles ne sont pas des tiers, et les effets des rapports qui en découlent. Il contredit implicitement la théorie d'Hippolyte G. NIOLEANO en ces termes : « En qualifiant certains mécanismes d'actions de représentation indirecte, de représentation imparfaite, de représentation *in favorem*, ou de représentation des intérêts d'autrui, on commet un abus de langage : dans de telles expressions, on n'ajoute pas une précision supplémentaire à la définition de la représentation, mais on retranche un élément constitutif sans lequel il ne peut y avoir de représentation »[77]. Les deux doctrinaires ont chacun renouvelé la conceptualisation de la représentation par un cheminement particulier caractérisé par la mise en perspective des finalités rattachées à cette notion.

57. Mais il convient de préciser que le professeur Philippe DIDIER retient deux éléments constitutifs de la représentation et en fait des critères cumulatifs : d'un côté, l'existence du binôme représentant-représenté et, de l'autre, l'existence du tiers. Son analyse et celle d'Hippolyte G. NIOLEANO témoignent en fait du déclin de l'autonomie

---

[75] *Ibidem*, p. 24.
[76] H. G. NICOLEANO, *op. cit.* (n° 73), p. 25.
[77] P. DIDIER, *op. cit.* (n° 1), p. 239.

de la volonté comme principe fondamental en droit. Finalement, peut-on penser que la notion d'intérêt pourrait pleinement compenser celle de la volonté dans la conception de la représentation ? Le fait est que plus on tend vers la représentation de droit public plus la notion de volonté semble disparaître au profit de celle d'intérêt, car la nature et l'origine du pouvoir du représentant change. Doit-on y voir pour autant une antinomie entre les deux notions en ce qui concerne le mécanisme de la représentation ? Sur ce point la réponse n'est pas aisée.

58. Hans KELSEN trouve dans le concept d'intérêt le moyen de dégager une description de la représentation applicable en droit privé et en droit public : « Étant donné que dans la langue juridique, on identifie plus ou moins intérêt et volonté, en admettant que ce qu'un homme 'veut' est son intérêt, on croit pouvoir admettre que l'essence de la représentation consiste en ce que la volonté du représentant est la volonté du représenté, que dans ses actes le représentant ne réalise pas sa volonté, mais la volonté du représenté »[78]. En admettant que la volonté du représenté « est son intérêt », la représentation des collectivités territoriales – personnes publiques – serait simplement une théorie juridique formelle, si elle ne prenait pas en compte les intérêts des populations. En effet, lorsqu'on se recentre sur le sujet de notre étude, derrière le terme « collectivités territoriales » il y a l'idée de « collectivités humaines préexistantes » que le droit ne fait que reconnaître[79]. Dès lors, il faudra articuler la prise en compte des intérêts des collectivités humaines concernées et la satisfaction de la volonté des collectivités territoriales exprimée à travers leurs organes élus. C'est alors qu'intervient une notion juridique complémentaire, à savoir l'imputation.

---

[78] Hans KELSEN, *Théorie pure du Droit* (1960), trad. de Charles EISENMANN, Dalloz, 1962, p. 395.

[79] V. en ce sens C. CLAVREUL, *op. cit.* (n° 15), p. 12 : « Le même principe doit régler toutes relations juridiques : on délègue son pouvoir à des représentants qui réaliseront chacun pour leur part, et dans toutes les fonctions existant dans le système juridique, le vouloir social ».

10. L'imputation

59. Tout le fonctionnement de la représentation n'aurait aucune finalité sans la technique de l'imputation : elle n'est pas seulement le « lien unissant un fait générateur [de responsabilité] à son auteur »[80]. Au-delà du sens étymologique d'« attribuer à quelqu'un, à quelque chose » ou de « mettre au compte de », cette technique classique du droit trouve dans ce procédé concernant les personnes publiques un sens aussi particulier qu'en matière de responsabilité[81]. C'est ici le lieu de rappeler que l'imputation est étroitement liée à la théorie de la personnalité juridique des personnes morales, notamment les collectivités territoriales.

60. Par ailleurs, l'évocation de l'unité de la société – en tant que collectivité territoriale, voire en tant qu'État – et l'unicité d'intérêt de la personne publique laissent penser que « la loi de la majorité comme la désignation d'un organe représentatif mettent en péril l'unité de la collectivité »[82]. Il convient d'envisager le statut des représentants des collectivités territoriales selon une conception autonome qui n'est pas forcément liée au statut d'élu, ni à celui d'organe, mais qui s'inscrit dans le sens de la technique juridique de l'imputation. Dans cette perspective, l'un des enjeux de cette recherche consistera à concilier la représentation et la gouvernance des collectivités territoriales, au travers d'une vision positive : représenter et gouverner peuvent coexister sans qu'il ne soit nécessaire de choisir[83].

---

[80] Jean-Louis OKI, *L'imputation, mécanisme fondamental de la responsabilité des personnes publiques*, thèse dactylographiée, Université de Bordeaux, 2017, p. 40.
[81] *Ibidem*, pp. 40-45.
[82] E. LAGRANGE, *op. cit.* (n° 45), p. 21. L'auteure précise sa pensée en ces termes : « L'élaboration du principe de majorité s'est toujours entremêlée à la formulation des principes représentatifs et l'a exposée aux mêmes griefs. Les points de recoupement sont nombreux : la loi la majorité comme la désignation d'un organe représentatif mettent en péril l'unité de la collectivité ; l'arithmétique menace d'imposer son arbitraire, à la décision comme à l'élection, au détriment des raisons les plus étroites et des éléments les meilleurs ; par application de la règle de majorité ou par délégation de la faculté de vouloir, la volonté du tout se passe du consentement de chacun ; la majorité du moment joue les représentants de la minorité... ».
[83] V. Jean TOURNON, « Représenter ou gouverner, il faut choisir », *in* François D'ARCY (dir.), *La représentation*, Economica, coll. « Politique comparée », 1985, pp. 107-119.

C. Le choix de l'approche du sujet : une configuration de la représentation pas forcément tripartite

61. L'influence de la configuration tripartite du mandat – mandant, mandataire et tiers – a dépassé, pendant le XIXe siècle et une partie du XXe, la *summa divisio* : c'est le résultat, à l'époque, de la tendance des juristes à « faire rentrer la vie publique dans les cadres habituels des rapports du droit privé »[84]. Cette perspective « transcendante » du raisonnement juridique y afférent pourrait s'expliquer notamment par le caractère jeune du droit public en tant que discipline scientifique, en France notamment. En effet, jusqu'à la première moitié du XXe siècle, l'étude des problématiques de droit public était essentiellement menée par des juristes formés en étudiant le droit privé romain et le droit civil[85].

62. Pour rappel, le procédé classique de la représentation implique l'existence[86] de trois entités : le représentant, le représenté et le tiers entendu dans le sens de celui qui interagit (directement ou indirectement) avec le représenté. Cette conception suppose une identification formelle de « parties » et de « tiers »[87]. C'est en effet le sens retenu par le législateur notamment à l'article 1154 du Code civil. Il en découle la nécessité, d'une part, de la crédibilité du représentant à l'égard du tiers et, d'autre part, de l'engagement personnel ou patrimonial du représenté à l'égard du tiers. *In fine*, la représentation est conçue pour ne « fonctionner que dans l'intérêt du représenté »[88]. Le sens commun de la représentation, tiré de sa configuration traditionnelle mais également de la polysémie du concept, conduit à penser qu'il s'agit généralement d'un triptyque relationnel : en plus des deux sujets

---

[84] Joseph BARTHELEMY et Paul DUEZ, *Traité de droit constitutionnel*, Dalloz, 1926, p. 115.

[85] Cette critique a été émise notamment par Gaston JEZE, *Les principes généraux du droit administratif*, t. I, Berger-Levrault, 2e éd., 1914.

[86] À ne pas confondre avec l'idée de présence évoquée plus haut.

[87] V. en ce sens Jacques GHESTIN, « La distinction entre les parties et les tiers au contrat », *JCP G*, n° 48, 1992, fasc. 3628, p. 517 *sq*.

[88] C.-W. CHEN, *op. cit.* (n° 16), p. 3. L'auteur tient à préciser que l'objectif assigné au mécanisme de la représentation en droit privé n'est pas à assimiler à celui des opérations juridiques à trois personnes dont parlent notamment Christian LARROUMET et Cécile LEGROS dans leurs thèses respectives : *Les opérations juridiques à trois personnes en droit privé*, thèse dactylographiée, Université de Bordeaux, 1968 ; *L'arbitrage et les opérations juridiques a trois personnes*, thèse dactylographiée, Université de Rouen, 1999.

primaires – représentant et représenté – intervient également le tiers, sujet secondaire.

63. À la différence des autres disciplines, notamment le droit privé, en droit public la représentation n'est pas nécessairement caractérisée par une relation de causalité, à l'instar de l'acte pris par un élu et la volonté de l'électeur. En outre, la configuration classique de la représentation est rompue lorsqu'interviennent les effets de la personnalité juridique des personnes morales publiques dans le procédé de la représentation. Ces dernières poursuivent un objectif d'utilité publique, et leur action publique est caractérisée par l'objectif de l'intérêt général. En conséquence, l'idée d'avoir véritablement un « tiers » ayant une finalité autre que celle du représenté, et qui finalement serait amené à interagir avec ce dernier, est incompatible avec le régime général des personnes morales publiques.

64. Dans ces circonstances, il n'y a pas de configuration tripartite de la représentation en droit public. Le tiers est en réalité un faux tiers. Toutefois, il ne faut pas y voir la possibilité pour le représentant d'agir en son propre nom et pour son propre compte : le procédé de la représentation serait complètement faussé car le représentant n'en serait pas véritablement un. Ainsi, deux approches vont servir à aborder le sujet de la recherche : l'approche statutaire et l'approche fonctionnelle. L'approche statutaire a été notamment utilisée dans le recensement des hypothèses de la représentation[89], en se fondant sur les textes officiels. L'approche fonctionnelle a quant à elle servi de manière résiduelle à l'identification des cas particuliers de la représentation en dehors du schéma classique des mécanismes élaboré dans cette recherche.

II. LA DÉFINITION DE L'INTÉRÊT ET DU CADRE DE LA RECHERCHE

65. Cette étude part du constat d'un déficit des travaux de recherche sur la représentation en droit public de manière générale et, au regard de la littérature dans la doctrine, du caractère circonscrit des études antérieures concernant la représentation des collectivités territoriales (A). Outre le caractère à la fois polysémique et protéiforme de la

---

[89] V. *infra*, p. 79 *sq*.

thématique, ce déficit a constitué une difficulté d'abord pour assimiler le sujet et en suite pour choisir l'orientation externe du procédé de la représentation. Il ne s'agit pas pour autant d'élaborer une théorie de la représentation ou une étude générale palliative, mais de présenter une réflexion pertinente délimitée sur la base des hypothèses de représentation observables dans la sphère publique (B).

A. Le constat du déficit et du caractère circonscrit des études doctrinales concernant la représentation des collectivités territoriales en droit public

66. La plupart des études doctrinales relatives à la représentation associent le sujet à un domaine précis, ce qui rend le travail de conceptualisation plus aisé selon la discipline concernée. En effet, le terme « représentation » prête moins à confusion lorsqu'on lui adjoint une épithète : représentation politique, représentation diplomatique, représentation syndicale, etc. Ici, l'intérêt de la précision terminologique aurait été essentiellement de limiter le concept « dans l'établissement d'un lien de droit »[90]. Or, le fil conducteur de cette étude consiste à répondre à la question suivante : qu'est-ce que la représentation des collectivités territoriales en droit public ? Il s'agit en fait d'un procédé juridique en vertu duquel une personne physique est dotée des prérogatives lui permettant d'exercer, individuellement ou collectivement, la compétence dévolue à une collectivité territoriale, dans le respect de l'intérêt général, et d'engager de ce fait sa responsabilité.

67. Dès lors, l'intérêt de cette recherche réside essentiellement dans la démarche suivie : elle tend à saisir la représentation et la représentativité qui s'ensuit à partir du régime général des personnes morales de droit public, en particulier celui des collectivités territoriales. C'est sur ce point que s'arrête le sens commun de la représentation et commence la divergence entre la représentation en droit privé et la représentation en droit public. Au surplus, cette recherche tend précisément à la démonstration du pouvoir sous-jacent dans la représentation directe de ces collectivités, et ensuite de leurs

---

[90] M. STORCK, *op. cit.* (n° 6), p. 9. V. en ce sens F. ROBBE, *La représentation des collectivités territoriales de la République par le Sénat*, thèse dactylographiée, Université de Besançon, 1998 : « Une part essentielle de la difficulté du sujet résulte donc de l'ambigüité du terme de représentation. »

habitants indirectement. Son originalité tient tout particulièrement à un recensement analytique des hypothèses de représentation des collectivités territoriales dans la sphère publique.

B. La délimitation du champ de l'étude

68. En amont, le choix a été opéré d'appréhender les collectivités territoriales comme cadres de la représentation, orientant ainsi la recherche dans une dimension institutionnelle. Il s'agit dès lors de démontrer, en particulier dans la première partie, les aspects externes de la représentation de ces collectivités au travers des mécanismes susceptibles d'être appliqués dans les instances de droit public. En revanche, la confrontation des mécanismes de la représentation aux considérations liées à la représentativité conduit à aborder les aspects non seulement externes mais aussi internes de cette dernière, en particulier dans la seconde partie.

69. Par ailleurs, la perspective institutionnelle de notre réflexion conduit à écarter la représentation juridictionnelle des collectivités territoriales du champ de cette recherche. Celle-ci étant limitée à l'espace géographique de la France métropolitaine, les collectivités, départements et régions d'Outre-mer ne sont pas non plus intégrés dans les développements, exceptés quelques points nécessitant une précision des textes officiels ou de la jurisprudence. Il est important de préciser que le terme « France métropolitaine » désigne communément le territoire de la République française comprenant, à ce jour, les quatre-vingt-seize départements situés sur le continent européen. Le reste du territoire national est reparti sur cinq départements et régions d'Outre-mer (DROM) – Guadeloupe, Guyane, La Réunion, Martinique et, depuis avril 2011, Mayotte – et sur les collectivités d'Outre-mer (COM) suivantes : Nouvelle-Calédonie, Polynésie française, Saint-Barthélemy, Saint-Martin, Saint-Pierre-et-Miquelon, Wallis et Futuna, Terres australes et antarctiques françaises (TAAF), ainsi que l'île de Clipperton. Hormis le département de Mayotte, la particularité des DROM est qu'ils ont les mêmes régimes et compétences que les départements et régions situées en France métropolitaine, mais ils disposent de deux assemblées juxtaposées : le conseil départemental pour délibérer des affaires qui relèvent du département et le conseil régional pour celles qui relèvent de la région.

70. Ainsi, l'une des difficultés rencontrées dans cette recherche est de parvenir à décortiquer et analyser des idées et hypothèses variées sur des sujets en définitive hétérogènes. Au regard du caractère polysémique de la thématique, la pluralité de l'argumentation utilisée se prête mal à une vision conformiste du lecteur. Il faut donc se garder de l'illusion d'aller au-delà du champ de cette recherche, voire à contre-sens. Devant cette difficulté, la rigueur scientifique des deux fils conducteurs qui sous-tendent la méthodologie – à savoir, la logique territoriale et la logique démographique – aboutit à un positionnement atypique de la recherche et, *in fine*, à une démonstration holistique.

III. LA JUSTIFICATION DE LA MÉTHODOLOGIE ET DU POSITIONNEMENT DE LA RECHERCHE

71. Du fait de la délimitation de son champ, cette étude se situe dans la branche du droit public et s'étend aux disciplines suivantes : droit constitutionnel, droit administratif et droit des collectivités territoriales. Elle concerne aussi la science politique notamment par le choix des sources bibliographiques et la proximité des analyses des institutions politiques (analyse empirique, analyse historique, analyse géographique) avec le droit public. Ainsi, la méthodologie utilisée tend à développer le réalisme de l'analyse juridique par l'observation des faits, par la transformation des faits en hypothèses, ainsi que par la confrontation de la connaissance qui s'ensuit aux sources du droit (A). Elle permet en outre de dégager le positionnement de la thèse à l'égard de la thématique (B).

A. La méthodologie de l'étude

72. La méthodologie suivie dans cette recherche se caractérise essentiellement sous deux formes. Dans un premier temps, suivant une démarche pluraliste, il s'agit d'identifier des situations concrètes à partir desquelles l'on peut établir de manière non équivoque un mécanisme de représentation des collectivités territoriales en droit public. La technique empirique utilisée tend aussi à restituer les modalités d'organisation et de fonctionnement de ces collectivités dans un système global faisant intervenir jusqu'à trois ordres juridiques : national, supranational et international. Ce travail doctoral vise ainsi à explorer au maximum les différents domaines de la sphère publique dans lesquels les collectivités territoriales agissent ou interagissent au travers de leurs représentants.

73. Ensuite, dans un second temps, la recherche est engagée dans une démarche inductive tendant à relever les points de jonction entre la logique territoriale (plurielle) et la logique démographique (incidente) dans les mécanismes de représentation des collectivités. Elle analyse dans une vision d'ensemble la perméabilité et l'imperméabilité des trois types de représentations aux considérations liées à la représentativité. En revanche, il n'est pas envisagé d'effectuer une réflexion en deux temps qui consisterait à limiter les développements d'un thème de la recherche dans l'une des parties seulement. C'est ainsi que certains développements sur la représentation des collectivités territoriales par les sénateurs sont confrontés à la représentativité dans la première partie, alors que d'autres développements sur la représentation se poursuivent dans la seconde partie.

74. Par ailleurs, dans les différentes instances où elle est mise en œuvre, la représentation des collectivités territoriales connaît diverses modalités, évoquant à la fois l'idée de rendre présentes ces collectivités et de tenir leur place au sens du droit (ensemble ou système hiérarchisé de normes formant une pyramide au sommet de laquelle se trouve la norme fondamentale ; ces normes ont pour caractéristique de contraindre les hommes, de déterminer, autant que faire se peut, la conduite humaine parce qu'elles attachent une certaine sanction à une certaine conduite[91]). Il convient dès lors d'identifier dans chaque hypothèse le mécanisme traduisant le type de représentation à l'œuvre, ainsi que son mode de fonctionnement, par une approche d'abord juridique et ensuite démographique, voire sociologique. L'idée est d'appréhender, au travers de la démarche empirique, l'enjeu des compétences dévolues aux collectivités territoriales représentées, mais aussi le pouvoir ou l'influence que peuvent exercer les représentants dans leurs fonctions. C'est donc sur la base de ce raisonnement, traduit, plus loin, dans une présentation synoptique des hypothèses de représentation des collectivités territoriales en droit public, que se construit le positionnement de la thèse soutenue dans cette recherche.

[91] V. H. KELSEN, *op. cit.* (n° 78), p. 314.

B. Le positionnement de la thèse à l'égard de la thématique de la recherche

75. Le sujet de cette recherche s'inscrit dans la thématique générale de la représentation et de la représentativité dans les institutions de la Ve République, ainsi que des transformations du droit qu'elle implique. Les mécanismes de représentation conçus et développés dans cette étude révèlent la capacité des représentants de porter une volonté locale – distincte de la volonté générale notamment du fait de sa portée et des intérêts sous-jacents. Ces derniers peuvent agir en conséquence au nom et pour le compte d'un intérêt local, « défini comme un intérêt public, direct pour la population de la collectivité française et conforme au principe d'impartialité »[92]. La démonstration est ainsi opérée suivant un raisonnement de déconstruction-reconstruction, dont le plan en miroir consiste en ce que chaque argument de la première partie (représentation) soit confrontée aux idées de la seconde partie (représentativité). Finalement, il apparaît que le fonctionnement des mécanismes de représentation participe de l'objectif de l'intérêt général assigné indistinctement à l'ensemble des personnes morales de droit public.

76. La thèse soutenue vise dès lors à établir la pertinence et la finalité, mais aussi l'apport et les insuffisances de la représentation des collectivités territoriales dans l'exercice de leurs compétences. L'enjeu se traduit par une série de questionnements traversant cette recherche, notamment sur la restitution des modalités de la représentation des collectivités territoriales dans les instances de consultation, de décision ou d'exécution des décisions ; la désignation et le statut des représentants des collectivités territoriales dans les instances où elles sont représentées ; la portée de la représentativité des représentants des collectivités territoriales au regard du pouvoir ou de l'influence dont ils disposent au sein des instances ; l'effet du double niveau de représentation ainsi créé pour les habitants des collectivités territoriales, ainsi que leur droit de regard dans la définition des politiques publiques ; les risques juridiques de la représentation. Ces questionnements laissent penser que la plurivocité inhérente à la notion de représentation se prolonge dans la diversité des concepts auxquels

---

[92] V. Romain BOURREL, « Action extérieure », *in* Nicolas KADA *et alii* (dir.), *Dictionnaire encyclopédique de la décentralisation*, Berger-Levrault, 2017, p. 29.

elle renvoie et s'estompe de manière concrète au profit de sa personnification.

IV. LA PRÉSENTATION DES HYPOTHÈSES DE LA RECHERCHE ET DE LA PROBLÉMATIQUE DÉFENDUE

77. Le travail de détermination du sujet de la recherche a permis de susciter des réflexions et de soulever des questionnements condensés dans la formulation de la problématique et la présentation du plan qui suivent (B). Mais avant d'y parvenir, il est nécessaire d'énoncer la portée pratique de cette étude au travers des hypothèses de représentation recensées (A).

A. L'énoncé des hypothèses de l'étude

78. Face à une « terminologie équivoque et trompeuse » [93] la subtilité de cette recherche réside dans le fait qu'elle porte « non pas sur la réalité mais sur la pensée de la réalité, voire sur l'hypothèse que nombre de réalités ne seraient que représentations » [94]. Aussi, en se référant à la typologie des mécanismes de représentation proposée par la professeure Olivia BUI-XUAN [95], l'idée n'est pas de transformer l'unanimité d'une pensée en universalité des hypothèses. Il s'agit plutôt de démontrer de manière casuelle dans quelle mesure les considérations liées à la représentativité sont soit intégrées, soit ignorées dans les mécanismes de représentation à l'œuvre.

79. Il convient de relever que l'étude est menée dans un contexte caractérisé, d'une part, par la recomposition et la réorganisation des rôles des différents échelons territoriaux et, d'autre part, par la remise en cause des grands principes et catégories classiques de droit public. Partant, les règles renforçant l'exigence d'un consensus entre les communes, dans le cadre des structures de coopération entre collectivités territoriales, peuvent constituer des garanties dans le cadre du respect des exigences constitutionnelles en matière de libre

---

[93] M. STORCK, *op. cit.* (n° 6), p. 237.
[94] J.-P. DALOZ, *op. cit.* (n° 8), pp. 12, 16.
[95] O. BUI-XUAN, *op. cit.* (n° 7), p. 13.

administration de ces collectivités. Elles sont en revanche inopérantes pour l'égalité devant le suffrage et, de manière générale, pour leur représentation. Celle-ci devrait en conséquence être appréciée sur la base des éléments qu'il reste à définir : soit l'équité qui repose sur la population et le territoire constitutifs des collectivités territoriales, soit l'équilibre qui renvoie à l'idée de pouvoirs en droit public.

80. Il a fallu procéder à une observation minutieuse de la pratique de la représentation dans la sphère publique de manière générale. Le recensement ainsi opéré décrit à titre indicatif les hypothèses de la représentation des collectivités territoriales identifiées de façon méthodique. Il a permis d'élaborer un tableau sur la base des trois types de représentations identifiés dans cette recherche – la représentation-mandat, la représentation-habilitation et la représentation-incarnation – et tend à confronter le sujet à la représentativité de manière non exhaustive. Le problème de droit qui en ressort est de savoir si la perméabilité croissante des mécanismes de représentation aux considérations liées à la représentativité contribue ou nuit à l'intérêt public porté au niveau territorial. Cependant, l'intérêt public peut-il être défini et défendu aussi bien dans l'unité d'un intérêt local que dans la diversité des intérêts partisans ?

81. Sur ce point précisément, nous avons estimé utile de recourir à l'approche cognitive, entendue comme processus de traitement continu des informations, à un double point de vue : génératrice des informations à traiter (identifier qu'il s'agit de la représentation) et organisatrice des informations traitées (comprendre comment est structurée la représentation). Dans cette recherche, elle se décline sous la forme de deux logiques : d'une part, la logique territoriale qui s'attache à mettre en exergue la représentation des particularités de chaque territoire et, d'autre part, la logique démographique qui tend à la représentation indirecte des habitants des collectivités territoriales.

82. Trois opérations cognitives ont guidé l'élaboration de ce tableau :

- Opération de qualification : l'effort de mise en rapport de situation factuelle → la catégorie juridique → le régime juridique → la règle applicable ;

- Opération de définition : association des caractéristiques et interactions nécessaires en vue d'identifier un concept et établir sa catégorisation ;

- Opération d'interprétation : appréhension d'un concept par le travail de catégorisation (législatif ou jurisprudentiel)

83. L'approche analytique aussi a été utilisée pour distinguer chaque hypothèse des autres, notamment par la confrontation du mécanisme de représentation identifié aux considérations dominantes de la représentativité. De même, l'approche historique a été utilisée afin d'actualiser le statut principal du représentant et la répartition des sièges de représentants dans chaque mécanisme.

Tableau synoptique de la représentation des collectivités territoriales dans la sphère publique

N° de l'hypothèse	Cadre de la représentation	Collectivités territoriales représentées	Type d'instance / Mécanisme de représentation appliqué	Statut principal du représentant	Considération dominante de la représentativité	Répartition des sièges de représentants
1	Mission diplomatique de la France	Départements et régions d'Outre-mer[96]	Institutionnel : habilitation[97]	Agent de la collectivité	Volonté de la collectivité	Inéquitable
2	Congrès des pouvoirs locaux et régionaux du Conseil de l'Europe	Communes, départements, régions, CSP[98] et DROM	Institutionnel : habilitation	Délégué	Démographie	Inéquitable

[96] Guadeloupe, Guyane, Martinique, Mayotte et La Réunion. Elles sont désignées également sous le sigle « DROM ».

[97] Le représentant est spécifiquement désigné à cet effet par la collectivité territoriale représentée. V. les articles L.4433-4-5-1, alinéa 1, L.4433-4-5-3, alinéa 1, L.7153-10, alinéa 1, et L.7253-10, alinéa 1, du Code général des collectivités territoriales (CGCT).

[98] Dans le présent tableau, l'utilisation du sigle « CSP » (collectivités à statut particulier) est étendue, selon le cas, aux collectivités prévues aux articles 73 (DROM), 74 et s. (COM) de la Constitution, auxquels le législateur reconnaît des prérogatives équivalentes aux communes, départements ou régions de la Métropole, mais aussi à la Nouvelle-Calédonie et à la Polynésie française.

3	Comité européen des régions	Communes, départements, régions	Institutionnel : mandat/habilitation[99]	Délégué	Régime catégoriel	Inéquitable
4	Mission à caractère non diplomatique auprès de l'Union européenne	Départements et régions d'Outre-mer	Conventionnel : habilitation[100]	Agent de la collectivité	Volonté de la collectivité	Inéquitable
5	Sénat	Communes, départements, régions et CSP, DROM	Institutionnel : mandat[101]	Élu	Démographie/ Parité femme-homme	Inéquitable
6	Collège électoral pour	Communes, départements,	Institutionnel :	Élu/Délégué	Démographie	Inéquitable

[99] Conformément à l'article 305 du Traité sur le fonctionnement de l'Union européenne (TFUE) et en application de la décision (UE) 2019/852 du Conseil du 21 mai 2019 arrêtant la composition du Comité des régions, vingt-quatre sièges (autant des titulaires que des suppléants) sont attribués aux délégués des collectivités territoriales françaises : 12 au titre des régions, 6 pour les départements et 6 pour les communes. Pour la France, les délégués au Comité des régions, qui doivent au préalable être titulaires d'un mandat au niveau local, sont désignés par le Premier ministre sur proposition du ministre de l'Intérieur, après consultation de l'association Régions de France (RF), de l'Assemblée des départements de France (ADF) et de l'Association des maires de France et des présidents d'intercommunalité (AMF). Ils sont ensuite nommés par le Conseil de l'Union européenne statuant à l'unanimité sur les propositions de l'État.

[100] Le représentant est spécifiquement désigné à cet effet par la collectivité territoriale représentée. V. les articles L.4433-4-5-2, alinéa 1, L.4433-4-5-3, alinéa 3, L.7154-2 et L.7254-2 du CGCT.

[101] Article 24, alinéa 3, de la Constitution de la Ve République.

	l'élection sénatoriale	régions, CSP et DROM	mandat/habilitation [102]			
7	Conseil national de la montagne	Communes, départements, régions, EPCI et CSP	Institutionnel : habilitation[103]	Élu/Délégué	Classement dans un ou plusieurs massifs	Inéquitable
8	Comité des finances locales et Conseil national d'évaluation des normes	Communes, départements, régions, EPCI et CSP	Institutionnel : mandat[104]	Organe exécutif local	Régime catégoriel/ Parité femme-homme	Inéquitable
9	Conseil de surveillance des agences régionales de santé	Communes, départements, régions, EPCI, CSP et DROM	Institutionnel : habilitation[105]	Élu	Régime catégoriel	Inéquitable

[102] Articles L.280 à L.282 du Code électoral.

[103] Classement de la collectivité en tout ou partie. V. l'article 2 - 1° et 2° du décret n° 2017-754 du 3 mai 2017 relatif à la composition et au fonctionnement du Conseil national de la montagne, JORF.

[104] Le représentant est spécifiquement élu à cet effet. V. les articles R.1211-1 à R1211-5 et L.1212-1 du CGCT.

[105] Article L.1432-3 - 3° du Code de la santé publique.

10	Conseil d'administration du FNAP	Communes, départements, régions, EPCI, CSP et DROM	Institutionnel : mandat[106]	Élu	Régime catégoriel	Inéquitable
11	Conseil communautaire d'EPCI	Communes	Institutionnel : mandat[107]	Élu	Démographie/ Parité femme-homme	Inéquitable
12	Comité de syndicat de communes	Communes et EPCI	Conventionnel : habilitation[108]	Délégué/ Citoyen domicilié dans la commune membre	Contribution au budget	Équitable
13	Comité de syndicat mixte	Communes, départements,	Conventionnel :	Délégué/Élu	Contribution au budget	Inéquitable

[106] Article 1 du décret n° 2016-901 du 1er juillet 2016 portant création du Fonds national des aides à la pierre (FNAP), JORF n° 0153, 2 juillet 2016.

[107] Le représentant est élu au suffrage direct dans le cadre des élections municipales et communautaires (les dernières en France ont eu lieu le 15 mars et le 28 juin mars 2020). V. les articles L.5211-6, alinéa 1, et L.5211-6-2 du CGCT.

[108] Le représentant désigné par les conseillers municipaux peut être tout citoyen éligible pour faire partie du conseil municipal, sauf notamment l'agent employé par le syndicat ou par l'une des communes membres. V. les articles L.5212-7 et L.5711-1 du CGCT.

		régions, EPCI et CSP	habilitation/mandat [109]			
14	Conférence territoriale de l'action publique	Communes, départements, régions, EPCI et CSP	Conventionnel : incarnation/mandat [110]	Organe exécutif local/Élu	Délimitation territoriale /Démographie	Inéquitable
15	Conseil de la métropole du Grand Paris	Communes	Institutionnel : mandat[111]	Élu	Démographie	Inéquitable
16	Assemblée des maires de la métropole du Grand Paris	Communes	Institutionnel : incarnation[112]	Maire	Délimitation territoriale	Équitable
17	Conseil de la métropole de Lyon	Communes	Institutionnel : mandat[113]	Élu	Démographie	Inéquitable

[109] Article L.5721-2 du CGCT. V. en ce sens la question écrite avec réponse n° 29528, « Représentation des collectivités adhérentes dans les syndicats mixtes – M. Gérard Braun – Ministère de l'intérieur », JO Sénat, 7 décembre 2000 et 22 mars 2001.

[110] Le représentant est, au préalable, soit responsable de l'exécutif de la collectivité territoriale et membre de droit, soit élu à cet effet par l'organe délibérant. V. l'article L.1111-9-1 du CGCT.

[111] Le représentant est élu au suffrage direct pour siéger au conseil de la métropole. V. l'article L.5219-9, alinéa 1, du CGCT.

[112] Le représentant doit avoir la qualité de maire pour siéger à l'assemblée. V. l'article L.5219-7, alinéa 1, du CGCT.

[113] Le représentant est élu au suffrage direct pour siéger au conseil de la métropole.

18	Conseil de la métropole d'Aix-Marseille-Provence	Communes	Institutionnel : mandat[114]	Élu	Démographie	Inéquitable
19	Conférence métropolitaine des maires	Communes	Institutionnel : incarnation[115]	Maire	Délimitation territoriale	Équitable
20	Conseil de territoire	Communes	Institutionnel : mandat[116]	Délégué	Délimitation territoriale/Parité femme-homme	Inéquitable
21	Commission de dotation d'équipement	Communes, EPCI	Institutionnel :	Maire/Président d'EPCI	Régime catégoriel/ Démographie	Inéquitable

[114] *Ibidem.*

[115] Le représentant doit avoir la qualité de maire pour siéger à la conférence. V. l'article L.5218-9, alinéa 1, du CGCT.

[116] Aux termes de l'article L.52119-2, alinéa 2, du CGCT, les conseillers de territoire sont des délégués des communes incluses dans le périmètre de l'établissement public territorial (EPT), désignés au conseil de la métropole du Grand Paris en application de l'article L.5219-9 du CGCT. Faut-il préciser que les EPT de la métropole d'Aix-Marseille-Provence ont été supprimés par l'article 181 de la loi n° 2022-217 du 21 février 2022 relative à la différenciation, la décentralisation, la déconcentration et portant diverses mesures de simplification de l'action publique locale, abrogeant les articles L.5218-4 à L.5218-8 du CGCT.

	des territoires ruraux		habilitation/mandat [117]			
22	Commission départementale de la coopération intercommunale/ Commission régionale de la coopération intercommunale	Communes, départements, régions, EPCI et CSP	Institutionnel : mandat[118]	Élu	Régime catégoriel /Démographie	Inéquitable
23	Conseil d'administration d'établissement social ou	Communes, départements, régions, EPCI et CSP	Institutionnel : incarnation/mandat [119]	Élu/Délégué	Régime catégoriel	Inéquitable

[117] Le représentant est en principe désigné par l'association locale des maires ou des présidents d'EPCI ou élu par ses homologues au niveau départemental. V. l'article L.2334-37 du CGCT.

[118] Le représentant est élu par ses homologues suivant le régime catégoriel de sa collectivité. V. l'article L.5211-43 du CGCT ; v. aussi l'article 11, VII de la loi n° 2014-58 du 27 janvier 2014 modifiée de modernisation de l'action publique territoriale et d'affirmation des métropoles, JORF n° 0023, 28 janvier 2014.

[119] Articles L.315-10 I et R.315-6 à R.315-11 du Code de l'action sociale et des familles.

	médico-social à caractère public					
24	Conseil de surveillance d'établisse-ment public de santé	Communes, départements, EPCI et CSP	Institutionnel : mandat[120]	Élu/Délégué	Régime catégoriel	Inéquitable
25	Conseil d'administra-tion ou de surveillance de SEML	Communes, départements, régions, EPCI et CSP[121]	Conventionnel : mandat[122]	Élu/Délégué	Actionnariat	Équitable/ Inéquitable
26	Conseil d'administra-tion ou de	Communes, départements,	Conventionnel : mandat[123]	Élu	Actionnariat	Équitable/ Inéquitable

[120] Article R.6143-2 du Code de la santé publique.

[121] En vertu des accords de coopération transfrontalière entre collectivités territoriales, les collectivités locales françaises peuvent créer, avec des collectivités territoriales étrangères, ou participer aux groupements d'intérêt public de coopération transfrontalière ou au capital des sociétés d'économie mixte locales dont l'objet est d'exploiter des services publics d'intérêt commun. C'est ce que prévoit notamment l'article 5 du décret n° 97-322 du 2 avril 1997 portant publication du traité entre la République française et le Royaume d'Espagne relatif à la coopération transfrontalière entre collectivités territoriales, signé à Bayonne le 10 mars 1995.

[122] Le représentant est spécifiquement désigné à cet effet par la collectivité territoriale représentée. V. l'article L.1524-5 du CGCT.

[123] *Ibidem.*

	surveillance de SPL	régions, EPCI et CSP				
27	Conseil d'administration du service départemental d'incendie et de secours	Communes, département, EPCI et CSP	Institutionnel : mandat[124]	Élu	Régime catégoriel /Démographie	Inéquitable
28	Conseil d'administration des collèges et des lycées	Communes, départements, régions, EPCI et CSP	Institutionnel : mandat[125]	Élu	Régime catégoriel	Inéquitable
29	Conseil d'administration de centre de gestion de la fonction publique territoriale	Communes et EPCI	Institutionnel : mandat[126]	Élu	Régime catégoriel /Démographie/ effectif d'agents	Équitable/ Inéquitable

[124] Article R.1424-2 du CGCT.

[125] Articles R.421-14, R.421-16 et R.421-17 du Code de l'éducation.

[126] Articles 13 et 17 de la loi n° 84-53 du 26 janvier 1984 portant dispositions statutaires relatives à la fonction publique territoriale, JORF, 27 janvier 1984.

30	Comité de bassin	Communes, départements, régions et EPCI	Institutionnel : habilitation[127]	Élu	Régime catégoriel /Impact géographique	Inéquitable
31	Comité de l'eau et de la biodiversité	Communes et EPCI des DROM	Institutionnel : habilitation[128]	Élu/Délégué	Régime catégoriel /Prérogatives statutaires	Inéquitable
32	Conseil territorial de santé	Communes, départements, régions, EPCI, CSP et DROM	Institutionnel : habilitation[129]	Élu	Régime catégoriel /Situation en zone de démocratie sanitaire	Inéquitable
33	Association des Maires de	Communes	Conventionnel : incarnation	Élu	Contribution au budget	Équitable

[127] Articles 1er, 3, 5, 7, 9 et 11 de l'arrêté du 10 mai 2017 relatif à la représentation des collectivités territoriales et des usagers aux comités de bassin, JORF n° 0110, 11 mai 2017.

[128] Articles 1 à 5 de l'arrêté du 14 avril 2017 relatif à la représentation des collectivités territoriales, des diverses catégories d'usagers, des personnes qualifiées et de l'administration de l'État aux comités de l'eau et de la biodiversité et à leur siège pris en application des articles R.213-50 et R.213-51 du Code de l'environnement, JORF n° 0091, 16 avril 2017.

[129] Article 1er - 3° de l'arrêté du 3 août 2016 relatif à la composition du conseil territorial de santé, JORF, 6 août 2016. V. en ce sens l'instruction n° SG/2016/348 du 21 octobre 2016 relative à la territorialisation de la politique de santé en application des articles 158 et 162 de la loi n° 2016-41 de modernisation de notre système de santé, BO Santé – Protection sociale – Solidarité, n° 2016/12, 15 janvier 2017.

	France et des présidents d'intercommunalité[130]					
34	Assemblée des départements de France[131]	Départements	Conventionnel : incarnation	Élu	Contribution au budget	Équitable
35	Association Régions de France[132]	Régions	Conventionnel : incarnation	Élu	Contribution au budget	Équitable

[130] Il s'agit d'une structure de droit privé dont le régime juridique est prévu par la loi du 1er juillet 1901 relative au contrat d'association, JORF 2 juillet 1901. Cette association a cependant acquis une reconnaissance d'utilité publique qui en fait un acteur essentiel notamment pour la prise de certains actes de droit public, à l'instar de la désignation des représentants des collectivités territoriales au Congrès des pouvoirs locaux et régionaux du Conseil de l'Europe ou au Comité européen des régions de l'Union européenne.

[131] Il s'agit d'une structure de droit privé dont le régime juridique est prévu par la loi du 1er juillet 1901 relative au contrat d'association, JORF 2 juillet 1901. Cette association a cependant acquis une reconnaissance d'utilité publique qui en fait un acteur essentiel notamment pour la prise de certains actes de droit public, à l'instar de la désignation des représentants des collectivités territoriales au Congrès des pouvoirs locaux et régionaux du Conseil de l'Europe ou au Comité européen des régions de l'Union européenne.

[132] *Ibidem.*

B. La problématique défendue dans l'étude

84. Sur le plan du droit le représentant est en principe réputé faire ce qu'il y a de mieux pour le représenté, comme ce dernier le ferait lui-même. En ce sens, la représentation a trait dans cette recherche à une technique permettant aux représentants de vouloir et d'agir au nom et pour le compte des collectivités territoriales représentées. L'objectif est dès lors de traduire, en théorie comme en pratique, la jonction de la volonté et du pouvoir au travers des mécanismes permettant d'engager juridiquement ces collectivités.

85. Pour ce faire, il s'agira d'abord de démontrer que la polysémie du terme de représentation, dans ses approches juridique et conceptuelle, conduit à une diversité des mécanismes applicables et à une variété des représentants des collectivités territoriales en droit public. Ensuite il s'agira de mettre en évidence les subséquentes manifestations de la représentation des collectivités territoriales au sein des instances de droit public en démontrant que les mécanismes de représentation appliqués sont différemment réceptifs à la représentativité.

86. Cette démonstration conduit à articuler la recherche de façon binaire et complémentaire : dans un premier temps, les mécanismes de représentation des collectivités territoriales sont pluriels (première partie) et, dans un second temps, leur perméabilité à la représentativité diffère d'un mécanisme à l'autre (seconde partie).

PREMIÈRE PARTIE : LA PLURALITÉ DES MÉCANISMES DE REPRÉSENTATION APPLICABLES AUX COLLECTIVITÉS TERRITORIALES

87. En droit public, le procédé de la représentation nécessite une réalité sociale susceptible de lui donner une approche conceptuelle collective. La forme la plus élaborée de cette approche est une réalité publique, soit la *res publica*[133], appliquée de manière primaire à l'État et de manière subsidiaire aux collectivités territoriales. Vu sous cet angle, la représentation peut désigner un procédé subtil en vertu duquel les compétences et responsabilités des personnes morales de droit public – en l'occurrence les collectivités territoriales – sont dévolues à des personnes physiques qui, de manière collégiale ou individuelle, ont le pouvoir de prendre des actes juridiques au nom et pour le compte de ces personnes morales.

88. La réflexion menée dans le cadre de cette recherche commence par établir une typologie de la représentation des collectivités territoriales, qui en constitue par ailleurs le fil conducteur : il s'agit de la représentation-mandat, la représentation-habilitation et la représentation-incarnation [134]. Cette typologie détermine les caractéristiques des mécanismes qui interviennent dans la pratique de la représentation. Elle révèle par la suite que, dans toutes ses formes et modalités, ce procédé juridique constitue, aux côtés de la libre administration locale, l'un des principaux enjeux de l'organisation décentralisée de la République. À ce titre, le procédé de la représentation tout comme le principe constitutionnel de libre administration des collectivités territoriales peuvent être saisis de manière simultanée, par exemple au sens « d'une coordination dans l'exercice des compétences [ou] d'un développement de la

[133] La chose publique.

[134] Suivant cette typologie, il est recensé dans cette recherche trente-cinq hypothèses illustrant, à titre indicatif, les différentes manifestations de la représentation des collectivités territoriales dans la sphère publique. V. *supra* pp. 58-68.

concertation, de la planification, d'une libre répartition des compétences par délégation entre collectivités »[135].

89. Ainsi, les représentants des collectivités territoriales peuvent être en mesure d'exercer un réel pouvoir ou, à défaut, une certaine influence dans les instances où ces collectivités sont représentées. Il s'agit moins d'un aboutissement que d'un postulat qui tend à ramener la présente recherche jusqu'aux origines de l'apparition des collectivités territoriales en droit public, tout en s'interrogeant sur le sens de la représentation de ces dernières. Pour ce faire, dans cette partie de la recherche, il convient d'abord d'identifier et de distinguer les fonctions juridiques de représentation des collectivités territoriales dans les instances où celles-ci sont représentées (titre 1). Par la suite, il sera nécessaire de clarifier la variété des représentants qui s'ensuit selon les types d'instances dans lesquels ces collectivités sont représentées (titre 2). En somme, la démonstration consiste non seulement à analyser les types d'instances dans lesquels les collectivités territoriales sont représentées, mais aussi à développer les raisons pour lesquelles elles s'y trouvent représentées.

---

[135] Maylis DOUENCE, « Préface », *in* M. DOUENCE (dir.), *L'exercice des compétences locales entre rationalisation et créativité*, L'Harmattan, coll. « Droit des collectivités territoriales », 2017, p. 11.

TITRE 1 : LA DIVERSITÉ DES FONCTIONS LIÉES À LA REPRÉSENTATION DES COLLECTIVITÉS TERRITORIALES

90. L'idée de territorialisation de l'action publique traverse en partie la mise en œuvre des fonctions de représentation des collectivités territoriales dans cette recherche[136]. Elle intervient en tant qu'approche des politiques publiques dont la mise en œuvre tend à la valorisation des spécificités de chaque territoire et, de manière différenciée, au traitement de certaines affaires par des ressources locales. Aussi, en tant qu'élément essentiel d'identification des collectivités territoriales, le territoire « définit celles-ci de manière prépondérante [du] fait qu'elles gèrent les problèmes administratifs propres à une circonscription administrative dont elles ont la responsabilité »[137].

91. Dès lors, « c'est le tracé des limites communales qui commande les autres » puisqu'il est exclu « qu'une commune soit à cheval sur deux départements, et qu'un département soit à cheval sur deux régions »[138]. Loin de correspondre à un concept juridique formel, l'idée sous-jacente est d'utiliser l'échelon territorial, bien plus que l'échelon étatique ou supra-étatique, comme cadre de définition et de solution des problèmes d'intérêt public local[139]. Elle consiste à mettre en perspective les fonctions de représentation avec l'exercice des missions publiques des collectivités territoriales tant au niveau local, national que supranational. Mais d'emblée on peut se demander si ces fonctions sont identiques – au niveau local, national ou supranational – pour l'ensemble des collectivités territoriales, alors que les disparités démographiques et les différences de territoire sont prégnantes.

---

[136] V. les développements subséquents dans l'ouvrage collectif dirigé par Pierre-Yves CHICOT, *Décentralisation et proximité : territorialisation et efficacité de l'action publique locale*, Dalloz, coll. « Thèmes et commentaires », 2013, 300 p.

[137] Jean-Bernard AUBY, Jean-François AUBY et Rozen NOGUELLOU, *Droit des collectivités locales*, 4e éd., Presses universitaires de France, coll. « Thémis - Droit », 2008, p. 45.

[138] *Ibidem*, p. 47.

[139] Jean-Bernard AUBY, « Réflexions sur la territorialisation du droit », *in La profondeur du droit local. Mélanges en l'honneur de Jean-Claude Douence*, Dalloz, coll. « Études, Mélanges », 2006, p. 33.

92. Par ailleurs, les fonctions de représentation se distinguent selon qu'elles sont exercées dans les instances de type institutionnel ou de type conventionnel. Il est important de préciser que, dans le cadre de cette recherche, une instance est de type institutionnel lorsque sa création (obligatoire) est prescrite par un texte ; elle est de type conventionnel lorsque sa création (facultative) relève d'un accord de volontés des personnes publiques notamment. D'une part, ce sont des structures organiques de droit public mises en place directement par un texte ayant force de loi. Et contrairement à ce qu'elle pourrait laisser entendre, l'épithète « institutionnelle » n'est pas redondante à côté du terme « instance » : elle permet de mettre en relief la création unilatérale de ce type d'instances directement par le pouvoir législatif ou réglementaire[140]. D'autre part, les instances de type conventionnel ont trait aux structures organiques de droit public mises en place en application d'une convention de droit interne ou de droit international. Quoique leur fonctionnement soit en pratique similaire à celui des instances de type institutionnel, la particularité des instances de type conventionnel se situe essentiellement au niveau de l'accord de volontés sans lequel l'acte créateur ou constitutif ne serait pas établi.

93. Le dualisme d'instances ainsi érigé sert essentiellement à l'analyse des mécanismes afférents aux fonctions liées à la représentation-mandat (chapitre 1) et, surtout, à la représentation-habilitation ainsi qu'à la représentation-incarnation (chapitre 2). L'enjeu de cette démonstration est de saisir la portée de la représentation des collectivités territoriales en identifiant les manifestations qui traduisent son existence en droit positif. En ce sens, il convient de préciser que la représentation-habilitation a la particularité de dépasser le droit interne en trouvant une application particulière dans les instances supranationales.

---

[140] V. Eugène ENRIQUEZ, « L'instance institutionnelle », *in* E. ENRIQUEZ (dir.), *L'organisation en analyse*, Presse universitaire française, 2003, pp. 77-87 ; Alain VAN CUYCK, « L'instance institutionnelle comme fondement anthropologique, social et communicationnel de la culture organisationnelle », intervention au colloque international en sciences de l'information et de la communication, Nice 8-9 décembre 2005, 2005, pp. 38-46 [mis en ligne sur le site https://archivesic.ccsd.cnrs.fr/sic_00198646] [consulté le 14 juin 2019].

CHAPITRE 1 : LA REPRÉSENTATION-MANDAT FONDÉE SUR LE RÔLE DE L'ORGANE DÉLIBÉRANT DES COLLECTIVITÉS TERRITORIALES

94. En droit public comme en droit privé, la représentation est communément un procédé de transfert, voire de justification du pouvoir d'agir au nom et pour le compte d'autrui. Le mandat, en revanche, est défini en droit privé, d'où il tire ses origines, comme « le contrat par lequel une personne, le mandataire (ou représentant), est chargée par une autre, le mandant (ou représenté), d'accomplir pour elle, pour son compte, un ou plusieurs actes juridiques déterminés [...] »[141]. Tout en se gardant dans cette recherche de la tendance à « faire rentrer la vie publique dans les cadres habituels des rapports du droit privé »[142], il convient d'envisager ce concept dans une dimension spécifique. Concrètement, il s'agit d'écarter toute conception du mandat dans un régime de droit privé ; dans le même temps, il faut se garder de l'appréhender selon les rapports existant entre représentants et électeurs, notamment dans un régime de droit public.

95. Aussi ce chapitre a-t-il vocation à faire émerger le dualisme de la représentation-mandat[143] dans les instances où elle est appliquée. Le raisonnement développé tend à l'appréhension du rôle dévolu aux organes délibérants des collectivités territoriales au sens des dispositions constitutionnelles en vertu desquelles, « dans les conditions prévues par la loi, ces collectivités s'administrent librement par des conseils élus et disposent d'un pouvoir réglementaire pour l'exercice de leurs compétences »[144]. L'enjeu de cette démonstration se situe au niveau des modalités des mécanismes à l'œuvre : d'une part, les collectivités territoriales ont la possibilité de lever l'option, soit volontairement, soit sous l'impulsion du législateur, d'être représentées

---

[141] S. BISSARDON, *op. cit.* (n° 21), p. 319.

[142] J. BARTHELEMY et P. DUEZ, *op. cit.* (n° 84), p. 115 : « [...] en ce qui concerne la représentation, politique, cette méthode conduit à faire rentrer les rapports existants entre électeurs et élus dans la catégorie connue du mandat (confiance contre/égale estime publique) et à appliquer à ces rapports les règles juridiques tracées par le Code civil pour le mandat ».

[143] O. BUI-XUAN, *op. cit.* (n° 7), p. 13. Il y a lieu de préciser que la représentation-mandat développée dans cette recherche correspond en fait à la représentation-transfert proposée par la professeure.

[144] Article 72, alinéa 3, de la Constitution de la Ve République.

au sein des instances internes et externes ; d'autre part, elles ont la possibilité de choisir elles-mêmes leurs représentants. L'analyse des hypothèses de représentation-mandat, qui sera détaillée dans les développements qui suivent, montre que ces modalités peuvent être mises en œuvre, le cas échéant, l'une après l'autre ou, *a contrario*, l'une sans l'autre.

96. Ainsi, les mécanismes du mandat direct et du mandat indirect (Section 1) mettent en évidence la personnalité publique des collectivités territoriales, au travers de la capacité de ces dernières de faire valoir leur volonté et de l'accomplir. Toutefois, les deux mécanismes ne procèdent pas de façon identique, dès lors que la pratique de l'imputation de la représentation-mandat aux organes délibérants élus révèle que le mandat direct s'émancipe de cette technique juridique (Section 2).

Section 1 Le dualisme de la représentation-mandat : le mandat direct et le mandat indirect

97. La représentation a longtemps été appréhendée sous le prisme du mandat, notamment en droit privé, à la différence que, en droit public, le mandat est avant tout électif. C'est ainsi qu'une conception publiciste identifie la représentation lorsque « des individus élus pour un temps déterminé décident en conscience et avec compétence de la politique à mener, dont ils sont comptables au sortir de la fonction »[145]. Dans cette perspective de recherche orientée sur la représentation interne, sortir de ce cadre historique du mandat semble hors de portée.

98. Il est cependant souhaitable de franchir cette limite conceptuelle pour les personnes publiques, en l'occurrence les collectivités territoriales. Partant notamment de l'idée que la représentation est un procédé lié à la fois à leur nature juridique et sociologique, le mandat apparaît plus comme l'expression de la volonté de la collectivité représentée que le choix d'une certaine majorité. Cette volonté à l'origine du mandat direct constitue le premier fondement de la fonction de représentation qui en découle (§1). Pourtant, dans certaines circonstances, elle n'est pas déterminante pour engendrer une fonction

[145] D. ALLAND et S. RIALS (dir.), *op. cit.* (n° 23), pp. 1335-1336.

de représentation, dès lors qu'est mis en exergue l'intérêt de la collectivité représentée : c'est le mandat indirect (§2).

§1 La volonté de représentation à l'origine du mécanisme du mandat direct

99. Le mécanisme du mandat direct consacre l'expression de la volonté – libre ou encadrée – de l'organe délibérant de la collectivité territoriale représentée. Cette volonté constitue la quintessence du mécanisme du mandat direct, voire du procédé de la représentation en soi. En admettant que ce ne soit pas le cas, « [q]u'est-ce d'autre en effet que la représentation sinon une technique juridique faite pour donner une volonté »[146] ? Cette question se pose avec d'autant plus d'acuité qu'il s'agit d'une volonté hétéroclite, voire putative, en l'occurrence celle d'une collectivité territoriale.

100. Dès lors que la volonté de représentation de la collectivité territoriale est exprimée sous la forme apparente d'un acte positif de l'organe délibérant, on peut estimer qu'elle génère le mécanisme de représentation à l'œuvre (I). En pratique, cette expression délibérative de la volonté traduit concomitamment la confiance de la collectivité envers son représentant (II).

I. Une volonté génératrice de la représentation

101. De près ou de loin, la représentation en général est liée à l'idée de la volonté. Celle-ci, en tant que critère fondamental du mécanisme du mandat direct, apparaît à travers les compétences exercées par l'organe délibérant des collectivités territoriales (A). Ce faisant, elle peut être exprimée de façon complète ou incomplète (B).

---

[146] Bruno DAUGERON, « Représentation/représentativité : quels enjeux constitutionnels à la réforme du mode de scrutin pour les élections législatives ? », *Petites affiches*, n° 136, 2018, p. 10.

A. L'intervention de la volonté dans l'exercice des compétences des collectivités territoriales

102. L'idée de la volonté est présente – peu ou prou – notamment dans les formes les plus lointaines de la représentation en droit public, telles que décrites par Thomas HOBBES[147]. Pour le philosophe, le passage de l'« état de nature » à la « société civile » s'effectue non pas en deux temps – consentement de tous et choix du souverain –, mais par un procédé unique : la représentation, dont la forme de représentation-mandat constitue ici l'aboutissement[148].

103. Hans KELSEN, en revanche, n'y voit pas plus qu'un élément du caractère fictif de la représentation, et ce « même si la volonté du représentant est plus ou moins liée par la volonté du représenté »[149]. Le juriste rejette manifestement l'existence de la représentation en droit positif, du moins dans son caractère imprégné de volonté[150], notamment à cause de son attachement à la célèbre formule de Jean-Jacques ROUSSEAU : « La volonté ne se représente point : elle est la même, ou elle est autre ; il n'y a point de milieu. »[151]

---

[147] Thomas HOBBES, *Léviathan, Traité de la matière, de la forme et du pouvoir de la république ecclésiastique et civile*, introd., trad. et notes de François TRICAUD, Dalloz-Sirey, coll. « Bibliothèque Dalloz », 1999 (1re éd. Sirey, 1971).

[148] V. en ce sens les développements de Nicole DOCKES, « De la nécessité de la représentation chez Hobbes », *in* Raymond FORNI et Christian PONCELET (dir.), *Le concept de représentation dans la pensée politique. Actes du colloque d'Aix-en-Provence, 2-3 mai 2002*, Presse universitaire d'Aix-Marseille, coll. « Histoire des idées politiques », 2003, pp. 159-176, [mis en ligne sur le site : https://books.openedition.org/puam/161?lang=fr] [consulté le 8 février 2020]. L'auteure soutient que Thomas HOBBES utilise la théorie de la représentation comme « support de la puissance suprême du souverain ». V. aussi David FONSECA, « Le philosophe aux loups. Actualité et inactualité de la représentation politique chez Hobbes », *in* O. BUI-XUAN, *op. cit.* (n° 7), pp. 83-94 ; « Autour de Hobbes : représentation et fiction », *Droits*, n° 21, 1995, pp. 95-103.

[149] H. KELSEN, *op. cit.* (n° 78), p. 395. L'auteur ajoute : « Plus évidente encore est la fiction de l'identité de volonté lorsque la volonté du représentant n'est liée en aucune façon par la volonté du représenté comme [...] en droit constitutionnel moderne, dans le cas de la représentation du peuple par un Parlement dont les membres sont juridiquement indépendants dans l'exercice de leurs fonctions. »

[150] Pierre BRUNET, *La conception de la représentation dans la théorie de l'État*, thèse dactylographiée, Université de Paris X – Nanterre, 1997, pp. 8-9.

[151] Jean-Jacques ROUSSEAU, *Du contrat social*, L. III, chap. XV, *in Œuvres complètes*, t. III, La Pléiade-Gallimard, 1964 (1re éd. 1762), p. 429.

104. En théorie, la volonté est perceptible dès les premières apparitions de la conceptualisation de la représentation. Elle a de surcroît une portée significative dans la représentation-mandat, en particulier dans le mécanisme du mandat direct. En ce sens, la volonté traduit le consentement à la représentation de l'organe délibérant, auquel appartient, aux termes de l'article 72, alinéa 3, de la Constitution, la prérogative d'administrer la collectivité territoriale représentée [152]. Il s'agit d'une traduction juridique de la libre administration des collectivités territoriales qui ne peut donc se concevoir sans la volonté expresse ou tacite de ces dernières.

105. Mais en pratique, la volonté d'une collectivité territoriale se révèle, dans les cas prévus par les lois et règlements, à travers l'exercice des compétences dévolues à l'organe délibérant. Par exemple, lorsqu'il s'agit de représenter la collectivité au sein d'une instance interne telle que la commission d'appel d'offres ou la commission de délégation de service public[153]. C'est également le cas lorsqu'il s'agit de représenter certaines communes au sein des instances externes, à l'instar du collège électoral pour l'élection sénatoriale [154], du conseil d'administration d'établissement social ou médico-social à caractère public [155] et du conseil de surveillance d'établissement public de santé [156]. Aussi convient-il de considérer attentivement la complétude de l'expression de la volonté par l'organe délibérant.

---

[152] Les dispositions constitutionnelles prévoient en substance que, dans les conditions prévues par la loi, les collectivités territoriales s'administrent librement par des conseils élus.

[153] Article L.1411-5, II du CGCT.

[154] Articles L.284 à L.286 du Code électoral. V. l'hypothèse n° 6 du tableau synoptique de la représentation des collectivités territoriales dans la sphère publique, p. 44. Il y a lieu cependant de préciser que la désignation des représentants des collectivités territoriales est ici soumise notamment à la condition de la nationalité française. Nous y reviendrons, dans cette partie de la recherche, au chapitre 2 du titre 2.

[155] Articles L.315-10 I et R.315-6 à R.315-11 du Code de l'action sociale et des familles. V. l'hypothèse n° 23 du tableau synoptique de la représentation des collectivités territoriales dans la sphère publique, p. 48.

[156] Article R.6143-2 du Code de la santé publique. V. l'hypothèse n° 24 du tableau synoptique de la représentation des collectivités territoriales dans la sphère publique, p. 48.

B. Le caractère complet ou incomplet de la volonté exprimée par des actes juridiques

106. L'expression de la volonté peut être, le cas échéant, complète ou incomplète au regard du mécanisme de représentation à l'œuvre. Elle est complète lorsque l'organe délibérant se prononce sur le principe de la représentation et dans le même temps choisit le représentant de la collectivité territoriale. La complétude du mécanisme du mandat direct apparaît notamment dans les hypothèses mettant en œuvre l'actionnariat des collectivités territoriales [157]. Elle se révèle en particulier lorsqu'il s'agit de lever l'option et de procéder au choix des représentants des collectivités territoriales pour siéger conseil d'administration ou de surveillance d'une société d'économie mixte locale (SEML) ou d'une société publique locale (SPL).

107. En revanche, l'expression de la volonté est incomplète lorsque l'organe délibérant se prononce uniquement sur le principe de la représentation sans pouvoir choisir de représentant et *vice versa*, notamment en matière d'administration de centre de gestion de la fonction publique territoriale[158]. Dans cette hypothèse, le législateur a prévu en substance un collège spécifique représentant les collectivités et établissements non affiliés au conseil d'administration des centres de gestion. En d'autres termes, des collectivités territoriales n'ayant pas exprimé leur volonté pour l'affiliation peuvent tout de même être représentées, soit après avoir désignés leurs représentants, soit sans avoir désigné de représentants.

108. Dans tous les cas, la volonté seule ne suffit pas à expliquer les mécanismes du mandat. Elle constitue néanmoins un élément majeur d'identification de la représentation et le principal fondement de la création et du maintien de la relation entre la collectivité représentée et le représentant : un socle construit autour de l'idée de confiance.

---

[157] Articles L.1524-5 et L.1531-1 du CGCT. V. *supra* les hypothèses n° 25 et n° 26 du tableau synoptique de la représentation des collectivités territoriales dans la sphère publique, p. 65.

[158] Article L.452-22 du Code général de la fonction publique (CGFP), notamment l'alinéa 3.

II. Le mandat direct imprégné de l'idée de confiance

109. Le mandat direct donne à la représentation un sens particulier, notamment par le renouvellement de l'idée de confiance qui lui est attachée (A). La portée juridique de cette idée de confiance entraîne une conséquence sur la conception politique du mandat (B).

A. La conception du mandat direct par le renouvellement de l'idée de confiance

110. Durant de longues décennies, la représentation en général a été associée, voire confondue, au mandat simplement parce que, au-delà de la subtilité de rendre présent ce qui est absent, elle consiste aussi à « agir » au nom et pour le compte d'autrui. Cette subtilité intellectuelle et juridique est caractérisée à la base par l'idée de confiance car, de manière pratique, « être représenté, c'est accorder sa confiance »[159].

111. L'enjeu se conçoit différemment dans la sphère privée et dans la sphère publique. En droit privé, il s'agit de minimiser ce que l'on pourrait appeler « le risque d'agence » [160] en maintenant la représentation le plus fidèlement possible dans l'objectif qui lui a été assigné de manière volontaire, légale ou judiciaire. Cependant, en droit public, le risque n'est pas de même nature : il faut éviter ce que nous appelons le décalage de fonction. L'idée est de chercher en continu une concordance entre le représentant et le représenté afin de faire émerger une volonté autonome. En pratique, ce risque est atténué lorsque le représentant a spécifiquement reçu un mandat à cet effet et, de plus, lorsqu'il représente une seule catégorie des collectivités territoriales. C'est le cas de la représentation de ces collectivités[161] au Comité des finances locales (CFL) et au Conseil national d'évaluation des normes (CNEN) – instances de type institutionnel.

---

[159] L. JAUME, « La représentation : une fiction malmenée », *Pouvoirs*, n° 120, 2007, p. 8.

[160] C.-W. CHEN, *op. cit.* (n° 22), p. 1.

[161] Cette représentation concerne les communes, les départements, les régions, les EPCI et les collectivités statut particulier. V. les articles R.1211-1 à R1211-5 et L.1212-1 du CGCT, mais aussi l'avis relatif à l'élection pour le renouvellement des représentants des régions, des départements, des communes et des établissements publics de coopération intercommunale à fiscalité propre au Conseil national d'évaluation des normes (CNEN), JORF n° 0101, 29 avril 2017.

112. Le mécanisme du mandat direct implique par ailleurs la confiance à l'égard du représentant d'agir au nom et pour le compte de la collectivité représentée. En principe, cette confiance naît du consentement de l'organe délibérant et est indissociable de la fonction de représentation qu'elle caractérise. Le fait générateur de la confiance intervient ainsi en amont[162] de la mise en œuvre du mécanisme de représentation et implique une validation *a priori* par la collectivité territoriale des actions du représentant, comme si elle devait agir elle-même. Certes, il ne s'agit pas d'un « blanc-seing » de la collectivité aux actions du représentant, dès lors que celui-ci « jouit d'une grande indépendance »[163] à l'égard de l'organe délibérant qui l'a désigné.

B. L'effet de la confiance sur la conception politique du mandat direct

113. L'idée de confiance, présente dans la conception de la représentation en général, engendre la dichotomie du mandat dans la pensée politique : le mandat impératif et le mandat représentatif. C'est à juste titre que Lucien JAUME relève dans la langue latine « le rapprochement sémantique entre *fides* (la bonne foi) et *foedus* (le pacte) »[164]. Corolaire de l'idée de volonté, la confiance participe de la consolidation du système représentatif en tant que norme pour les citoyens et pour les collectivités territoriales. Pour ces dernières, elle s'applique en particulier dans les cas de la représentation au Sénat[165], ainsi qu'aux conseils communautaires des EPCI[166].

114. Aussi, c'est en traduisant une confiance perpétuelle et en même temps indépendante de la volonté génératrice du mécanisme de représentation que le mandat direct trouve sa place et a une valeur importante sur le plan politique. L'idée sous-jacente de confiance que ce mécanisme comporte est cependant diversement constituée à cause de l'extrême diversité des collectivités territoriales mais aussi de la pluralité des mécanismes de représentation dont elle participe. Elle ne demeure pas moins incontournable, dès lorsqu'elle procède d'une nécessité ontologique : en tant que personnes morales, les collectivités

---

[162] Dans le cas contraire, il s'agirait pour la collectivité territoriale d'admettre simplement les actions du représentant, lorsqu'elle ne pourrait, au mieux, les valider.
[163] O. BUI-XUAN, *op. cit.* (n° 7), p. 13.
[164] L. JAUME, *op. cit.* (n° 159), p. 8.
[165] V. l'article 24, alinéa 3, de la Constitution.
[166] V. les articles L.5211-6, alinéa 1, et L.5211-6-2 du CGCT.

territoriales sont dans l'incapacité, « par nature », d'agir elles-mêmes en leur nom et pour leur compte[167].

115. L'idée de confiance entre les collectivités territoriales et leurs représentants contribue à une mise en œuvre efficiente du principe de libre administration de ces collectivités, mais aussi au respect de l'objectif de l'intérêt général. À ce titre, l'accès au juge constitutionnel par la procédure de question prioritaire de constitutionnalité (QPC) constitue une avancée majeure pour les collectivités territoriales[168]. Leurs représentants ont ainsi la possibilité de faire valoir leurs griefs à l'égard des dispositions légales qu'ils estiment contraires à la Constitution, étant donné que c'est la loi fondamentale qui est le fondement principal de la libre administration locale. Dès lors, la confiance constitue l'une des « conditions » pour mettre en exergue la personnalité juridique des collectivités territoriales ; c'est aussi un critère de la validation par ces collectivités des actions de leurs représentants, tant à l'égard de leur patrimoine que de leur responsabilité en droit. En revanche, cette idée de confiance est moins apparente dans le mécanisme du mandat indirect qui est plutôt essentiellement caractérisé par la fonction de représentation exercée.

§2 Le mécanisme du mandat indirect subjugué par la fonction de représentation

116. À défaut d'une volonté apparente, la représentation des collectivités territoriales se manifeste, dans le cadre de la représentation-mandat, au travers des objectifs assignés à la fonction de représentation. Aussi la mise en évidence du mécanisme du mandat indirect passe-t-elle par une prise en compte de l'intérêt de la collectivité représentée (I), qui est ensuite défini par la fonction de représentation à l'œuvre (II).

---

[167] V. N. DOCKÈS, *op. cit.* (n° 148), pp. 161-162.

[168] V. l'article 61-1 de la Constitution. V. aussi la loi organique n° 2009-1523 du 10 décembre 2009 relative à l'application de l'article 61-1 de la Constitution, JORF n° 0287, 11 décembre 2009. Ce texte officiel est entré en vigueur le 1er mars 2010, après avoir reçu la validation, sous réserve d'interprétation, du Conseil constitutionnel dans sa décision n° 2009-595 DC, 3 décembre 2009, *Loi organique relative à l'application de l'article 61-1 de la Constitution.*

I. Le mandat indirect traversé par l'idée d'intérêt

117. La perspective de préserver l'intérêt des collectivités territoriales peut engendrer la tentation d'une subrogation, voire une confusion de la volonté et de l'intérêt (A). Néanmoins, la volonté de ces collectivités peut être identifiée à l'aune de leurs intérêts, notamment lorsque celles-ci ne disposent pas de moyens de droit nécessaires pour les exprimer (B).

A. La tentation d'une subrogation de la volonté par l'intérêt

118. En général, la représentation se traduit sur le plan juridique par toute manifestation de la volonté (par le représentant) dont les effets peuvent être considérés au même titre que s'ils étaient le fait d'une autre volonté (du représenté). Partant de ce postulat, nous pouvons raisonnablement considérer que les deux volontés impliquées, c'est-à-dire du représentant et du représenté, doivent être caractérisées par le souci (identique) de satisfaire un besoin ou d'atteindre un objectif. Toutefois, lorsque la volonté du représenté n'est pas identifiable au moment où se manifeste la représentation, elle peut être déduite de son intérêt. L'identification de l'intérêt est alors déterminante à l'instar de la pratique en matière d'administration des centres de gestion de la fonction publique territoriale[169]. L'intérêt constitue, de ce fait, le deuxième élément d'identification de la représentation en général et le pivot du mécanisme du mandat indirect en particulier. Il est même possible d'en déduire par suite une volonté de représentation des collectivités territoriales.

119. Selon la théorie de Hans KELSEN, dès lors que « dans la langue juridique, on identifie plus ou moins intérêt et volonté, en admettant que ce qu'un homme 'veut' est son intérêt, on croit pouvoir admettre que l'essence de la représentation consiste en ce que la volonté du représentant est la volonté du représenté »[170]. Cette affirmation, particulièrement prégnante dans le mécanisme du mandat indirect, traduit l'identification sémantique communément perçue des notions de volonté et d'intérêt. Néanmoins, elle ne justifie pas le fait de subroger

---

[169] V. *supra* l'hypothèse n° 29 du tableau synoptique de la représentation des collectivités territoriales dans la sphère publique, p. 66.

[170] H. KELSEN, *op. cit.* (n° 78), p. 395.

ni de confondre les deux termes, chacun étant un concept particulier et ayant une portée différente en droit. En droit privé par exemple, il est admis d'invoquer l'intérêt de l'enfant à naître, alors que la volonté de ce dernier est encore inexistante[171].

120. *In fine*, l'idée d'intérêt conduit à faire émerger, d'une manière ou d'une autre, une volonté qui « naît du débat éclairé entre les différents avis et les différents intérêts représentés »[172]. Faut-il encore définir les intérêts en jeu : s'agit-il de ceux des collectivités territoriales représentées ou de ceux dont les représentants sont porteurs ?

B. Une volonté déduite de la mise en perspective de l'intérêt de la collectivité représentée

121. Il est recensé dans cette recherche vingt hypothèses de représentation-mandat[173] dans lesquelles la volonté et l'intérêt peuvent être identifiés au sein d'un même mécanisme, soit de manière cumulative, soit de manière alternative. D'une part, comme évoqué précédemment, la présence cumulative de la volonté et de l'intérêt peut être aperçue notamment en ce qui concerne les conseils d'administration ou de surveillance des SEML[174] et des SPL[175] au sein desquels la représentation des collectivités territoriales est fondée essentiellement sur leur actionnariat. Le principe de l'actionnariat permet par exemple, en vertu des accords de coopération transfrontalière entre collectivités territoriales, aux collectivités françaises de créer, avec des collectivités étrangères, ou de participer

---

[171] Articles 725 et 906 du Code civil. V. en ce sens l'entretien de Bertrand MATHIEU, « L'avortement n'est pas un droit fondamental, mais une liberté fondamentale », *La Croix*, 28 juin 2022, p. 6 : le professeur rappelle que le fœtus « n'est pas une personne titulaire de droits, mais qu'il bénéficie d'une protection constitutionnelle ». Toutefois, il faut préciser que, depuis la révision constitutionnelle du 8 mars 2024, l'avortement est devenu un droit fondamental consacré par l'article 34, alinéa 18, de la Constitution en ces termes : « La loi détermine les conditions dans lesquelles s'exerce la liberté garantie à la femme d'avoir recours à une interruption volontaire de grossesse » (V. la loi constitutionnelle n° 2024-200 du 8 mars 2024 relative à la liberté de recourir à l'interruption volontaire de grossesse, JORF n° 0058, 9 mars 2024).

[172] L. JAUME, *op. cit.* (n° 159), p. 7.

[173] V. en introduction le tableau synoptique de la représentation des collectivités territoriales dans la sphère publique, pp. 43-50.

[174] Le représentant est spécifiquement désigné à cet effet par la collectivité territoriale représentée.

[175] *Ibidem*.

aux groupements d'intérêt public de coopération transfrontalière ou au capital des SEML dont l'objet est d'exploiter des services publics d'intérêt commun[176]. En associant ainsi le mandat direct, issu de la désignation du représentant par l'organe délibérant, et l'actionnariat de la collectivité représentée, on obtient une application combinée de la volonté et de l'intérêt[177] dans un même mécanisme de représentation.

122. D'autre part, la pratique montre que l'idée d'intérêt seule peut suffire à caractériser le mécanisme du mandat indirect. C'est le cas des comités de bassin pour lesquels la représentation est fondée notamment sur l'impact géographique de la gestion de l'eau concernant les collectivités territoriales situées dans une circonscription administrative de bassin [178]. Dans ces instances, les représentants de certains départements sont désignés par l'assemblée des départements de France, parmi les membres des conseils départementaux appartenant à une liste fixée par arrêté interministériel[179]. Compte tenu du nombre limité de représentants[180] et du fait de leur désignation, non pas par les départements directement mais par l'assemblée des départements de France, la définition des intérêts de certains départements permet de pouvoir établir le lien existant avec quelques représentants.

123. Cela étant, l'intérêt d'une collectivité territoriale ne peut être établi sans la compétence qui lui donne un soubassement juridique. Le juge administratif considère à ce titre que la justification de l'intérêt à agir d'une collectivité est tirée des compétences qui lui sont attribuées[181]. Dans plusieurs hypothèses, la mise en œuvre du régime

---

[176] C'est ce que prévoit notamment l'article 5 du décret n° 97-322 du 2 avril 1997 portant publication du traité entre la République française et le Royaume d'Espagne relatif à la coopération transfrontalière entre collectivités territoriales, signé à Bayonne le 10 mars 1995, JORF n° 85, 11 avril 1997.

[177] En l'occurrence, il s'agit de l'intérêt financier.

[178] V. les articles L.213-8 et L.213-8-1 du Code de l'environnement.

[179] V. les articles 1er, 3, 5, 7, 9 et 11 de l'arrêté du 10 mai 2017 relatif à la représentation des collectivités territoriales et des usagers aux comités de bassin, JORF n° 0110, 11 mai 2017.

[180] V. l'article 1 du décret n° 2017-951 du 10 mai 2017. Par exemple, le Comité de bassin Adour-Garonne dispose de 11 représentants pour 18 départements représentés et le Comité de bassin Loire-Bretagne dispose de 19 représentants pour 28 départements représentés.

[181] CAA de Paris, chambres réunies, n° 18PA01325, 22 octobre 2018, mentionné aux tables du recueil Lebon, considérants 14 et 15 ; CAA de Paris, chambres réunies, n° 18PA03774, 21 juin 2019.

catégoriel traduit la répartition des intérêts des collectivités territoriales selon leurs compétences, notamment au sein des instances telles que le CFL, le CNEN[182], ou encore le conseil d'administration du Fonds national des aides à la pierre (FNAP)[183]. Ceci correspond à l'époque contemporaine charnière où la défense des intérêts locaux est conditionnée par la remise en perspective de la notion de collectivité territoriale, ainsi que de la personnalité juridique y attachée. D'une part, il s'agit de l'éloigner de sa conception originelle – à la fois historique et théorique – comme échelon administratif ayant des réalités culturelles et géographiques spécifiques ; d'autre part, le renouvellement de la notion tend à inscrire la collectivité territoriale comme levier des programmes économiques selon une vision étatique, et même supra-étatique, de l'économie libérale. De ces deux approches, à la fois identitaire et particularisante, d'une part, et puis libérale et globalisante, d'autre part, c'est cette dernière qui tend à l'emporter.

II. Une application particulière de l'intérêt dans le mandat indirect

124. Dans le mécanisme du mandat indirect, c'est l'idée d'intérêt qui met en relief la fonction de représentation (A). Cette idée a en l'occurrence une portée particulière, dès lors que l'intérêt vient appuyer la fonction de représentation (B).

A. La mise en relief de la fonction de représentation par l'idée d'intérêt

125. Certains théoriciens, à l'instar de Lucien JAUME, considèrent que « représenter c'est être représentatif parce que porteur d'un élément de spécification (religion, ethnie, localité, sexe) que l'on promet de privilégier ensuite dans l'exercice de sa fonction »[184]. Partant de cette considération aussi valable en science politique qu'en droit public, la question de l'intérêt concerne en fait l'ensemble des mécanismes de représentation. En particulier elle se pose avec acuité dans le

---

[182] V. *supra* l'hypothèse n° 8 du tableau synoptique de la représentation des collectivités territoriales dans la sphère publique, p. 60.

[183] Article 1 du décret n° 2016-901 du 1er juillet 2016 portant création du Fonds national des aides à la pierre, JORF n °0153, 2 juillet 2016. V. *supra* l'hypothèse n° 10 du tableau synoptique de la représentation des collectivités territoriales dans la sphère publique, p. 61.

[184] L. JAUME, *op. cit.* (n° 159), p. 15.

mécanisme du mandat indirect, dès lors qu'il s'agit d'établir et de justifier le lien entre le représentant et la collectivité territoriale représentée. À ce titre, le rôle du représentant peut être décisif au-delà des limites territoriales de la collectivité qu'il représente.

126. Ainsi par exemple, la jurisprudence administrative a admis dans certains cas la décision d'une commune de céder, par expropriation, des terrains à une autre commune en vue de la construction d'équipements nécessaires aux besoins de celle-ci, en l'occurrence un cimetière[185] ou une route communale[186]. Dans le premier cas, la Haute juridiction administrative a considéré en substance qu'aucune disposition de loi ou de règlement ne fait obstacle à ce qu'une commune soit autorisée à créer un cimetière sur le territoire d'une commune voisine ou à agrandir celui qu'elle y possède, s'il est constaté que la commune ne peut pas trouver sur son propre territoire un emplacement convenable. Dans le second, le Conseil d'État a estimé que, quoique le viaduc projeté ainsi que ses voies d'accès se trouvaient en partie situés sur le territoire d'une commune voisine, l'opération, qui avait pour objet direct d'améliorer la circulation urbaine et par conséquent de répondre aux besoins de la population de la ville concernée, présentait, pour celle-ci, un intérêt communal. Dès lors, les délibérations du conseil municipal de cette ville ne portaient pas sur un objet étranger à ses attributions.

127. Il en résulte un renouvellement de la notion d'intérêt général désormais définie sous le prisme, soit de l'intérêt public national, soit de l'intérêt public local. Par la suite, il convient de nuancer, voire de distinguer, au sein même de l'intérêt public local, l'intérêt de la collectivité territoriale représentée – intérêt local – et celui dont le représentant est porteur – intérêt partisan –, du fait de sa « spécification » au travers du mécanisme qui est appliqué. Cette spécification apparaît particulièrement sur le plan politique au travers des suffrages, recueillis d'ailleurs sur la base d'opinions partisanes. Et en tant qu'intérêt, elle peut se muer en intérêt local et venir finalement renforcer la fonction de représentation.

---

[185] CE, n° 90.508, 28 juin 1950, *Commune de Choignes et Société immobilière de la Croix*, Recueil 393.

[186] CE, n° 00119, Section du contentieux, 6 mars 1981, *Association de défense des habitants du quartier de Chèvre-morte et autres*, mentionné aux tables du recueil Lebon.

B. La notion d'intérêt à l'appui de la consolidation de la fonction de représentation

128. La qualité de représentant faisant l'objet du titre suivant, nous nous y attellerons à déceler la variété des intérêts dont les représentants des collectivités territoriales sont porteurs dans l'exercice de leur fonction. Il convient de retenir cependant qu'en droit public la fonction de représentation ne constitue pas une délégation de la volonté au sens du droit privé ni une délégation du pouvoir au regard de la science politique. Aussi, l'on peut estimer que « [l]e même principe doit régler toutes relations juridiques : on délègue son pouvoir à des représentants qui réaliseront chacun pour leur part, et dans toutes les fonctions existant dans le système juridique, le vouloir social » [187]. Mais à proprement parler, l'intérêt général transcendant l'action publique ne se traduit pas en une somme d'intérêts particuliers ou individuels. En conséquence, la fonction de représentation ne consiste pas à relayer à l'identique les préoccupations du représenté, mais il s'agit de traduire l'intérêt de ce dernier par l'action du représentant[188].

129. Par ailleurs, issu du verbe latin *interesse*, l'intérêt désigne étymologiquement : « entre ce qui existe ». Il s'agit en d'autres termes de ce qui lie des existants ou les met en commun. On peut dès lors l'identifier de manière générale au travers du représentant ou, plus précisément, de la fonction qu'il exerce. En ce qui concerne les collectivités territoriales, c'est par la fonction exercée, et en particulier les objectifs assignés à celle-ci, que le mécanisme du mandat indirect trouve sa raison d'être. L'intérêt caractérisant la représentation n'est pas forcément ce que désire la collectivité territoriale, mais ce qui est défini au travers de la fonction exercée. C'est le cas des collectivités, départements et régions d'Outre-mer dont les « intérêts propres » au sein de la République sont expressément consacrés dans la Constitution,

---

[187] C. CLAVREUL, *op. cit.* (n° 15), p. 12.

[188] B. DAUGERON, *op. cit.* (n° 146), p. 10 : « D'autant que, du point de vue juridique encore, le peuple n'ayant pas d'existence avant la représentation de sa volonté, c'est-à-dire autrement que par la volonté qui lui est imputée par les organes chargés de parler en son nom, il est dans l'impossibilité juridique d'élire qui que ce soit. L'élection ne peut donc être analysée comme une délégation de volonté du peuple à ses représentants. C'est précisément la représentation de sa volonté qui le fait exister en tant qu'être juridique. On peut même dire qu'il n'a d'existence qu'à travers elle. »

depuis la révision du 28 mars 2003[189]. Il faut donc un lien juridique entre l'intérêt en jeu et la collectivité territoriale représentée.

Section 2 L'imputation de la représentation-mandat aux organes délibérants élus

130. Du point de vue du droit, le principal enjeu de la représentation de manière générale est de « se servir de la fiction que constitue l'attribution de la fonction remplie par un individu à une personne juridique ou à un autre individu »[190]. Ceci pose en d'autres termes la question du lien entre le représenté et le tiers qui n'est pas directement rattaché à la relation entre le représenté et le représentant. Intervient donc une technique juridique complémentaire : l'imputation. Celle-ci tend, au sens étymologique, à attribuer un fait – ou une action – à quelqu'un ou à quelque chose, ou à le mettre au compte d'autrui. La notion est étroitement liée à la personnalité juridique des personnes morales, en l'occurrence les collectivités territoriales, théorisée notamment par Léon MICHOUD[191]. Dès lors, tout le fonctionnement du procédé de la représentation en général repose essentiellement sur la technique de l'imputation.

131. La notion d'imputation revêt une importance particulière dans cette recherche, car c'est par cette technique que des mécanismes de représentation produisent leurs effets à l'égard des collectivités territoriales représentées. Il ne s'agit pas d'établir seulement un « lien unissant un fait générateur à son auteur »[192]. L'idée est d'établir la validité des actes posés par le représentant au nom et pour le compte de la collectivité territoriale représentée. Pour ce faire, il convient de mettre en exergue l'attachement des organes délibérants à leurs fonctions constitutionnelles, et leur rôle sur le plan juridique (§1).

---

[189] V. l'article 74, alinéa 1, de la Constitution. Les développements de cette recherche sont pour autant limités aux collectivités territoriales de la France métropolitaine.
[190] H. KELSEN, *op. cit.* (n° 78), p. 397.
[191] V. L. MICHOUD, *op. cit.* (n° 46). V. aussi les éclairages, en particulier en droit public, de J.-B. AUBY, *op. cit.* (n° 47).
[192] J.-L. OKI, *op. cit.* (n° 80), p. 40.

132. Par ailleurs, comme nous l'avons démontré précédemment, le mandat direct est caractérisé par un acte – explicite ou implicite – qui témoigne de la volonté de la collectivité territoriale d'être représentée au sein d'une instance et en même temps de sa confiance à l'égard du représentant. Il s'agit d'un mécanisme particulier dans lequel la technique de l'imputation perd de sa substance et n'a plus de réelle portée, dès lors que la collectivité territoriale approuve, au travers de son organe délibérant, le principe de la représentation, voire choisit elle-même son représentant (§2).

§1 Des organes délibérants attachés aux fonctions administrative et représentative des collectivités territoriales

133. La Constitution de la Ve République consacre à deux reprises le principe de la libre administration des collectivités territoriales[193]. La première fois en prévoyant la compétence du législateur pour déterminer ce principe fondamental – article 34, alinéa 3 – et la seconde en citant ce principe comme condition du fonctionnement de ces collectivités et de l'exercice de leurs compétences – article 72, alinéa 3. Une lecture attentive de ces textes permet de percevoir une volonté du Constituant de ne pas donner à la fonction exécutive des maires ou présidents des collectivités territoriales la même valeur juridique – en l'occurrence constitutionnelle – que la fonction de leurs conseils élus (I).

134. Aussi convient-il de remarquer que, contrairement au Constituant de la IVe République, celui de la Ve s'est volontairement abstenu de mentionner l'élection des conseils des collectivités territoriales « au suffrage universel ». Par surcroît, une jurisprudence constante du Conseil constitutionnel précise que, si ces conseils doivent être élus sur des bases essentiellement démographiques, il ne s'ensuit pas que la répartition des sièges doive être nécessairement proportionnelle à la population de chaque secteur du territoire

---

[193] Les deux passages ont la même valeur juridique au regard des décisions du Conseil constitutionnel, n° 82-137 DC, 25 février 1982, *Loi portant statut particulier de la région de Corse* et n° 82-138 DC, 25 février 1982, *Loi relative aux droits et libertés des communes, des départements et des régions*. V. en ce sens le commentaire de Louis FAVOREU, « Décentralisation et Constitution », *RDP*, 1982, pp. 1279-1280.

concerné[194]. Il en découle l'affirmation d'une fonction représentative tout aussi pertinente au travers des modalités d'application de la représentation des collectivités territoriales par leurs organes délibérants (II).

I. L'appréhension de la fonction administrative exercée par l'organe délibérant

135. Les collectivités territoriales disposent d'organes élus – directement ou indirectement – par leurs habitants ; elles jouissent ainsi de la personnalité morale de droit public avec des moyens et des compétences propres. En ce sens, leur organe délibérant exerce une fonction administrative en principe prééminente (A), mais en pratique dépassée du fait de la personnalité morale de ces collectivités et, par mimétisme, de la « présidentialisation » des instances locales (B).

A. Le principe de la fonction prééminente de l'organe délibérant

136. Le principe de libre administration des collectivités territoriales se traduit par l'autonomie de leur compétence pour traiter des affaires ayant trait à leur échelon ou catégorie, dans le cadre déterminé par la loi et sous le contrôle de l'État[195]. Aussi, de la même façon que la « volonté générale » ne peut être exprimée en dehors du Parlement qui vote les lois de la République, la volonté d'une collectivité territoriale ne peut en principe procéder outre son assemblée délibérante[196]. Cette logique constitutionnelle participe aussi bien du principe fondamental de libre administration que de la représentation au niveau national comme au niveau local[197]. Elle est similaire à celle prévue au niveau du Congrès des pouvoirs locaux et régionaux (CPLR) du Conseil de l'Europe : les collectivités territoriales exercent leurs prérogatives « par des conseils ou assemblées composés de membres élus au suffrage

---

[194] CC, décision n° 87-227 DC, 7 juillet 1987, *Loi modifiant l'organisation administrative et le régime électoral de la ville de Marseille.*

[195] V. en ce sens l'ouvrage de Constantinos BACOYANNIS, *Le principe constitutionnel de libre administration des collectivités territoriales*, texte remanié de la thèse de doctorat soutenue en 1989 à l'Université d'Aix-Marseille III, Economica-Presse universitaire d'Aix-Marseille, 1993.

[196] Avec l'organe exécutif, elle administre l'entité locale par voie réglementaire.

[197] Il convient de remarquer que les principes généraux de la décentralisation énoncés dans le CGCT sont tous réunis sous un titre unique dénommé « la libre administration des collectivités territoriales » : articles L.1111-1 à L.1116-1 du CGCT.

libre, secret, égalitaire, direct et universel et pouvant disposer d'organes exécutifs responsables devant eux »[198].

137. Il est important de relever que toutes les collectivités territoriales se caractérisent par la même dualité d'organes : l'un délibérant – le conseil – et l'autre exécutif – dirigé par le maire ou le président. Les organes des communes, départements et régions présentent quelques similitudes, tant dans leur élection que dans le statut des élus ou dans leur fonctionnement. En ce sens, le maire d'une commune de moins de 1 000 habitants a quelques points communs avec le président d'une grande métropole, tout comme un conseil régional et un conseil départemental fonctionnent, pour l'essentiel, sur le même modèle et avec les mêmes règles. Les différences apparaissent essentiellement dans le fonctionnement des assemblées, ainsi que dans la répartition des compétences entre les organes délibérant et exécutif.

138. La constitutionnalisation des fonctions administratives des collectivités territoriales a un double effet : d'une part, elle oblige les organes délibérant et exécutif à exercer leurs compétences en toute responsabilité et, d'autre part, elle interdit toute carence dans l'exercice des compétences dévolues aux collectivités territoriales. Dans le dernier cas, il peut être fait application du pouvoir de substitution du représentant de l'État dans le territoire, mais aussi de l'intervention du juge administratif. En effet, l'article L.2215-1 du CGCT reconnaît au préfet un pouvoir de substitution en cas d'inaction du maire concernant ses compétences propres et celles qu'il exerce au nom de l'État. Il peut s'agir d'une défaillance dans l'exercice de son pouvoir de police à rétablir l'ordre public, notamment en matière de salubrité, de sûreté et de tranquillité publiques, mais aussi dans le domaine du budget[199].

139. Nonobstant, l'exercice du pouvoir de substitution par le préfet, après une mise en demeure au maire restée sans résultat, ne fait pas obstacle à la responsabilité de la commune dans le cadre de ce qui est appelé le « dédoublement fonctionnel » du chef de l'administration

[198] Article 3, paragraphe 2, de la Charte européenne de l'autonomie locale du 15 octobre 1985, STE n° 122.

[199] Il convient de noter que le budget est par nature un document de prévision, étant donné qu'il retrace l'ensemble des dépenses et recettes d'une collectivité territoriale ; il est en même temps un document d'autorisation, dans la mesure où l'organe exécutif local ne peut engager une dépense ni effectuer une recette sans qu'elle ait été inscrite au préalable dans le budget de la collectivité.

communale. Il est important de garder à l'esprit que les fautes commises par le maire dans l'exercice des compétences déléguées par l'État engagent la responsabilité non pas de la commune mais de ce dernier[200]. En somme, le pouvoir de substitution reconnu aux autorités nommées de l'État, quoique limité en matière de police administrative et en matière budgétaire, constitue un tempérament du principe électif des organes des collectivités territoriales. Il a notamment pour effet de relativiser la fonction prééminente des organes délibérants des collectivités territoriales, du reste dépassée par l'absence de responsabilité des organes exécutifs par-devers eux.

B. Une fonction prééminente dépassée du fait de l'absence de responsabilité des organes exécutifs

140. Il n'est pas évident d'établir un lien juridique entre, d'une part, la fonction administrative des organes délibérants et, d'autre part, les considérations démographiques ayant trait à leur composition. À première vue, il pourrait s'agir d'une vision restrictive de la fonction représentative des collectivités territoriales, mais loin s'en faut. En effet, les considérations démographiques ont été fondées, à l'origine, en 1985 pour le Congrès de la Nouvelle-Calédonie. Par l'intégration d'une fonction représentative dans ses missions, le fonctionnement et les attributions de cette collectivité allaient désormais au-delà d'une simple administration territoriale[201].

---

[200] V. par exemple, CE, n° 283000, 25 juillet 2007, *Société France Télécom*, mentionné aux tables du recueil Lebon ; CE, n° 293882, 25 juillet 2007, *Ministre d'État, ministre de l'Intérieur et de l'Aménagement du territoire*, mentionné aux tables du recueil Lebon. V. aussi le commentaire de Frédéric DIEU, « Le pouvoir de substitution d'action du préfet en matière de police administrative n'engage que rarement la responsabilité de l'Etat », *La lettre juridique*, octobre 2007 [mis en ligne sur le site https://www.lexbase.fr/article-juridique/3209424-doctrine-le-pouvoir-de-substitution-d-action-du-prefet-en-matiere-de-police-administrative-n-engage] [consulté le 26 novembre 2022].

[201] V. en ce sens L. FAVOREU, *RDP*, 1986, p. 436, cité par Dominique ROUSSEAU, *Droit du contentieux constitutionnel*, 9e éd., Montchrestien, coll. « Précis Domat », 2010, p. 47 *sq*. Selon l'auteur, le Congrès de Nouvelle-Calédonie, à l'instar des autres territoires d'Outre-mer, était associé au processus législatif en vertu de l'ancien article 74 de la Constitution qui consacrait le principe de spécialité législative et d'autonomie.

141. L'argument de la *ratio legis* du Conseil constitutionnel a dépassé le rôle administratif des organes délibérants et l'a inscrit dans le prolongement de la mission représentative des collectivités territoriales[202]. *In fine*, la représentation participe de la reconnaissance du statut d'un territoire administré comme une collectivité et, de ce fait, de la personnalité morale qui s'attache à ce procédé. Cette position de la jurisprudence constitutionnelle, qui devait initialement clarifier le rôle administratif des organes des collectivités territoriales, a en réalité posé les jalons de la primeur de leur fonction représentative, comme nous le verrons dans la seconde partie de cette recherche[203].

142. Il est observé par ailleurs que les organes exécutifs locaux se trouvent au premier plan du fonctionnement des collectivités territoriales. Cette évolution de la pratique du droit au niveau territorial tend à suivre le phénomène dit de la « présidentialisation » des instances, et ce en dépit de la prééminence statutaire des organes délibérants[204]. Ce phénomène est aussi observable au niveau des institutions nationales, dont l'illustration la plus récente est le recours à une loi de financement rectificative de la sécurité sociale pour procéder à une réforme des retraites conformément au projet de l'actuel président de la République. Les conditions et modalités d'adoption de cette loi, notamment selon la procédure fixée par l'article 47-1 de la Constitution, sous-tendent une « volonté de court-circuiter le contrôle parlementaire »[205]. L'utilisation combinée, par l'exécutif, des

---

[202] Cette mission concerne notamment l'élection des membres du Sénat, au sens de l'alinéa 3 de l'article 24 de la Constitution. Nous y reviendrons au chapitre 2 du titre suivant.

[203] V. le chapitre 2 du titre 2 de la seconde partie de cette recherche.

[204] V. Michel VERPEAUX, *Les exécutifs locaux*, rapport de synthèse du colloque annuel de l'Association française de droit des collectivités locales (AFDCL), organisé par le Centre de recherche juridique Pothier, Université d'Orléans, 20-21 octobre 2022.

[205] Francesco NATOLI, « Le recours à un projet de loi de financement rectificative de la sécurité sociale dans le cadre de la réforme du système des retraites : les enjeux constitutionnels de l'article 47-1 de la Constitution », *La Revue des droits de l'homme*, Actualités Droits-Libertés, [mis en ligne le 20 février 2023 sur le site https://journals.openedition.org/revdh/17119] [consulté le 20 février 2023]. L'auteur dit en substance : « L'engagement de l'article 47-1 engendre, avant tout, une restriction significative de la fonction délibérative des assemblées législatives qui se traduit par les contraintes suivantes : l'obligation d'examiner, en première lecture, le texte présenté par le Gouvernement, sans passage préalable en commission ; l'interdiction pour le Parlement d'autoriser voire de fixer par lui-même les dépenses et les recettes ; l'interdiction de recourir au temps législatif programmé. » Et l'auteur

mécanismes dits de « parlementarisme rationnalisé » – en l'occurrence les articles 44, alinéas 2 et 3, 47-1 et 49, alinéa 3, de la Constitution – en vue de l'adoption de la loi de financement rectificative de la sécurité sociale pour 2023, est remarquable sous la Ve République. Elle a constitué d'ailleurs l'un des principaux griefs retenus dans les quatre saisines du Conseil constitutionnel sur la conformité de cette loi à la Constitution[206]. Le Conseil a estimé cependant, dans sa décision n° 2023-849 DC du 14 avril 2023, que le choix d'utiliser ces procédures n'a méconnu « aucune exigence constitutionnelle », tout en reconnaissant que « l'utilisation combinée des procédures mises en œuvre a revêtu un caractère inhabituel, en réponse aux conditions des débats »[207].

143. Mais au niveau territorial, la « présidentialisation » des instances est essentiellement due à l'absence de responsabilité des organes exécutifs devant les organes délibérants, à l'exception notable de la collectivité de Corse et des collectivités, départements et régions d'Outre-mer. Il faut préciser que cette absence de responsabilité « trouve sa justification originelle dans la nécessité d'éviter que des variations politiques ou des changements d'alliances personnelles ne se traduisent par des remises en cause d'exécutifs, qui seraient sources d'instabilité dans la gestion des affaires locales »[208]. On est certes loin « de la suprématie des assemblées législatives sur le pouvoir exécutif et même de la dictature des assemblées » que redoutait Maurice HAURIOU[209]. Néanmoins, la fonction de représentation des collectivités territoriales par leurs organes délibérants ne pâlit pas autant que la

---

d'ajouter : « Parallèlement, la mise en œuvre de l'article 47-1 de la Constitution renforce les prérogatives du Gouvernement dans le cadre de la procédure législative. Tout d'abord, le Gouvernement n'est aucunement limité quant à l'usage de l'article 49 al. 3 de la Constitution puisque le véhicule de la réforme est une [loi de financement de la sécurité sociale]. Par ailleurs, si le Parlement garde, tout de même, le pouvoir d'exercer un contrôle sur les dépenses et les recettes, la jurisprudence constitutionnelle relative à l'équilibre financier de la sécurité sociale n'exclut pas que le Gouvernement puisse intervenir *a posteriori* en modifiant par voie décrétale certains paramètres économiques susceptibles d'affecter le niveau des dépenses. »

[206] Aff. 2023-849 DC, 21 mars 2023.

[207] CC, décision n° 2023-849 DC, 14 avril 2023, *Loi de financement rectificative de la sécurité sociale pour 2023*, considérants 11, 19, 24, 39, 44, 51, 57 et 70.

[208] V. J.-B. AUBY, J.-F. AUBY et R. NOGUELLOU, *op. cit.* (n° 137), p. 153.

[209] Maurice HAURIOU, *Précis de droit constitutionnel*, Sirey, 1929, p. 174.

fonction d'administration, et elle conserve une place importante dans l'ordre juridique interne.

II. Un rôle de représentation affirmé de l'organe délibérant

144. L'affirmation du rôle représentatif des organes délibérants a une dimension plus étendue au niveau local que pour leur pendant national (A). Dès lors, ce rôle comporte en lui-même des actes d'administration des collectivités territoriales au travers de leurs représentants (B).

A. Une mission plus étendue dans sa dimension locale que nationale

145. La représentation institue les pouvoirs locaux au niveau territorial, autant qu'elle institue le pouvoir souverain au niveau national[210]. Si les pouvoirs locaux ont, en droit, de nombreux points de convergence, ils ont également des points de divergence. L'une de ces différences tient au fait que les conseillers municipaux, intercommunaux ou territoriaux, départementaux et régionaux ne sont pas désignés de la même manière. Dans une dimension interne, la différence de leur mode de désignation influe, d'une manière ou d'une autre, sur la formation des majorités politiques ainsi que des alliances. Par suite, sur le plan externe, les caractéristiques sociales, notamment politiques, des organes locaux peuvent se prolonger intrinsèquement ou ostensiblement dans la désignation des représentants des collectivités territoriales, en particulier sur l'élément de spécification qui peut leur être attaché. Nous y reviendrons dans la seconde partie de cette recherche.

146. Dans le même temps, suivant une conception à la fois binaire et évolutive, le territoire est d'abord perçu en droit public comme un élément constitutif – et indispensable – de l'État[211]. Dès lors qu'il émerge et acquiert le « statut de personne [morale] souveraine », le territoire évolue dans la mesure où il « quitte la sphère de l'être pour celle de l'avoir, il ne participe plus à la formation du sujet de droit, mais

---

[210] V. sur ce point l'ouvrage de Lucien JAUME, *Hobbes et l'État représentatif moderne*, Presse universitaire française, 1986, 244 p.

[211] V. Carolina CERDA-GUZMAN, *Cours de droit constitutionnel et des institutions de la Ve République*, 1re éd., Gualino – Lextenso Éditions, coll. « Amphi LMD », 2015, p. 40 : « Le territoire est le support géographique de l'État, la zone sur laquelle le droit qu'il produit peut s'appliquer. »

devient l'une de ses qualités »[212]. Par ce raisonnement, on peut comprendre le fait que la fonction de représentation soit associée au pouvoir d'administration constitutionnel des organes locaux et s'exerce dans les limites géographiques des collectivités territoriales concernées. De plus, l'articulation de l'élément territorial permet aux organes délibérants des collectivités territoriales de représenter les populations situées dans leurs périmètres, et même le peuple français à une échelle limitée.

147. En revanche, quoique l'Assemblée nationale et le Sénat représentent la Nation tout entière[213], le pouvoir constitutionnel des assemblées parlementaires ne tend pas pour autant à administrer des territoires au même titre que les organes délibérants locaux. Les prérogatives de ces instances nationales consistent essentiellement à voter la loi, contrôler l'action du Gouvernement et évaluer les politiques publiques. À cela s'ajoute une forme particulière de la représentation de la Nation pour le Sénat : à savoir la mission constitutionnelle de représenter les collectivités territoriales, comme nous le verrons dans le quatrième chapitre de cette partie de la recherche. Dès lors, la fonction de représentation s'élargit au niveau territorial par son attachement à l'administration locale.

B. La fonction de représentation en prélude du pouvoir d'administration des collectivités territoriales

148. À l'échelle locale, le procédé de la représentation œuvre en faveur de l'évolution du statut de « l'être » – le mandat électoral constitutif de l'organe délibérant –, à celui de « l'avoir » – le mandat représentatif de la collectivité territoriale. Dans ce contexte, l'acte de représentation est observable à travers le fait d'administrer la collectivité territoriale. L'élection est alors « seulement le moyen mis à disposition du corps électoral pour désigner ceux qui vont être habilités à vouloir pour [la collectivité]. Mais ce n'est pas elle qui confère la qualité de représentant car si aujourd'hui tous les représentants sont

---

[212] Florence POIRAT, « Territoire », *in* D. ALLAND et S. RIALS (dir.), *op. cit.* (n° 23), p. 1474.

[213] V. Pierre BRUNET, *Vouloir pour la nation : le concept de la représentation dans la théorie de l'État*, texte remanié de la thèse de doctorat soutenue en 1997 à l'Université Paris X, LGDJ-Bruylant, coll. « La pensée juridique », 2004.

élus, tous les ‘élus’ ne sont pas des représentants »[214]. Cette dernière assertion est plausible pour la représentation-mandat par rapport à l’orientation externe de la représentation dans cette recherche. En effet, par le fait du jeu des alliances politiques, notamment au sein de l’assemblée délibérante, les élus de l’opposition n’assument qu’occasionnellement des fonctions de représentants de la collectivité territoriale dans les instances – externes – à l’exception notamment de la représentation au conseil de la métropole de Lyon[215]. Toutefois, cette approche est réductrice lorsqu’on dépasse ce type de représentation, « car s’il est exact que l’élection met en place un rapport de représentation, on peut penser que la représentation ne procède pas nécessairement, et pas exclusivement, de l’élection »[216].

149. Il est intéressant de remarquer qu’au niveau européen la représentation a une valeur similaire à l’administration des collectivités territoriales. Ceci est perceptible notamment dans le texte de la convention du Conseil de l’Europe relative à la participation des ressortissants étrangers à la vie publique au niveau local. L’article 6 du traité prévoit en substance que chaque État signataire « s’engage [...] à accorder le droit de vote et d’éligibilité aux élections locales à tout résident étranger, pourvu que celui-ci remplisse les mêmes conditions que celles qui s’appliquent aux citoyens et, en outre, ait résidé légalement et habituellement dans l’État en question pendant les cinq ans précédant les élections »[217]. De plus, il est laissé aux États la possibilité de déclarer, au moment du dépôt de l’instrument de

---

[214] B. DAUGERON, *op. cit.* (n° 146), p. 10.

[215] À l’occasion de l’organisation des premières élections métropolitaines au sein des 14 circonscriptions électorales en 2020, les élus municipaux et métropolitains ont été désignés par deux suffrages universels distincts. Pour certains édiles, l’appréhension a donc été que leurs communes soient représentées au conseil de la métropole par des élus issus de leur opposition, voire qui ne font pas partie d’un conseil municipal. V. Rodolphe KOLLER, « Élections métropolitaines. Un nouveau mode de scrutin pour une Métropole à deux vitesses ? », *Tribune de Lyon*, 19 juin 2020 [mis en ligne sur le site https://tribunedelyon.fr/politique/elections-metropolitaines-un-nouveau-mode-de-scrutin-pour-une-metropole-a-deux-vitesses/] [consulté le 15 août 2022].

[216] R. CARRE DE MALBERG, *op. cit.* (n° 42), p. 263. V. en ce sens Georges BURDEAU, *Droit constitutionnel et institutions politiques*, LGDJ, 1980, p. 134 : l’auteur traite de la dissociation opérée par les révolutionnaires entre représentation et élection.

[217] *Convention sur la participation des étrangers à la vie publique au niveau local*, (STE n° 144), Traité ouvert à la signature des États membres et à l’adhésion des États non-membres du Conseil de l’Europe le 5 février 1992 et entré en vigueur le 1er mai 1997.

ratification, d'acceptation, d'approbation ou d'adhésion à ce traité, la limitation au seul droit de vote. La France n'a pas hélas ratifié ni signé ce traité, alors que cela aurait contribué à renforcer la représentation des collectivités territoriales, c'est-à-dire à la rendre réellement inclusive pour l'ensemble des habitants.

150. Dans tous les cas, en matière de représentation des collectivités territoriales, la préférence de l'importance de la population au nombre d'électeurs « correspond à un principe républicain traditionnel »[218]. L'idée sous-jacente est que le contraire aboutirait à exclure radicalement de la représentation les étrangers, les citoyens français et européens[219] non-inscrits sur les listes électorales, mais aussi les mineurs. Ces derniers ont été impliqués de façon inédite dans les manifestations violentes du 27 juin au 5 juillet 2023[220], qui ont touché non seulement les territoires urbains et périurbains mais aussi les territoires ruraux. Cette implication des mineurs montre la nécessité de les faire participer aux « affaires publiques », à l'instar du dispositif du conseil municipal des jeunes et des autres mécanismes prévus au titre premier de la loi n° 2017-86 du 27 janvier 2017[221].

151. Par ailleurs, la participation aux élections municipales devrait être étendue à tous les habitants des collectivités territoriales y compris les étrangers dits « extracommunautaires », en vertu du principe fondamental d'égalité. Ces derniers devraient avoir le droit de vote et d'éligibilité à ces élections, comme les ressortissants des États membres de l'Union européenne, dès lors que l'autorité publique n'est pas engagée ou l'exercice de fonctions liées à la souveraineté nationale n'entre pas en jeu[222].

---

[218] CC, décision n° 87-227 DC, 7 juillet 1987, *Loi modifiant l'organisation administrative et le régime électoral de la ville de Marseille*, considérant 3.

[219] Les citoyens des États membres de l'Union européenne votent et sont éligibles aux élections municipales

[220] V. la loi n° 2023-656 du 25 juillet 2023 relative à l'accélération de la reconstruction et de la réfection des bâtiments dégradés ou détruits au cours des violences urbaines survenues du 27 juin au 5 juillet 2023, JORF n° 0171, 26 juillet 2023.

[221] Loi n° 2017-86 du 27 janvier 2017 relative à l'égalité et à la citoyenneté, JORF n° 0024, 28 janvier 2017.

[222] Sur la notion de souveraineté, v. C. CERDA-GUZMAN, *op. cit.* (n° 72), pp. 141-172.

§2 L'efficacité partielle de l'imputation dans la représentation-mandat

152. Le mandat apparaît « comme un mécanisme qui facilite la vie juridique du représenté, aussi bien quand sa source est volontaire, légale ou judiciaire »[223]. Aussi, selon Hans KELSEN, l'utilisation des notions d'organe ou de représentant est « scientifiquement légitime », dès lors qu'elle tend à donner une vie juridique aux actions – volontaires ou pas – qui découlent de l'imputation aux collectivités territoriales des actions d'autrui[224]. À la fois subtile et efficace, la technique de l'imputation permet à une personne de se prévaloir du bénéfice de la représentation ou, *a contrario*, de répondre de la responsabilité qui s'ensuit (I). Mais elle est limitée à certains mécanismes, à l'instar du mandat indirect, et est ainsi inopérante dans le mécanisme du mandat direct (II).

I. L'application de la technique de l'imputation au mandat indirect

153. L'imputation est avant tout une technique qui relève du droit de manière générale, à l'instar du régime de la responsabilité extracontractuelle prévue par les articles 1240 à 1244 du Code civil. Il faut cependant se garder de penser que toute situation juridique d'imputation donne lieu au procédé de la représentation. En ce sens, n'intervient pas, ici, le cas particulier de la préposition qu'il convient d'écarter non seulement parce que celle-ci est construite « sur une survie d'une forme atténuée de l'antique *puissance* » [225], mais également parce qu'elle est essentiellement caractérisée par une condition étrangère à la notion de représentation : la subordination du préposé à l'égard du commettant[226].

---

[223] C.-W. CHEN, *op. cit.* (n° 22), p. 1. Cette tendance est aussi perceptible en droit privé qu'en droit public.

[224] H. KELSEN, *op. cit.* (n° 78), p. 397.

[225] Philippe DIDIER, *De la représentation en droit privé*, texte remanié de la thèse de doctorat soutenue en 1997 à l'Université Paris II Panthéon-Assas, LGDJ, 2000, p. 408.

[226] Nous y reviendrons dans le prochain chapitre en ce qui concerne notamment l'habilitation administrative des agents publics.

154. La technique de l'imputation ne consiste pas seulement à établir le « lien unissant un fait générateur à son auteur »[227], comme elle semble communément comprise. Cette notion classique du droit privé trouve pour autant, dans le procédé de la représentation des personnes publiques, un sens aussi particulier qu'en matière de responsabilité. La reconnaissance du caractère juridique des actions attribuées aux collectivités territoriales, qui ne les ont pas posées elles-mêmes en réalité, conduit à envisager le statut de leurs représentants dans une perspective autonome. Ces actions ne sont pas forcément liées au statut d'élu ni à celui d'organe, mais elles s'inscrivent dans la droite ligne de l'imputation : il y a transfert aux représentants des collectivités territoriales d'un pouvoir autonome initialement détenu par des « conseils élus ».

155. En outre, l'imputation vient en renfort à l'évocation de l'unité de la société – sur le plan local et sur le plan national – et participe de l'unicité d'intérêt de la personne publique. À ce titre, « la loi de la majorité comme la désignation d'un organe représentatif »[228] met en péril le fait social, dès lors qu'elle s'émancipe des considérations purement juridiques. Pour autant, l'efficacité de cette technique en droit apparaît et se limite en l'absence de la volonté – et de la confiance qui s'ensuit –, génératrice du mécanisme du mandat direct.

II. L'inconsistance de l'imputation face à l'effet immédiat du mécanisme du mandat direct

156. Raymond CARRE DE MALBERG entend par organes « les hommes qui, soit individuellement, soit en corps, sont habilités par la Constitution à vouloir pour la collectivité et dont la volonté vaut, par cette habilitation statutaire, comme volonté légale de la société »[229]. Cette conception se distingue de celle de Hans KELSEN en ce qu'elle tend à faire abstraction des volontés individuelles distinctes de celle de la collectivité, ainsi que des moyens permettant de les prendre en compte valablement, à l'instar de la technique du sondage d'opinion. À voir de plus près, elle correspond, dans la conception publiciste du droit,

[227] J.-L. OKI, *op. cit.* (n° 80), p. 40.
[228] E. LAGRANGE, *op. cit.* (n° 45), p. 21.
[229] R. CARRÉ DE MALBERG, *op. cit.* (n° 42), § 373. V. les éclairages subséquents dans l'ouvrage de Guillaume BACOT, *Carré de Malberg et l'origine de la distinction entre souveraineté du peuple et souveraineté nationale*, CNRS, 1985.

au passage de l'entité étatique ou, *mutatis mutandis*, de l'entité infra-étatique du statut d'une simple communauté humaine (statut social) à celui d'une collectivité (statut juridique). Les élus sont dès lors considérés comme des organes purs et simples. Et dans cette optique, l'on tend à ignorer que ces personnes physiques ont pu accéder à leurs fonctions par la voie d'un processus nécessitant la confiance des électeurs, au travers de leurs suffrages.

157. Pour autant, le mécanisme du mandat direct produit l'effet direct des actions du représentant, et tend à épuiser de sa substance toute utilisation de la technique de l'imputation. Ici, la valeur juridique des actions du représentant pour le compte de la collectivité représentée ne requiert aucune technique particulière d'autant qu'apparaît une correspondance non équivoque, voire quasiment parfaite, entre les deux volontés en présence. On peut y voir, en d'autres termes, une volonté unique qui s'identifie de part et d'autre. Ainsi, par exemple, le 3° de l'article L.5211-6-2 du CGCT fait correspondre en principe le nombre de conseillers communautaires d'une commune nouvelle à la somme des conseillers des communes fusionnées. À défaut, Il faudrait se demander si la collectivité territoriale se pose comme cadre ou sujet de la représentation à l'œuvre[230].

[230] V. la distinction établie dans la contribution de Didier RIBES, *op. cit.* (n° 60), p. 19. L'auteur évoque la dichotomie de la représentation du territoire, en le présentant à la fois comme « support » et « objet » du processus de représentation. Cette dichotomie correspond en fait à notre conceptualisation de la représentation des collectivités territoriales, tant sur le plan interne que sur le plan externe, telle que présentée en introduction du présent manuscrit.

CONCLUSION DU CHAPITRE

158. La volonté constitue le fait générateur de la représentation-mandat, traduisant le consentement de la collectivité territoriale au mécanisme à l'œuvre, mais elle en est aussi une constante pour son maintien. Hors de toute influence de la pensée démocratique[231], elle traduit une nécessité permanente, une force créatrice en perpétuel renouvellement, pour caractériser la représentation en droit public. De ce fait, la volonté manifestée dans la représentation-mandat tend à articuler la prise en compte des besoins de chacun des membres de la collectivité avec la satisfaction des attentes exprimées par ses organes élus.

159. La pratique renseigne cependant que parfois la notion de volonté disparaît ou ne suffit pas à caractériser la représentation-mandat. Intervient alors la notion d'intérêt qu'il faut définir notamment en fonction de la nature et l'origine du représentant. En admettant que la volonté du représenté « est son intérêt », la représentation des collectivités territoriales – personnes morales – serait simplement une théorie juridique formelle, si elle n'intégrait pas dans les mécanismes appliqués les intérêts en présence. Entrent dès lors en ligne de compte les intérêts des habitants dans l'action publique des collectivités territoriales et ceux du territoire, portés par des représentants élus.

160. En revanche, si la volonté exprimée par l'organe délibérant traduit l'affirmation de la personnalité morale de la collectivité territoriale, elle n'est pas exclusive de la volonté de la collectivité en tant qu'entité sociologique, exprimée – directement ou indirectement – au travers du vote des citoyens. C'est le cas de manière générale des conseillers communautaires dont la fonction tend, du fait de leur élection, à la représentation simultanée des communes membres et de leurs habitants au sein des EPCI à fiscalité propre. Ainsi, l'hypothèse

---

[231] V. en ce sens l'ouvrage de Dominique ROUSSEAU, *Six thèses pour la démocratie continue*, Odile Jacob, coll. « Sciences humaines », 2022, 172 p. L'auteur soutient notamment : les droits de l'homme, principe de reconnaissance de la démocratie ; l'autonomie constitutionnelle du corps des citoyens par rapport au corps des représentants ; la compétence des citoyens à fabriquer les lois et politiques publiques ; la justice comme pouvoir de la démocratie.

qu'en pratique les communes ne seraient plus représentées en tant que tel au sein de ces EPCI semble plausible.

161. Mais sur le plan juridique, aux termes des articles L.273-3 du Code électoral et L.5211-6 du CGCT, dans les communautés de communes, les communautés d'agglomération, les communautés urbaines et les métropoles de droit commun les conseillers communautaires siègent au nom de la commune qu'ils représentent. En outre, l'article 33 de la loi n° 2013-403 du 17 mai 2013[232], prévoit que les conseillers communautaires sont élus au suffrage universel dans les communes où l'élection a lieu au scrutin de liste, c'est-à-dire les communes de 1 000 habitants et plus. Son application, fixée à compter des élections aux conseils municipaux et communautaires des 23 et 30 mars 2014, s'est faite en reprenant les dispositions pertinentes relatives à l'élection des conseillers territoriaux[233] – qui n'ont pas vu le jour en réalité –, prévues à l'article 1er de la loi n° 2010-1563 du 16 décembre 2010[234].

162. Au demeurant, le principal enjeu de la représentation-mandat consiste à concilier représentation et gouvernance des collectivités territoriales au travers de leurs organes élus. Ce type de représentation tend de manière pratique à une mise en perspective du principe constitutionnel de libre administration des collectivités territoriales. L'objectif est de parvenir à la rationalisation en même temps de l'action publique et de la dévolution des compétences décentralisées. C'est alors que la gouvernance des collectivités territoriales en sort particulièrement renforcée au travers des garanties de l'exercice et du

---

[232] Loi n° 2013-403 du 17 mai 2013 relative à l'élection des conseillers départementaux, des conseillers municipaux et des conseillers communautaires, et modifiant le calendrier électoral, JORF n° 0114, 18 mai 2013.

[233] À distinguer des élus locaux siégeant aux établissements publics territoriaux (EPT) qui composent la métropole du Grand Paris. Ils sont actuellement les seuls à être désignés sous ce vocable.

[234] Loi n° 2010-1563 du 16 décembre 2010 de réforme des collectivités territoriales, JORF n° 0292, 17 décembre 2010. Le tableau définitif – annexé à la loi et validé par la décision n° 2011-634 DC, 21 juillet 2011, *Loi fixant le nombre des conseillers territoriaux de chaque département et de chaque région* – avait fixé un effectif total de 3 493 conseillers territoriaux de chaque département et de chaque région. Après l'abandon du projet à la suite de l'arrivée de la Gauche au pouvoir en 2012, une nouvelle proposition de loi, n° 380, enregistrée au Sénat le 1er mars 2023, tend à rétablir les conseillers territoriaux, le même élu exerçant à la fois les fonctions de conseiller régional et celles de conseiller départemental.

financement de leurs compétences. Il s'agit précisément du choix efficient des orientations politiques de ces collectivités, mais aussi de leur autonomie financière – ensemble de principes rassemblés sous l'article 72-2 de la Constitution – et de la qualité de leurs prérogatives fiscales – s'appliquant sur les recettes et sur les dépenses distinctes (imposées ou choisies)[235].

[235] V. les développements subséquents de Laurence TARTOUR, *L'autonomie financière des collectivités territoriales en droit français*, texte remanié de la thèse de doctorat soutenue en 2011 à l'Université Paris I – Panthéon-Sorbonne, LGDJ – Lextenso Éditions, 2012. V. aussi Matthieu ROUVEYRE, *Contribution à une redéfinition de l'autonomie financière des collectivités territoriales*, thèse dactylographiée, Université de Bordeaux, 2022.

CHAPITRE 2 : L'APPRÉHENSION COMMUNE DE LA REPRÉSENTATION-HABILITATION ET DE LA REPRÉSENTATION-INCARNATION

163. Le développement des normes et des procédures de l'Union européenne, d'une part, et du Conseil de l'Europe, d'autre part, a entrainé la généralisation à l'ensemble des pouvoirs publics des règles communes de l'action publique[236]. Aussi un type de représentation s'est-il avéré utile pour faciliter la participation des collectivités territoriales à la préparation, et parfois à l'élaboration des règles de droit supranationales. En effet, du fait de l'abstractivité qui la caractérise, la représentation-habilitation est particulièrement propice quand il s'agit de représenter les collectivités territoriales au sein des institutions du Conseil de l'Europe et de l'Union européenne. Ce type de représentation peut être conçu comme une mission pour laquelle la qualité de représentant est fondée sur le statut de la personne habilitée. Vue sous l'angle d'une prérogative d'attribution, elle comporte, d'une part, un dualisme formel qu'il convient d'appréhender par son application transversale ; d'autre part, elle met en œuvre trois mécanismes : l'habilitation législative [237], l'habilitation conventionnelle[238] et l'habilitation administrative[239].

164. Pour sa part, la représentation-incarnation a trait à un type de représentation en vertu duquel la qualité de représentant est en principe fondée sur l'exercice des fonctions exécutives au sein des collectivités territoriales. Il s'agit en pratique d'une prérogative liée aux fonctions de responsable du pouvoir exécutif local et, par conséquent, aux règles de la décentralisation. En outre, si le mécanisme de l'incarnation a des fondements similaires à ceux des mécanismes de l'habilitation législative et de l'habilitation conventionnelle, la distinction apparaît dès lors que l'incarnation est inhérente à la fonction exécutive du sujet,

---

[236] Par exemple, en matière d'attribution des aides publiques ou de passation de la commande publique (marchés publics et contrats de concession).

[237] Il s'agit d'un mécanisme limité aux instances de type institutionnel. Ces dernières sont des structures organiques de droit public mises en place directement par un texte ayant force de loi.

[238] Il s'agit d'un mécanisme limité aux instances de type conventionnel. Ces dernières sont des structures organiques de droit public mises en place en application d'une convention de droit interne ou international.

[239] Il s'agit d'un mécanisme applicable dans tout type d'instance.

tandis que l'habilitation est afférente à un statut préexistant. Aussi l'application du mécanisme de l'incarnation est-elle liée au régime des compétences et, de manière générale, à la catégorisation des collectivités territoriales[240].

165. En somme, l'appréhension commune des mécanismes susmentionnés peut être opérée par une vue d'ensemble de la transversalité de la représentation-habilitation (Section 1) et du régime catégoriel qui caractérise essentiellement la mise en œuvre de la représentation-incarnation (Section 2).

Section 1 La transversalité de la représentation-habilitation : entre droit interne et droit supranational

166. La représentation-habilitation a cette particularité d'être le seul type de représentation compatible avec la nature juridique des collectivités territoriales, tant au niveau national qu'au niveau supranational. Cette compatibilité tient essentiellement à l'acception juridique du concept d'habilitation, entendue comme « action, décision d'habiliter, d'investir une personne du pouvoir de faire quelque chose [par représentation d'autrui] »[241].

167. D'une part, la compatibilité tient à la mise en œuvre des mécanismes de l'habilitation caractérisés essentiellement, sur le plan interne, par l'abstraction du pouvoir habilitant (§1). D'autre part, ces mécanismes participent de la subsidiarisation des collectivités territoriales, sur le plan externe, dès lors qu'elles évoluent dans une sphère juridiquement imprégnée de la notion de souveraineté des États. (§2). Encore faut-il préciser que les mécanismes à l'œuvre ne sont pas interchangeables : ils se distinguent nettement de sorte que chacun se prête différemment à la représentativité. En outre, cette abstraction du pouvoir habilitant est un effet du statut prévalent de l'habilité sur lequel les mécanismes de l'habilitation sont fondés. Elle traduit le rejet de l'idée de préposition, dès lors qu'au plan conceptuel n'apparaît pas un lien de subordination de l'habilité à l'égard du pouvoir habilitant.

---

240 Le régime des compétences d'une collectivité territoriale est en principe défini selon la catégorie à laquelle elle appartient.
241 S. BISSARDON, *op. cit.* (n° 21), p. 277.

§1 Le dualisme abstractif des mécanismes de l'habilitation

168. Entendue comme une « mission » consistant à assurer une fonction de représentation, l'habilitation est marquée par un lien plus ou moins observable avec son origine : c'est le caractère apparent ou non de l'autorité habilitante. Concrètement, ce lien est différemment perçu tant dans le mécanisme de l'habilitation législative que dans celui de l'habilitation conventionnelle (I). Cependant, il peut laisser apparaître l'intervention d'un tiers dans le mécanisme de l'habilitation administrative, sans qu'on puisse parler pour autant d'un rapport de préposition (II).

I. L'abstraction nuancée des mécanismes de l'habilitation législative et de l'habilitation conventionnelle

169. Le mécanisme de l'habilitation législative est caractérisé par l'abstraction formelle de l'autorité habilitante. Celle-ci participe tout simplement à la mise en œuvre d'un mécanisme juridique en agissant en vertu d'une compétence légalement formée. Dès lors, l'habilitation est dite législative parce que le pouvoir d'habiliter les représentants découle d'une disposition ayant force de loi, à l'instar de l'habilitation pour la désignation des délégués au Comité des régions pratiquée depuis 2003 sur la base de l'ancien article 263, paragraphe 2, du Traité instituant la Communauté économique européenne.

170. L'habilitation législative constitue en fait un processus au sein d'un dispositif global, et le degré d'indépendance de ce mécanisme est d'autant plus élevé que la loi reconnaît le statut de l'habilité. Ainsi, avant le Traité de Nice du 26 février 2001, le mécanisme de l'habilitation administrative était applicable à la désignation des délégués locaux au Comité des régions, dès lors qu'il n'y avait aucune obligation de « légitimité » dans la désignation des représentants institutionnels des collectivités territoriales. Mais, depuis l'entrée en vigueur de ce traité le 1er février 2003, l'Union européenne a cherché à améliorer la qualité de la représentation de ces collectivités par la désignation de personnes « titulaires d'un mandat électoral au sein d'une collectivité régionale ou locale, soit politiquement responsables devant une assemblée élue »[242].

171. Le mécanisme de l'habilitation conventionnelle est caractérisé, pour sa part, par une abstraction moins formelle de l'autorité habilitante. Dans ce mécanisme, l'habilitation est dite conventionnelle parce que le pouvoir d'habiliter découle, à l'origine, d'un accord de volontés des collectivités territoriales en vertu du principe de leur libre administration. C'est le cas notamment au sein des intercommunalités, voire de la coopération locale, même si le pouvoir habilitant intervient sur la base d'une compétence légalement formée. Il s'ensuit que le degré d'indépendance du mécanisme de l'habilitation conventionnelle est en pratique similaire à celui du mécanisme de l'habilitation législative au sein d'un comité de bassin, d'un comité de l'eau et de la biodiversité ou d'un conseil territorial de santé. En revanche, le degré d'indépendance de ce mécanisme est moins élevé dès lors que l'habilitation conventionnelle constitue un instrument dans le cadre d'une démarche de l'action publique territoriale ou nationale, à l'instar d'un syndicat de communes ou d'un syndicat mixte pour un projet de l'État.

II. Le mécanisme de l'habilitation administrative : entre intervention et abstraction de l'autorité habilitante

172. On parle de l'habilitation administrative lorsque le mécanisme de l'habilitation a la particularité de constituer une modalité de fonctionnement de l'administration publique, en l'occurrence l'administration territoriale. Ce mécanisme est mis en œuvre suivant le dispositif prévu à cet effet par le législateur[243] ; mais à la différence des autres mécanismes de l'habilitation, c'est le pouvoir habilitant qui en décide de l'opportunité. Aussi, dans ce mécanisme, le pouvoir d'habiliter l'agent tient, en principe, de la démarche administrative de sa nomination. Cette habilitation peut être caractérisée par une relative abstraction, notamment lorsque l'habilité agit sur la base de son statut d'agent et dans le cadre de ses fonctions pour la collectivité représentée. En conséquence, l'abstraction du mécanisme de l'habilitation peut être

[242] Article 300, paragraphe 2, du TFUE signé le 13 décembre 2007, JOUE n° C326/47, 26 octobre 2012.

[243] V. CGCT, article L.4433-4-5-1, alinéa 1 ; article L.4433-4-5-3, alinéa 1 ; article L.7153-10, alinéa 1 ; article L.7253-10, alinéa 1.

remise en cause notamment lorsque le pouvoir de direction et de contrôle de l'organe exécutif, exercé sur l'agent désigné en tant que représentant de la collectivité territoriale, interfère sur l'autorité du pouvoir habilitant de l'organe délibérant.

173. En pratique, l'interférence de l'autorité hiérarchique peut apparaître dans l'habilitation administrative utilisée notamment dans le cadre de la représentation des DROM au sein des missions diplomatiques de la France, en application des dispositions du CGCT (hypothèse n° 1 du tableau synoptique de la représentation des collectivités territoriales dans la sphère publique). Il faut préciser que les conditions de mise en œuvre de ce mécanisme doivent être déterminées par une convention avec l'État, et l'agent public habilité doit être spécifiquement désigné à cet effet par la collectivité représentée. Cette interférence peut aussi apparaître dans l'habilitation administrative utilisée dans le cadre des missions de représentation à caractère non diplomatique des DROM auprès de l'Union européenne, en application des dispositions du CGCT[244]. Dans ce contexte, la collectivité territoriale a l'obligation d'en informer le Gouvernement, et l'agent public habilité doit être spécifiquement désigné à cet effet par la collectivité représentée.

174. Il en découle un degré d'indépendance relatif de la fonction de représentation, selon le degré d'abstraction du pouvoir habilitant. Or, en matière de représentation diplomatique, la convention préalable avec l'État a pour effet d'établir un lien remarquable dans le chef de l'agent habilité ; *a contrario*, en matière de représentation non diplomatique, le devoir d'information au Gouvernement n'a pas le même effet. Dans le même temps intervient le principe hiérarchique de la fonction publique, tiré de la jurisprudence et énoncé à l'article L.121-10 du Code général de la fonction publique (CGFP). En effet, il est prévu que l'agent public a le devoir de se conformer aux instructions de son supérieur hiérarchique, sauf dans le cas où l'ordre donné est manifestement illégal et de nature à compromettre gravement un intérêt public[245]. Ce principe

[244] V. CGCT, article L.4433-4-5-2, alinéa 1 ; article L.4433-4-5-3, alinéa 3 ; article L.7154-2 ; article L.7254-2. V. *supra* l'hypothèse n° 4 du tableau synoptique de la représentation des collectivités territoriales dans la sphère publique, p. 59.

[245] V. CE, n° 71856, 10 novembre 1944, *Sieur Langneur*, Recueil p. 248 ; CE, n° 64308, 2 novembre 1966, *Dessendier*, Recueil p. 580, mentionné aux tables du recueil Lebon. En somme, la jurisprudence administrative retient que le fonctionnaire

limite donc le degré d'indépendance en matière de représentation de l'agent habilité, voire il constitue un risque de dépendance à l'égard de sa hiérarchie. Mais lorsqu'on dépasse les considérations du droit interne, l'enjeu est tout à fait autre pour les collectivités territoriales elles-mêmes.

§2 Les mécanismes de l'habilitation propices à la subsidiarité des collectivités territoriales

175. La notion de subsidiarité, quoiqu'invoquant davantage l'idée de déconcentration, peut être utilisée pour analyser la décentralisation en particulier lorsque l'autorité administrative et le pouvoir politique sont fortement centralisés au sein de l'État unitaire[246]. Des trois types de représentations des collectivités territoriales à l'étude, la représentation-habilitation se distingue par la compatibilité à cette notion et au régime qui lui est applicable dans les ordres juridiques supranational et international. C'est à proprement parler un régime limité à la fonction consultative de tout type d'entité infra-étatique, dès lors que l'exercice de la souveraineté reste une prérogative exclusive des États[247]. À noter que les entités infra-étatiques peuvent être appréhendées comme des collectivités faisant partie intégrante d'un État (unitaire ou fédéral), avec une population déterminée et un territoire clairement délimité[248]. L'utilisation de ce terme générique est courante lorsqu'il s'agit d'une analyse théorique en perspective de l'ordre juridique supranational ou international.

---

doit obéir aux ordres reçus, sauf s'ils sont à la fois manifestement illégaux et de nature à compromettre gravement un intérêt public, l'illégalité de l'ordre non manifeste ne suffisant pas à exonérer de cette obligation.

[246] V. Pierre PACTET, *Institutions politiques. Droit constitutionnel*, 16e éd., Armand Colin, coll. « U », 1997, pp. 46-49. En France, il s'agit à la fois d'un héritage du jacobinisme et d'une conséquence du fait majoritaire.

[247] V. Aurélie SCHREIDER-DRESSAYRE, *L'évolution du statut des collectivités territoriales en droit européen et international*, thèse dactylographiée, Université Paris XI – Sceaux, 2011.

[248] V. Romélien COLAVITTI, *Le statut des collectivités infra-étatiques européennes : entre organe et sujet*, texte remanié de la thèse de doctorat soutenue en 2012 à l'Université d'Aix-Marseille, Bruylant, coll. « Thèses », 2015, 805 p.

176. L'intérêt des mécanismes de l'habilitation est d'intégrer la vocation internationale des collectivités territoriales, tant soit faible[249], au sein du Conseil de l'Europe, dont la forme se rapproche structurellement d'une organisation internationale classique, et au sein de l'Union européenne qui est structurellement une organisation *sui generis*. Ces mécanismes participent non seulement de l'admission des collectivités territoriales comme acteurs institutionnels au Conseil de l'Europe (I) et de leur place grandissante dans les instances de l'Union européenne (II), mais aussi de l'encadrement normatif de leur action extérieure. En effet, il est observé que le « cadre juridique de l'action extérieure [des collectivités territoriales] s'est […] affiné, par touches successives et sous l'influence du droit de l'Union européenne et du Conseil de l'Europe, dans le sens d'une ouverture des autorités locales à l'étranger »[250]. L'État conserve néanmoins le monopole d'exercer la souveraineté – nationale ou populaire – en vertu de la règle dite du *treaty making power* (le pouvoir de conclure les traités).

I. L'admission de la représentation des collectivités territoriales au Conseil de l'Europe

177. L'ordre juridique international incorpore les collectivités territoriales dans le prolongement des institutions de l'État selon une logique d'assimilation systématique[251]. Le Conseil de l'Europe, comme l'Union européenne, appartient à cet ordre juridique et conserve une part fondamentale de cette logique qu'il applique au moins en partie. Dès sa création, l'institution européenne a voulu concilier la règle de la souveraineté des États avec les principes d'autonomie locale et de subsidiarité : l'« écran étatique » est ainsi nuancé à divers titres[252]. Cette nuance conceptuelle et juridique traduit l'idée de proximité qui implique d'organiser les politiques publiques à l'échelon le plus

[249] V. sur ce point Maryline GRANGER, *Les collectivités territoriales françaises et l'Union européenne*, thèse dactylographiée, Université de Limoges, 2012, pp. 143-166.

[250] Jimmy MEERSMAN, « La diplomatie démultipliée », *AJDA*, n° 7, 2023, p. 319.

[251] Qu'il nous soit permis de rappeler que, dans notre premier mémoire de fin d'études en droit public, présenté et soutenu publiquement en octobre 2007 en vue de l'obtention du diplôme de Licence (niveau bac +5) de l'Université de Kinshasa, nous avons démontré que l'État est la seule collectivité publique capable d'exercer la souveraineté dans l'ordre juridique interne comme dans l'ordre juridique international.

[252] V. en ce sens J. MEERSMAN, *op. cit.* (n° 250), p. 322.

pertinent, proche des citoyens, dans une mesure compatible avec l'efficacité. C'est en ce sens que l'admission d'une représentation institutionnelle des collectivités territoriales – par incorporation et par représentation sous les traits d'une personne morale publique – a été effective au Conseil de l'Europe, tout en maintenant le rôle prépondérant des États membres.

178. Il convient de rappeler qu'en France, l'article 3, alinéa 1, de la Constitution prévoit que « [l]a souveraineté nationale appartient au peuple qui l'exerce par ses représentants et par la voie du référendum ». En vertu de ces dispositions, la souveraineté nationale est exercée suivant deux modalités distinctes : indirectement par les institutions de la République, désignées sous le vocable « État »[253] ; directement par voie de référendum, qui, aux termes de la jurisprudence constitutionnelle, est « l'expression directe de la souveraineté nationale » et, en conséquence, ne peut donner lieu au contrôle de constitutionnalité[254]. En pratique, la première modalité est couramment utilisée en vertu du principe d'unicité de la République : seules les autorités étatiques sont parties prenantes aux négociations conventionnelles et peuvent donc avoir une représentation institutionnelle dans les instances décisionnelles internationales. La seconde bénéficie en revanche d'une reconnaissance dans les relations interétatiques et en droit international.

179. Ainsi, l'admission de la représentation des collectivités territoriales dans les instances du Conseil de l'Europe a du sens, car elles assurent parfois l'exécution quotidienne des règles adoptées par l'assemblée des États membres. Elle a été facilitée, de surcroît, par la mission principale de cette organisation internationale tendant à présider au rapprochement des systèmes juridiques internes particulièrement en matière des droits et libertés fondamentaux, y compris ceux des entités infra-étatiques. Toutefois, le régime juridique des collectivités territoriales n'a pas connu une évolution substantielle

---

[253] V. CC, décision n° 76-71 DC, 30 décembre 1976, *Décision du Conseil des communautés européennes relative à l'élection de l'Assemblée des Communautés au suffrage universel direct* et CC, décision n° 2013-675 DC, 9 octobre 2013, *Loi organique relative à la transparence de la vie publique*.

[254] V. CC, décision n° 62-20 DC, 6 novembre. 1962, *Loi relative à l'élection du Président de la République au suffrage universel direct, adoptée par le référendum du 28 octobre 1962* ; CC, décision n° 92-313 DC, 23 septembre 1992, *Loi autorisant la ratification du traité sur l'Union européenne*.

et elles sont limitées à un rôle consultatif au sein du Conseil de l'Europe.

180. La Charte européenne de l'autonomie locale a prévu le CPLR comme organe chargé d'assurer le respect de l'autonomie des entités infra-étatiques au travers d'un contrôle à caractère politique. Cette mission tient en fait de l'ancienne Conférence permanente des pouvoirs locaux et régionaux de l'Europe qui a préexisté à la création du Conseil en 1949. Pour comprendre son fonctionnement, il faut avoir conscience de la composition du Congrès, au regard de l'article 5 2° de la charte du CPLR (adoptée par le Comité des Ministres le 15 janvier 2020, lors de la 1364e réunion des Délégués des Ministres). Y siègent des délégués qui sont « soit titulaires d'un mandat spécifique au sein d'une collectivité locale ou régionale résultant d'une élection directe soit politiquement responsables devant une assemblée directement élue ». Ces représentants, répartis entre les chambres selon la catégorie de leurs collectivités respectives, constituent un moyen de contrôle de l'autonomie locale, dès lors qu'ils peuvent être directement concernés par une méconnaissance de la Charte du fait de l'État membre du Conseil de l'Europe.

II. L'essor laborieux de la représentation des collectivités territoriales dans l'Union européenne

181. L'admission de la représentation des collectivités territoriales au niveau communautaire s'est réalisée dans un mouvement de territorialisation des politiques publiques (A). Son insuffisance a conduit cependant les représentants locaux à trouver les voies et moyens permettant de dépasser du cadre institutionnel pour faire valoir leurs intérêts (B).

A. Une admission favorisée par un mouvement de territorialisation des politiques publiques

182. Quoique considérée comme une organisation *sui generis*, l'Union européenne n'est pas moins une organisation internationale composée d'États souverains. En effet, « elle se distingue largement des autres en raison de son degré d'intégration et de son ordre juridique. Cependant, elle repose sur les États à la fois par le consentement initial de chacun aux traités fondateurs, mais également par un consentement lors de chaque révision et traité d'adhésion des nouveaux États »[255].

183. En consentant un certain nombre de transferts et d'exercice en commun des compétences, les États membres ont laissé à l'Union le droit d'adopter des actes législatifs et réglementaires, dont certaines interviennent directement dans les domaines de compétences des collectivités territoriales. À l'origine, le problème n'était pas tant l'intervention des réglementations européennes dans les domaines de compétences des États membres que dans ceux déjà transférés aux collectivités territoriales. Les États ayant librement consenti des limitations de leur souveraineté dans un certain nombre de domaines dont la compétence – exclusive ou partagée – est revenue à l'Union[256], les collectivités territoriales devaient par suite se conformer aux règles fixées tant par les institutions nationales que par les institutions supranationales.

184. La situation est devenue problématique dès lors que la représentation des collectivités territoriales au sein de l'Union européenne n'était pas assez compensatoire avec la perte progressive des domaines de compétences de ces dernières. Aussi, par un effort d'incorporation fonctionnelle et processuelle, l'Union européenne a-t-elle intégré ces collectivités – subsidiairement aux prérogatives substantielles des États membres –, avec un rôle institutionnellement consultatif[257]. Aussi peut-on affirmer que « [d]epuis une trentaine d'années, il est convenu de parler d'une territorialisation de l'action publique au sens où cette dernière se décline sur des espaces locaux dotés de caractéristiques propres. L'importance de ce mouvement de territorialisation tient principalement à ce qu'il s'est accompagné d'un changement de paradigme : le territoire n'est plus un instrument au service des organes centraux de l'État [non plus de ceux de l'Union européenne], il est le lieu pertinent où les questions sont posées et où les réponses sont élaborées. Ce changement a lui-même conduit à

[255] Vincent BOUHIER, « Représentation et représentativité dans les institutions européennes », *in* O. BUI-XUAN (dir.), *op. cit.* (n° 7), p. 118.
[256] Par exemple, dans les domaines régaliens de la monnaie et de la politique économique et commerciale.
[257] V. les développements de Mathilde BOULET, *Les collectivités territoriales françaises dans le processus d'intégration européenne*, texte remanié de la thèse de doctorat soutenue à l'Université de Besançon, L'Harmattan, coll. « Grale », 2012.

imposer l'idée selon laquelle les institutions traditionnelles [étatiques et supra-étatiques] n'épuisent pas la représentation des territoires »[258].

185. Dans le même ordre d'idées, le mouvement de territorialisation des politiques publiques a conduit l'Union européenne à instituer le groupement européen de coopération territoriale (GECT)[259]. En réalité, les collectivités territoriales ont utilisé cet instrument en vue de développer des actions de coopération essentiellement dans le cadre transfrontalier et souvent sans le financement de l'Union, alors que le GECT est, à l'origine, un outil dédié principalement à la mise en œuvre des programmes ou des projets de coopération territoriale cofinancés par l'Union européenne.

B. Le dépassement du cadre institutionnel de la représentation des collectivités territoriales

186. L'Union européenne s'est particulièrement intéressée à la région plus qu'aux autres catégories de collectivités territoriales. On peut observer cette préférence régionale notamment dans le vocabulaire employé dans les textes de l'Union – comme ceux du Conseil de l'Europe d'ailleurs – qui distinguent « région » et « collectivités locales ». De plus, alors que les autres catégories de collectivités constituent la plus grande part des entités infra-étatiques parmi les États membres, l'Union européenne – à la différence du Conseil de l'Europe cette fois – a choisi de désigner l'institution représentant les collectivités territoriales au nom de « Comité des régions »[260].

187. La création du Comité des régions – après l'entrée en vigueur du traité de Maastricht –, participe d'une vision évolutive des collectivités territoriales, mais le rôle institutionnel de leurs représentants en son sein est limité. Le mécanisme de l'habilitation législative mis en pratique pour la désignation de ces représentants

---

[258] Julien MARTIN et Olivier RENAUDIE, « Un droit au territoire ? Retour sur quelques malentendus », *Civitas Europa*, n° 38, 2017, p. 213.

[259] Règlement (CE) n° 1082/2006 du Parlement européen et du Conseil relatif à un groupement européen de coopération territoriale (GECT) en date du 5 juillet 2006, JOUE n° L 210/19, 31 juillet 2006.

[260] V. en ce sens la contribution de Théophile MARGELLOS, « L'émergence de la « région » dans l'ordre juridique communautaire », *in* Georges VANDERSADEN, *L'Europe et les régions : aspects juridiques*, Université de Bruxelles, Bruxelles, 1997, pp. 19-63.

demeure imprégné d'une conception monolithique des collectivités territoriales : celle qui consiste à les assimiler systématiquement à la figure de l'État. Toutefois, on peut remarquer l'accroissement du rôle « consultatif » [261] du Comité des régions par deux exemples de coopération volontaire. Il s'agit d'abord de l'accord de coopération conclu entre le Parlement européen et le Comité des régions le 5 février 2014 – en lien avec les rapports structurels avec le Comité économique et social de l'Union européenne – ; ensuite, sur la base de l'initiative « Les villes et les régions pour l'intégration » lancée en 2019, du partenariat conclu en décembre 2020 entre la Commission européenne et le Comité concernant l'intégration des migrants.

188. Par ailleurs, le souci de maîtriser les contextes et les enjeux liés à l'élaboration des normes communautaires, notamment dans le domaine de la commande publique, a conduit les collectivités territoriales à dépasser le cadre de la représentation institutionnelle qui semble parfois inadaptée, aux yeux des collectivités territoriales, aux enjeux concernant la mise en œuvre des réglementations européennes[262]. Dès lors, ces collectivités se sont assignées une mission de représentation non institutionnelle, se traduisant par une démarche de lobbying tous azimuts, auprès des quatre institutions européennes qui ne sont pas assistées par le Comité des régions [263]. Face au phénomène actuel de recentralisation de certains domaines de

[261] Selon l'article 300, paragraphe 1er, du TFUE du 13 décembre 2007, le Comité des régions a la compétence d'émettre des avis obligatoires (en matières d'éducation, de formation professionnelle et de jeunesse – article 165 du TFUE –, de culture – article 167 du TFUE –, de santé publique – article 168 du TFUE –, de réseaux transeuropéens de transports, de télécommunications et d'énergie – article 172 du TFUE – et de cohésion économique et sociale – articles 175, 177 et 178 du TFUE) et facultatifs (en toutes matières) à la demande d'autres institutions (le Parlement, le Conseil et la Commission) de l'Union européenne ou à sa propre initiative.

[262] V. Jean-François BRISSON, « La territorialisation des politiques publiques », *RFFP*, n° 129, 2015, pp. 3-14 ; Stéphane CADIOU, *Le Pouvoir local en France*, Presses universitaires de Grenoble, coll. « Le politique en plus », 2009, 208 p. ; Thomas FRINAULT, *Le pouvoir territorialisé en France*, Presses universitaires de Rennes, coll. « Didact Sciences politiques », 2012, 444 p.

[263] Selon l'article 13 du Traité sur l'Union européenne (TUE), les institutions de l'Union sont le Parlement européen, le Conseil européen, le Conseil de l'Union européenne, la Commission européenne, la Cour de justice de l'Union européenne, la Banque centrale européenne et la Cour des comptes. Le Comité des régions assiste le Parlement, le Conseil de l'Union européenne et la Commission en exerçant des fonctions consultatives.

compétences au niveau supranational, le but est d'amener l'ensemble des institutions de l'Union à adopter les mesures les plus favorables aux intérêts locaux.

Section 2 La représentation-incarnation liée au régime catégoriel des collectivités territoriales

189. Les premières lois relatives à la décentralisation sont entrées en vigueur il y a plus de quarante ans, à l'occasion du cycle ouvert par l'adoption des deux lois du 2 mars 1982[264]. Ce premier cycle, marqué par une évolution substantielle du régime juridique des collectivités territoriales, les a vu passer de « simples échelons d'administration » au rang de « collectivités politiques »[265]. En outre, l'évolution du cadre juridique applicable à l'attribution et à l'exercice des compétences des collectivités territoriales concerne d'abord les compétences transférées par l'État et de plus en plus celles transférées entre collectivités territoriales. Le Conseil d'État estime sur ce point que « les compétences des collectivités territoriales, leur répartition, les conditions et modalités de leur exercice sont un élément majeur de l'organisation décentralisée de la République, affirmée à l'article 1er de la Constitution, ainsi que du fonctionnement de l'administration et de la démocratie locale de la France »[266].

190. Par la suite, le législateur est intervenu pour établir un régime juridique fondé sur les compétences ainsi que les responsabilités dévolues à chaque catégorie de collectivités territoriales : c'est ce qu'on appelle le régime catégoriel des collectivités territoriales. Celui-ci se montre avec d'autant plus d'acuité dans la représentation-incarnation

---

[264] Il s'agit de la loi n° 82-213 du 2 mars 1982 relative aux droits et libertés des communes, des départements et des régions, JORF, 3 mars 1982 ; et de la loi n° 82-214 du 2 mars 1982 portant statut particulier de la région de Corse : organisation administrative, JORF, 3 mars 1982.

[265] François ROBBE, *La représentation des collectivités territoriales par le Sénat. Étude sur l'article 24, alinéa 3 de la Constitution française du 4 octobre 1958*, texte remanié de la thèse de doctorat soutenue en 1998 à l'Université de Besançon, LGDJ-Montchrestien, 2001, p. 4.

[266] CE, avis n° 393651, 7 décembre 2017, *La différenciation des compétences des collectivités territoriales relevant d'une même catégorie et des règles relatives à l'exercice de ces compétences*, observation 3.

qu'il en caractérise toutes les hypothèses : de l'Assemblée des maires de la métropole du Grand Paris à la Conférence métropolitaine des maires en passant par les Conseils d'administration d'établissements sociaux ou médico-sociaux à caractère public[267].

191. Plus précisément, il est recensé dans cette recherche plusieurs hypothèses dans lesquelles le régime catégoriel des collectivités territoriales s'applique, seul ou en concurrence avec une autre considération dominante, à la représentation-mandat, à la représentation-habilitation et à la représentation-incarnation. Dix hypothèses de représentation-mandat impliquent le régime catégoriel des collectivités territoriales, dont trois partiellement et sept totalement ; six hypothèses de représentation-habilitation impliquent le régime catégoriel des collectivités territoriales, dont quatre partiellement et deux totalement ; une seule hypothèse de représentation-incarnation implique le régime catégoriel des collectivités territoriales totalement.

192. Or, « [c]e qui caractérise […] un groupement territorial lorsqu'il est décentralisé, c'est son affranchissement, quant à l'activité visée, à l'égard du pouvoir central » [268]. Donc, dans le mouvement de la décentralisation, le mécanisme de l'incarnation construit sur la base du régime catégoriel des collectivités territoriales (§1) est intrinsèquement lié à la création ainsi qu'à l'existence de ces collectivités (§2).

§1 La configuration du mécanisme de l'incarnation sur la base du régime catégoriel des collectivités territoriales

193. La décentralisation a été caractérisée, à l'origine, par l'uniformité catégorielle des compétences, des responsabilités ainsi que des règles applicables aux collectivités territoriales. Le souci de cohérence du législateur l'a conduit à faire en sorte que les organes délibérant et exécutif des communes, départements et régions présentent de nombreux points communs, tant dans leur fonctionnement que dans le statut des élus ou leur élection. Ainsi, par exemple, les organes délibérant et exécutif des conseils régionaux et des

---

[267] V. en introduction le tableau synoptique de la représentation des collectivités territoriales dans la sphère publique, pp. 43-50.
[268] Georges BURDEAU, *Traité de science politique*, t. V, 2e éd., LGDJ, 1970, p. 298.

conseils départementaux fonctionnent, en substance, sur le même modèle et avec les mêmes règles. Et, dans le même sens et de manière concrète, le maire de la plus petite commune de la région d'Île-de-France[269] a de nombreux points communs avec le président de la plus grande région de France[270]. Dans tous les cas, il est important de garder à l'esprit la distinction au sein du titre XII de la Constitution entre, d'une part, le régime des collectivités territoriales de droit commun – les communes, les départements et les régions, consacrés à l'article 72, alinéa 1, de la Constitution – et, d'autre part, le régime des collectivités territoriales à statut particulier et celui des collectivités de l'article 73[271].

194. En outre, ni la catégorisation des collectivités territoriales ni la décentralisation à l'œuvre n'ont pu résoudre le problème du découpage territorial et en particulier l'« émiettement communal » hérité de la Révolution et de l'Empire. Cette difficulté de la fragmentation du territoire entraîne un enchevêtrement des compétences et une superposition des échelons administratifs moins propices tant pour l'efficacité managériale que pour la légitimité démocratique. L'autre difficulté tient à la solution de rationalisation car, à l'image d'un puzzle, les collectivités territoriales sont tellement imbriquées dans ce système que chacune doit aux autres son propre équilibre. Il s'ensuit une catégorisation des collectivités territoriales qui non seulement tient du caractère unitaire de la République et du respect du principe d'égalité (I), mais elle traduit aussi une dimension symbolique de la représentation-incarnation (II).

---

[269] Les données statistiques de 2018 de la commune de Vaudherland présentent une population de 99 habitants sur un territoire de 0,1 kilomètre carré [accessibles sur le site https://www.insee.fr/fr/statistiques/1405599?geo=COM-95633] [consulté le 20 avril 2022].

[270] Les données statistiques de 2020 de la région Nouvelle-Aquitaine présentent une population de 6 millions d'habitants sur un territoire de 84 100 kilomètres carrés comprenant 12 départements [accessibles sur le site https://www.insee.fr/fr/statistiques/4277596?sommaire=4318291] [consulté le 20 avril 2022].

[271] V. CE, avis n° 393651, 7 décembre 2017, *La différenciation des compétences des collectivités territoriales relevant d'une même catégorie et des règles relatives à l'exercice de ces compétences*, observation 5.

I. L'exigence d'uniformité à l'origine de la catégorisation des collectivités territoriales

195. Dans une perspective holiste du sujet, il convient de passer par une analyse approfondie des origines de la décentralisation en droit positif afin d'appréhender les modalités du mécanisme de l'incarnation *in situ*. Il est avant tout important de savoir que, « comme le montre l'histoire de la France […] la centralisation est apparue comme indispensable à la constitution d'un État-Nation fort face aux menaces étrangères et aux féodalités »[272]. Ainsi, à la suite de la fin des privilèges, votée la nuit du 4 août 1789, et du bannissement du particularisme, le législateur a tenu, par une démarche volontariste, à exiger une cohérence territoriale (A) qui s'est traduite notamment par la volonté d'une identification pertinente des collectivités territoriales au travers des blocs de compétences (B).

A. La volonté du législateur pour une cohérence territoriale

196. La Révolution de 1789 a conduit notamment à faire de la France un maillage des collectivités territoriales avec, à l'origine, 44 000 municipalités[273] et 83 départements[274]. Ce fait territorial démontre, s'il en était encore besoin, que « l'émiettement communal », caractérisé par un très grand nombre de municipalités et leur extrême diversité, « n'est pas une problématique propre à nos politiques publiques contemporaines mais bien un héritage de l'ordre ancien, bien antérieur celui-là à la Révolution française »[275]. De plus, les lois du 14 décembre 1789 et des 22 décembre 1789 et 8 janvier 1790 relatives à la création des municipalités et des départements ont consacré une exigence

---

[272] Pierre-Laurent FRIER, *Précis de droit administratif*, 2e éd., Montchrestien, coll. « Domat – Droit public », 2003, p. 106.

[273] V. la loi du 14 décembre 1789 et le décret de la même date relatif à la constitution des municipalités.

[274] L'article 1er de la loi du 22 décembre 1789-8 janvier 1790 a prévu un nombre de 75 à 85 départements et le décret du 26 février 1790 en a fixé le nombre à 83. Cette disposition fut ensuite reprise par l'article 1er du Titre II de la Constitution du 3 septembre 1791, prévoyant que le territoire français « est distribué en quatre-vingt-trois départements ».

[275] Matthieu BERTOZZO, « Par les lois des 14 et 22 décembre 1789, la Révolution française fit de la France le maillage méticuleux des communes et des départements », *Revue générale du droit on line*, n° 18700, 2014 [mis en ligne sur le site www.revuegeneraledudroit.eu/?p=18700] [consulté le 22 mars 2020].

d'uniformité. Celle-ci requiert un fonctionnement identique de ces collectivités sur l'ensemble du territoire national, en vertu du principe de l'égalité devant la loi[276].

197. L'exigence d'uniformité, héritée de la conception de l'unité et de l'indivisibilité de la Nation à la suite de la Révolution[277], a été renforcée dans un mouvement de recentralisation dont le point culminant fut l'adoption de la loi du 28 pluviôse an VIII (17 février 1800) concernant la division du territoire français et l'administration. Par cette loi ont été adoptées, parmi d'autres, l'institution des préfets nommés par le pouvoir central et la hiérarchisation des rapports entre les préfets et les maires, dont le prolongement est perceptible aujourd'hui dans les dispositions de l'article L.2122-16, alinéa 1, du CGCT[278]. Cependant, depuis l'entrée en vigueur des premières lois de la décentralisation, l'uniformité n'a pas été appliquée de manière systématique aux collectivités territoriales. Ensuite des facteurs particuliers dans le fonctionnement des collectivités territoriales se sont multipliés au cours des quatre dernières décennies, notamment entre les communes, d'une part, et les départements et les régions, d'autre part. Il est ainsi apparu que dans les circonstances où « l'égalité prohibe le privilège, utilement, l'uniformité interdit l'originalité, inutilement »[279].

---

[276] Principe défini par l'article 1er de la Déclaration des droits de l'homme et du citoyen du 26 août 1789.

[277] V. Roland DEBBASCH, *Le principe révolutionnaire d'unité et d'indivisibilité de la République. Essai d'histoire politique*, texte remanié de la thèse de doctorat soutenue en 1987 à l'Université Aix-Marseille III, Economica-Presse universitaire d'Aix-Marseille, 1988.

[278] Le maire et ses adjoints ayant reçu délégation, qu'ils aient agi en qualité d'agents de l'État ou d'autorité exécutive de la commune et « après avoir été entendus ou invités à fournir des explications écrites sur les faits qui leur sont reprochés, peuvent être suspendus par arrêté ministériel motivé pour une durée qui n'excède pas un mois. Ils ne peuvent être révoqués que par décret motivé pris en conseil des ministres ». V. en ce sens CC, décision n° 2011-210 QPC, 13 janvier 2012, *Monsieur Ahmed S.*, considérants 5 et 7 ; CE, arrêt n° 434071, 19 décembre 2019, *Maire de la commune d'Hesdin*, considérants 3 à 9.

[279] Guy CARCASSONNE et Marc GUILLAUME, *La Constitution introduite et commentée*, 9e éd., Éditions du Seuil, coll. « Points-Essais », 2009, p. 350.

198. À titre d'exemple, un des facteurs différentiels les plus évidents est la clause de compétence générale[280] qui traduit le fait que « la commune pouvait intervenir dans tous les domaines qui ne lui étaient pas interdits, qui ne lui avaient pas été formellement enlevés, que ce soit par une loi expresse ou du fait de l'intervention du juge administratif, dès lors que son intervention était commandée par un intérêt public local »[281]. La mise en pratique de cette clause, convient-il de le préciser, s'accompagne généralement d'une plus grande liberté fiscale des collectivités territoriales, au-delà de leur autonomie financière constitutionnellement garantie. Jadis étendue à l'ensemble des collectivités territoriales, exceptés les EPCI, elle est limitée derechef aux communes par la loi n° 2015-991 du 7 août 2015[282].

199. Par ailleurs, un autre facteur de différenciation est identifié au travers de la commission permanente prolongeant les fonctions de l'organe délibérant des collectivités territoriales. En effet, le législateur a prévu la création de cette instance pour les départements[283] et les régions[284], mais il ne l'a pas prévu pour les communes. Il ne s'agit pas d'un organe chargé de contrôler le pouvoir exécutif local, mais d'une instance collégiale qui assure la gestion permanente du département ou de la région pour tout ce qui relève des compétences de l'assemblée délibérante. En ce sens, la commission permanente tend à faciliter la collaboration et maintenir l'équilibre entre le pouvoir exécutif et l'organe délibérant.

200. Toutes choses étant égales par ailleurs, les fonctions de la commission permanente peuvent être assimilées à celles du bureau – à l'opposé du conseil – des EPCI à fiscalité propre. Pour la Corse, il n'existe pas d'équivalent même si cette collectivité territoriale est

---

[280] V. en ce sens les développements de Jean-Marie PONTIER, « *Requiem* pour une clause générale de compétence », *JCP A*, n° 2, 2011, pp. 47-55. S'appuyant sur la réflexion de R. CARRE DE MALBERG, *Théorie générale de l'État*, t. I, §65, p. 184, l'auteur relève qu'à l'origine de la clause de compétence générale il y a l'idée qu'une collectivité territoriale, en l'occurrence la commune, « possède un cercle d'activité qui lui appartient en propre ».

[281] J.-M. PONTIER, « La commune, exception administrative territoriale », *AJDA*, n° 34, 2020, p. 1947.

[282] Loi n° 2015-991 du 7 août 2015 portant nouvelle organisation territoriale de la République (NOTRe), JORF n° 0182, 8 août 2015.

[283] V. les articles L.3122-4 à L.3122-7 du CGCT.

[284] V. les articles L.4133-4 à L.4133-7 du CGCT.

assimilée aux régions. En effet, le Conseil exécutif chargé de diriger l'action de la collectivité est plutôt proche d'une sorte de « gouvernement territorial », dès lors que les fonctions de membre de cet organe sont incompatibles avec celles de membre de l'Assemblée de Corse. De plus, contrairement aux autres collectivités de la France métropolitaine, en Corse, l'exécutif est responsable devant l'organe délibérant. Cela étant, il n'est pas vain de chercher une certaine homogénéité de l'ensemble des collectivités territoriales au travers de la mise œuvre de leurs compétences.

B. La recherche d'une identification pertinente des collectivités territoriales au travers des blocs de compétences

201. À l'origine, l'idée était d'instaurer des règles identiques en vue de l'attribution et de l'exercice des compétences au sein de chaque catégorie de collectivités territoriales. La volonté de donner une pertinence à chaque échelon et de distinguer chaque catégorie de collectivités territoriales a constitué le principal enjeu de l'exigence de leur uniformité. Sur ce point, il convient de relativiser la portée de cette exigence législative car les règles et principes constitutionnels, notamment l'indivisibilité de la République et l'égalité entre les collectivités territoriales, « tels qu'interprétés par le Conseil constitutionnel, n'imposent pas un cadre légal uniforme et figé aux compétences des collectivités territoriales [...], bien que celles-ci soient un élément constitutif de leur statut, mais ont au contraire permis des évolutions importantes et la prise en compte de situations différentes »[285]. En outre, il convient de préciser qu'en matière de transfert de compétences, l'intervention des commissions locales pour l'évaluation des charges et des ressources transférées ne suffit pas à prévenir les contentieux entre les collectivités territoriales[286]. À la place

---

[285] CE, avis n° 393651, 7 décembre 2017, *La différenciation des compétences des collectivités territoriales relevant d'une même catégorie et des règles relatives à l'exercice de ces compétences*, observation 8. En l'espèce, le raisonnement des juges administratifs rejoint la position de la jurisprudence CC, décision n° 91-291 DC, 6 mai 1991, *Loi instituant une dotation de solidarité urbaine et un fonds de solidarité des communes de la région d'Ile-de-France, réformant la dotation globale de fonctionnement des communes et des départements et modifiant le code des communes*, considérant 23.

[286] CAA de Douai, n° 19DA01543, 21 octobre 2021, *Département de l'Aisne* : le transfert de charges à la suite d'un transfert de compétences entre collectivités

d'exiger une uniformité opprimante – qui relève plutôt d'une « vision obtuse » tendant à l'assimiler l'indispensable égalité –, il est préférable que législateur fasse œuvre utile en clarifiant les règles d'attribution. L'idée est d'aboutir à une catégorisation efficiente des collectivités territoriales, et en définitive de désenchevêtrer leurs compétences[287].

202. Par ailleurs, la limitation de la clause de compétence générale a été en substance validée par le Conseil constitutionnel dans sa décision du 16 septembre 2016 en ces termes : « D'une part, le troisième alinéa de l'article 72 de la Constitution n'implique pas, par lui-même, que les collectivités territoriales doivent pouvoir intervenir dans les domaines pour lesquels aucune autre personne publique ne dispose d'une compétence attribuée par la loi. D'autre part, compte tenu de l'étendue des attributions dévolues aux départements par les dispositions législatives en vigueur, qu'il s'agisse de compétences exclusives, de compétences partagées avec d'autres catégories de collectivités territoriales ou de compétences susceptibles d'être déléguées par d'autres collectivités territoriales, les dispositions contestées ne privent pas les départements d'attributions effectives. »[288]

203. Par cette décision, le Conseil a maintenu sa position exprimée le 9 décembre 2010 dans sa décision relative à la loi de réforme des collectivités territoriales, estimant que les dispositions de l'article 48 de la loi du 10 août 1871 « n'ont eu ni pour objet ni pour effet de créer une 'clause [de compétence] générale' » qui, en conséquence, ne peut être regardée comme un principe fondamental reconnu par les lois de la République[289]. Cette position du juge constitutionnel est à rebours de l'idée du professeur Michel VERPEAUX selon laquelle la clause de

---

territoriales est soumis aux mêmes règles que lorsqu'il s'agit du transfert de charges à la suite d'un transfert de compétences entre l'État et ces collectivités.

[287] CE, avis n° 402412, 6 mai 2021, *Projet de loi relatif à la différenciation, la décentralisation, la déconcentration et portant diverses mesures de simplification de l'action publique*, observation 4.

[288] CC, décision n° 2016-565 QPC, 16 septembre 2016, *Assemblée des départements de France*, considérants 5 et 6. À l'évidence, le raisonnement du juge constitutionnel sur la clause de compétence générale concerne aussi bien les départements que les régions, le législateur l'ayant limitée aux communes.

[289] CC, décision n° 2010-618 DC, 9 décembre 2010, *Loi de réforme des collectivités territoriales*, considérant 54. V. le commentaire de Marie-Christine ROAULT, « La loi de réforme des collectivités territoriales au crible du Conseil constitutionnel », *JCP A*, n° 2, 2011, pp. 16-22.

compétence générale serait consubstantielle au principe de libre administration des collectivités territoriales : « Cette dernière ne pourrait alors se concevoir, pour être réelle et complète, que par la reconnaissance de la clause générale, c'est-à-dire par la possibilité, pour la collectivité, d'agir sur toute question d'intérêt local surgissant sur son territoire. La libre administration n'existerait, dans ce cadre, que si l'administration de la collectivité était réellement générale et non spécialisée »[290] à l'instar des EPCI. L'on peut ainsi considérer que la limitation de cette clause aux communes a visé non seulement à mettre fin aux financements croisés des collectivités territoriales, mais aussi à clarifier la répartition de leurs compétences ainsi que leurs interventions dans les politiques publiques.

204. Pour le professeur Jean-Marie PONTIER, si l'établissement de blocs de compétences « dans la répartition des compétences entre l'État et les collectivités territoriales est *a priori* une idée parfaitement séduisante […] cette solution n'est même pas un rêve, c'est un fantasme, c'est la poursuite de fantômes, c'est se bercer d'illusions »[291]. L'auteur poursuit son raisonnement plus loin en soutenant qu'en pratique « [l]e contraste est saisissant […] entre les grands discours sur la décentralisation et les réalités administratives et contentieuses très concrètes, entre un passé marqué par un contentieux entre l'État et les communes qui paraît un peu dérisoire et un présent caractérisé par des contentieux entre les collectivités territoriales elles-mêmes […] »[292].

205. À l'opposé de cette idée, il est estimé que même si elle n'est pas consacrée expressément par le législateur, nier ainsi la théorisation des blocs de compétences n'est pas opportun, dès lors que celle-ci donne à l'effort de catégorisation apparent – dans la jurisprudence comme dans la doctrine – un contenu identifiable à différents points de vue. Une lecture combinée des articles L.1111-2 et L.1111-4 du CGCT laisse penser que les collectivités territoriales « concourent » aux missions d'intérêt général par l'exercice de leurs compétences constituées en blocs « dans la mesure du possible ». *A fortiori*, les collectivités

---

290 M. VERPEAUX, « La clause générale de compétence, consécration ou remise en cause ? », *Revue Lamy des collectivités territoriales*, n° 42, 2009, p. 66.
291 J.-M. PONTIER, « La réforme de l'organisation territoriale de l'État », *AJDA*, n° 5, 2020, p. 282.
292 J.-M. PONTIER, « Problèmes de compensation : entre les collectivités territoriales aussi », *AJDA*, n° 9, 2022, p. 533.

territoriales ne sont pas censées pouvoir intervenir uniquement dans les domaines d'intérêt local pour lesquels aucune autre personne publique n'a reçu de compétence légale. Ainsi peut-on identifier, à travers un bloc de compétences générales, les missions principales de chaque catégorie de collectivités, voire à terme, les modalités communes d'une représentation systématique des collectivités concernées à travers le mécanisme de l'incarnation.

II. L'effet « créateur » de la catégorisation sur le mécanisme de l'incarnation

206. La catégorisation des collectivités territoriales implique leur représentation systématique par le mécanisme de l'incarnation. En même temps, le mouvement de la décentralisation a favorisé la prise en compte de deux éléments majeurs : la particularité des groupements humains formant les collectivités territoriales et la spécificité des territoires. En dépit d'un assouplissement progressif de cette catégorisation au point de laisser apparaître diverses particularités, sa capacité d'engendrer l'incarnation des collectivités territoriales n'est pas entamée.

207. Par exemple, la création des collectivités à statut particulier de Paris, Marseille et Lyon [293], œuvre du législateur habilité par la Constitution à créer « toute autre collectivité »[294], ne fait pas pièce à l'application du mécanisme de l'incarnation au même titre que l'ensemble de l'échelon communal. Suivant le même raisonnement, il est fait application du mécanisme de l'incarnation à la Corse au même titre que l'ensemble de l'échelon régional. Faut-il préciser que cette collectivité a d'abord été une création du législateur en tant que région, bien avant les autres, par la loi du 2 mars 1982 portant statut particulier de la région de Corse dans son organisation administrative, complétée par celle du 30 juillet 1982 relative à ses compétences[295], avant d'être

---

[293] Loi n° 82-1169 du 31 décembre 1982 relative à l'organisation administrative de Paris, Marseille, Lyon et des établissements publics de coopération intercommunale, JORF, 1er janvier 1983.

[294] Dans sa version originelle, en vigueur jusqu'au 29 mars 2003, l'alinéa 1 de l'article 72 de la Constitution était rédigé comme suit : « Les collectivités territoriales de la République sont les communes, les départements, les territoires d'Outre-mer. Toute autre collectivité territoriale est créée par la loi. »

[295] Loi n° 82-659 du 30 juillet 1982 portant statut particulier de la région de Corse : compétences, JORF, 31 juillet 1982.

reconnue comme une « collectivité territoriale à statut particulier » par la loi du 13 mai 1991 portant statut de la collectivité territoriale de Corse[296] et, aujourd'hui, par l'article L.4421 du CGCT[297].

208. On a assisté ensuite à la création par le législateur, au sens des dispositions de l'article 72, alinéa 1, de la Constitution – issues de la révision constitutionnelle du 28 mars 2003[298] –, des collectivités territoriales à statut particulier, notamment la métropole de Lyon et la Collectivité européenne d'Alsace (CEA)[299]. Concernant cette dernière, des théoriciens de droit considèrent que le « législateur n'a, de toute évidence, pas voulu qualifier la [CEA] de 'collectivité territoriale à statut particulier' au sens de l'article 72 de la Constitution »[300], contrairement à la Corse, la ville de Paris ou encore la métropole de Lyon. Cet argument, qui se fonde sur le fait que les dispositions relatives à cette collectivité territoriale s'insèrent dans la troisième partie du CGCT dédiée aux départements, ne saurait prospérer. C'est ici le lieu de rappeler que, sans préjudice de la consultation électorale prévue à l'alinéa 3 de l'article 72-1 de la Constitution, la compétence de délimiter le territoire appartient en principe au législateur, et de façon résiduelle au pouvoir réglementaire[301]. Il en est ainsi précisément lorsque la délimitation tend à modifier le périmètre d'une collectivité territoriale existante ou lorsqu'elle fait suite à la création d'une nouvelle catégorie de collectivités territoriales.

---

[296] Loi n° 91-428 du 13 mai 1991 portant statut de la collectivité territoriale de Corse, JORF n° 111, 14 mai 1991. L'article 84 de cette loi prévoit en substance que la collectivité de Corse est assimilée à une région – au sens de la définition légale du terme – et son conseil exécutif assimilé à un conseil régional.

[297] Dispositions créées par l'article 30 de la loi n° 2015-991 du 7 août 2015.

[298] Loi constitutionnelle n° 2003-276 du 28 mars 2003 relative à l'organisation décentralisée de la République, JORF n° 75, 29 mars 2003.

[299] Loi n° 2019-816 du 2 août 2019 relative aux compétences de la Collectivité européenne d'Alsace, JORF n° 0179, 3 août 2019. L'article 1er de cette loi prévoit que la CEA est née de la fusion, à compter du 1er janvier 2021, des départements du Bas-Rhin et du Haut-Rhin.

[300] Laetitia JANICOT et Michel VERPEAUX, « La Collectivité européenne d'Alsace ou les fruits d'un non-choix », *AJDA*, n° 38, 2019, p. 2237.

[301] V. par exemple, pour les communes, l'article 2112-5 du CGCT. V. aussi CE, n° 457980, 14 octobre 2022, *Association « Réunissons Polangis »*, mentionné aux tables du recueil Lebon.

209. Toutefois, au sens de l'article 72 de la Constitution, le « statut particulier » d'une collectivité territoriale n'a pas pour finalité de soustraire celle-ci d'une catégorie de collectivités territoriales. Au contraire, il s'agit d'en faire un modèle de différenciation territoriale tout en restant dans sa catégorie d'appartenance. À savoir que la différenciation est définie de manière générale comme « l'adoption de règles différentes selon les territoires, soit parce que le législateur ou le pouvoir réglementaire national adopte de telles règles, soit parce qu'ils autorisent les collectivités territoriales à adopter des mesures d'adaptation des lois, voire des règles particulières, afin de mieux tenir compte des spécificités et des besoins locaux »[302]. En ce sens, n'ayant plus le statut de département depuis le 1er janvier 2019, la ville de Paris est une collectivité territoriale à statut unique et particulier au sein de la catégorie des communes. C'est ainsi qu'aux termes de l'article L.O.227-1, alinéa 3, du Code électoral « l'élection des membres du Conseil de Paris est assimilée à celle des conseillers municipaux ».

210. La transformation de la métropole de Lyon en collectivité territoriale à statut particulier au sens de l'article 72 de la Constitution – au même titre que la collectivité de Corse et la CEA –, a été entérinée par l'article 26 de la loi n° 2014-58 du 27 janvier 2014. Elle s'est faite en réalité par la suppression de son statut d'EPCI, mais cette collectivité n'est pas moins désignée dans la loi en tant qu'une « métropole ». Selon l'article L.335 du Code électoral, elle est « assimilée à un département » uniquement pour les élections régionales. Ainsi, la différence avec les autres métropoles à statut particulier, mais aussi les métropoles de droit commun, se traduit par sa faculté exceptionnelle d'exercer de manière combinée sur son territoire les compétences métropolitaines et départementales.

211. Toutes choses étant égales par ailleurs, on peut considérer, dans le prolongement du raisonnement développé précédemment, la création des communes nouvelles au sens des lois n° 2015-292 du 16 mars

[302] L. Janicot, « Les départements : quel(s) avenir(s) ? », *AJDA*, n° 41, 2019, p. 2420.

2015[303] et n° 2019-809 du 1er août 2019[304]. En effet, aux termes de l'article 4 de la loi de 2019, la création d'une commune nouvelle peut être l'aboutissement de la fusion de l'ensemble des communes membres d'un ou de plusieurs EPCI à fiscalité propre. Ces dispositions sont applicables depuis le 1er avril 2020, soit à la suite des dernières élections municipales et communautaires.

212. Exerçant son office de contrôle de constitutionnalité, le Conseil constitutionnel a affirmé que rien « ne fait [...] obstacle à ce que le législateur, agissant sur le fondement des dispositions [...] des articles 34 et 72 de la Constitution, crée une nouvelle catégorie de collectivité territoriale, même ne comprenant qu'une unité, et la dote d'un statut spécifique »[305]. Cela ne signifie pas pour autant que le législateur puisse aller au-delà de ce que la Constitution permet ; il est tenu au respect, par exemple, du principe d'indivisibilité de la République. Ainsi, l'effet « créateur » de la catégorisation des collectivités territoriales donne à la représentation-incarnation une portée essentiellement symbolique : le mécanisme ainsi appliqué à l'aune de la catégorisation en constitue l'envergure.

---

303 Loi n° 2015-292 du 16 mars 2015 relative à l'amélioration du régime de la commune nouvelle, pour des communes fortes et vivantes, JORF n° 0064, 17 mars 2015. Cette loi a amélioré notamment les règles juridiques et financières relatives à la fusion des communes issues de la loi n° 2010-1563 du 16 décembre 2010. Les améliorations apportées par la loi ont conduit à la création de plusieurs communes nouvelles, à l'instar de celle d'Annecy – la plus grande avec 126 000 habitants à sa création le 1er janvier 2017 –, par la fusion de six communes voisines, et celle d'Évry-Courcouronnes – avec 68 098 habitants à sa création le 1er janvier 2019 – par la fusion de deux communes voisines. V. en ce sens l'arrêté du préfet de la Haute-Savoie n° PREF/DRCL/BCLB-2016-0055 du 14 juillet 2016 portant création de la commune nouvelle d'Annecy et l'arrêté du préfet de l'Essonne n° 2018-PREF-DRCL-540 du 12 octobre 2018 portant création de la commune nouvelle d'Évry-Courcouronnes.

304 Loi n° 2019-809 du 1er août 2019 visant à adapter l'organisation des communes nouvelles à la diversité des territoires, JORF n° 0178, 2 août 2019. Cette loi a eu notamment pour effet de renforcer les mesures facilitant la création des communes nouvelles.

305 V. CC, décision n° 91-290 DC, 9 mai 1991, *Loi portant statut de la collectivité territoriale de Corse*, Considérant 18. En dépit de leurs particularités, la ville de Paris, la métropole de Lyon et la CEA ne sont pas, chacune en ce qui la concerne et pour l'essentiel, plus qu'une commune, une métropole ou un département. Le principe est donc que chaque catégorie de collectivité doit obéir, à quelques exceptions près, aux mêmes règles générales.

§2 La fonction d'incarnation inhérente à la qualité d'organe exécutif local

213. La fonction de responsable de l'exécutif – chargé d'administrer une collectivité territoriale – traduit la qualité de représentant de son titulaire. En ce sens, dès lors que seul un membre du conseil élu peut en principe incarner une collectivité territoriale[306], il convient de mettre en évidence le lien étroit entre la fonction de représentation et la fonction exécutive (I). Par la suite, il convient d'accorder une attention particulière à l'incidence de la suppression de la garantie territoriale sur le mécanisme de l'incarnation qu'elle postule (II).

I. Les collectivités territoriales incarnées par leur organe exécutif

214. En prévoyant une division de la France en collectivités territoriales « tant pour la représentation que pour l'administration »[307], la loi du 22 décembre 1789 - 8 janvier 1790 établit un lien étroit entre les fonctions représentatives et administratives des organes locaux. L'effet catégoriel qui découle de cette conception législative tend à limiter la fonction de représentation par incarnation, et même par habilitation législative ou conventionnelle, aux membres des conseils élus des collectivités territoriales. En pratique, le législateur rend interstitiel l'intervalle entre le régime catégoriel des collectivités territoriales et leurs organes exécutifs qui assument au quotidien les fonctions représentatives et administratives : on parle ainsi d'« organes représentatifs ».

215. La circonstance d'une manifestation concomitante des fonctions de représentation par incarnation et d'administration est aussi identifiable dans deux hypothèses se situant en dehors du cadre des instances : l'action extérieure des collectivités territoriales et le mécanisme de parrainage des candidats à l'élection présidentielle. Dans le premier cas, toute intervention qui relève de l'action extérieure des collectivités territoriales[308] – conséquence en matière de relations

---

[306] Au regard des dispositions de l'article 72, alinéa 3, de la Constitution qui exigent que les membres des conseils des collectivités territoriales soient élus pour pouvoir exercer leur libre administration.

[307] Article 1er de la loi du 22 décembre 1789-8 janvier 1790.

[308] En somme, l'expression « action extérieure » est plus générale au sens du titre III – intitulé « action extérieure des collectivités territoriales » – de la loi n° 2014-773 du

internationales du fait du transfert de compétences de l'État vers ces dernières – est soumise au respect des engagements internationaux de la France. Concernant les parrainages, il faut garder à l'esprit « qu'ils existaient déjà en 1958, sauf que, dans le système initial, était parrain celui-là même qui était électeur, c'est-à-dire membre du collège électoral [car le président de la République était élu au suffrage indirect]. Curieusement, le dispositif a été conservé et les mêmes sont demeurés les possibles parrains dans la révision constitutionnelle de 1962. N'a donc pas été suivie la logique qui aurait consisté à reconnaître aux électeurs – devenus l'ensemble des électeurs puisque l'élection se déroule au suffrage universel – la possibilité de parrainer »[309].

216. Ensuite, par la réforme du mécanisme de parrainage en même temps que celle du mode d'élection du président de la République, les membres de l'ancien collège électoral ont perdu un droit de vote exclusif mais ont conservé un rôle qu'ils peuvent seuls exercer. Sur ce point le comité de réflexion et de proposition sur la modernisation et le rééquilibrage des institutions de la Ve République présidé par Edouard Balladur a fustigé « de véritables campagnes de démarchage, dont le moins que l'on puisse dire est qu'elles ternissent l'image de la démocratie »[310]. D'où ses propositions intermédiaires allant dans le

---

7 juillet 2014. V. en ce sens Didier BLANC, « Un nouvel instrument d'une diplomatie ultramarine ? La loi du 5 décembre 2016 relative à l'action extérieure des collectivités territoriales », *AJDA*, n° 4, 2018, p. 209 : « La formule – déjà contenue dans la circulaire du Premier ministre n° 1789 du 26 mai 1983 relative à l'action extérieure des collectivités locales (JO, 24 déc. 1983, p. 29) – traduit une inflexion dans la mesure où elle implique non seulement que la coopération n'est pas limitée au cadre transfrontalier, mais surtout parce qu'elle permet aux collectivités d'entretenir des relations dans un cadre non exclusivement décentralisé, avec des États tiers, des organisations internationales, des organismes publics ou personnes morales de droit étranger ou en vue de la constitution de groupements de coopération régionale. » La circulaire du 26 mai 1983 a le mérite d'avoir jeté les bases de l'action extérieure des collectivités territoriales et, par la suite, cette formule a été reprise dans d'autres circulaires et documents administratifs, à l'instar d'une circulaire du préfet des Hauts-de-Seine du 11 juin 2018 ayant pour objet : « le cadre juridique de l'action extérieure des collectivités territoriales ».

[309] V. « L'élection présidentielle et la politique jurisprudentielle du Conseil constitutionnel : quelles influences ? », *Petites affiches*, n° 243, Table ronde du colloque « Regards du Conseil constitutionnel sur l'élection présidentielle » du 27 mars 2012 organisé par le Centre de recherche Léon Duguit, 2012, p. 40.

[310] Édouard BALLADUR, *Une Ve République plus démocratique*, Fayard, 2009, pp. 25-26.

sens d'instaurer un système mixte de présentation des candidats à l'élection présidentielle sur une base d'ayant droits plus large que l'actuelle, en y incorporant les électeurs. Le caractère satisfaisant de ces propositions reste à démontrer.

217. Par ailleurs, l'on estime que « ce qu'il y a d'intéressant c'est de voir, dans les travaux préparatoires à la fois de 1958 et de la réforme de 1962, les débats relatifs à la pertinence [du] collège électoral et à son maintien pour le parrainage. Y est notamment sous-jacente l'idée que l'assise territoriale a une signification à l'aune de l'élection du président de la République »[311], dans la mesure où les ayants droit sont à une écrasante majorité des élus locaux. Le Conseil constitutionnel retient en définitive qu'au cours de « la période de recueil des présentations des candidats à l'élection du Président de la République, une liste des citoyens qui, en tant qu'élus habilités, ont valablement présenté un candidat à l'élection du Président de la République est rendue publique sur le site internet du Conseil constitutionnel deux fois par semaine, le mardi et le vendredi »[312].

218. L'habilitation, à laquelle le Conseil constitutionnel fait allusion dans la décision susmentionnée, ne correspond pas pour les organes exécutifs au mécanisme de l'habilitation législatif étudié dans cette recherche. Sa portée serait discutable en particulier pour ce qui concerne les maires, maires délégués, maires d'arrondissement et présidents d'intercommunalité, étant donné que les représentants agissent dans le cadre des mécanismes de l'habilitation « tant pour la représentation que pour l'administration » des collectivités territoriales. Or, le mécanisme de parrainage correspond à une logique historique de la division territoriale de la France : le rôle des élus locaux en général et des organes exécutifs en particulier revêt dans ce cadre un caractère

---

[311] V. « L'élection présidentielle et la politique jurisprudentielle du Conseil constitutionnel : quelles influences ? », *op. cit.* (n° 308), p. 40.

[312] CC, décision n° 2016-135 ORGA, 8 septembre 2016, *Détermination par tirage au sort de l'ordre de la liste des candidats à l'élection du Président de la République et modalités de publication du nom et de la qualité des citoyens qui présentent des candidats à l'élection du Président de la République*, modifiée par la décision n° 2017-137 ORGA, 23 février 2017. V. en ce sens les dispositions de la loi organique n° 2016-506 du 25 avril 2016 de modernisation des règles applicables à l'élection présidentielle, JORF n° 0098, 26 avril 2016 ; et de la loi organique n° 2013-906 du 11 octobre 2013 relative à la transparence de la vie publique, JORF n° 0238, 12 octobre 2013.

distinct du fait qu'il participe uniquement de la fonction de représentation des collectivités territoriales. En conséquence, c'est plutôt le mécanisme de l'incarnation qui s'applique en matière de parrainage.

II. Le fait territorial comme garantie de la fonction d'incarnation

219. Le terme « périmètre » a été utilisé longtemps pour désigner l'espace géographique délimitant les collectivités territoriales, notamment les intercommunalités. Depuis peu, le législateur n'hésite pas à utiliser le terme « territoire » à leur propos, soit pour définir leurs compétences [313], soit pour définir, à côté du terme « périmètre », l'espace géographique délimitant les établissements publics territoriaux (EPT)[314]. Aussi, la disparition de la garantie territoriale, mise en œuvre partiellement par les dispositions de l'article 72-1 de la Constitution et puis entérinée par la décision du Conseil constitutionnel du 15 janvier 2015[315], entraine le renouvellement de la conceptualisation du territoire dans le langage juridique (A). Dans le cadre de cette recherche, ce renouvellement aboutit à l'émergence d'une garantie de la représentation par incarnation pour chaque collectivité territoriale (B).

A. Le renouvellement de la conceptualisation du territoire à la suite de la disparition de la garantie territoriale

220. L'article 72 de la Constitution ne fixe pas le nombre de collectivités territoriales et n'en cite pas les noms. L'absence de cette énumération entraîne notamment l'inexistence d'une garantie territoriale pour ces collectivités dans la Constitution, contrairement à celles citées nommément à l'article 72-3.

---

[313] Par exemple, concernant les intercommunalités, les dispositions de l'article L.5217-2 IX du CGCT prévoient en substance que « [l]a métropole assure la fonction d'autorité organisatrice d'une compétence qu'elle exerce sur son territoire ».

[314] L'article L.5219-2, alinéa 2, du CGCT utilise les deux termes de la manière suivante : « La définition de ces périmètres peut prendre en compte les territoires de projet constitués en vue de l'élaboration de contrats de développement territorial prévus à l'article 21 de la loi n° 2010-597 du 3 juin 2010 relative au Grand Paris. »

[315] CC, décision n° 2014-709 DC, 15 janvier 2015, *Loi relative à la délimitation des régions, aux élections régionales et départementales et modifiant le calendrier électoral*, considérant 5.

221. Par ailleurs, le législateur avait reconnu une garantie territoriale par les dispositions de l'article L.110 du Code de l'urbanisme en prévoyant que « le territoire français est le patrimoine commun de la nation. Chaque collectivité publique en est le gestionnaire et le garant dans le cadre de ses compétences ». Considérant sa prérogative de déterminer notamment le principe fondamental de la libre administration des collectivités territoriales sur le fondement de l'article 34, alinéa 3, de la Constitution, il en résulte que les communes, les départements et les régions ont bénéficié de cette garantie, en qualité de collectivités publiques. Toutefois, l'abrogation de ces dispositions par une ordonnance du 23 septembre 2015[316] conduit à poser la question suivante : les collectivités territoriales peuvent-elles, à ce jour, prétendre au bénéfice d'une garantie territoriale ?

222. La réponse nécessite d'évacuer un malentendu lié à la conception originelle du territoire et celui lié aux usages contemporains du concept de territoire, notamment dans leur multiplication. En effet, il convient d'abord de considérer que les mélanges de genre « entre 'nation', 'État', 'droit' et 'territoire' sont particulièrement prégnants [en particulier dans les discours politiques]. D'un côté, le territoire est un espace dans lequel se déploie le droit, ce qui conduit généralement à considérer celui-ci comme une limite spatiale de la validité des normes. De l'autre côté, le territoire peut être envisagé comme appartenant à la nation »[317].

223. Suivant ce raisonnement, la garantie territoriale, autrefois reconnue aux collectivités territoriales comme aux autres collectivités publiques, ne peut servir qu'à la mise en œuvre à l'échelle locale des exigences de continuité territoriale découlant de l'indivisibilité de la République. En effet, le caractère indivisible de la République, prévu à l'article 1er, alinéa 1, de la Constitution est l'un des piliers de ce que l'on appelle « le consensus républicain ». Il a été d'abord proclamé à l'article 1er de la Constitution du 27 octobre 1946 et ensuite repris à l'article 1er de la Constitution de la Ve République modifié par l'article

---

[316] L'article L.110 du Code de l'urbanisme a d'abord été modifié par l'article 8 de la loi n° 2009-967 du 3 août 2009 de programmation relative à la mise en œuvre du Grenelle de l'environnement avant d'être abrogé par l'article 12 de l'ordonnance n° 2015-1174 du 23 septembre 2015 relative à la partie législative du livre Ier du Code de l'urbanisme.

[317] J. MARTIN et O. RENAUDIE, *op. cit.* (n° 258), p. 203.

8 de loi constitutionnelle n° 95-880 du 4 août 1995[318]. Le juge constitutionnel a reconnu le caractère « continu » du territoire formant un canton électoral – qui est en réalité un territoire de représentation politique des populations – ainsi que la possibilité de « tenir compte de considérations géographiques, au nombre desquelles figurent l'insularité, le relief, l'enclavement ou la superficie [...] susceptibles d'atténuer la portée de la règle de l'égalité devant le suffrage [...] dans une mesure limitée »[319].

224. Il reste donc une seule garantie possible découlant du fait territorial : la représentation par incarnation de chaque territoire. Et à voir en réalité, la représentation des territoires, fondée essentiellement sur la dichotomie entre territoires urbains et territoires ruraux, diffère de celle des collectivités territoriales dont elle est une modalité pratique[320].

B. De la garantie territoriale à la garantie de la représentation par incarnation

225. Le mécanisme de l'incarnation connaît, par l'effet d'entrainement, un renouvellement que l'on doit au changement de la conception du territoire – notamment par le juge constitutionnel – et des principaux objectifs assignés à son usage. En effet, selon le Conseil constitutionnel, la dernière phrase de l'article 72-1, alinéa 3, de la Constitution, qui prévoit la possibilité d'une consultation légale des électeurs en cas de modification des limites des collectivités territoriales, ne constitue pas, pas plus qu'aucune autre exigence constitutionnelle, une garantie territoriale ni un préalable au dépôt ou à l'adoption d'une loi tendant à la modification des limites des

---

[318] « La France est une République indivisible, laïque, démocratique et sociale. Elle assure l'égalité devant la loi de tous les citoyens sans distinction d'origine, de race ou de religion. Elle respecte toutes les croyances. » V. M. VERPEAUX, « L'unité et la diversité dans la République », *Nouveaux cahiers du conseil constitutionnel*, n° 42, 2014.

[319] CC, décision n° 2013-667 DC, 16 mai 2013, *Loi relative à l'élection des conseillers départementaux, des conseillers municipaux et des conseillers communautaires, et modifiant le calendrier électoral*, considérants 41 et 43.

[320] V. en ce sens les développements d'Olivier RENAUDIE, « La représentation des territoires », *Revue Lamy des collectivités territoriales*, n° 92, 2013, pp. 56-63.

collectivités territoriales [321]. Cette position jurisprudentielle « est intéressante car elle inscrit le débat dans le cadre plus général de la titularité de ces droits »[322].

226. Il est désormais possible d'envisager la garantie territoriale à l'effet horizontal – pour les initiatives de modification territoriale au niveau local –, mais pas à l'effet vertical – pour les initiatives de modification territoriale au niveau national. De ce fait, sa quasi-disparition couplée aux différents assouplissements et aménagements du régime général des collectivités territoriales ont conduit notamment à la banalisation des « îlots d'exception » dans le fonctionnement de la décentralisation. Ainsi, la seule garantie qu'il reste communément à ces collectivités est l'incarnation par leurs représentants.

---

[321] CC, décision n° 2014-709 DC, 15 janvier 2015, *Loi relative à la délimitation des régions, aux élections régionales et départementales et modifiant le calendrier électoral*, considérant 5.
[322] J. MARTIN et O. RENAUDIE, *op. cit.* (n° 258), p. 207.

Conclusion du chapitre

227. Les collectivités territoriales sont titulaires des compétences que l'ordre juridique national leur confère par le procédé de la décentralisation. Elles participent, le cas échéant, à la mise en œuvre de certaines règles de droit et de certaines politiques publiques, en vertu du principe de leur libre administration. Celui-ci traduit leur « autonomie » dans l'ordre juridique européen, mais dans un rôle subsidiaire à celui de l'État qui, en pratique, exerce seul la souveraineté nationale[323]. La représentation-habilitation tend ainsi à concilier les compétences des collectivités territoriales avec le monopole étatique de la souveraineté, tant sur le plan national que supranational. Elle s'opère dans un contexte polycentrique inhérent au paradigme de *Multi-level Governance*[324]. Ce dernier correspond en fait à l'idée d'une diplomatie démultipliée qui « suppose l'action conjointe, d'une part, de l'Etat et, d'autre part, d'une ou plusieurs collectivités territoriales et de leurs groupements dans la politique étrangère de la France [tout en s'appuyant] sur une coopération multiniveau – axée sur la complémentarité, et non la rivalité – des différents échelons d'intervention »[325].

228. Bien qu'étant au cœur de la logique territoriale de la représentation, les mécanismes de l'habilitation ne permettent qu'un épanouissement limité des collectivités territoriales dans les instances européennes. Ils permettent *a minima* l'incorporation et la personnification de ces collectivités au niveau européen, dans le respect de l'identité constitutionnelle des États, afin d'assurer une

---

323 CC, décision n° 76-71 DC, 30 décembre 1976, considérant 6. Le Conseil constitutionnel a souligné que « seuls peuvent être regardés comme participants à l'exercice de cette souveraineté les représentants du peuple français élus dans le cadre des institutions de la République ». La condition de l'élection par le peuple exclut donc toutes les autorités nommées, mais aussi toutes celles qui, élues, ne le sont pas par le peuple mais par les citoyens ressortissants des collectivités territoriales.

324 V. Charlie JEFFERY, « L'émergence d'une gouvernance multi-niveaux dans l'Union européenne : une approche des politiques nationales », *Politiques et management public*, vol. 15, n° 3, 1997, pp. 211-231.

325 J. MEERSMAN, *op. cit.* (n° 250), p. 320. L'auteur précise ensuite qu'au niveau territorial, la démultiplication de la diplomatie se caractérise par la multiplicité des acteurs impliqués et des actions engagées.

représentation tendant à satisfaire les intérêts de ces collectivités mais aussi à renforcer l'intérêt général[326].

229. Les caractéristiques intrinsèques des mécanismes de l'habilitation législative et de l'habilitation conventionnelle sont donc éloignées des considérations sociopolitiques discriminantes, qui peuvent entrainer une catégorisation des collectivités territoriales inopérante dans l'ordre juridique supranational ou international. Ces mécanismes établissent des conditions uniformes pour l'application harmonisée des typologies d'entités infra-étatiques, réunies au niveau européen sous la nomenclature commune des unités territoriales statistiques (NUTS)[327]. Il s'agit par exemple des *Länder* allemands, des communes belges, des *regioni* italiennes, des *Comundidades y ciudades autónomas* espagnoles et des départements français.

230. Pour autant, le régime juridique des collectivités territoriales est assez restreint en droit international de manière générale, l'État étant le pivot de l'action publique. Les règles de droit et les principales politiques publiques sont conçues et mises en œuvre sous l'impulsion des autorités étatiques. Aussi à ces dernières est reconnue un pouvoir souverain à la fois au niveau national et au niveau supranational ou international. Dans cette configuration, les limites de la représentation-habilitation correspondent à celles des attributions des collectivités territoriales sur le plan national. Elles illustrent au niveau supranational la « tutelle » de l'État sur les collectivités territoriales et sur l'exercice des compétences qui leur sont reconnues[328].

231. Au-delà, la catégorisation des collectivités territoriales, qui, à l'origine, a été une œuvre intellectuellement stimulante, offre un terreau à la représentation-incarnation liée essentiellement aux compétences territoriales. Cependant, elle a montré ses limites notamment à cause des désaccords récurrents, d'une part, entre l'État et les collectivités territoriales et, d'autre part, entre celles-ci, le point d'achoppement

---

[326] Sous la couverture du principe capital d'égalité souveraine des États.

[327] V. le règlement (CE) n° 1059/2003 modifié du Parlement européen et du Conseil du 26 mai 2003 relatif à l'établissement d'une nomenclature commune des unités territoriales statistiques (NUTS), JO L154, 21 juin 2003.

[328] Cette illustration se prolonge en matière de l'action extérieure des collectivités territoriales, qui est régie, en droit positif, par le principe du respect des engagements de la France et, de manière générale, par le principe du respect de la souveraineté des États.

étant généralement la question de la répartition des compétences. Sans préjudice de l'exigence d'uniformité traduite par les blocs de compétences encore attachés à chaque catégorie de collectivités territoriales, la décentralisation et ses réformes subséquentes ont conduit à chercher une cohérence assouplie, voire « différenciée » dans la mise en œuvre des compétences.

CONCLUSION DU TITRE

232. Les développements de ce titre ont notamment renseigné sur les raisons justifiant la représentation des collectivités territoriales dans les instances où elles sont représentées. Il s'ensuit que la fonction de représenter les collectivités territoriales précède celle de les administrer, sans que l'on cherche à les détacher forcément ou à choisir l'une ou l'autre. Les deux fonctions sont associées à un même statut, mais avec des régimes distincts, dans l'objectif de mettre en œuvre l'exigence de représentation et le principe constitutionnel de libre administration des collectivités territoriales. Les fonctions de représentation visent dès lors à exercer les attributions reconnues aux collectivités territoriales, dans le cadre des mécanismes de représentation juridiquement formés. Dans ce cadre, le mécanisme de l'habilitation administrative se distingue du fait qu'il traduit une modalité de fonctionnement de l'administration territoriale.

233. La typologie de la représentation telle qu'établie dans cette recherche se justifie par la pluralité des mécanismes applicables dans les différentes instances où les collectivités territoriales sont représentées. Toutefois, ces mécanismes ne sont pas mis en œuvre de façon mécanique, quoiqu'ils tendent à faciliter l'organisation et le fonctionnement, bref la « vie juridique », de ces collectivités.

234. Aussi la responsabilité administrative des collectivités territoriales entre-t-elle en jeu, étant donné que les liens entre ces collectivités et leurs représentants sont des rapports de droit public[329]. Elle intervient notamment dans les situations de conflits d'intérêts ou d'utilisation détournée de la représentation à des fins partisanes ou personnelles[330]. Le régime de responsabilité des organes chargés de l'administration des collectivités territoriales laisse penser que si « la personnalité de l'agent se révèle par des fautes de droit commun, par un dol, alors la faute est imputable au [représentant], non à la fonction »[331].

---

[329] V. TC, décision n° 4070 du 14 novembre 2016, *Office public de l'habitat Moselis*. V. en ce sens le commentaire de Bruno GENEVOIS, « L'établissement public et ses administrateurs unis sous un régime de droit public », *AJDA*, n° 5, 2017, pp. 276-278.

[330] V. les développements subséquents dans le titre 2 de la seconde partie de cette recherche.

[331] Édouard LAFERRIERE, Conclusions sur TC, arrêt du 5 mai 1877, *Laumonnier-Carriol*, Recueil 437.

À ce titre, il convient de rappeler que, selon les formules classiques d'Édouard Laferrière, il y a faute de service « si l'acte dommageable est impersonnel, s'il révèle un administrateur plus ou moins sujet à erreur » ; en revanche, il y a faute personnelle si l'acte dommageable révèle « l'homme avec ses faiblesses, ses passions, ses imprudences »[332].

235. Par ailleurs, l'impératif du statut d'élu pour l'exercice des fonctions de représentation a l'effet de créer une dichotomie entre, d'une part, la représentation-mandat et la représentation-incarnation333 et, d'autre part, la représentation-habilitation. En effet, celle-ci peut conduire à attribuer la qualité de représentant à une personne qui n'est pas membre d'un conseil élu, à l'instar de l'habilitation administrative des agents publics en matière de représentation diplomatique et de représentation non diplomatique des collectivités territoriales. Dans tous les cas, les conditions d'exercice des fonctions assignées aux représentants, notamment leur durée, ne font pas obstacle à ce qu'il puisse être procédé à tout moment, et pour le reste de cette durée, à leur remplacement opéré suivant les mêmes mécanismes.

236. Avec la simplification des politiques publiques, il peut être relevé divers régimes au sein d'une même catégorie de collectivités territoriales, comme l'illustre le cas de la généralisation et pérennisation du droit de dérogation des préfets aux normes nationales[334]. De plus, par son intervention croissante « le préfet, qui n'est plus l'autorité de tutelle, est devenu l'arbitre (le 'juge de paix' ?) des différends entre collectivités territoriales »[335]. Avec la multiplication des instances consultatives, ainsi que des commissions de toutes sortes intervenant dans le fonctionnement de la décentralisation, on observe « combien la

---

[332] É. Laferrière, *op. cit.* (n° 330). V. en ce sens les observations de Guy Braibant *et alii*, *Les grands arrêts de la jurisprudence administrative*, 21e éd., Dalloz, 2017, pp. 8-15.
[333] Cet impératif laisse apparaître concrètement une similitude entre, d'une part, les mécanismes du mandat direct et du mandat indirect et, d'autre part, le mécanisme de l'incarnation.
[334] Une expérimentation de deux ans, lancée par le décret n° 2017-1845 du 29 décembre 2017 relatif à l'expérimentation territoriale d'un droit de dérogation reconnu au préfet, JORF n° 0305, 31 décembre 2017, a été menée dans deux régions et dix-sept départements de la France métropolitaine et trois collectivités d'Outre-mer. Elle a été ensuite généralisée et pérennisée par le décret n° 2020-412 du 8 avril 2020 relatif au droit de dérogation reconnu au préfet, JORF n° 0087, 9 avril 2020.
[335] J.-M. Pontier, *op. cit.* (n° 292), p. 536.

place de l'État, par l'intermédiaire du préfet, demeure importante dans les rapports entre collectivités territoriales », en particulier dans la mise en œuvre de leurs compétences[336]. En ce sens, le mécanisme de l'incarnation attaché au régime catégoriel des collectivités territoriales prend un sens particulier, dès lors qu'interviennent des enjeux du territoire et non plus simplement de la collectivité territoriale représentée.

237. La fin du schéma binaire tendant soit à l'abandon de l'expérimentation, soit à la généralisation des dispositions expérimentales à toutes les collectivités territoriales, a été motivée par le souci de mieux appliquer des « solutions différenciées pour des situations locales différentes » au sens de la loi organique n° 2003-704 du 1er août 2003[337]. Mais le risque est d'éloigner désormais la différenciation territoriale de la finalité de simplification classique consistant à rendre « accessible, intelligible, claire la décentralisation ; et ainsi serait identifié qui fait quoi »[338]. En ce sens, l'incidence de la différenciation[339] sur le statut des élus locaux interroge quant aux modalités applicables pour concilier l'égalité et la diversité des représentants des collectivités territoriales face à l'unité jacobine de la République, qui a constitué de façon indéniable le substrat de la construction du maillage territorial de la France.

238. Dans tous les cas, quoique ces représentants bénéficient d'un certain nombre d'avantages et de prestations sous forme de régime indemnitaire et de prise en charge de certaines dépenses, de régimes professionnels aménagés, de droits à la formation et de protection juridique fonctionnelle[340], ils ne sont pas pour autant dotés d'un statut à

---

[336] J.-M. PONTIER, *op. cit.* (n° 292), p. 536.

[337] Loi organique n° 2003-704 du 1er août 2003 relative à l'expérimentation par les collectivités territoriales, JORF n° 177, 2 août 2003.

[338] Didier GUIGNARD, « Réflexions sur un couple singulier : décentralisation-simplification », *in* Jacqueline POUSSON et Frédérique RUEDA, *Qu'en est-il de la simplification du droit ?*, Institut Fédératif de Recherche - Université Toulouse 1 Capitole, 2010, p. 316.

[339] V. CE, avis n° 393651, 7 décembre 2017, *La différenciation des compétences des collectivités territoriales relevant d'une même catégorie et des règles relatives à l'exercice de ces compétences*. V. aussi Jean-Marc PASTOR, « Vers un droit à la différenciation territoriale », *AJDA*, n° 27, 2020, p. 1508.

[340] Ces divers avantages et prestations ont été essentiellement prévus par la loi n° 92-108 du 3 février 1992 relative aux conditions d'exercice des mandats locaux,

proprement parler. Ceci est non seulement le fait de la diversité des régimes juridiques inhérents aux mécanismes de représentation applicables, mais aussi de la variété du mode de désignation et des statuts des représentants des collectivités territoriales.

JORF n° 30, 5 février 1992, et ont été renforcés par la loi n° 2019-1461 du 27 décembre 2019. Ils sont modulables par voie réglementaire.

TITRE 2 : LA VARIÉTÉ DES REPRÉSENTANTS DES COLLECTIVITÉS TERRITORIALES

239. La conception du mandat électoral, qui a longtemps irrigué la notion de représentation en droit public, traduit en somme une conceptualisation essentiellement collective du procédé : un groupe d'individus – élus – défend les intérêts d'un plus grand nombre – électeurs. Dans le même registre, le mandat représentatif associé à la notion de souveraineté nationale renvoie à l'idée d'un pouvoir exclusivement représentatif, dont les élus ne reçoivent aucune consigne des électeurs et n'ont aucun compte à leur rendre[341]. Il est différent du mandat impératif – prohibé en droit positif[342] – en vertu duquel un élu doit suivre la volonté de ses électeurs au risque de sa révocation et qui est associé à la notion de souveraineté populaire soutenue par Jean-Jacques ROUSSEAU[343].

240. La présente recherche tend à s'éloigner de la conceptualisation collective de la représentation en droit public, dès lors qu'il est envisagé une représentation unitaire de la collectivité territoriale par un organe, personne physique. Il en découle le postulat d'une volonté locale, au même titre que l'intérêt local, distincte de la « volonté générale » et susceptible d'être exprimée par une représentation aussi bien unique que collective.

241. La mise en œuvre de cette représentation offre la possibilité d'appréhender comment sont représentées les collectivités territoriales dans les instances de droit public par ceux qu'il convient d'appeler les acteurs de la représentation. À ce titre, l'analyse du mode de désignation

---

[341] V. Emmanuel Joseph SIEYES, *Qu'est-ce que le Tiers état ?*, Éditions du Boucher, 2002, pp. 51-56 : « Il faut à la communauté une volonté commune ; sans l'unité de volonté elle ne parviendrait point à faire un tout voulant et agissant. Certainement aussi ce tout n'a aucun droit qui n'appartienne à la volonté commune. » Et l'auteur d'ajouter plus loin : « À qui donc appartient-il de décider ? À la nation, indépendante, comme elle l'est nécessairement, de toute forme positive. »

[342] L'article 27, alinéa 1, de la Constitution dispose que tout mandat impératif est nul.

[343] J.-J. ROUSSEAU, *Du contrat social ou des principes du droit politique*, L. II, chapitre XI « Des divers systèmes de législation ».

des représentants, ainsi que des modalités permettant leur participation dans les différentes instances où ces collectivités sont représentées, offre une perspective quant à leur capacité d'intervenir sur l'élaboration ou l'orientation des instruments qui régissent leur vie juridique. Tel est le fil conducteur du présent titre.

242. Selon le mécanisme de représentation appliqué, le représentant aura, peu ou prou, une réelle capacité d'agir, en termes de pouvoir ou d'influence, au nom et pour le compte de la collectivité territoriale représentée. Dans ces conditions, il n'est pas envisageable qu'il puisse exercer des prérogatives en décalage avec les compétences de cette collectivité. Aussi, les prérogatives et obligations du représentant, attachées à son mode de désignation et à son statut, n'emportent pas de façon systématique la validité de ses actes. L'incidence financière de cette modalité, c'est que les frais de représentation doivent être inhérents à la fonction du représentant[344]. Dès lors, il paraît utile d'analyser les principes qui régissent l'activité des représentants des collectivités territoriales, ainsi que la portée de leurs actes, dans les instances locales, d'une part, et dans les instances nationales et supranationales, d'autre part (chapitre 1).

243. Par ailleurs, il existe dans l'ordre juridique interne une catégorie spécifique de représentants des collectivités territoriales prévue par la Constitution du 4 octobre 1958 : les sénateurs (chapitre 2). L'institution qui réunit ces représentants, le Sénat, est considérée comme un « organe de représentation particulier » au sein du Parlement. L'importance de son existence et de son rôle est avérée du point de vue du droit comme des sciences politiques[345]. Quand bien même il paraîtrait aux yeux de certains auteurs comme une « anomalie » institutionnelle[346], le Sénat

---

[344] Les frais de représentation désignent de manière sommaire les dépenses nécessaires pour l'exercice de la fonction du représentant. Ils sont en principe pris en charge par la collectivité territoriale représentée et concernent, par exemple, les frais de transport (indemnités kilométriques, etc.), les frais de voyage ou de déplacement (billets d'avion, billets de train, etc.), les frais de restauration, les frais d'hébergement ou de logement, les frais de communication et d'informatique (téléphone portable, ordinateur, abonnement téléphonique et/ou d'Internet, etc.), les frais vestimentaires et les frais de documentation.

[345] V. par exemple, Benjamin MOREL, *Le Sénat et sa légitimité : l'institution interprète d'un rôle constitutionnel*, texte remanié de la thèse de doctorat soutenue en 2016 à l'École normale supérieure Paris-Saclay, Dalloz, 2018.

[346] Jean-Pierre GRATIEN et Emmanuel LEMIEUX, *Pour en finir avec le Sénat ! Enquête sur une anomalie*, Éditions 1, coll. « Société »,1999.

constitue, en outre, un contrepouvoir dont la nécessité apparaît tout particulièrement dans les circonstances du fait majoritaire, c'est-à-dire une convergence politique, mieux une appartenance politique commune, entre le président de la République et la majorité à l'Assemblée nationale, et donc d'une forte présidentialisation du pouvoir exécutif.

CHAPITRE 1 : LE STATUT HÉTÉROGÈNE DES REPRÉSENTANTS DES COLLECTIVITÉS TERRITORIALES DANS LES INSTANCES LOCALES, NATIONALES ET SUPRANATIONALES

244. La place qu'occupent les représentants des collectivités territoriales dans les instances où celles-ci sont représentées correspond au pouvoir ou à l'influence qu'ils peuvent exercer, et en même temps au degré de leur transparence dans ces instances. La question de leur pouvoir et de leur influence intervient à ce stade avec pertinence, en particulier pour la représentation de ces collectivités au niveau local. Elle devient délicate au niveau national, dès lors que les collectivités territoriales – et par conséquent les acteurs locaux – sont soumises aux principes de subsidiarité et d'unicité de la République.

245. D'une part, la thématique de cette recherche trouve un écho particulier au niveau local en raison de l'intérêt de garantir une participation effective des collectivités territoriales dans les instances visées. Cette démarche est particulièrement importante pour les instances locales dans lesquelles les représentants de ces collectivités trouvent le lieu d'exercer un réel pouvoir : qu'elles appartiennent à une même catégorie ou à des catégories différentes, l'ensemble des collectivités territoriales sont placées sur un pied d'égalité notamment par-devers l'État[347].

246. Cependant, le principe interdisant la tutelle d'une collectivité territoriale sur une autre, consacré par la révision constitutionnelle du 28 mars 2003, n'est pas une nouveauté. Il existe depuis les premières lois de la décentralisation et a été énoncé notamment dans la version initiale de l'article 2[348] et la version modifiée, le 6 février 1992, de

[347] L'alinéa 5 de l'article 72 de la Constitution prévoit en substance qu'« [a]ucune collectivité territoriale ne peut exercer une tutelle sur une autre ». V. les développements soutenus par Laurent TESOKA, *Les rapports entre catégories de collectivités territoriales*, texte remanié de la thèse de doctorat soutenue en 2003 à l'Université Montpellier I, Presse universitaire d'Aix-Marseille, coll. « Collectivités locales », 2004.

[348] « Les transferts de compétences prévus par la présente loi au profit des communes, des départements et des régions ne peuvent autoriser l'une de ces collectivités à établir ou exercer une tutelle, sous quelque forme que ce soit, sur une autre d'entre elles. »

l'article 3[349] de la loi n° 83-8 du 7 janvier 1983[350], dite « loi Defferre ». Ce principe est à présent affirmé sur le plan législatif par l'article L.1111-3 du CGCT prévoyant que « [la] répartition de compétences entre les communes, les départements et les régions ne peut autoriser l'une de ces collectivités à établir ou exercer une tutelle, sous quelque forme que ce soit, sur une autre d'entre elles ». En outre, l'organisation décentralisée de la République exclut la tutelle de l'État – sur plan interne – et laisse apparaître un contexte de territorialisation[351] de l'action publique dans lequel émerge – au moins sur le plan technique ou de projet – des territoires de plus en plus vastes. Ce changement de paradigme au niveau territorial a notamment pour effet d'accroître le poids politique des acteurs locaux, c'est-à-dire les représentants des collectivités territoriales. Dès lors, il est nécessaire de mieux cerner la place de ces représentants au sein des cadres juridiques qui définissent les rapports entre ces collectivités (Section 1).

247. D'autre part, du point de vue de l'État, les collectivités territoriales constituent des échelons d'exécution des décisions prises au niveau national et supranational. Aussi, dans un élan de différenciation[352], les acteurs locaux cherchent à se faire plus de place au moins pour prendre les initiatives les plus adéquates pour les collectivités représentées. L'exemple de la multiplication des initiatives locales pendant la crise sanitaire, économique et sociale engendrée par l'épidémie de Covid-19 apparaît sur ce point significatif. De plus, l'élargissement des options envisageables à l'issue des expérimentations constitue une réponse juridique au besoin des acteurs locaux d'identifier dorénavant la réponse normative la plus adaptée aux

---

[349] « Les décisions prises par les collectivités locales d'accorder ou de refuser une aide financière à une autre collectivité locale ne peuvent avoir pour effet l'établissement ou l'exercice d'une tutelle, sous quelque forme que ce soit, sur celle-ci. »

[350] Loi n° 83-8 du 7 janvier 1983 relative à la répartition de compétences entre les communes, les départements, les régions et l'État, JORF, 9 janvier 1983.

[351] Il convient de nuancer ce concept en précisant que, conformément au principe d'égalité des collectivités territoriales, l'action publique, dont la primeur appartient à l'État, doit être identique au niveau national. Ainsi, la territorialisation est par définition limitée à quelques « adaptations » des règles juridiques aux réalités locales. V. en ce sens CC, décision n° 2001-454 DC, 17 janvier 2002, *Loi relative à la Corse*, considérant 12.

[352] La dynamique de la différenciation des compétences locales, désormais consacrée comme principe général par l'article L.1111-3-1 du CGCT, fait apparaître un mouvement de territorialisation de l'action publique avec la recherche du « territoire pertinent » comme porteur de projets.

problèmes de leur territoire : il s'agit d'un renforcement de l'un des principaux instruments de la différenciation territoriale[353], qui devrait s'étendre au domaine des finances locales.

248. Ainsi, les représentants des collectivités territoriales affichent un caractère spécifique selon qu'ils agissent dans les instances nationales ou supranationales. Dans le premier cas, ils disposent d'un pouvoir limité aux instances délibératives mais, dans le second, ils sont généralement limités à un rôle consultatif. D'une manière ou d'une autre ces représentants poursuivent, à défaut, une « prise en compte » des intérêts des collectivités territoriales. Il s'agit de chercher à « préserver » leurs intérêts et de mener par conséquent une démarche plus active. L'enjeu est de pouvoir exercer une influence suffisante afin de réduire a minima les effets non souhaitables pour les collectivités représentées des décisions adoptées au sein des instances nationales, voire supranationales (Section 2).

Section 1 L'objectif spécifique des représentants au niveau local : « préserver » les intérêts des collectivités territoriales

249. Les EPCI constituent l'essentiel des institutions de coopération au niveau local : d'une part, les EPCI dotés d'une fiscalité propre et communément présentés sous le prisme de la coopération de projet ; d'autre part, les EPCI dépourvus de tout pouvoir en matière fiscale et communément présentés sous le prisme de la coopération associative. Toutes les communes en France, soit 34 935 en 2024[354], se constituent en groupements au sein d'EPCI à fiscalité propre en vue de conduire des projets locaux communs, à l'exception de quatre îles mono-communales[355] : l'île d'Yeu, l'île de Bréhat, l'île de Sein et l'île

---

[353] Outre l'expérimentation, l'autre principal instrument de la différenciation territoriale est le pouvoir réglementaire des collectivités territoriales.

[354] V. DGCL, *Bulletin d'information statistique*, n° 182, 2024, p. 1 [mis en ligne sur le site https://www.collectivites-locales.gouv.fr/files/Accueil/DESL/2024/BIS%20182%20interco%202024_VF.pdf] [consulté le 8 décembre 2024]. La Direction générale des collectivités locales (DGCL) a compté 34 945 communes en 2023, soit une dizaine de plus qu'en 2024.

[355] Elles n'ont intégré ni un EPCI à fiscalité propre ni la métropole de Lyon.

d'Ouessant [356]. Pour cerner les objectifs des représentants des communes précisément au niveau local, il est nécessaire d'appréhender les modalités de leur désignation et du statut qui en découle. Par suite, l'autonomie de leur volonté ainsi que le degré d'indépendance de leur fonction de représentation déterminent le caractère hybride des représentants de ces collectivités, aussi bien dans le cadre d'une coopération locale de projet que dans celui d'une coopération locale associative (§1).

250. Par ailleurs, lancé le 15 janvier 2019 à l'initiative du président de la République, le Grand débat national a montré le besoin d'un rôle accru des représentants des collectivités territoriales, par exemple pour lutter contre les inégalités territoriales. En effet, selon le rapport final, 1,7 % des idées exprimées ont porté sur le renforcement de la décentralisation, notamment le rôle et les compétences des communes et intercommunalités [357]. En parallèle, 2 600 propositions des participants à ce débat national ont relié la lutte contre les inégalités territoriales essentiellement à l'accès aux services publics, dont l'organisation et la gestion sont décidées au sein des instances nationales[358]. Cependant, les représentants des collectivités territoriales sont dotés d'un pouvoir décisionnel, qu'ils utilisent de manière autonome, limité aux instances qui gèrent ou décident des affaires publiques locales. Face aux réalités de la non moins difficile coopération institutionnelle entre les différentes catégories de collectivités territoriales, ces représentants cherchent dès lors, par d'autres moyens, à composer avec les intérêts en présence selon les moyens législatifs et conventionnels à leur disposition (§2).

---

[356] Il s'agit des îles mono-communales situées en France métropolitaine et bénéficiant d'une spécificité législative confortée par la loi n° 2022-217 du 21 février 2022, dite loi « 3DS ».

[357] *Le grand débat national, Analyse des contributions libres : cahiers citoyens, courriers et emails, comptes rendus des réunions d'initiative locale*, Rapport final, *Cognito – Bluenove* – Roland Berger, 2019, pp. 95 *sq.* [mis en ligne sur le site https://granddebat.fr/media/default/0001/01/e5d08f013099aaa17981cb61e508c8b29 9461683.pdf] [consulté le 20 juillet 2019].

[358] *Ibidem.*

§1 L'effet d'hybridation du mode de désignation des représentants communautaires

251. Au 1er janvier 2024, on a recensé 1 255 EPCI à fiscalité propre en France métropolitaine ainsi que dans les DROM, soit l'équivalent en totalité des deux années précédentes[359]. Et l'article L.5210-1-1 A du CGCT précise que forment la catégorie des EPCI les syndicats de communes, les communautés de communes, les communautés d'agglomération, les communautés urbaines et les métropoles. À l'instar des départements et des régions, les EPCI sous soumis à la règle tendant à la coïncidence des limites extérieures, mais leur périmètre ne peut être identique à celui d'un département[360]. Le pouvoir des représentants des communes constitue un enjeu fondamental au sein des EPCI en général, car son exercice montre à quel point les intérêts de ces dernières peuvent être préservés ou pas. Avec la réforme du mode de désignation des conseillers communautaires dans les EPCI à fiscalité propre, il est moins aisé de définir les intérêts portés par ces représentants dans les métropoles à statut particulier (II).

252. Dans ce contexte, alors qu'ils disposent d'un réel pouvoir décisionnel exercé au niveau local dans le cadre des mécanismes formels, les représentants locaux jouissent simplement d'une certaine influence dans les instances nationales et supranationales. Il convient dès lors de commencer par une démarche de clarification afin d'analyser le fonctionnement de la représentation dans les autres intercommunalités[361] et appréhender les intérêts portés par ces représentants au travers de leur exercice du pouvoir (I).

I. L'effort de clarification du statut des représentants dans les intercommunalités en général

253. Dans l'évolution récente des intercommunalités, deux éléments majeurs sont nécessaires pour clarifier le statut des représentants des communes au sein des syndicats de communes, des communautés de communes, des communautés d'agglomération, des communautés

---

[359] En 2024, il a été dénombré 1 254 EPCI à fiscalité propre : 22 métropoles y compris la métropole de Lyon, 14 communautés urbaines, 229 communautés d'agglomération et 990 communautés de communes. V. DGCL, *op. cit.* (n° 354), p. 1.

[360] Article L.5211-5 I 2°, alinéa 4, du CGCT.

[361] Il s'agit des communautés de communes, des communautés d'agglomération et des communautés urbaines.

urbaines et des métropoles de droit commun. Il s'agit de la réforme du mode de désignation des conseillers communautaires, à l'instar des métropoles à statut particulier, et en même temps du risque de disparition des représentants des communes dans les instances intercommunales à cause de leur rôle imprécis depuis cette réforme.

254. D'une part, depuis la promulgation de la loi du 17 mai 2013 et les premières élections communautaires en 2014, l'hybridation de la fonction de représentation des représentants des communes notamment aux conseils communautaires des EPCI susmentionnés interroge sur la portée réelle de cette représentation. Quoique titulaires d'un mandat électoral issu du suffrage des citoyens établis sur le territoire de l'EPCI, les élus communautaires ne sont pas moins représentants des communes membres sur le plan juridique[362]. Ainsi, le mécanisme applicable à la représentation des communes dans les communautés de communes, les communautés urbaines, les communautés d'agglomération est le mandat indirect[363]. Le représentant n'est pas désigné par l'organe délibérant des communes membres mais il est élu au suffrage universel direct, dans le cadre des élections municipales et communautaires[364], pour siéger au conseil de l'EPCI[365] – instance de type institutionnel. Ici, l'application du mécanisme du mandat indirect, combinée au transfert de l'essentiel des compétences communales à l'échelon intercommunal, entraîne progressivement – quitte à se demander si c'est programmé – l'effacement de la fonction de représentation des communes. Une place entière est donc laissée à la fonction de représentation des habitants de l'EPCI, résultant directement du mandat des conseillers communautaires ainsi que des compétences intercommunales.

255. D'autre part, le renforcement de la place des EPCI à fiscalité propre apporte de nouveaux enjeux dans l'action territoriale au travers d'une remise en perspective opérée au cours de la dernière décennie par l'acte III de la décentralisation. Dans ces conditions, parfois les moyens

---

[362] V. par exemple, les articles L.273-3 à L.273-11 du Code électoral.

[363] V. *supra* l'hypothèse n° 11 du tableau synoptique de la représentation des collectivités territoriales dans la sphère publique, p. 61. V. aussi les développements sur le mandat direct, pp. 101 à 109.

[364] Les dernières élections municipales et communautaires en France ont eu lieu le 15 mars et le 28 juin 2020, la date du second tour ayant été reportée à cause de la crise sanitaire liée à l'épidémie de Covid-19.

[365] Articles L.5211-6, alinéa 1, et L.5211-6-2 du CGCT.

d'action propres aux représentants des EPCI ne correspondent pas aux réalités, notamment face au défi du changement d'échelle des intercommunalités peu adapté aux territoires faiblement peuplés. C'est ainsi par exemple que les représentants des communes membres des communautés de communes comprenant de vastes territoires ruraux se trouvent dépourvus de moyens efficients pour préserver leurs intérêts : les difficultés sont essentiellement liées au seuil de 15 000 habitants[366] fixé à l'article L.5210-1-1 du CGCT, qui peut être abaissé notamment à 5 000 habitants dans les circonstances précises prévues par le législateur.

256. Il n'est pas vain de considérer que c'est pour pallier ces difficultés que le statut de représentant dans les syndicats de communes – EPCI plutôt répandus dans les territoires ruraux – a été adaptée aux réalités de la décentralisation [367]. Le mécanisme applicable à la représentation dans ce type d'intercommunalités est l'habilitation

---

[366] CE, 3e et 8e chambres réunies, n° 404891, 17 mars 2017, *Communauté de communes du Cordais et du Causse*, mentionné aux tables du recueil Lebon, considérant 5. Le Conseil d'État précise que « ce seuil doit être interprété strictement ». V. en ce sens les conclusions de Vincent DAUMAS, « Intercommunalité : le préfet ne peut pas s'écarter des seuils minimaux de la population mentionnés au III de l'article L.5210-1-1 du CGCT, *JCP A*, n° 15, 2017, pp. 19-22. L'auteur observe que « le caractère plus ou moins prescriptif d'une orientation doit être apprécié au regard de la manière dont elle est formulée ». Il considère en outre que l'orientation prévue au 1° du III de l'article L.5210-1-1 du CGCT « est énoncée sous la forme d'un seuil minimal de population très précis de 15 000 habitants, dont le législateur a lui-même prévu comment il peut, le cas échéant, être adapté ». Ainsi, il conclue au caractère impératif des seuils démographiques fixés au 1° du III de l'article L.5210-1-1 du CGCT.

[367] V. DGCL, *Bulletin d'information statistique*, n° 163, 2022, p. 1 [mis en ligne sur le site https://www.cohesion-territoires.gouv.fr/sites/default/files/2022-03/BIS_163%20interco%202022.pdf] [consulté le 16 juin 2022], p. 5 : « La baisse a concerné l'ensemble des syndicats intercommunaux (à vocation multiple : SIVOM, et à vocation unique : SIVU). […] Au 1er janvier 2022, les SIVU restent majoritaires malgré leur recul. Ils représentent 53 % des syndicats en 2022 (contre 65 % en 2017). Les syndicats mixtes représentent 31 % des syndicats et les SIVOM 14 %. Enfin, les autres syndicats (établissements publics territoriaux (EPT), pôles d'équilibre territoriaux et ruraux (PETR) et pôles métropolitains) représentent 2 % de l'ensemble des syndicats. » En somme, début 2022, le nombre de syndicats de communes était de 8 882 en France métropolitaine et dans les collectivités, départements et régions d'Outre-mer, alors qu'il était de 9 065 en janvier 2021. Par la suite, après un recul de 1,2 % en 2022, on a observé une baisse est de 1,7 % en 2023. Ainsi, le nombre total de syndicats est passé à 8 629 début 2024 contre 8 777 début 2023, cette baisse du nombre de syndicats à un rythme plus modéré étant plus remarquable pour les SIVU.

législative : le représentant de chaque commune est ainsi désigné par les conseillers municipaux pour siéger au comité de syndicat de communes – instance de type conventionnel[368]. Exceptionnellement, il peut s'agir de tout citoyen éligible pour être membre du conseil municipal, sauf notamment l'agent employé par le syndicat ou par l'une des communes membres.

257. *In fine*, la territorialisation de l'action publique, notamment au travers de la consolidation des EPCI, fait écho au renouvellement de la représentation des collectivités territoriales. Elle se traduit également par les nouveaux enjeux de la coopération locale associative qui peut aussi amener à conduire des projets communs afin de mettre l'accent sur la nécessité d'une synergie locale, notamment dans le cadre des pôles d'équilibre territoriaux et ruraux et des pôles métropolitains.

II. La complexité du statut des représentants dans les métropoles à statut particulier

258. On relève parmi les intercommunalités l'émergence « affirmée » des métropoles, traduisant une reconnaissance finalement assumée de la différence intrinsèque entre les territoires urbains, d'un côté, et les territoires périurbains et ruraux, de l'autre. Parmi les vingt-deux structures qui composent la catégorie des métropoles[369], trois sont à statut particulier et suscitent une curiosité tout net dans cette recherche. Il s'agit, d'une part, de la métropole d'Aix-Marseille-Provence et la métropole du Grand Paris dont les communes membres ont des intérêts distincts qu'il convient d'identifier au travers de leurs représentants (A) ; d'autre part, la métropole de Lyon offre une illustration singulière de la difficulté de cerner les intérêts des communes membres dans une collectivité territoriale *sui generis* (B).

---

[368] Articles L.5212-7 et L.5711-1 du CGCT. V. *supra* l'hypothèse n° 12 du tableau synoptique de la représentation des collectivités territoriales dans la sphère publique, p. 61.

[369] Il s'agit précisément de : métropole d'Aix-Marseille-Provence, Bordeaux Métropole, Brest Métropole, Clermont-Auvergne Métropole, Dijon Métropole, Grenoble Alpes Métropole, Métropole Européenne de Lille, Métropole de Lyon, Metz Métropole, Montpellier Méditerranée Métropole, Métropole du Grand Nancy, Nantes Métropole, Métropole Nice Côte d'Azur, Orléans Métropole, Métropole du Grand Paris, Rennes Métropole, Métropole Rouen Normandie, Saint Etienne Métropole, Strasbourg Eurométropole, Métropole Toulon-Provence-Méditerranée, Toulouse Métropole et Tours Métropole Val de Loire.

A. Des représentants à double statut dans les métropoles d'Aix-Marseille-Provence et du Grand Paris

259. La question de savoir s'il était pertinent de créer un échelon intermédiaire entre les métropoles à statut particulier et les communes membres a connu une réponse variée selon les cas[370]. En ce qui concerne la métropole du Grand Paris[371], le législateur a créé douze établissements publics territoriaux (EPT) et a doté chacun d'un conseil de territoire – instance de type institutionnel – dans lequel chaque commune membre est représentée au moins par un conseiller de territoire[372]. Aux termes de l'article L.5219-2, alinéa 2, du CGCT, les conseillers de territoire sont les délégués des communes incluses dans le périmètre de l'EPT, désignés au conseil de la métropole du Grand Paris en application de l'article L.5219-9 du CGCT[373]. Jadis prévus à l'article 42 de la loi n° 2014-58 du 27 janvier 2014, les EPT de la métropole d'Aix-Marseille-Provence ont été supprimés par l'article 181 de la loi n° 2022-217 du 21 février 2022[374], abrogeant les articles L.5218-4 à L.5218-8 du CGCT.

260. En pratique, cette représentation met en œuvre le mécanisme du mandat direct au second degré. Les communes membres, en plus d'être représentées dans les instances métropolitaines, sont spécifiquement représentées au conseil de territoire, organe délibérant de chaque EPT, selon une répartition de délégués fixée en application des règles communes applicables aux EPCI à fiscalité propre[375]. Ainsi, les intérêts des communes membres sont clarifiés par le choix des politiques

---

370 V. L. Janicot, « Les métropoles à statut particulier : le Grand Paris, Lyon et Aix-Marseille-Provence », *AJDA*, 2014, pp. 612-613.

371 V. O. Renaudie, « Le Grand Paris », *RFDA*, 2016, pp. 490-496.

372 Les EPT sont constitués sur des territoires d'un seul tenant et sans enclave, dont chacun comprend entre 300 000 et 700 000 habitants. V. *supra* l'hypothèse n° 20 du tableau synoptique de la représentation des collectivités territoriales dans la sphère publique, p. 63.

373 V. *supra* l'hypothèse n° 15 du tableau synoptique de la représentation des collectivités territoriales dans la sphère publique, p. 62.

374 Loi n° 2022-217 du 21 février 2022 relative à la différenciation, la décentralisation, la déconcentration et portant diverses mesures de simplification de l'action publique locale, JORF n° 0044, 22 février 2022.

375 Article L.5219-9-1 du CGCT. Cet article fait référence à l'article L.5211-6-1 du même Code.

publiques soutenant leurs projets et sont préservés à ce niveau par l'action de leurs représentants.

261. Par ailleurs, il a été mis en place des instances consultatives tendant entre autres à pallier la complexité apparente de la représentation des communes dans la métropole d'Aix-Marseille-Provence et, surtout, celle du Grand Paris. L'intérêt de ces instances se situe aussi du point de vue du rééquilibrage des pouvoirs notamment au bénéfice des communes les moins peuplées. Mais il s'en est suivi une superposition d'instances qui a été notamment à l'origine de la suppression des EPT de la métropole d'Aix-Marseille-Provence. Cette complexité apparente est aussi à l'origine d'une proposition de loi tendant à la suppression des EPT de la métropole du Grand Paris, enregistrée à la présidence de l'Assemblée nationale le 29 mars 2018[376].

262. D'une part, concernant la première métropole, on a créé la conférence des maires de la métropole d'Aix-Marseille-Provence qui rassemble toutes les communes situées dans son périmètre. D'autre part, concernant la seconde métropole, il a été créé l'assemblée des maires de la métropole du Grand Paris qui rassemble toutes les communes situées dans son périmètre. Le mécanisme de représentation applicable dans la première instance[377] et dans la seconde instance[378] est l'incarnation : le représentant doit avoir la qualité de maire d'une commune pour siéger dans lesdites assemblées.

263. Dans les faits, des hésitations apparaissent quant à l'aboutissement de la métropole d'Aix-Marseille-Provence dont l'avenir est plutôt envisagé sur le modèle de la métropole de Lyon. La première regroupe, en 2019, 92 communes, dont une du département

---

[376] Proposition de loi visant à supprimer les établissements publics territoriaux intégrés à la métropole du Grand Paris, Assemblée nationale, n° 825, XVe législature. Dans l'exposé des motifs, il est fustigé notamment le fait que « la petite couronne francilienne ne compte désormais pas moins de cinq niveaux d'administration : région, métropole, département, établissement public territorial et commune, et le cas particulier de la ville de Paris ».

[377] Article L.5218-9, alinéa 1, du CGCT. V. *supra* l'hypothèse n° 19 du tableau synoptique de la représentation des collectivités territoriales dans la sphère publique, p. 63.

[378] Article L.5219-7, alinéa 1, du CGCT. V. *supra* l'hypothèse n° 16 du tableau synoptique de la représentation des collectivités territoriales dans la sphère publique, p. 62.

du Var et une autre du département de Vaucluse, et 1 868 783 habitants, soit 62,4 % de la superficie et 91,5 % de la population du département des Bouches-du-Rhône[379]. Dans cette configuration, il est évident que le maintien de ce dernier devient inopportun, dès lors que ses compétences ne sont plus exercées que sur 29 communes regroupant 8 % de la population du département, la loi dite MAPTAM ayant prévu un transfert de compétences progressif vers la métropole d'Aix-Marseille-Provence entre 2016 et 2020. Dans son rapport au Premier ministre, le Préfet de la région Provence-Alpes-Côte d'Azur, Préfet des Bouches-du-Rhône, affirme que « [l]a fusion intégrale de la Métropole et du conseil départemental, englobant le pays d'Arles dans cette nouvelle collectivité *sui generis* présente beaucoup d'avantages en termes d'influence politique, de mutualisation des moyens administratifs et d'optimisation des ressources financières »[380]. Cette fusion intégrale aura finalement pour effet l'extension du périmètre de la métropole d'Aix-Marseille-Provence aux limites du département des Bouches-du-Rhône et, en conséquence, la disparition de celui-ci.

264. En parallèle, des difficultés peuvent être observées dans la construction d'une gouvernance efficace pour la métropole du Grand Paris constituée de la ville de Paris, de 123 communes de la petite couronne (départements des Hauts-de-Seine, de la Seine-Saint-Denis et du Val-de-Marne) et de sept communes limitrophes de l'Essonne et du Val d'Oise, soit près de huit millions d'habitants. À l'issue de la mission de préfiguration du Grand Paris[381], un compromis entre les partisans d'une métropole collaborative et ceux d'une métropole intégrée a abouti à une superposition des structures au sein de la métropole. Aussi les intérêts des communes situées sur le territoire métropolitain gravitent essentiellement autour de la définition du projet métropolitain encore inachevée, de l'articulation avec le reste de la région d'Île-de-France – dont l'ambition par ailleurs est de constituer une région d'envergure internationale (enjeux d'attractivité et de compétitivité) –, des grands secteurs économiques de la région (aéronautique,

---

[379] Pierre DARTOUT, *Mission Devenir de la Métropole Aix-Marseille-Provence et du Conseil départemental des Bouches-du-Rhône*, Rapport au Premier ministre, 2019, p. 12 [mis en ligne sur le site https://www.vie-publique.fr/sites/default/files/rapport/pdf/194000259.pdf] [consulté le 2 août 2022].
[380] *Ibidem*, p. 15.
[381] V. le décret n° 2014-508 du 19 mai 2014 relatif à la mission de préfiguration de la métropole du Grand Paris.

construction, recherche, tourisme), mais aussi du soutien des objectifs de développement durable en vue de contribuer au développement économique et urbain.

B. La singularité des représentants au sein la métropole de Lyon

265. La création de la métropole de Lyon participe d'un engagement « résolu de placer l'agglomération à l'avant-garde d'un mouvement de métropolisation tendant à briser les cadres de l'organisation territoriale française au profit d'une reconnaissance du fait urbain »[382], déductible notamment des termes de la loi n° 2014-58 du 27 janvier 2014[383]. Le caractère révolutionnaire de cette collectivité doit être relativisé du fait de son statut hybride qui rassemble les compétences préexistantes des collectivités qu'elle absorbe.

266. Pour la métropole de Lyon, la représentation fondée sur le système électoral commun des conseillers communautaires, tel que prévu par la loi du 17 mai 2013, apparaît peu pertinent. En effet, selon Benjamin LECOQ, « les compétences dévolues à la métropole de Lyon ne lui sont plus déléguées par les communes mais attribuées de plein droit en tant que collectivité territoriale regroupant les attributions d'une intercommunalité et d'un département [...] »[384]. Et l'auteur d'ajouter : « Le principe de libre administration [...] impose donc que son assemblée délibérante, qui n'a plus pour fonction de représenter les communes membres mais les habitants de la collectivité, soit organiquement indépendante des conseils municipaux, ce qui suppose l'abandon de l'élection par 'fléchage' »[385]. La logique de ce raisonnement est d'aboutir à un scrutin autonome pour l'élection des conseillers de la métropole de Lyon au suffrage universel direct ainsi que pour une juste répartition des sièges sur une base essentiellement démographique. En conséquence, la volonté du législateur de créer, au 1er janvier 2015, une métropole à statut particulier, s'est muée en

---

[382] Benjamin LECOQ, « L'élection des conseillers de la métropole de Lyon : crash test d'un prototype », *AJDA*, n° 1, 2020, p. 40.
[383] Loi n° 2014-58 du 27 janvier 2014 de modernisation de l'action publique et d'affirmation des métropoles, JORF n° 0023, 28 janvier 2014.
[384] B. LECOQ, *op. cit.* (n° 381), p. 41.
[385] *Ibidem.*

pratique à la création d'un département du Rhône *bis* sur le territoire de l'ancienne communauté urbaine de Lyon[386].

267. Le mécanisme applicable à la représentation au sein du conseil de la métropole de Lyon – instance de type institutionnel – est le mandat direct : les représentants sont élus au suffrage universel direct[387], dans le cadre d'un scrutin autonome depuis 2020. Le régime juridique singulier des élus de cette métropole à statut particulier a été prévu notamment par la loi dite MAPTAM[388] et une ordonnance du 19 décembre 20214[389] complétée par un décret du 22 septembre 2015[390]. Ce régime met en évidence la nature hybride des représentants au conseil de la métropole de Lyon : d'un côté, l'élection des conseillers communautaires suivant le modèle des élections municipales[391] et, de l'autre, les incompatibilités et inéligibilités suivant le modèle des conseillers départementaux[392].

268. Depuis les élections municipales et communautaires de 2020, les communes ne sont plus représentées en tant que telles au sein de l'organe délibérant de la métropole de Lyon ; la conférence métropolitaine – instance consultative de type institutionnel qui regroupe l'ensemble des maires de la métropole – est devenue le seul organe représentatif des communes au sein de la métropole[393]. Aussi, bien que « les élections municipales et communautaires fassent

---

386 L'élection des membres de l'organe délibérant de cette métropole à statut particulier ne tend plus à la représentation des communes mais à la représentation de 14 circonscriptions électorales dont les périmètres reprennent en partie les limites des conférences territoriales des maires.

387 V. *supra* l'hypothèse n° 17 du tableau synoptique de la représentation des collectivités territoriales dans la sphère publique, p. 62.

388 Articles 33, 37 et 39-3°.

389 Ordonnance n° 2014-1539 du 19 décembre 20214 relative à l'élection des conseillers métropolitains de Lyon, JORF n° 0294, 20 décembre 2014. Ce texte a été consolidé par l'article unique de la loi n° 2015-816 du 6 juillet 2015 ratifiant l'ordonnance n° 2014-1539 du 19 décembre 2014 relative à l'élection des conseillers métropolitains de Lyon, JORF n° 0155, 7 juillet 2015.

390 Décret n° 2015-1169 du 22 septembre 2015 relatif à l'élection des conseillers métropolitains de Lyon et modifiant diverses dispositions d'ordre électoral, JORF n° 0220, 23 septembre 2015.

391 Articles L.224-3 à L.224-7 du Code électoral.

392 *Ibidem*.

393 V. *supra* l'hypothèse n° 19 du tableau synoptique de la représentation des collectivités territoriales dans la sphère publique, p. 63.

désormais l'objet d'opérations de vote distinctes et autonomes, leur concomitance et l'identité du mode de scrutin témoignent de ce que la métropole de Lyon, en dépit de son statut de collectivité de plein exercice, conserve certains caractères d'une intercommunalité »[394]. Cet enchevêtrement de casquettes dans le chef des représentants rend difficile la définition des intérêts qu'ils sont appelés à préserver dans leurs fonctions.

269. *In fine*, il convient de retenir l'expérience plutôt réussie pour cette métropole issue d'une fusion inédite d'un département et d'un EPCI sur le territoire de ce dernier. Cette fusion fait de la métropole de Lyon une collectivité territoriale à part entière, avec des compétences départementales, métropolitaines et communales qui déterminent les intérêts à préserver pour les communes situées sur son territoire. La désignation des élus métropolitains au travers d'un suffrage universel distinct, depuis 2020, ne saurait raisonnablement aboutir à une métropole à deux vitesses, au détriment des petites communes. L'interdiction de tutelle d'une collectivité territoriale sur une autre constitue en ce sens une garantie juridique qu'il faudrait associer efficacement à des mécanismes de concertation politique, à l'instar des conférences territoriales des maires (CTM) et de la conférence métropolitaine des maires (CMM) prévues au titre premier de la loi n° 2019-1461 du 27 décembre 2019, dite Engagement et Proximité[395].

§2 Les intérêts des collectivités territoriales confrontés aux enjeux de la coopération locale

270. L'acte III de la décentralisation a révélé la volonté des pouvoirs publics de favoriser deux échelons comme cadre principal de l'action publique territoriale : il s'agit de l'échelon régional et de l'échelon intercommunal, en particulier les métropoles. Les départements et les communes, mis en retrait pendant un temps, devaient compter sur des mécanismes collaboratifs pour donner de l'envergure aux compétences qu'il leur restait, jusqu'au revirement législatif opéré notamment par l'adoption de la loi n° 2019-1461 du 27 décembre 2019.

---

[394] B. LECOQ, *op. cit.* (n° 381), p. 41.
[395] Loi n° 2019-1461 du 27 décembre 2019 relative à l'engagement dans la vie locale et à la proximité de l'action publique, JORF n° 0301, 28 décembre 2019.

271. En même temps, la coordination des politiques publiques au niveau local a nécessité l'articulation de la coopération entre, d'une part, les régions et les EPCI et, d'autre part, les départements et les communes. Dans ce contexte, les efforts consentis pour la mutualisation de l'action publique locale ont un impact sur la représentation des collectivités territoriales. Ils ont eu pour effet de limiter l'autonomie de la volonté des représentants de certaines collectivités, notamment celles ayant le plus intérêt à coopérer (I), alors qu'il était nécessaire de maintenir une synergie pour l'exercice concerté de leurs compétences (II).

I. Le pouvoir décisionnel de certains représentants limité par les réalités locales

272. La gouvernance de l'action publique locale donne une place primordiale aux EPCI dans un mouvement caractérisé par l'émergence du couple région-intercommunalité. La redéfinition de certaines compétences notamment par la loi n° 2019-1461 du 27 décembre 2019, avec des échéances variées, ne permet pas encore de déterminer si l'on tend vers plus de complémentarité au sein du bloc communal, notamment par une meilleure représentation – et représentativité – des communes dans la gouvernance intercommunale et une meilleure flexibilité dans la répartition des compétences. Pour l'heure, on peut observer une amélioration de l'articulation des politiques des régions et des EPCI avec celles des départements et des communes au travers de leur représentation commune dans les instances coopératives dédiées à la mise en œuvre de l'action publique locale, et du fonctionnement courant de ces instances.

273. Ainsi, par exemple, les commissions départementales de la coopération intercommunale comprennent la représentation des communes, des départements, des régions et des EPCI par application du mécanisme du mandat direct. Pour chaque catégorie, le représentant est élu par ses homologues au sein de l'assemblée délibérante de la collectivité territoriale représentée[396]. Exceptionnellement, il a été créé

[396] Articles L.5211-43 et L.5211-45 du CGCT. Il convient de préciser que la répartition a évolué avec la loi dite Engagement et Proximité ; en outre, la commission départementale de la coopération intercommunale est dénommée « commission départementale-métropolitaine de la coopération intercommunale » pour le département du Rhône.

une commission régionale de la coopération intercommunale en Île-de-France, suivant le modèle des commissions départementales de la coopération intercommunale, concernant les quatre départements situés hors de la métropole du Grand Paris (Essonne, Seine-et-Marne, Val d'Oise et Yvelines)[397].

274. Dans ces instances de type institutionnel, les représentants des collectivités territoriales et de leurs groupements disposent d'un pouvoir discrétionnaire : ils ne doivent pas se prévaloir d'un acte de leur organe délibérant pour exprimer leurs positions ou formuler leurs propositions. Mais en pratique, l'absence de l'obligation d'une décision conforme au choix de la collectivité représentée est compensée par les efforts communs que nécessitent la mise en œuvre du dialogue social et la coopération entre les différents partenaires, notamment les intercommunalités et leurs communes membres ainsi que les départements.

275. Pour négocier un pacte de gouvernance territoriale [398] par exemple, les représentants doivent en réalité s'assurer de la validation de leurs les actions, *a priori* ou *a posteriori*, par l'organe délibérant de la collectivité représentée. Cet outil stratégique peut ainsi permettre aux représentants des EPCI et de leurs communes membres de pallier les carences de l'intercommunalité mise en œuvre. Dès lors, sans une synergie territoriale, il se pose la question du sens à donner aux représentants motivés par la nécessité de mutualisation des services, notamment entre les communes et les intercommunalités, dans un contexte budgétaire contraint.

276. En pratique, la limitation, volontaire ou pas, du pouvoir des représentants locaux peut s'avérer particulièrement utile pour construire des projets stratégiques d'une certaine envergure. Dès lors que l'on sait à quel point les représentants locaux s'attachent jalousement à leurs compétences, aussi faibles soient-elles, impliquer ces derniers à l'élaboration et la concrétisation d'une politique concertée peut se révéler, à terme, bénéfique pour un territoire. C'est le cas de l'Atelier du Boulevard périphérique – instance de type conventionnel et de gouvernance partagée – qui réunit, depuis 2019,

---

[397] Selon l'article 11, VII de la loi n° 2014-58 du 27 janvier 2014, les syndicats mixtes sont également représentés au sein de ladite commission.
[398] Article L.5211-11-2 du CGCT.

l'ensemble des acteurs concernés par l'évolution de l'infrastructure et de ses abords[399]. Le cahier 2 du livre blanc relatif à la nouvelle ceinture verte et aux transformations du boulevard périphérique a été élaboré dans le cadre de cette instance sur la base des contributions des communes, EPT et départements limitrophes et de la région d'Île-de-France[400].

II. Le maintien d'une synergie de la représentation nécessaire à l'exercice concerté des compétences

277. Le maillage territorial français est caractérisé par un enchevêtrement des compétences locales auquel toutes les réformes territoriales ont tenté de remédier, mais sans y aller en profondeur jusqu'à présent. À l'issue de la dernière réforme menée dans le sillage du triptyque des lois dites MAPTAM, NOTRe et de découpage des régions[401], il est observé le besoin de mettre en place une articulation des compétences locales dans le respect de l'autonomie de la volonté. L'enjeu est double pour atteindre cet objectif : d'une part, il s'agit de prendre en compte l'interaction des EPCI dotés de pouvoirs étendus avec les communes bénéficiaires d'une libre administration constitutionnellement garantie ; d'autre part, il faut concilier l'exercice du pouvoir dans les instances locales (conférences de maires, conseils et bureaux communautaires ou territoriaux) avec la configuration du territoire concerné en zone urbaine, périurbaine ou rurale. Mais en

---

399 Il s'agit des représentants des collectivités territoriales franciliennes et des parties prenantes, accompagnés et informés par l'Atelier parisien d'urbanisme (APUR).

400 V. APUR, *Livre blanc : nouvelle ceinture verte et transformations du boulevard périphérique. Cahier 2 : contributions*, Ville de Paris, 2022, 77 p. [mis en ligne sur le site https://www.apur.org/fr/nos-travaux/ateliers-boulevard-peripherique] [consulté le 7 juin 2022].

401 Loi n° 2015-29 du 16 janvier 2015 relative à la délimitation des régions, aux élections régionales et départementales et modifiant le calendrier électoral, JORF n° 0014, 17 janvier 2015. Le nouveau découpage des régions s'est fait par la fusion de territoires, sans modification des départements qui les composent. Le nombre de régions métropolitaines est ainsi passé de vingt-deux à treize y compris la collectivité de Corse, dont sept nouvelles régions issues de cette fusion. Il convient de relever que le rapport du comité pour la réforme des collectivités locales, présidé par Édouard BALLADUR, avait proposé de baisser le nombre de régions métropolitaines à quinze, afin de faire évoluer la taille des régions françaises en comparaison avec les échelons similaires au sein de l'Union européenne. *In fine*, ce redécoupage s'est accompagné d'une extension de compétences ainsi que d'un accroissement de ressources régionales.

pratique la distinction n'est pas aisée, étant donné que « la difficulté, plus grande qu'auparavant, à distinguer entre le rural et l'urbain s'est traduite par la création d'un néologisme, celui de 'rurbains', terme qui désigne ceux qui vivent en milieu rural, mais qui est un faux rural, étant entièrement dépendant de la ville qui lui est proche »[402].

278. À ce titre le législateur a pensé à créer des outils adéquats notamment pour renforcer la cohérence entre les intercommunalités sur un territoire plus ou moins homogène. C'est le cas des syndicats mixtes dans lesquels sont représentés les communes, les départements, les régions et les EPCI. Le mécanisme applicable à la représentation dans ces syndicats est, selon le cas, le mandat direct ou l'habilitation législative[403]. Le représentant est ainsi désigné par les membres de l'organe délibérant de la collectivité territoriale représentée pour siéger au comité de syndicat mixte[404] – instance de type conventionnel.

279. Il convient de préciser qu'aux termes de l'article L.5211-11-3, alinéa 1, du CGCT, le législateur a prévu la création obligatoire des instances de concertation pour l'élaboration et l'exécution des politiques publiques dans les EPCI à fiscalité propre, sauf lorsque le bureau de l'établissement public comprend déjà l'ensemble des maires des communes membres. Il a également prévu les conférences territoriales de l'action publique dans lesquelles sont représentés les communes, les départements, les régions et les EPCI. Mais à la différence des syndicats mixtes, le mécanisme applicable à la représentation dans ces conférences est, selon le cas, l'incarnation ou le mandat indirect[405]. Le représentant, qui est, au préalable, soit le responsable de l'exécutif de la collectivité territoriale et membre de droit, soit le conseiller municipal désigné à cet effet par l'organe délibérant, a toute latitude pour siéger à la plénière de cette instance[406].

280. L'idée du législateur est notamment de mieux associer les représentants des communes au fonctionnement des EPCI en instaurant une conférence consultative des maires – obligatoirement à la demande

---

[402] V. J.-M. PONTIER, « La ruralité saisie par le droit », *AJDA*, n° 30, 2022, p. 1716.
[403] V. *supra* l'hypothèse n° 13 du tableau synoptique de la représentation des collectivités territoriales dans la sphère publique, p. 61.
[404] Article L.5721-2 du CGCT.
[405] V. *supra* l'hypothèse n° 14 du tableau synoptique de la représentation des collectivités territoriales dans la sphère publique, p. 62.
[406] Article L.1111-9-1 du CGCT.

de 30 % des maires des communes membres et pour au moins deux réunions par an, tout en se gardant de créer un organe délibérant *bis* comme évoqué lors des travaux préparatoires[407]. Dépourvue de pouvoir décisionnel, « [l]e véritable caractère distinctif de la fonction de cette conférence reste de faciliter la mise en accord des politiques communales et intercommunales » [408] sur tous les sujets d'intérêt communautaire. Et si la mise œuvre d'un pacte de gouvernance n'est pas obligatoire, la discussion sur l'opportunité de son adoption est, quant à elle, obligatoire dans les neuf mois suivant le renouvellement général des élus municipaux et communautaires.

281. Dans le même ordre d'idées, pour renforcer la collaboration notamment entre les conseils municipaux et communautaires, il a été créé des pôles d'équilibre territoriaux et ruraux pour lesquels le mécanisme de représentation applicable est le mandat direct[409]. Il s'agit des établissements publics constitués par accord entre plusieurs EPCI à fiscalité propre et, le cas échéant, une commune nouvelle au sens de l'article L.2113-9 du CGCT. D'autres ajustements législatifs sont attendus afin de renforcer le fonctionnement « coopératif » des intercommunalités notamment en ce qui concerne le remplacement et le régime électoral des conseillers communautaires, mais aussi le

[407] En substance, l'article 9 de la proposition de loi tendant à renforcer les synergies entre les conseils municipaux et les conseils communautaires et entre les conseils municipaux et le conseil de la métropole de Lyon a été ainsi rédigé : « Art. L. 5211-10-1. – La conférence des maires est une instance de coordination entre la communauté urbaine, la communauté d'agglomération ou la communauté de communes et les communes membres, au sein de laquelle il peut être débattu de tous sujets d'intérêt communautaire ou relatifs à l'harmonisation de l'action de ces personnes publiques.

Sa création est facultative. Toutefois, dès lors que 30 % des maires des communes membres de la communauté urbaine, de la communauté d'agglomération ou de la communauté de communes considérée en ont fait la demande par courrier adressé au président de l'établissement public de coopération intercommunale à fiscalité propre, la création de la conférence des maires est obligatoire. Cette demande doit être faite dans les six mois suivant chaque renouvellement général des conseils municipaux.

Cette instance est présidée de droit par le président de l'établissement public de coopération intercommunale à fiscalité propre et comprend les maires et les maires délégués des communes membres.

Elle se réunit au moins deux fois par an, à l'initiative du président de l'établissement public de coopération intercommunale à fiscalité propre ou à la demande de la moitié des maires, sur un ordre du jour déterminé. »

[408] Bertrand FAURE, « Les communes : le retour », *AJDA*, n° 10, 2020, p. 558.

[409] Article L.5741-1 du CGCT.

fonctionnement et les attributions consultatives de la conférence des maires.

282. C'est en ce sens que le Sénat a adopté, le 9 mai 2019, la proposition de loi tendant à renforcer les synergies entre les conseils municipaux et les conseils communautaires et entre les conseils municipaux et le conseil de la métropole de Lyon, transmise ensuite à l'Assemblée nationale [410]. Dans la même dynamique, une autre proposition de loi a été déposée en août 2022 devant la seconde chambre du Parlement en vue de garantir la continuité de la représentation des communes au sein des conseils communautaires[411]. Des développements subséquents sont repris dans la seconde partie de cette recherche[412].

283. Par ailleurs, dans la volonté de rendre efficace la mise en œuvre des politiques publiques tout en réalisant des économies d'échelle, il a été instauré le dispositif de la « collectivité chef de file ». En application de l'article 72, alinéa 5, de la Constitution, ce mécanisme participe du travail en commun sur des dossiers transversaux ainsi que de la construction de projets territoriaux communs. Il ne s'agit nullement d'un détournement du principe de la libre administration des collectivités territoriales, sinon le Constituant serait en porte-à-faux de manière flagrante avec lui-même. L'idée est plutôt de favoriser la concertation afin de décider dans l'intérêt de l'ensemble des collectivités territoriales concernées par la mise en œuvre d'une politique publique, dont la collectivité chef de file en est le coordonnateur et de ce fait le représentant des autres collectivités. Parmi les avantages de ce dispositif on peut retenir la prévention des conflits d'intérêts et de l'empiétement sur les compétences des unes et des

---

[410] La proposition de loi, transmise à l'Assemblée nationale le 12 juillet 2022, est renvoyée en vue de son adoption à la commission des lois constitutionnelles, de la législation et de l'administration générale de la République, à défaut de constitution d'une commission spéciale dans les délais prévus par les articles 30 et 31 du Règlement de la chambre basse du Parlement.

[411] Proposition de loi tendant à garantir la continuité de la représentation des communes au sein des conseils communautaires, adoptée en première lecture le 15 mars 2023, Sénat, n° 72, session ordinaire 2022-2023.

[412] V. *infra*, pp. 289-291.

autres. Des développements subséquents de ce dispositif sont repris dans la seconde partie de cette recherche[413].

Section 2 Le caractère différencié des représentants des collectivités territoriales dans les instances nationales et supranationales

284. Dans la conception française, l'État détermine, en dernier lieu, l'intérêt de la Nation, qui l'emporte sur tout[414]. Cette détermination de l'intérêt général nécessite une articulation des intérêts publics portés par l'État[415], d'une part, et ceux portés par les collectivités territoriales, d'autre part. À ce titre, il est reconnu aux acteurs locaux une capacité de défendre les intérêts des collectivités qu'ils représentent au niveau national, en dépit de leur carence au niveau international (§1).

285. Ces représentants sont soumis à une forme d'occultation dans l'ordre juridique international, car ils sont tributaires du régime juridique commun des collectivités territoriales, hormis quelques exceptions concernant les collectivités d'Outre-mer. L'État a seul la compétence de conduire la diplomatie et la politique étrangère et de conclure des engagements internationaux, mais « [l]a souveraineté de l'État n'est pas incompatible avec [l'action extérieure des collectivités territoriales] »[416]. Aussi l'action extérieure de ces collectivités participe du renforcement de l'intérêt général sur le plan supranational au même titre que sur le plan national[417]. Elle constitue, plus précisément, non

---

[413] V. *infra*, pp. 318-322.

[414] J.-M. PONTIER, « La redéfinition des compétences : à la recherche de la cohérence », *RDP*, n° 5, 2015, p. 1241.

[415] Il s'agit de l'intérêt national en parallèle des intérêts locaux portés par les collectivités territoriales.

[416] R. BOURREL, *op. cit.* (n° 92), p. 27.

[417] CE, avis, 25 octobre 1994, n° 365381 : le Conseil dit en substance que les actes des collectivités territoriales et leurs groupements, dans le cadre de leur action extérieure, en lien avec des entités infra-étatiques étrangères ne constituent pas des conventions internationales mais des actes soumis au droit interne, pour ce qui concerne l'existence d'une convention.

pas une compétence nouvelle, mais une modalité particulière de l'exercice des compétences des collectivités territoriales[418].

286. De ce qui précède, l'admission des représentants locaux au Conseil de l'Europe et dans les institutions de l'Union européenne a certes fait progresser la question de la reconnaissance des collectivités territoriales au niveau supranational. Mais elle n'a pas pour autant fait évoluer leur régime[419] (§2).

§1 Des représentants locaux actifs dans les instances nationales mais occultés dans les instances internationales

287. Les représentants locaux sont tributaires du régime des collectivités territoriales tant au niveau national qu'au niveau supranational. Ils sont caractérisés sur le plan national par un rôle actif tendant à trouver une « représentation équilibrée » [420] des diverses parties de ce qui constitue le « tout » national (I). Du reste, cette démarche répandue sur le plan national n'est pas du tout envisageable sur le plan international. En effet, une représentation des entités infra-étatiques comme pouvoirs publics n'a pas de réelle portée dans l'ordre juridique international, hormis le cas singulier de l'Union européenne[421]. Par exemple, au sein de l'Organisation des Nations unies (ONU) les représentants des collectivités territoriales n'interviennent ni ne participent aux instances décisionnelles. L'« écran étatique » les rend ainsi inaptes à préserver les intérêts des collectivités territoriales

---

[418] V. la circulaire du ministre de l'Intérieur et de l'Aménagement du territoire et du ministre des Affaires étrangères, en date du 26 mai 1994, relative à la coopération des collectivités territoriales françaises avec des collectivités territoriales étrangères.

[419] V. en ce sens les éclairages de Vasiliki KALIMERI, *Le Conseil de l'Europe et les collectivités territoriales. Contribution à l'étude de l'autonomie locale*, L'Harmattan, coll. « Logiques juridiques », 2017.

[420] Sur les différentes acceptions du terme, v. O. BUI-XUAN, « La représentation équilibrée : une fausse représentation ? », *in* O. BUI-XUAN (dir.), *op. cit.* (n° 7), pp. 146-156. L'auteure analyse la représentation équilibrée dans le sens de diversifier les profils des représentants des collectivités territoriales. Sous-entendu, du fait des éléments de « spécification », le profil diversifié des représentants influe différemment sur la manière d'exercer leur pouvoir.

[421] V. en ce sens les développements soutenus par Dorothée PAYET, *L'entité territoriale infra-étatique dans la jurisprudence de l'Union européenne. La Cour de justice de l'Union européenne face à la dimension régionale et locale des États membres*, thèse dactylographiée, Université de La Réunion, 2013.

au sens de l'ordre juridique international, quand bien même ils pourraient les valoriser au travers des actions collectives (II).

I. La valorisation des intérêts locaux par les représentants des collectivités territoriales dans les instances nationales

288. L'émergence d'un rôle actif des représentants locaux transparaît des solutions envisagées lors du Grand débat national de 2019. Cependant, le problème de la centralisation de l'État, ainsi que des aménagements et résistances à celle-ci, demeure un classique du système des institutions françaises. Cette centralisation trouve ses origines dans le caractère unitaire de la République et traduit, en pratique, le déséquilibre de développement avantageux de Paris et de sa région[422].

289. Le fonctionnement du système se traduit par le fait qu'en général les représentants d'intérêts – au sens de la loi dite Sapin II[423] – informent les instances nationales sur la manière dont les décisions sont appliquées et sur les moyens de les améliorer par la prise de nouvelles décisions. Ces informations sont, par nature, orientées puisqu'elles visent à atteindre un objectif particulier : faire pencher les décisions, ou du moins leurs effets, dans le sens des intérêts des représentés. Pour autant, la démarche des représentants d'intérêts est en général utile pour permettre aux décideurs nationaux de mieux connaître les attentes des administrés par le fait d'analyser les informations qui leur sont transmises et de les confronter à la réalité, afin d'en vérifier la véracité et la cohérence.

290. Concernant les collectivités territoriales, l'action de leurs représentants sur le plan national s'inscrit dans la détermination de l'intérêt général dans le sens où ces derniers interviennent dans les processus décisionnels – plutôt dans l'élaboration que dans la prise des décisions –, du fait du caractère public des intérêts dont ils sont

---

[422] Jean-François GRAVIER, *Paris et le désert français*, Le Portulan, 1947.

[423] Loi n° 2016-1691 du 9 décembre 2016 relative à la transparence, à la lutte contre la corruption et à la modernisation de la vie économique, JORF n° 0287, 10 décembre 2016. Il est nécessaire de préciser que les organismes de réflexion, de recherche et d'expertise ne peuvent pas être qualifiés, « à ce seul titre », de représentants d'intérêts au sens de cette loi, ni de celle n° 2013-907 du 11 octobre 2013 relative à la transparence de la vie publique, dite Sapin I (CE, n° 472123, 14 octobre 2024, *Institut Montaigne*, mentionné aux tables du recueil Lebon, considérant 10).

porteurs. C'est en cela que les représentants locaux se distinguent des autres porteurs d'intérêts. Dès lors, on parle de co-construction des politiques publiques entre les acteurs nationaux et locaux, notamment par la contractualisation de ces politiques entre l'État et certaines collectivités territoriales[424]. Il convient de relever néanmoins la subtilité de la situation pour les représentants locaux car, depuis le 1er juillet 2022, la liste des acteurs publics concernés par le répertoire des représentants d'intérêts a été étendue aux décideurs publics agissant au niveau territorial de manière générale[425], notamment les organes exécutifs locaux et leurs délégués ou leurs préposés.

291. En parallèle, la contractualisation constitue un autre cadre d'action publique qui met en évidence les intérêts locaux au sein des mécanismes de portée nationale. Elle est entendue comme un procédé de gouvernance qui tend à la conduite commune des politiques publiques définies par le Gouvernement et votées par le Parlement et des politiques publiques définies par les exécutifs locaux en accord avec les assemblées délibérantes locales. Ce procédé de gestion conventionnel de projets est inspiré des contrats de droit privé. Il concerne aussi l'action publique concertée des collectivités territoriales, telle qu'elle a été admise par le Conseil d'État dans les termes contractuels, voire au-delà, notamment dans un arrêt du 20 mars 1996, *Commune de Saint-Céré*.

292. Mais en pratique, la contractualisation des politiques publiques concerne, par exemple, les contrats de plan État-région (CPER)[426], ainsi que les contrats de ville[427]. Dans le premier cas, chaque partenaire

---

[424] V. Vincent DE BRIANT, *L'action commune en droit des collectivités territoriales. Contribution à l'étude des compétences exercées en commun par l'État et les collectivités territoriales*, texte remanié de la thèse de doctorat soutenue en 2009 à l'Université Paris II – Panthéon-Assas, L'Harmattan, coll. « Logiques Juridiques », 2009.

[425] Les présidents de conseils régionaux et départementaux, ainsi que leurs conseillers et chefs de cabinet, les maires des communes de plus de 100 000 habitants, les directeurs d'hôpitaux et les directeurs des services déconcentrés ou décentralisés régionaux ou du départementaux sont susceptibles d'être visés par des actions de représentation d'intérêts et doivent se conformer aux règles de la Haute Autorité pour la transparence de la vie publique (HATVP).

[426] Ces contrats ont été créés par la loi n° 82-653 du 29 juillet 1982 portant réforme de la planification, JORF, 30 juillet 1982.

[427] Il s'agit des contrats mis en œuvre par la loi n° 91-662 d'orientation pour la ville du 13 juillet 1991, JORF n° 0167, 19 juillet 1991.

se donne en principe les missions relatives à ses compétences, mais le rôle du représentant est déterminant en ce qu'il peut engager la collectivité territoriale dans toute mission qu'il estime d'utilité publique. Cependant, la contribution du recours au contrat – entre deux blocs de partenaires par définition inégaux – au renforcement de l'autonomie des collectivités territoriales est discutable[428].

293. D'une manière ou d'une autre, il est nécessaire de veiller à ce que la contractualisation des politiques publiques, voulue comme un « pacte de confiance », ne soit perçue comme un mécanisme de surveillance, voire de sanctions, des collectivités territoriales contractantes, à rebours de leur libre administration. Dans le même temps, l'action des représentants locaux, attachée à l'existence d'un intérêt local suffisamment élevé ou stratégique, nécessite un encadrement consistant, dans certaines hypothèses, au respect des règles déontologiques ou à la production d'une déclaration publique d'intérêts. Il en est ainsi pour les représentants des collectivités territoriales exerçant la fonction de membres du conseil d'administration d'une agence de l'eau [429] ; ou encore pour les représentants locaux au comité de l'eau et de la biodiversité – instance de type institutionnel – au travers du mécanisme de l'habilitation législative[430].

294. *In fine*, la contractualisation renvoie à la conjonction des efforts des pouvoirs publics nationaux et locaux qui sortent du cadre des instances pour concevoir ensemble des politiques publiques. Elle constitue donc, par la mise en commun des moyens divers et en particulier des compétences distinctes, un canal opportun pour les représentants locaux : plus l'engagement est abouti, plus il est intégré et sera aisément appliqué. Si ces derniers y trouvent la possibilité d'exercer un pouvoir réel et étendu plutôt qu'une simple influence dans le cadre des instances nationales, ils sont confrontés à une occultation imparable au niveau supranational.

---

[428] V. Nicolas KADA, « État et collectivités territoriales : (petite) cuisine et (grandes) dépendances », *AJDA*, n° 41, 2019, pp. 2423-2429.

[429] Article L.213-8-4 du Code de l'environnement, dont les dispositions ont été créées par l'article 36 de la loi n° 2016-1087 du 8 août 2016 pour la reconquête de la biodiversité, de la nature et des paysages, JORF n° 0184, 9 août 2016.

[430] V. *supra* l'hypothèse n° 31 du tableau synoptique de la représentation des collectivités territoriales dans la sphère publique, p. 67.

II. L'occultation des représentants locaux dans les instances internationales compensée par l'action extérieure des collectivités territoriales

295. L'ordre juridique international n'appréhende pas aisément la représentation des collectivités territoriales dans la mesure où le rôle prépondérant des États dans les instances internationales est fondé sur le principe de la responsabilité exclusive des États en droit international public. Aussi les collectivités territoriales « n'ayant pas la qualité de sujet de droit international public, elles sont éclipsées par l'Etat souverain qui est le centre de gravité des relations diplomatiques »[431]. Elles sont dès lors assimilées à d'autres acteurs non étatiques comme les entreprises et les organisations de la société civile, notamment humanitaire, quoiqu'elles aient constamment élargi leur action extérieure depuis le début du XXIe siècle[432]. Cette assimilation concerne si bien les entités infra-étatiques que comptent les États unitaires que celles réunies dans les États fédéraux[433].

296. En droit positif, le caractère unique, unitaire et indivisible de la République implique un rôle subsidiaire des collectivités territoriales, notamment sur le plan supranational et même international. L'action extérieure des collectivités territoriales traduit dès lors en matière de relations internationales une évolution décentralisatrice des politiques

---

[431] J. MEERSMAN, *op. cit.* (n° 250).

[432] V. United Cities and Local Governments, Founding congress final declaration, *Cities, local governments : the future for development* [déclaration finale du congrès de fondation de Cités et gouvernements locaux unis (CGLU), *Villes et gouvernements locaux : l'avenir du développement*], Paris, 5 mai 2004 [mis en ligne sur le site https://www.uclg.org/sites/default/files/english_declaration.pdf] [consulté le 27 juin 2022]. V. aussi *L'agenda de La Haye sur la diplomatie des villes*, La Haye, 18 juin 2008 [mis en ligne sur le site https://www.uclg.org/sites/default/files/FR_590_fin_french_the_hague_agenda_on_city_diplomacy13june.pdf] [consulté le 27 juin 2022]. L'argumentation de ces deux textes relève plutôt de l'ordre du plaidoyer en faveur d'un plus grand rôle pour les entités infra-étatiques que de l'affirmation de leur rôle sur le plan international.

[433] V. Marie-Claire PONTHOREAU, *La ratification des traités internationaux, une perspective de droit comparé*, Service de recherche du Parlement européen, Unité Bibliothèque de droit comparé, 2019, pp. 41-45 [mis en ligne sur le site https://www.europarl.europa.eu/RegData/etudes/STUD/2019/637963/EPRS_STU(2019)637963_FR.pdf] [consulté le 18 août 2023].

publiques, notamment au travers du mécanisme de jumelage[434], de la coopération transfrontalière[435] et de la coopération décentralisée[436]. Ces concepts désignent en somme « la possibilité pour les collectivités territoriales et leurs groupements d'entretenir des relations avec des collectivités décentralisées étrangères »[437]. Et à voir en réalité, les collectivités territoriales concernées ont pu organiser une action extérieure en se saisissant des dispositions de l'article 6 de la loi n° 82-213 du 2 mars 1982 relative aux droits et libertés des communes, des départements et des régions, mais également du dispositif GECT tel que réformé par le Règlement (UE) n° 1302/2013 du Parlement européen et du Conseil du 17 décembre 2013[438]. Ce faisant, elles sont tenues au respect du principe de coopération loyale au même titre que les États[439].

297. C'est précisément au titre de l'action extérieure des collectivités territoriales que la Cour administrative d'appel de Bordeaux a validé la subvention par le conseil général des Deux-Sèvres de la construction d'un collège public d'enseignement général au Burkina Faso et du renforcement de la mission d'incendie d'une commune à Madagascar, et y a identifié un intérêt public local[440]. Il s'agit, en fait, d'un dispositif « supplétif et contributeur » des collectivités territoriales, qui participe de la mise en œuvre de la politique étrangère de la République

---

[434] V. le décret du 24 janvier 1956 portant création d'une commission chargée de coordonner les échanges internationaux dans le domaine communal, tel que modifié par le décret n° 56-657 du 23 juin 1956 relatif à la commission chargée de coordonner les échanges internationaux dans le domaine communal, JORF, 6 juillet 1956.

[435] Aux termes de l'article 65 de la loi n° 82-213 du 2 mars 1982, le Gouvernement peut autoriser les représentants d'une région d'organiser « à des fins de concertation et dans le cadre de la coopération transfrontalière, des contacts réguliers avec des collectivités décentralisées étrangères ayant une frontière commune avec la région ».

[436] V. l'article L.1115-1 du CGCT.

[437] D. BLANC, *op. cit.* (n° 136), p. 209. C'est particulièrement le cas de la coopération décentralisée.

[438] Règlement (UE) n° 1302/2013 du Parlement européen et du Conseil du 17 décembre 2013 modifiant le règlement (CE) n° 1082/2006 relatif à un groupement européen de coopération territoriale (GECT) en ce qui concerne la clarification, la simplification et l'amélioration de la constitution et du fonctionnement de groupements de ce type, JOUE n° L 347/303, 20 décembre 2013. V. sur ce point les critiques formulées par Alexandre LABETOULE et Gaëlle BENOIT, « Le groupement européen de coopération territoriale. Une réforme en demi-teinte », *JCP A*, n° 29, 20 juillet 2015, pp. 20-23.

[439] Article 4, paragraphe 3, TUE, JOUE, C 326/18, 26 octobre 2012.

[440] CAA de Bordeaux, n° 05BX00167, 30 octobre 2007, *Charbonneau contre département des Deux-Sèvres*, mentionné aux tables du recueil Lebon.

déterminée et conduite par l'État. Dans le même sens, le jumelage est perçu comme un mécanisme visant soit à officialiser les rapports déjà existants entre une ville française et une ville étrangère, soit à établir une situation nouvelle en créant les liens entre une ville française et une ville étrangère.

298. L'instance chargée de veiller à l'état des lieux de la coopération décentralisée est la Commission nationale de la coopération décentralisée (CNCD). Celle-ci comprend, outre son président – le Premier ministre ou, en son absence, le ministre chargé de l'Europe et des Affaires étrangères –, quarante-quatre membres, dont quatorze représentants des collectivités territoriales et d'associations ayant trait à l'action extérieure des collectivités territoriales et quatorze représentants de l'État, qui ont voix délibérative[441]. On ne peut pas parler cependant de relations internationales au niveau infra-étatique du fait de l'action extérieure des collectivités territoriales, ni de diplomatie à proprement parler. Celle-ci, étant définie comme « l'ensemble des moyens et activités qu'un État consacre à la gestion de sa politique étrangère »[442], elle demeure sous la responsabilité souveraine de l'État, nonobstant les exceptions pouvant être relevées par ailleurs[443].

299. Ainsi par exemple, en vertu des accords de coopération transfrontalière entre collectivités territoriales, une collectivité territoriale française peut créer ou participer à un groupement d'intérêt public de coopération transfrontalière ou au capital des SEML dont l'objet est d'exploiter des services publics d'intérêt commun avec des collectivités territoriales étrangères. C'est ce que prévoit notamment le traité entre la République française et le Royaume d'Espagne relatif à la coopération transfrontalière entre collectivités territoriales, signé à Bayonne le 10 mars 1995[444]. En pratique, le représentant de la

---

[441] Articles L.1115-6 et L.1115-9 du CGCT.

[442] Thierry DEBARD et Serge GUINCHARD (dir.), *Lexique des termes juridiques*, 30e éd., Dalloz, 2022, p. 380.

[443] V. par exemple, Manès LOUIS-JEUNE, *L'angle de la paradiplomatie au travers de l'action publique internationale des collectivités infraétatiques : l'exemple de la Caraïbe*, thèse dactylographiée, Université des Antilles et de la Guyane, 2017 ; Anissa MARRE, *L'action internationale des collectivités territoriales françaises. La construction d'une coopération interterritoriale et interrégionale dans l'Arc latin et le Maghreb*, thèse dactylographiée, Université Montpellier I, 2016.

[444] Article 5 du décret n° 97-322 du 2 avril 1997 portant publication du traité entre la République française et le Royaume d'Espagne relatif à la coopération transfrontalière

commune, du département, de la région, de l'EPCI ou de la collectivité à statut particulier au conseil d'administration ou de surveillance de la SEML transfrontalière – instance de type conventionnel – agit au titre des mécanismes du mandat[445] – en tant qu'élu ou délégué – et non au titre d'une accréditation diplomatique[446].

300. Par ailleurs, conscientes de leur quasi-inexistence dans les instances internationales, les collectivités territoriales ont considérablement accru leur action extérieure depuis la mise en œuvre de la décentralisation, dans un cadre juridique bien délimité. Cette densification des relations internationales des collectivités territoriales traduit le changement de perception de la gouvernance locale, passant du registre de simples échanges culturels à celui de la promotion des territoires à l'international. De plus, il n'est pas nécessaire d'établir un lien entre l'objet de l'action extérieure ou l'objectif poursuivi avec les compétences expressément dévolues aux collectivités territoriales ainsi qu'à leurs groupements par le Constituant et ensuite par le législateur. L'application combinée des lois n° 2007-147 du 2 février 2007[447], n° 2014-773 du 7 juillet 2014[448] et n° 2016-1657 du 5 décembre 2016[449] a abouti à une simplification de l'article L.1115-1 du CGCT[450].

---

entre collectivités territoriales, signé à Bayonne le 10 mars 1995, JORF n° 85, 11 avril 1997.

[445] V. *supra* l'hypothèse n° 25 du tableau synoptique de la représentation des collectivités territoriales dans la sphère publique, p. 65.

[446] V. *supra* l'hypothèse n° 1 du tableau synoptique de la représentation des collectivités territoriales dans la sphère publique, p. 58.

[447] Loi n° 2007-147 du 2 février 2007 relative à l'action extérieure des collectivités territoriales et de leurs groupements, JORF n° 31, 6 février 2007.

[448] Loi n° 2014-773 du 7 juillet 2014 d'orientation et de programmation relative à la politique de développement et de solidarité internationale, JORF n° 0156, 8 juillet 2014.

[449] Loi n° 2016-1657 du 5 décembre 2016 relative à l'action extérieure des collectivités territoriales et à la coopération des outre-mer dans leur environnement régional, JORF n° 0283, 6 décembre 2016.

[450] « Dans le respect des engagements internationaux de la France, les collectivités territoriales et leurs groupements peuvent mettre en œuvre ou soutenir toute action internationale annuelle ou pluriannuelle de coopération, d'aide au développement ou à caractère humanitaire. Ils prennent en considération dans ce cadre le programme de développement durable à l'horizon 2030 adopté par l'Assemblée générale des Nations unies le 25 septembre 2015.

A cette fin, les collectivités territoriales et leurs groupements peuvent, le cas échéant, conclure des conventions avec des autorités locales étrangères. Ces conventions

301. Il en ressort trois principes sur lesquels se fonde l'action extérieure de ces collectivités et leurs groupements, à savoir : le respect des engagements internationaux de la France ainsi que des compétences régaliennes de l'État dans toute action menée en la matière[451] ; la compétence de mettre en œuvre ou soutenir toute action internationale annuelle ou pluriannuelle de coopération, d'aide au développement ou à caractère humanitaire dans le respect de la loi ; la faculté de conclure ou pas des conventions avec des autorités locales étrangères[452]. Concrètement, ni le principe de neutralité du service public ni l'objectif d'intérêt public local ne font obstacle à l'action extérieure des collectivités territoriales[453].

302. Il est cependant difficile d'en délimiter précisément le périmètre, dès lors que foisonnent des initiatives au point de faire de ce mécanisme un instrument de la politique publique des collectivités territoriales sur le plan international[454]. Le droit positif prévoit expressément une limite à l'action extérieure de ces collectivités : l'ouverture vers de nouvelles formes de coopération décentralisée, qui les conduirait à entrer en relation avec des États étrangers, des

---

précisent l'objet des actions envisagées et le montant prévisionnel des engagements financiers. Elles entrent en vigueur dès leur transmission au représentant de l'État dans les conditions fixées aux articles L.2131-1, L.2131-2, L.3131-1, L.3131-2, L.4141-1 et L.4141-2. Les articles L.2131-6, L.3132-1 et L.4142-1 leur sont applicables. »

[451] V. les articles 5, 14, 20 et 52 à 55 de la Constitution.

[452] V. les développements subséquents dans l'ouvrage de Romaric GUEGUEN, *L'action internationale des collectivités territoriales françaises dans le cadre de l'État unitaire*, texte remanié de la thèse de doctorat soutenue en 2009 à l'Université d'Aix-Marseille III, Presse universitaire d'Aix-Marseille, coll. « Centre de Recherches Administratives », 2015.

[453] V. la décision n° 2003886 du TA de Montpellier, 19 octobre 2021, *SOS Méditerranée France*. V. en ce sens la conceptualisation de la neutralité des collectivités territoriales et ses implications par Jérémie BOULAY et Estelle CAMBER-ROUGE, *La neutralité politique des collectivités territoriales. L'obligation institutionnelle de ne pas prendre parti*, Berger-Levrault, coll. « Les indispensables », 2016. V. aussi la conceptualisation de l'intérêt public local et ses applications par Tiphaine ROMBAUTS-CHABROL, *L'intérêt public local*, texte remanié de la thèse de doctorat soutenue en 2014 à l'Université Montpellier I, Dalloz, 2016.

[454] V. les éclairages d'E. LAGRANGE, *La représentation institutionnelle dans l'ordre international. Une contribution à la théorie de la personnalité morale des organisations internationales*, Brill Nijhoff - Kluwer Law International, coll. « Études de droit international », 2002.

personnes privées étrangères ou des organisations internationales ou interétatiques[455].

§2 L'implication des représentants locaux dans les instances du Conseil de l'Europe et de l'Union européenne

303. Les représentants locaux au Conseil de l'Europe sont limités à un rôle consultatif au sein du CPLR, car la souveraineté des États prime sur la personnalité publique des collectivités territoriales (I). Au niveau de l'Union européenne, ce constat entraîne une insatisfaction du régime des représentants locaux à cause de la limitation de leur action dans l'ordre juridique supranational. Aussi, pour obtenir les résultats escomptés, ils sont amenés à engager une démarche au-delà des moyens institutionnels à leur disposition (II).

I. Le rôle consultatif des représentants locaux au sein du CPLR

304. Les représentants des collectivités territoriales des quarante-six[456] États membres au CPLR – instance de type institutionnel et organe consultatif du Conseil de l'Europe – sont désignés en application du mécanisme de l'habilitation législative parmi les élus des communes, des départements, des régions, des collectivités à statut particulier et des DROM[457]. Ces représentants sont, soit titulaires d'un mandat local résultant d'une élection directe, soit politiquement responsables devant une assemblée élue au suffrage direct. En France, la nomination des délégués se fait avec l'appui de la Direction générale

---

[455] V. CC, décision n° 94-358 DC, 26 janvier 1995, *Loi d'orientation pour l'aménagement et le développement du territoire*, considérant 52 : l'objet de l'action extérieure ou l'objectif poursuivi ne doit en aucun cas « porter atteinte aux conditions essentielles de l'exercice de la souveraineté ». V. aussi CAA de Lyon, n° 12LY01489, 7 mars 2013, *Région Rhône-Alpes*, considérants 3 à 7. Il découle du raisonnement de la Cour que la coopération décentralisée nécessite qu'une personne privée étrangère impliquée soit regardée comme un simple exécutant, et non qu'elle assume l'ensemble des responsabilités autres que financières, et surtout que l'action menée dans le cadre de cette coopération soit regardée comme relevant d'un intérêt public local.

[456] Nombre d'États membres actualisé au 16 mars 2022, à la suite du retrait de la Fédération de Russie du Conseil de l'Europe en conséquence de l'opération militaire menée en Ukraine depuis le 24 février 2022.

[457] V. *supra* l'hypothèse n° 2 du tableau synoptique de la représentation des collectivités territoriales dans la sphère publique, p. 58.

des collectivités locales (DGCL) chargée du suivi des procédures de désignation des représentants des collectivités territoriales françaises au CPLR[458]. Les dix-huit[459] représentants des collectivités territoriales sont repartis en deux contingents : neuf pour la chambre des pouvoirs locaux et neuf pour la chambre des Régions.

305. L'enjeu de cette représentation se situe dans la prise en compte de la personnalité juridique des collectivités territoriales – telle que consacrée en droit positif – distincte de celle des États membres de cette institution supranationale. Ainsi, ces collectivités ont l'avantage d'avoir directement des représentants au Conseil de l'Europe, contrairement aux entreprises et aux organisations de la société civile[460]. Elles peuvent, par exemple, travailler avec les États membres pour développer le pouvoir décisionnaire des collectivités territoriales. Cela passe par une redéfinition commune des principales missions des États et une limitation partielle de leur pouvoir normatif en fixant un cadre juridique qui préserve l'autonomie des collectivités territoriales et renforce leur représentation. Par sa ratification de la Charte européenne de l'autonomie locale en 2006[461], la France s'est ouverte à la perspective d'une telle évolution du droit.

306. On peut envisager une action croissante des collectivités territoriales, en dépit de la fonction consultative de leurs représentants, au travers des actions collectives de l'ensemble des représentants locaux : ceci constitue une responsabilité fondamentale du CPLR dans l'évolution de la décentralisation au niveau européen. Il est important que la fonction de représentation du Comité traduise, dans le cadre du processus décisionnel du Conseil de l'Europe, l'application du principe de subsidiarité, notamment par une révision périodique de l'état de la décentralisation au niveau des États membres. Aussi la mise œuvre d'un dispositif tendant à combiner à cette action à celle des représentants locaux au Comité des régions de l'Union européenne sera de nature à

---

[458] Il convient d'appréhender cette compétence de la DGCL au même titre que le suivi de la désignation des délégués français au Comité des régions, organe consultatif de l'Union européenne, en lien avec les associations d'élus.

[459] On dénombre en réalité dix-huit délégués et dix-huit suppléants.

[460] Elles sont indirectement représentées, notamment au travers du lobbying exercé à un niveau inférieur à celui exercé aux instances de l'Union européenne.

[461] Loi n° 2006-823 du 10 juillet 2006 autorisant l'approbation de la Charte européenne de l'autonomie locale, adoptée à Strasbourg le 15 octobre 1985, JORF n° 0159, 11 juillet 2006.

rendre efficiente la représentation des collectivités territoriales au niveau supranational. Dans tous les cas, en l'état du droit, cette représentation sera limitée à un rôle consultatif de ces collectivités, d'où la recherche des mécanismes palliatifs hors du champ institutionnel.

II. Le recours aux moyens non institutionnels par les représentants locaux au sein de l'Union européenne

307. Il n'existe aucune obligation dans les textes et la jurisprudence de l'Union européenne pour les États membres d'adopter un modèle particulier d'organisation institutionnelle ou de décentralisation. Toutefois, le Traité sur l'Union européenne (TUE) dispose en substance : « L'Union respecte l'égalité des États membres devant les traités ainsi que leur identité nationale, inhérente à leurs structures fondamentales politiques et constitutionnelles, y compris en ce qui concerne l'autonomie locale et régionale. » [462] Cette affirmation explicite du respect de l'autonomie locale et régionale, sans être une contrainte, semble une évidence dans l'ordre des principes fondamentaux des États membres[463].

308. Comme leurs homologues au CPLR, les représentants des collectivités territoriales au Comité des régions – instance de type institutionnel – sont désignés en application du mécanisme de l'habilitation législative parmi les élus des communes, des départements, des régions, des collectivités à statut particulier et des DROM [464] . Conformément à l'article 305 du Traité sur le fonctionnement de l'Union européenne (TFUE) et en application de la décision du Conseil du 21 mai 2019 arrêtant la composition du Comité des régions [465] , vingt-quatre sièges (autant de titulaires que de suppléants) sont attribués aux délégués des collectivités territoriales françaises : 12 au titre des entités régionales, 6 pour les départements et

---

[462] Article 4, paragraphe 2, TUE, JOUE, C 326/18, 26 octobre 2012.

[463] V. Pierre-Yves MONJAL, « 'Le niveau local' dans le traité de Lisbonne ou la reconnaissance du rôle européen des collectivités territoriales », *AJDA*, n° 19, 2011, p. 1069.

[464] Aux termes de l'article 300, paragraphe 3, du TFUE, les délégués au Comité des régions doivent être soit titulaires d'un mandat électoral au sein d'une « collectivité régionale ou locale », soit directement responsables devant l'assemblée de l'une de ces collectivités.

[465] Décision (UE) 2019/852 du Conseil du 21 mai 2019 arrêtant la composition du Comité des régions, JOUE, L 139/13, 27 mai 2019.

6 pour les communes. Pour la France, ces derniers sont des représentants locaux au niveau européen et, au préalable, titulaires d'un mandat au niveau local. Ils sont désignés par le Premier ministre sur proposition du ministre de l'Intérieur, après consultation de l'association Régions de France (RF), de l'Assemblée des départements de France (ADF) et de l'Association des maires de France et des présidents d'intercommunalité (AMF)[466].

309. Il s'ensuit que les délégués au Comité des régions sont nommés par le Conseil de l'Union européenne statuant à l'unanimité sur les propositions transmises par les États membres[467]. Dans l'ordre des choses, le bon fonctionnement des administrations locales et régionales et l'efficacité de la décentralisation qui les organise reposent sur les principes de subsidiarité, de proportionnalité et de gouvernance à multiniveaux. Quoiqu'étant directement représentées au sein de l'institution, il est opportun que les collectivités territoriales aspirant à une participation active aux processus décisionnels de l'Union européenne aient connaissance de l'usage des moyens non institutionnels tendant à la valorisation de leurs intérêts. L'opportunité d'une telle démarche se situe en particulier dans l'enjeu financier tant de la mise en œuvre du droit de l'Union que des manquements des collectivités territoriales. Ces dernières peuvent en effet engager, depuis le 1er janvier 2016, leur responsabilité financière pour des manquements aux normes de l'Union européenne au sens de l'article L.1611-10 du CGCT[468].

310. En pratique, les résultats obtenus par certaines collectivités découlent parfois d'une « redoutable organisation structurelle [à titre individuel et de manière collective] à Bruxelles, avec des collaborateurs très performants, et d'un lobbying acharné au sein de la Commission et dans les différents services pour faire avancer les dossiers. […] Il ne

---

[466] Ces trois associations d'élus constituent en fait des réseaux de défense d'intérêts catégoriels. V. *supra* les hypothèses n° 33, n° 34 et n° 35 du tableau synoptique de la représentation des collectivités territoriales dans la sphère publique, p. 68.

[467] V. *supra* l'hypothèse n° 3 du tableau synoptique de la représentation des collectivités territoriales dans la sphère publique, p. 59.

[468] Les dispositions de cet article ont été renforcées par l'article 112 de la loi n° 2015-991 du 7 août 2015. V. en ce sens Philippe BERENZ, « Responsabilisation financière des collectivités territoriales ou de leurs démembrements en cas de manquement au droit de l'Union européenne. Publication du décret d'application de l'article 112 de la loi NOTRe », *JCP A*, n° 4, 2017, pp. 2-3.

s'agit pas seulement d'avoir un bon ou un mauvais dossier mais d'apprendre à parler l'Européen »[469]. Le lobbying exercé par les représentants locaux s'inscrit dans la conception classique de l'activité qui consiste « à procéder à des interventions destinées à influencer directement ou indirectement l'élaboration, l'application ou l'interprétation de mesures législatives, normes, règlements, et plus généralement toute intervention ou décision des pouvoirs publics »[470]. Elle traduit le besoin des collectivités territoriales de pallier une efficacité insuffisante de la représentation-habilitation à l'œuvre et une prise en compte non satisfaisante des collectivités territoriales dans ladite représentation, notamment à cause de son émiettement[471].

[469] V. « L'action publique entre Bruxelles et Marseille », entretien avec Renaud MUSELIER, Député européen et Président de la région Sud [Provence-Alpes-Côte d'Azur], *Europe parlementaire*, n° 38, 2019, p. 16.

[470] Franck J. FARNEL, *Le lobbying : stratégies et techniques d'intervention*, Les éditions d'organisation, 1994, p. 17. L'auteur définit par ailleurs le lobby comme « une structure organisée pour représenter et défendre les intérêts d'un groupe donné en exerçant des pressions ou influences sur des personnes ou institutions détentrices de pouvoir ».

[471] V. Marie LEPETRE-MITTELGERGER, « Les collectivités territoriales : des sujets de droit communautaire en devenir ? Étude menée à partir de l'exemple français », *in* Gabriel ECKERT, Yves GAUTIER, Robert KOVAR et Dominique RITLENG (dir.), *Incidences du droit communautaire sur le droit public français*, Presses universitaires de Strasbourg, Strasbourg, 2007, pp. 63-68. L'auteure estime que les collectivités territoriales « ne veulent plus être considérées comme les 'oubliées' du système et se sont engagées […] dans une lutte, à la fois au niveau interne, mais également au niveau externe, pour faire entendre leurs voix ».

CONCLUSION DU CHAPITRE

311. Les représentants des collectivités territoriales sont porteurs d'un intérêt local qu'ils cherchent à mettre en évidence sur le plan national dans une vision d'ensemble que constitue l'intérêt général. En outre, du fait de leur régime juridique, ils sont consultés dans les processus décisionnels au niveau supranational mais éclipsés sur le plan international. Entre une puissance publique fondée sur l'unicité de la République et une subsidiarité reposant sur l'objectif transcendant de l'intérêt général, la place des représentants locaux dans le système des institutions tient en fait d'un compromis constamment renouvelé. À l'ère de la différenciation – loin de donner lieu à une réelle « diplomatie territoriale » –, l'action publique censée être dans une dynamique de simplification risque de se complexifier davantage dans une perspective à la fois horizontale et verticale des pouvoirs publics qui y interviennent.

312. En effet, l'enjeu du pouvoir au cœur de la mission des représentants des collectivités territoriales se montre réellement au niveau local, en raison de leur capacité effective de préserver les intérêts portés. En cherchant à contourner la difficulté, voire les échecs des tentatives de fusion des communes, la coopération locale de projet a finalement produit des représentants communautaires hybrides, du fait de leur mode de désignation confronté aux intérêts en présence. Le caractère hybride de ces représentants découle de ce qu'ils sont : d'une part, titulaires d'un mandat électoral au travers des votes des citoyens et, d'autre part, représentants à la fois des communes membres – aux termes du Code électoral[472] – et des habitants qui les ont désignés. En revanche, la coopération locale associative, pourtant moins intégrée dans sa mise en œuvre, tend à fluidifier les échanges et à dynamiser davantage le rôle des représentants. Dans le premier cas l'exercice du pouvoir est un enjeu collectif, avec des moyens financiers et matériels assez importants, et dans le second il nécessite la mise en commun d'efforts individuels.

313. Par ailleurs, l'objectif d'une prise en compte des intérêts locaux compense la dure réalité du rôle limité des représentants locaux au niveau national et, bien plus, au niveau supranational. Dans cette

---

[472] V. par exemple, les articles L.273-3 à L.273-11 du Code électoral.

démarche, la contractualisation des politiques semble un atout inestimé pour ces représentants de pouvoir agir au-delà des possibilités légales, financières et matérielles ordinaires. Cependant, lorsqu'elle n'est pas mise en œuvre, les représentants locaux doivent faire preuve en même temps de créativité et de modération dans leur contribution à la définition des politiques d'intérêt général. Ceci peut parfois nécessiter de leur part des engagements financiers et matériels supplémentaires comme pendant la crise sanitaire, économique et sociale liée à l'épidémie de Covid-19.

314. Toutefois, lorsqu'ils franchissent le niveau national, les représentants locaux sont complètement dépourvus de pouvoir. Dans certains cas ils doivent recourir aux moyens non institutionnels afin de pallier leur carence du pouvoir, comme le feraient des acteurs privés. La garantie juridique de leur présence directe et active constitue néanmoins la principale différence avec les acteurs privés, comme c'est généralement le cas dans les instances supranationales. Dès lors, une action efficace serait de porter les intérêts locaux de manière concertée suivant une démarche stratégique, soit une sorte de diplomatie territoriale. Les représentants locaux constitueraient ainsi une force collective et institutionnelle permettant d'envisager au moins une évolution des compétences des collectivités territoriales sur le plan supranational.

315. Pour autant, cette perspective n'est pas envisageable sur le plan international du fait de l'inopérabilité de la personnalité publique des collectivités infra-étatiques en droit international. Ces collectivités sont en principe transparents au sein des organisations et autres instances supranationales, notamment à cause de la « démarche génétique »[473] qui caractérise l'ordre juridique international. Leurs représentants doivent dès lors faire preuve non seulement de créativité mais aussi d'imagination, afin de pouvoir user au moins d'une certaine influence dans le cadre de leur mission. Cet effort, du reste non négligeable, est en fait compensé dans l'ordre juridique interne par une représentation parlementaire, spécifiquement au Sénat, qui offre aux collectivités

---

[473] Il s'agit en fait d'une conception pragmatiste selon laquelle l'identification des acteurs investis d'un pouvoir pertinent ou chargés de la gouvernance les rend aptes à trouver des solutions aux problèmes qui se posent aux institutions juridiques et politiques. V. Olivier VAN DER NOOT, « La théorie génétique du droit et de la gouvernance. Présentation, défense et illustration », *Revue interdisciplinaire d'études juridiques*, vol. 72, n° 1, 2014, pp. 185-207.

territoriales une voie alternative de participer à la prise des décisions tant au niveau national qu'au niveau supranational.

CHAPITRE 2 : LES SÉNATEURS, REPRÉSENTANTS CONSTITUTIONNELS DES COLLECTIVITÉS TERRITORIALES

316. Le caractère hétérogène des représentants des collectivités territoriales, vu précédemment, renseigne notamment sur le degré de leur activité dans les instances nationales. Dans cette variété de représentants, une catégorie suscite une attention particulière, compte tenu de sa valeur juridique dans la hiérarchie des normes. Il s'agit des sénateurs, représentants des collectivités territoriales à la chambre haute du Parlement qui, étant donné son utilité, peut être considérée comme l'aboutissement du bicamérisme. Partant, celui-ci constitue plus généralement une réponse à la recherche d'une représentation équilibrée entre l'État et les autres entités composant la Nation, et plus généralement à l'équilibre des pouvoirs au sein des institutions de la Ve République. C'est à ce titre que « la seconde chambre semble avoir comme vocation primordiale d'assurer la représentation des collectivités infra-étatiques »[474].

317. La spécificité de la représentation sénatoriale a été largement abordée par la doctrine juridique[475], autant qu'elle a été étudiée par des théoriciens des sciences politiques[476]. Cependant, tous ces travaux ne semblent pas avoir épuisé le sujet d'autant plus que, dans deux rapports

---

474 Patrice GELARD, *Rapport sur les secondes chambres en Europe : complexité parlementaire ou nécessité démocratique ?*, Étude n° 355/2005, CDL (2006) 059, Conseil de l'Europe, 2006, p. 2, [mis en ligne sur le site https://www.venice.coe.int/webforms/documents/default.aspx?pdffile=CDL(2006)059-f] [consulté le 20 juillet 2022].

475 V. en ce sens Jean GRANGE, « Les déformations de la représentation des collectivités territoriales et de la population au Sénat », *RFSP*, 1990, n° 1. pp. 5-45 ; Jean-Éric SHOETTL, « Le mode d'élection du Sénat doit permettre à celui-ci d'assurer la représentation des collectivités territoriales de la République », *Petites affiches*, 12 juillet 2000, pp. 19 *sq.* ; Marie-France VERDIER, « La réforme du mode d'élection des sénateurs : point de départ ou d'arrivée ? », *Civitas Europa*, n° 8, 2002, pp. 109-138 ; B. MATHIEU et M. VEREAUX, « Les perspectives de réforme du Sénat », *JCP G*, 25 septembre 2002, pp. 1661 *sq.* ; G. CARCASSONNE, « Pour un Bundesrat français », *Pouvoirs locaux*, n° 67, 2005, pp. 104-109 ; Jean-Pierre GRANDEMANGE, « Amélioration de la représentation des collectivités territoriales au Sénat et contraintes constitutionnelles », *JCP A*, 4 mars 2013, pp. 15 *sq.*

476 V. par exemple, Michel BUSSI, « Assurer la 'représentation des territoires'... mais lesquels ? », *Pouvoirs locaux*, n° 67, 2005, pp. 75-80.

publiés en 2007[477] et en 2013[478], apparaît une idée constante de revoir le mode de scrutin sénatorial en vue d'améliorer sa représentativité, au travers d'une prise en compte de la diversité des courants de pensée et d'opinion[479]. Il s'ensuit que la fonction sénatoriale tendant à représenter les collectivités territoriales traduit un principe constitutionnel spécifique qu'il convient de rattacher au mode de désignation des sénateurs (Section 1).

318. De leur côté, les collectivités territoriales constituent un ensemble de données géographiques, sociologiques et historiques prolongeant l'idée de la Nation. Leur émergence au sein de la République « relève plutôt d'un compromis entre le rationalisme institutionnel et la reconnaissance, dans une certaine mesure, d'entités plus ou moins homogènes implantées sur certaines parties »[480] du territoire national. Aussi, à ce stade de la recherche, il est opportun de confronter la représentation sénatoriale à un problème récurrent pour les collectivités territoriales, et qui se pose tout autant à un niveau national : l'égalité entre ces collectivités (Section 2).

319. L'exigence de cohérence et de complétude nécessitera d'introduire dans ce chapitre certains développements relatifs à la représentativité, spécifiques à la représentation sénatoriale, tout en portant la réflexion au cœur de l'organisation territoriale de la France. Ce choix se justifie par le fait que la représentation sénatoriale est la seule représentation des collectivités territoriales consacrée dans la Constitution. Dès lors, la question de la représentativité des sénateurs

---

[477] *Une Ve République plus démocratique*, Rapport du Comité de réflexion et de proposition sur la modernisation et le rééquilibrage des institutions de la Ve République, 2007 [mis en ligne sur le site https://www.vie-publique.fr/sites/default/files/rapport/pdf/074000697.pdf] [consulté le 20 janvier 2022].

[478] *Pour un renouveau démocratique*, Rapport de la Commission de rénovation et de déontologie de la vie publique, 2012 [mis en ligne sur le site https://www.vie-publique.fr/sites/default/files/rapport/pdf/124000596.pdf] [consulté le 20 janvier 2022].

[479] On retrouve cette idée également dans un article de Jean-Philippe DEROSIER, « Pour préserver le Sénat, il faut que le mode d'élection des sénateurs change », *Marianne*, 21 septembre 2020, [mis en ligne sur le site https://www.marianne.net/agora/tribunes-libres/pour-preserver-le-senat-il-faut-que-le-mode-d-election-des-senateurs-change] [consulté le 9 août 2023].

[480] Denis BARANGER et Olivier BEAUD, « Un regard de constitutionnalistes sur le rapport Jospin », *RFDA*, 2013, p. 389.

trouve un sens élevé dans la perception des disparités observables entre ces collectivités au regard du droit, tant du principe fondamental d'égalité entre ces collectivités que de celui d'égalité devant le suffrage. Il ne serait donc pas pertinent d'associer les développements relatifs à cette représentation constitutionnelle à l'analyse des autres cas de représentation essentiellement prévus par des textes conventionnels et légaux.

320. Cela étant, la représentation sénatoriale dépasse la logique territoriale de la représentation qui a guidé notre raisonnement dans la première partie de cette recherche. Il convient de préciser que cette logique se nourrit essentiellement de la géographie et de l'histoire, d'où les collectivités territoriales tirent aussi leurs noms. Afin de présenter une réflexion complète, ici, il est nécessaire de sortir des considérations strictement juridiques et d'intégrer les considérations démographiques liées à l'élection des sénateurs, c'est-à-dire une mise en œuvre particulière du mécanisme du mandat indirect. Il sera donc abordé, de manière sommaire, quelques aspects de la logique démographique de la représentation des collectivités territoriales, que nous développerons davantage dans la seconde partie consacrée aux enjeux et manifestations de la représentativité dans les mécanismes de représentation.

Section 1 La spécificité de la représentation des collectivités territoriales par les sénateurs

321. Aux termes de l'article 24, alinéa 3, de la Constitution, « [l]e Sénat, dont le nombre de membres ne peut excéder trois cent quarante-huit, est élu au suffrage indirect. Il assure la représentation des collectivités territoriales de la République ». Il en découle deux règles posées par ces dispositions concernant la représentation sénatoriale : l'exigence du suffrage indirect pour l'élection de ses sénateurs et la mission de représenter les collectivités territoriales de la République. Toutes les réformes menées au niveau des textes[481] en vue d'une

[481] V. par exemple, la loi n° 2013-702 du 2 août 2013 relative à l'élection des sénateurs, JORF n° 0179, 3 août 2013 ; la loi n° 2007-224 du 21 février 2007 portant dispositions statutaires et institutionnelles relatives à l'outre-mer, JORF n° 0045, 22 février 2007 ; la loi organique n° 2003-696 du 30 juillet 2003 portant réforme de

meilleure représentation sénatoriale ont tenu compte de ces règles. On peut donc y voir la recherche d'un compromis entre deux démarches : d'une part, la satisfaction de l'exigence constitutionnelle de la représentation du peuple « indivisible » par l'universalité et l'égalité devant le suffrage ; d'autre part, un rationalisme institutionnel tendant à distinguer la seconde chambre – par sa fonction spécifique – et la première chambre du Parlement.

322. Par ailleurs, depuis sa création, le Sénat a été conçu comme une instance de modération de l'action publique, et en particulier de l'exécutif. La portée des dispositions constitutionnelles citées au paragraphe ci-dessus tend à inscrire le principe de la représentation des collectivités territoriales par les sénateurs dans le prolongement de la reconnaissance formelle des territoires [482] (§1). Pour autant, la perception de ce principe, écrit pour la première fois dans un texte du 24 février 1875 relatif à l'organisation du Sénat, a connu une évolution particulière depuis la Constitution de 1958 (§2).

---

la durée du mandat et de l'âge d'éligibilité des sénateurs ainsi que de la composition du Sénat, JORF n° 175, 31 juillet 2003.

[482] F. ROBBE, *op. cit.* (n° 90), p. 35. L'auteur soutient que « les communautés urbaines, les communautés de communes et de villes et autres établissements publics de coopération intercommunale ne pourraient devenir des collectivités territoriales que si le constituant ou le législateur leur reconnaissait expressément cette qualité, avec toutes les conséquences que cela entraîne sur le plan de leur régime juridique. En droit positif, il est clair que la qualité de collectivités territoriales ne peut être reconnue qu'aux seules collectivités mentionnées à l'article 72, alinéa 1, de la Constitution, à savoir les communes, les départements et les territoires d'outre-mer, ainsi qu'aux collectivités de création législative (c'est-à-dire celles dont la loi nous dit qu'elles sont des collectivités territoriales), à savoir les régions et les diverses collectivités à statut particulier (Paris, Mayotte, Saint-Pierre et Miquelon et la Corse). Par conséquent, les collectivités territoriales dont il est question à l'article 24 de la Constitution et qui doivent représentées Sénat, ne peuvent être que celles-là. Il n'est pas question que les [établissements publics territoriaux], quelle que soit l'étendue de leurs compétences et leur degré d'autonomie sur le plan financier, soient représentés au sein de la seconde chambre ». Qu'il nous soit permis de nous inscrire en faux, en ce qui concerne les EPCI en particulier, au regard de nos développements sur l'effet d'hybridation du mode de désignation des représentants communautaires (v. *supra*, pp. 155-165).

§1 La portée constitutionnelle de la représentation sénatoriale des collectivités territoriales

323. Les dispositions de l'article 24, alinéa 3, de la Constitution de 1958 s'inscrivent dans une longue continuité. En effet, la règle de la représentation sénatoriale des collectivités territoriales a été établie pour la première fois par la loi constitutionnelle du 24 février 1875 relative à l'organisation du Sénat et reprise ensuite par la loi constitutionnelle du 14 août 1884 et par la Constitution du 27 octobre 1946. Cette règle traduit une représentation qui découle du mode de désignation des sénateurs (A) sur la base d'un collège électoral composite (B).

I. Une représentation déduite du mode d'élection des sénateurs établi par le Constituant

324. La représentation sénatoriale des collectivités territoriales participe de la représentation-mandat développée dans la présente recherche[483]. Aussi est-elle conçue et organisée dans le cadre territorial du département – en tant que simple circonscription électorale –, mais c'est davantage la logique démographique qui offre à ce type de représentation une assise de légitimité. Dès lors, le mécanisme applicable à la représentation sénatoriale est le mandat indirect. Les sénateurs, en qualité de représentants des collectivités territoriales – c'est-à-dire des communes, des départements, des régions, des collectivités à statut particulier ainsi que des DROM et des collectivités d'Outre-mer –, sont élus au suffrage indirect pour siéger à la chambre haute du Parlement – instance de type institutionnel[484].

325. Le système de la représentation sénatoriale des collectivités territoriales mérite d'être compris au sens du premier alinéa de l'article 3 de la Constitution : la souveraineté nationale appartenant au peuple, toute représentation au Parlement doit nécessairement y être rattachée. Ainsi, dans sa mise en œuvre, l'exigence du suffrage indirect pour l'élection des sénateurs traduit l'idée sous-jacente d'une représentation traversée par l'idée ancienne de l'uniformité des territoires appelés à

---

[483] V. le chapitre 1 du titre précédent.

[484] V. *supra* l'hypothèse n° 5 du tableau synoptique de la représentation des collectivités territoriales dans la sphère publique, p. 59.

être représentés à la chambre haute du Parlement. C'est ce qui apparaît en observant la mise en œuvre du collège des électeurs des sénateurs.

II. Des sénateurs élus par un collège électoral composite

326. Du point de vue du droit, si « le principe de la représentation des collectivités territoriales demeure une règle constitutionnelle de droit électoral » [485], il convient de le mettre en lien avec deux principes de valeur constitutionnelle. Il s'agit des principes d'universalité et d'égalité devant le suffrage dont le fondement se trouve dans le troisième alinéa de l'article 3 de la Constitution, selon lequel le suffrage « est toujours universel, égal et secret », et l'article 6 de la Déclaration des droits de l'Homme et du Citoyen de 1789, en vertu duquel la loi « doit être la même pour tous, soit qu'elle protège, soit qu'elle punisse ». Dès lors, l'élection des sénateurs au suffrage indirect est en réalité un processus dans lequel le vote au premier degré (universel) transite par un ou plusieurs corps électoraux intermédiaires qui, eux, vont constituer les véritables électeurs (égaux)[486]. Il s'agit en fait d'un processus électoral employé, de manière variée, pour la désignation des membres de la chambre haute des parlements de plusieurs États ayant adopté le bicamérisme[487].

327. Pour ce faire, le collège des électeurs pour la désignation des sénateurs est traversé, d'une part, par le mécanisme du mandat indirect et, d'autre part, par le mécanisme de l'habilitation législative. Dans le premier cas, le mécanisme de la représentation concerne les conseillers à l'assemblée des collectivités à statut particulier (CEA[488], collectivité

[485] F. ROBBE, *op. cit.* (n° 90), p. 32. L'auteur répond ainsi à la question tendant à savoir si les collectivités territoriales « sont représentées au Sénat en tant que groupes de citoyens ou en tant que personnes morales de droit public jouissant d'une autonomie constitutionnellement reconnue ». À l'évidence, c'est la première assertion qui l'emporte.

[486] J. GRANGE, *op. cit.* (n° 475), p. 9.

[487] Par exemple, pour l'élection des sénateurs en République démocratique du Congo et, de manière générale, pour l'élection des membres de la chambre haute des parlements des États pratiquant le fédéralisme, notamment l'Allemagne, les États-Unis d'Amérique et la fédération de Russie.

[488] En vertu du II de l'article 14 de la loi n° 2019-816 du 2 août 2019 relative aux compétences de la Collectivité européenne d'Alsace, depuis le 1er janvier 2021, « les conseillers départementaux d'Alsace sont membres du collège électoral appelé à élire les sénateurs du Bas-Rhin ou du Haut-Rhin, selon que le canton dans lequel ils ont été

de Corse, métropole de Lyon[489]), les conseillers à l'assemblée de Guyane et ceux à l'assemblée de Martinique, les conseillers régionaux [490], les conseillers départementaux et les conseillers municipaux ; dans le second, il s'agit des délégués de ces derniers pour les communes de moins de 9 000 habitants et les communes de plus de 30 000 habitants.

328. Face à l'enjeu de l'égalité territoriale, « le relais qui existe entre le premier degré de l'élection et le stade final de la désignation des sénateurs va déterminer pour une part essentielle l'authenticité de la représentativité du Sénat » [491]. C'est le sens global et l'intérêt particulier, sur le plan juridique, de cette représentation parlementaire qui participe de l'exercice de la souveraineté nationale[492].

§2 Une appréhension globale du régime juridique de la représentation sénatoriale des collectivités territoriales

329. Afin d'appréhender globalement la représentation des collectivités territoriales par les sénateurs, il convient, d'une part, d'établir une liaison entre l'aspect pratique et la portée fondamentale de cette représentation (I) et, d'autre part, de mettre en évidence les considérations subséquentes de la jurisprudence constitutionnelle en la matière (II).

élus est situé dans l'un ou l'autre de ces départements » suivant les dispositions de l'article L.280-2 du Code électoral.

[489] V. la loi n° 2019-776 du 24 juillet 2019 visant à permettre aux conseillers de la métropole de Lyon de participer aux prochaines élections sénatoriales, JORF n° 0172, 26 juillet 2019. En vertu de l'article 2 de cette loi, les conseillers métropolitains de Lyon participent aux élections sénatoriales depuis le renouvellement partiel du Sénat le 27 septembre 2020.

[490] Les conseillers de la région du Grand Est membres du collège électoral appelé à élire les sénateurs du département du Haut-Rhin sont des délégués au sens de l'alinéa 3 de l'article L.280-1 du Code électoral.

[491] J. GRANGE, *op. cit.* (n. 475), p. 9.

[492] V. F. ROBBE, « La représentation des collectivités territoriales par le Sénat », *Annuaire des collectivités locales*, 2000, t. 20, p. 626.

I. La conciliation des particularités des territoires avec l'exercice de la souveraineté nationale

330. La légitimité de la représentation sénatoriale des collectivités territoriales a été éprouvée particulièrement lors du référendum de 1969 sur le projet de loi relatif à la création de régions et à la rénovation du Sénat. Cette représentation a le mérite de faire converger des points de vue et des intérêts sociaux multiformes, car l'État n'est pas pensé comme un tout complètement homogène, mais comme un corps constitué de composantes ayant chacune une personnalité propre et distincte. Une proposition de loi constitutionnelle prévoit, en son article 1er, de compléter le premier alinéa de l'article 1er de la Constitution par la disposition suivante : « La République garantit la représentation équitable de ses territoires dans leur diversité »[493]. Il s'agit, en d'autres termes, d'une reconnaissance de l'hétérogénéité (historique, démographique, sociale, économique, etc.) des composantes de la République, qui implique la nécessaire prise en compte d'intérêts locaux distincts dans la représentation des collectivités territoriales[494]. Aussi peut-on considérer que ces intérêts locaux sont légitimement attachés aux intérêts nationaux dans le cade des missions d'information et des rapports d'enquête de la commission des lois du Sénat, notamment sur l'« affaire Benalla » en 2018, sur l'influence croissante des cabinets de conseil privés sur les politiques publiques (« affaire McKinsey ») en 2022 et sur la gestion du « Fonds Marianne » en 2023.

331. Par ailleurs, on peut facilement écarter la contradiction qui semble naître, à certains points de vue, entre la disposition du troisième alinéa de l'article 24 et celle du premier alinéa de l'article 3 de la Constitution de la Ve République. Cette dernière dispose que « la souveraineté nationale appartient au peuple, qui l'exerce par ses représentants et par la voie du référendum ». Il faut dès lors distinguer cette représentation du peuple « indivisible » de la représentation « individualiste » que l'on retrouve dans les États fédéraux, à l'instar

[493] Proposition de loi n° 208, 254 et 255 (session ordinaire 2014-2015, n° 58), passée au vote en première lecture au Sénat par 205 voix pour et 140 voix contre et enregistrée à la Présidence de l'Assemblée nationale le 12 juillet 2022.

[494] En principe, l'intérêt général n'est pas entendu en droit public comme la somme d'intérêts particuliers. Dans ce contexte, la notion d'intérêt doit être comprise dans son sens étymologique. V. sur ce point Daniel GAXIE, « Les 'rouages' de la représentation », *in* Alice MAZEAUD (dir.), *Pratiques de la représentation politique*, Presses universitaires de Rennes, 2014, p. 292.

des nations pratiquant une représentation égalitaire des entités fédérées comme l'Allemagne[495] et les États-Unis d'Amérique[496].

332. Au demeurant, il est nécessaire de travailler pour une amélioration du système de représentation des collectivités territoriales par les sénateurs. Un rapport du groupe de travail sur l'avenir des institutions a conclu, en 2015, au renforcement de la loi relative à l'élection des sénateurs [497], dans l'objectif que ces derniers « soient réellement représentatifs de la diversité des élus et des collectivités territoriales »[498]. En outre, une proposition de loi constitutionnelle, déposée au Sénat en 2014, a mis en relief des voies pertinentes en vue d'assurer une « représentation équilibrée » des territoires[499]. Elle a été reprise en substance dans une nouvelle proposition de loi constitutionnelle, déposée au Sénat en 2020, qui prévoit cette fois de garantir une « représentation équitable » des territoires dans leur diversité [500]. Dans tous les cas, le travail du législateur tendant à l'amélioration de cette représentation sénatoriale sera davantage valorisé s'il aboutit à une réforme constitutionnelle ; mais, en attendant, il est soumis notamment aux considérations de la jurisprudence constitutionnelle.

---

[495] Il s'agit de la représentation des *Bundesländer* au *Bundesrat*.

[496] Il s'agit de la représentation des États fédérés au Sénat.

[497] Loi n° 2013-702 du 2 août 2013 relative à l'élection des sénateurs, JORF n° 0179, 3 août 2013.

[498] Claude BARTOLONE et Michel WINOCK, *Refaire la démocratie*, Rapport n° 3100 du Groupe de travail sur l'avenir des institutions, Assemblée nationale, XIVe législature, 2015 [mis en ligne sur le site https://www2.assemblee-nationale.fr/static/14/institutions/Rapport_groupe_travail_avenir_institutions_T1.pdf] [consulté le 30 janvier 2016].

[499] Proposition de loi constitutionnelle tendant à assurer une représentation équilibrée des territoires, n° 208, adoptée par le Sénat le 3 février 2015. Nous y reviendrons dans la seconde partie de cette recherche.

[500] Proposition de loi constitutionnelle pour le plein exercice des libertés locales, n° 682, enregistrée à la présidence du Sénat le 29 juillet 2020. V. en ce sens le rapport de la Commission des lois constitutionnelles, de législation, du suffrage universel, du Règlement et d'administration générale, présenté en première lecture à la séance du 20 octobre 2020 [mis en ligne sur le site https://www.senat.fr/rap/l20-048/l20-0485.html] [consulté le 10 août 2023].

II. La réaffirmation de la représentation sénatoriale des collectivités territoriales par la jurisprudence constitutionnelle

333. L'appréhension initiale de la représentation sénatoriale des collectivités territoriales avait abouti de manière inexorable à la représentation des « étrangers communautaires ». Le traité de Maastricht a prévu en effet pour chaque citoyen européen la possibilité de participer aux élections européennes et municipales dans l'État membre où il réside. Or, de manière incidente, le critère constitutionnel de la nationalité française dans le procédé d'élection des sénateurs – pour les électeurs comme pour les candidats – avait été remis en cause. Ainsi, par une décision du 9 avril 1992[501], le juge constitutionnel a déclaré contraires à la Constitution les clauses du traité de Maastricht concernant la citoyenneté européenne. Précisément, les dispositions relatives l'élection des étrangers ressortissants des États membres de l'Union européenne comme conseillers municipaux n'étaient pas compatibles avec celles relatives à l'élection des sénateurs. À la suite de la révision constitutionnelle du 25 juin 1992, une loi organique[502] a écarté la possibilité que les « étrangers communautaires », une fois élus conseillers municipaux, figurent dans le collège électoral sénatorial ou participent à la désignation des délégués municipaux.

334. Ensuite une lecture combinée des dispositions constitutionnelles relatives à la souveraineté nationale laisse penser qu'en dehors du peuple, nul ne peut bénéficier d'une représentation, ni se prévaloir d'une représentativité sur le plan national, au risque de participer à ce titre à l'exercice de cette souveraineté. C'est, en substance, ce qui ressort d'une décision du Conseil constitutionnel du 15 mars 1999 : « Si députés et sénateurs sont élus au suffrage universel […] chacun d'eux représente au Parlement la Nation tout entière et non la population de sa circonscription d'élection »[503].

---

[501] CC, décision n° 92-308 DC, 9 avril 1992, *Traité sur l'Union européenne*.
[502] Loi organique n° 98-404 du 25 mai 1998 déterminant les conditions d'application de l'article 88-3 de la Constitution relatif à l'exercice par les citoyens de l'Union européenne résidant en France, autres que les ressortissants français, du droit de vote et d'éligibilité aux élections municipales, et portant transposition de la directive 94/80/CE du 19 décembre 1994, JORF n° 120, 26 mai 1998.
[503] CC, décision n° 99-410 DC, 15 mars 1999, *Loi organique relative à la Nouvelle-Calédonie*.

335. Par une autre décision du 6 juillet 2000, le Conseil constitutionnel a précisé que le Sénat doit, « dans la mesure où il assure la représentation des collectivités territoriales de la République, être élu par un corps électoral qui est lui-même l'émanation de ces collectivités ; que, par suite, ce corps électoral doit être essentiellement composé de membres des assemblées délibérantes des collectivités territoriales ; que toutes les catégories de collectivités territoriales doivent y être représentées »[504]. Le Conseil a rappelé la nécessité d'inclure la représentation de l'ensemble des collectivités territoriales dans le collège électoral sénatorial. Ce rappel ne doit pourtant pas aboutir à ce que le nombre de grands électeurs soit supérieur à celui des représentants réels d'une collectivité territoriale. La jurisprudence constitutionnelle devrait donc clarifier cette représentation, notamment pour ce qui concerne la participation des députés au collège électoral dès lors que « chacun d'eux représente au Parlement la Nation tout entière et non la population de sa circonscription d'élection »[505].

336. Soit dit en passant, la représentation parlementaire à l'Assemblée nationale a le mérite de placer le suffrage de chaque citoyen sur le même pied d'égalité, et d'impulser une action égalitaire de l'État pour toute la Nation. Pour autant, cette représentation a le défaut d'ignorer ou d'écarter les particularités des communautés préexistantes que le droit ne fait que constater au travers des collectivités territoriales. Afin de pallier cette carence institutionnelle faisant échec à la prise en compte des cadres territoriaux spécifiques, donc de la différence de situation, il a été opportun d'ajouter au système parlementaire la représentation des collectivités territoriales. Par le développement du suffrage indirect, le mécanisme de mandat appliqué aux sénateurs tend à prendre en compte non seulement les particularités des communautés de citoyens mais aussi la spécificité des territoires sur lesquels ces communautés sont établies au sein de la République indivisible. Le principe d'égalité à l'origine du scrutin sénatorial constitue dès lors un élément de clarification de la représentation y afférente.

---

[504] CC, décision n° 2000-431 DC, 6 juillet 2000, *Loi relative à l'élection des sénateurs*.

[505] CC, décision n° 99-410 DC, 15 mars 1999, *Loi organique relative à la Nouvelle-Calédonie*.

Section 2 La clarification de la représentation sénatoriale au travers du principe d'égalité

337. L'égalité en matière de représentation s'apprécie au regard du respect des exigences inconstitutionnelles attachées au principe d'égalité devant le suffrage, tel que développé dans la seconde partie de cette recherche. Elle s'apprécie également par rapport au respect des exigences inconstitutionnelles attachées au principe d'égalité entre les collectivités territoriales. Dans ce cas, il s'agit d'établir une distinction entre le mouvement de centralisation du pouvoir de l'État qui caractérisait jadis les « représentants de la bourgeoisie »[506] et celui de décentralisation des pouvoirs publics qui caractérise la fonction des sénateurs en tant que représentants de ces collectivités.

338. L'égalité entre les collectivités territoriales s'est construite dans le prolongement de l'égalité devant la loi, ou en droit, conceptualisée, avant tout, pour les personnes physiques[507]. Sur le plan administratif, elle « s'apparente à la continuité territoriale de la République, à commencer par celle du service public, promise à chaque citoyen(ne) par la Constitution »[508]. Son enjeu traduit la « passion française », depuis plusieurs décennies, pour l'équilibre entre le territoire urbain et le territoire rural, mais aussi le territoire périurbain. C'est en ce sens que s'est construite en parallèle le concept d'égalité territoriale qui, du reste, renvoie aussi à l'idée sous-jacente de l'égalité des citoyens. Or, en droit public, l'égalité des citoyens implique notamment le bénéfice des mêmes avantages que les ressources nationales permettent aux uns et aux autres. On peut ainsi comprendre l'importance du concept d'égalité entre les collectivités territoriales dans la représentation sénatoriale, dès lors qu'il s'agit d'une fonction de représentation à caractère national.

339. Toutes choses étant égales par ailleurs, la représentation des collectivités territoriales par les sénateurs participe d'une modalité

---

506 Emmanuel VITAL-DURAND, *Les collectivités territoriales en France*, 8e éd., Hachette, coll. « Les fondamentaux : droit », 2011, p. 12.

507 Au sens de la Déclaration des droits de l'Homme et du Citoyen du 26 août 1789, en l'absence de différence de situation, tout « homme » doit être traité de la même façon. C'est ainsi que le « principe d'égalité est au centre de toute l'organisation territoriale française depuis la Révolution ». V. Julie BENETTI (dir.), *Les collectivités territoriales et le principe d'égalité*, L'Harmattan, 2016, 240 p.

508 Éloi LAURENT (dir.), *Vers l'égalité des territoires : dynamiques, mesures, politiques*, La Documentation française, 2014, p. 8.

particulière de la représentation-mandat avec un enjeu qui lui est spécifique : une représentation égalitaire des collectivités territoriales (§1). L'importance de cet enjeu se traduit par l'effet pervers qu'il produit dans le mécanisme de représentation à l'œuvre : la surreprésentation des communes rurales[509] dans le mode de désignation des sénateurs (§2).

§1 L'enjeu de l'égalité entre les collectivités territoriales dans la représentation de portée nationale

340. L'égalité entre les collectivités territoriales a eu une consécration constitutionnelle, au travers du mécanisme de péréquation des finances locales[510], à la suite d'une reconnaissance formelle des « territoires de la République » au sein du bloc de constitutionnalité[511]. Le territoire est cependant, au sens large, une étendue de terre plus ou moins homogène sur laquelle sont établis une collectivité humaine et un pouvoir légalement constitué qui la représente et l'administre. Dans une dialectique entre l'action politique et l'intervention du droit, la France n'a pas manqué d'occasions pour déclarer, parfois de manière passionnelle, son attachement juridique au concept d'égalité entre les collectivités territoriales. Au plan politique cet attachement a été tellement passionnel que le pouvoir exécutif a pu établir un ministère dédié à l'« Égalité des territoires »[512]. Néanmoins, tout cet attachement

[509] Il s'agit « des communes peu denses ou très peu denses d'après la grille communale de densité », à l'opposé des communes urbaines ou périurbaines. À ce critère de densité définissant les communes situées en zone rurale, il convient d'ajouter deux critères fonctionnels : les liens avec « les pôles d'emploi » ou avec « les pôles de service ». V. J.-M. PONTIER, *op. cit.*, n° (402), p. 1717.

[510] L'alinéa 5 de l'article 72-2 de la Constitution prévoit précisément de « favoriser l'égalité entre les collectivités territoriales » au travers des « dispositifs de péréquation ».

[511] Préambule de la Constitution du 27 octobre 1946, alinéa 4.

[512] Le ministère de l'Égalité des territoires et du Logement a été mis en place entre 2012 et 2014 par le décret n° 2012-770 du 24 mai 2012 relatif aux attributions du ministre de l'Égalité des territoires et du logement, JORF n° 0121, 25 mai 2012. Aux termes de l'article 1 de ce décret, quatre missions principales ont été attribuées à ce ministère : préparer et mettre en œuvre la politique du Gouvernement en matière de développement équilibré du territoire, assurer la cohésion économique et sociale de la région capitale et des autres territoires, veiller à la réduction des inégalités territoriales, notamment en matière de logement, et enfin lutter contre les inégalités entre quartiers des zones urbaines.

juridique et politique n'a pas pu faciliter l'appréhension du concept d'égalité dans la complexité d'un maillage territorial unique en Europe (I), et laisse envisager une nouvelle approche de l'égalité entre les collectivités territoriales en perspective de leur représentation par le Sénat (II).

I. La difficile appréhension de l'égalité dans le contexte territorial français

341. Par la force des choses, la question de l'égalité entre les collectivités territoriales – en particulier entre celles situées en zone urbaine et la « périphérie » située en zone périurbaine ou en zone rurale – a émergé des revendications des élus locaux, ces dernières années. Ces revendications faisaient suite au mouvement des « gilets jaunes », une jaquerie apparue en automne 2018, soit deux ans après l'acte III de la décentralisation. Celui-ci a pourtant été mené avec l'ambition de créer de nouvelles régions aux dimensions « européennes » et s'est concrétisée dans une dynamique de métropolisation de l'organisation territoriale de la France. Cette œuvre de l'État n'a manifestement pas empêché que s'accentue la « fracture » – du point de vue économique et social[513] – entre les territoires qui, par nature, sont inégalitaires et ne peuvent donc pas être représentées de façon similaire. Il s'ensuit que l'égalité entre les collectivités territoriales se prête mal au discours politique (A), dès lors qu'elle se positionne dans le système juridique à la fois comme vectrice de la différenciation territoriale et de l'unicité de la République (B).

A. La tentative d'une correction des inégalités entre les collectivités territoriales

342. Il est observé qu'en droit positif les communes, les départements et les régions constituent à la fois des collectivités territoriales et des circonscriptions ou échelons d'action de l'État (dont les représentants sont respectivement le maire, le préfet de département et le préfet de région). De ce fait, l'organisation des services déconcentrés de l'État se fonde sur les mêmes divisions territoriales,

[513] La dynamique du travail législatif entrepris à la suite du mouvement des « gilets jaunes » a consisté notamment à apporter des réponses au problème des disparités territoriales, ou du moins à ses effets. V. en ce sens les mesures prises suivant les dispositions de la loi n° 2018-1213 du 24 décembre 2018 portant mesures d'urgence économiques et sociales, JORF n° 0298, 26 décembre 2018.

notamment au sein de la collectivité départementale, dans laquelle s'ajoute l'arrondissement et où l'État est traditionnellement représenté par un sous-préfet. Aux termes de la loi du 6 février 1992, « l'administration territoriale de la République est assurée par les collectivités territoriales et par les services déconcentrés de l'État »[514]. Ces deux entités – décentralisées et déconcentrées – constituent les deux branches principales de l'administration territoriale et sont organisées « dans le respect du principe de libre administration des collectivités territoriales, de manière à mettre en œuvre l'aménagement du territoire, à garantir la démocratie locale et à favoriser la modernisation du service public »[515].

343. Dans le cadre de cette recherche, le concept d'égalité entre les collectivités territoriales est différent de celui d'égalité territoriale essentiellement par le fait que le premier concept participe de la libre administration des collectivités territoriales[516] ; en revanche, le second concept a trait au partage des ressources nationales à l'ensemble des citoyens ainsi qu'à leur redistribution au niveau local par l'administration territoriale. Aussi, si l'expression « inégalités territoriales » a trait aux carences de l'administration territoriale en général, et surtout de l'État, dans les domaines précités, l'expression « inégalités entre les collectivités territoriales » – qui a plutôt préférence – concerne dans cette recherche les questions relatives au droit et à la représentation. Pendant plus de cinq décennies, l'organisation territoriale de la France métropolitaine, construite autour de 21 régions plus la collectivité de Corse, a été soutenue par un maillage territorial à la fois vertical – par le nombre d'échelons territoriaux – et horizontal – par la subdivision de chaque échelon en strates. C'est dans cette configuration que les zones urbaines couvrent en moyenne 20 % du territoire national et, à l'opposé, « 80% des habitants vivent en ville et 80% des emplois salariés sont concentrés dans les pôles urbains »[517].

---

[514] Article 1er de la loi n° 92-125 du 6 février 1992 relative à l'administration territoriale de la République, JORF n° 33, 8 février 1992.

[515] *Ibidem*. V. en ce sens J.-M. PONTIER, *op. cit.*, (n° 291), p. 281.

[516] Comme nous l'avons démontré dans la section 2 du chapitre 1 du titre précédent.

[517] Nicolas BOUILLANT, « Assurer l'égalité des territoires », *Constructif*, n° 46, 2017 [mis en ligne sur le site http://www.constructif.fr/bibliotheque/2017-3/assurer-l-egalite-des-territoires.html?item_id=3573] [consulté le 15 août 2019]. Selon l'auteur, la mise relief de l'égalité territoriale participe d'une évolution sémantique et conceptuelle des politiques publiques d'aménagement du territoire. Il part du constat

344. Par ailleurs, les pôles métropolitains créés dans la dynamique de la décentralisation étaient conçus à l'origine « pour servir de contrepoids dans leur région à l'attraction parisienne. Ces agglomérations urbaines étaient donc appelées à jouer un rôle moteur dans le développement économique et social de leur zone d'influence »[518]. Équipées en conséquence pour constituer des centres de rayonnement, des pôles universitaires et de recherche mais aussi des centres administratifs locaux, elles devaient s'étendre sur ce qu'on appelle « l'aire métropolitaine »[519], c'est-à-dire les villes qui les composaient ainsi que les communes attenantes. Toutefois, l'émiettement territorial n'a pas permis un étalement du développement économique et social souhaité, selon le cas, à cause de l'insuffisance des ressources, ou des incompatibilités des politiques publiques, ou encore d'un particularisme local exacerbé.

345. La faiblesse de l'influence économique et sociale des aires métropolitaines a eu pour effet le délaissement d'une partie des collectivités territoriales : ce qu'on appelle la « France périphérique »[520]. Avec le temps, des inégalités en matière de santé, d'éducation secondaire, d'éducation supérieure, d'environnement et de défi climatique, ainsi qu'en matière de configuration spatiale et territoriale se sont creusées. Par la suite, la recomposition de l'économie de manière profonde et pérenne, de la démographie et de l'espace géographique a engendré un profond sentiment d'injustice particulièrement chez les habitants des collectivités les plus défavorisées. Aussi n'est-il pas vain de penser que « ces inégalités entre territoires [en général] se traduisent par des inégalités de destin entre citoyen(ne)s, des inégalités sociales persistantes du fait du territoire. Il apparaît tout simplement contraire à l'esprit républicain qu'en France, le lieu (de naissance, de résidence, de travail) détermine le destin »[521].

« des inégalités de plus en plus importantes » et, de ce fait, du rattachement de l'égalité à la « question territoriale ».

[518] François ESSIG, *DATAR, des régions et des hommes*, Stanké, coll. « Au-delà du Miroir », 1979, p. 226.

[519] F. ESSIG, *op. cit.* (n° 518), p. 226.

[520] Christophe GUILLUY, *La France périphérique : comment on a sacrifié les classes populaires*, Flammarion, 2015.

[521] É. LAURENT, *op. cit.* (n° 508), p. 8.

346. Ainsi, devant l'incapacité des aires métropolitaines à intégrer un plus grand nombre de collectivités territoriales, la constitution des EPCI a eu pour ambition de réduire les inégalités entre les communes, notamment au travers de la mise en commun de leurs ressources et de leurs propriétés. Toutefois, à l'évidence, cette démarche n'a pas permis de réduire les inégalités en particulier pour les collectivités situées en zones rurales. De plus, la nouvelle la carte territoriale, à l'œuvre depuis le 1er janvier 2016, a davantage posé des difficultés par l'effet d'entrainement : l'évincement en pratique des représentants des collectivités territoriales les moins favorisées – à l'échelon communal et à l'échelon départemental –, parfois dépossédés des compétences les plus utiles à leurs politiques. D'où l'émergence d'une différenciation normative et territoriale à rebours de la dernière réforme territoriale, pourtant caractérisée par le souci de rationaliser la carte territoriale de la France – essentiellement métropolitaine. Mais l'expérimentation à l'œuvre suscite à son tour des critiques, dès lors qu'elle « montre tous les travers de la différenciation. Elle ébranle l'uniformité et la généralité de la loi sans pour autant approfondir la décentralisation »[522]. *In fine*, l'égalité recherchée doit concilier les aspirations à la différenciation avec l'unicité des normes républicaines.

B. L'égalité, une notion à la fois vectrice de la différenciation territoriale et de l'unicité de la République

347. L'égalité constitue, à l'origine, « davantage qu'un droit de la personne humaine, un droit de la personne dans toutes ses dimensions humaines et sociales »[523]. Les premières considérations relatives à l'égalité entre les collectivités territoriales sont apparues à la suite de la Révolution de 1789. En effet, ces collectivités, dont certaines renonçaient aux privilèges et aux particularismes locaux, ont manifesté le besoin d'une représentation équitable – ce que la Constitution a traduit au niveau national par la représentation sénatoriale – accompagnée de pouvoirs réels des autorités locales. Ce mouvement fut caractérisé par une forte demande d'uniformisation des pouvoirs

---

522 L. JANICOT, « La décentralisation et l'expérimentation normative », *Titre VII*, n° 9, 2022 [mis en ligne sur le site https://www.conseil-constitutionnel.fr/publications/titre-vii/la-decentralisation-et-l-experimentation-normative] [consulté le 5 février 2023].

523 Anne-Sophie GORGE, « Le principe d'égalité entre les collectivités territoriales », *in Droit et gestion des collectivités territoriales*, t. 31, 2011, p. 693.

locaux, et surtout un rejet systématique de toute « distinction », en dépit des spécificités géographiques et historiques de chaque territoire.

348. La constitutionnalisation[524] de l'égalité entre les collectivités territoriales a permis de sortir cette règle de l'ombre du principe général d'égalité qui a eu, à ce propos, l'effet de noyer ces collectivités dans la généralité du droit. À ce titre, il convient de saluer l'œuvre du juge constitutionnel[525] qui a assumé la paternité de ce principe bien avant la loi constitutionnelle du 28 mars 2003. La règle d'égalité entre les collectivités territoriales doit cependant être mise en perspective, en toute hypothèse, avec les principes constitutionnels de libre administration et de solidarité[526] de ces collectivités, dès lors qu'elle est transcendante à leur catégorisation et intervient dans leurs relations. L'intérêt scientifique de cette notion se situe particulièrement dans le paradoxe qu'elle déploie, notamment en matière de représentation : elle favorise la pluralité du régime statutaire des collectivités territoriales et, dans le même temps, garantit l'unicité de la République.

349. Néanmoins, face au sempiternel problème du « mille-feuille territorial », il est opportun reprendre cette formule de Jean-Jacques ROUSSEAU : « C'est précisément parce que la force des choses tend toujours à détruire l'égalité que la force de la législation doit toujours tendre à la maintenir »[527]. D'une part, l'égalité entre les collectivités territoriales peut être considérée comme une garantie du principe de leur libre administration. En ce sens, elle permet la gestion en autonomie de leurs affaires et la poursuite de leur développement économique tout en mettant en évidence leur nature intrinsèque : ce qui justifie la différence statutaire de chacune vis-à-vis d'autres

[524] Article 7, alinéa 5, de la loi constitutionnelle n° 2003-276 du 28 mars 2003 relative à l'organisation décentralisée de la République, JORF n° 75, 29 mars 2003.
[525] V. CC, décision n° 84-185 DC, 18 janvier 1985, *Loi modifiant et complétant la loi n° 83-663 du 22 juillet 1983 et portant dispositions diverses relatives aux rapports entre l'Etat et les collectivités territoriales*, considérant 18 ; CC, décision n° 93-329 DC, 13 janvier 1994, *Loi relative aux conditions de l'aide aux investissements des établissements d'enseignement privés par les collectivités territoriales*, considérant 27 ; CC, décision n° 96-373 DC, 9 avril 1996, *Loi organique portant statut d'autonomie de la Polynésie française*, considérant. 25.
[526] V. CC, décision n° 91-291 DC, 6 mai 1991, *Loi instituant une dotation de solidarité urbaine et un fonds de solidarité des communes de la région d'Île-de-France, réformant la dotation globale de fonctionnement des communes et des départements et modifiant le code des communes.*
[527] J.-J. ROUSSEAU, *op. cit.* (n° 344).

collectivités, ainsi que la prohibition de la tutelle des unes sur les autres[528]. Le juge constitutionnel est alors vigilant sur la procédure utilisée mais aussi sur le mécanisme de contrôle juridictionnel prévu pour la prise en compte des particularités, voire des singularités, des collectivités territoriales, notamment en matière de différenciation[529].

350. D'autre part, par le renforcement du principe de solidarité, l'égalité entre les collectivités territoriales participe de la réaffirmation de l'unicité de la République. Elle permet de mettre en avant des disparités qu'il est nécessaire d'identifier, de compenser et de corriger dans une vocation commune, celle de la République. Ainsi, en liant – à la marge du principe de solidarité – cette règle à l'unicité de la République, le juge constitutionnel a fixé l'objectif des « mêmes » décisions des collectivités territoriales sur « l'ensemble du territoire de la République » [530].

II. Vers une nouvelle approche de l'égalité des collectivités territoriales en perspective de la représentation sénatoriale

351. Selon que l'on se trouve en zone urbaine ou rurale, voire périurbaine, la fracture territoriale persistante, en particulier à l'échelon communal, va traduire de manière différenciée le ressenti des effets causés par les décisions prises à un échelon supérieur, davantage au niveau du pouvoir central que des EPCI ou de la coopération locale. Dès lors, l'interaction des concepts juridiques, économiques sociaux et politiques entraîne une différence de vues réelle sur l'égalité territoriale (A) et le sens qui lui convient dans la représentation des collectivités territoriales par les sénateurs (B).

A. Une volonté de rationalisation de l'égalité des collectivités territoriales

352. En pratique, les inégalités territoriales sont essentiellement perceptibles en termes de disparités géographiques, de discontinuité du niveau de développement économique – en partant des centres urbains

[528] V., dans la seconde partie de cette recherche, les développements de la section 2 du chapitre 1 du titre 2.
[529] V. CC, décision n° 99-410 DC, 15 mars 1999, *Loi organique relative à la Nouvelle-Calédonie* ; CC, décision n° 2001-454 DC, 17 janvier 2002, *Loi relative à la Corse*.
[530] Décision n° 2001-454 DC du 17 janvier 2002, *Loi relative à la Corse*, considérant 12.

les plus favorisés vers les zones rurales – et de rupture de l'offre des équipements et services qui concourent à l'équilibre de la qualité de vie et au bien-être social. L'action du pouvoir central en la matière a montré ses limites de manière progressive : consolidation de la métropolisation du territoire national, réduction, voire suppression des services publics, et baisse continue des dotations d'État de plusieurs milliards d'euros. En effet, l'entrée en vigueur des lois dites MAPTAM et NOTRe a entraîné une perte de compétences pour des communes au profit des intercommunalités « rationalisées »[531]. Depuis, le législateur a tenté de remédier à cette situation[532], à rebours des grands principes issus des lois précitées, afin de pallier la « fonctionnalisation du territoire en vue d'une supposée meilleure gestion ou plus grande rationalisation »[533].

353. Les conséquences de ces changements drastiques dans le paysage national, combinées aux anomalies des mécanismes de solidarité entre les territoires, n'ont pas tardé à apparaître. Dans une étude intitulée *Déconstruction des stéréotypes et préjugés*, publiée en 2012, le Défenseur des droits a présenté un état des lieux des inégalités relatives à l'accès à l'éducation, à l'emploi, au logement ou encore à la santé, qui résultent des inégalités des territoires[534]. Six ans après, les mêmes thématiques ont été reprises, parmi d'autres revendications, dans le déclenchement mouvement des « gilets jaunes »[535]. Vu sous cet angle, ce n'est pas tant l'égalité des territoires qui importe que l'égalité de la représentation : la représentation sénatoriale en particulier ne revêt pas le même intérêt pour toutes les collectivités territoriales dans un destin commun au sein de la République.

---

[531] V. sur ce point les éclairages de B. FAURE, « Les métropoles 'et le désert français' ? », *AJDA*, n° 41, 2019, pp. 2430-2434.

[532] V. en ce sens l'adoption de la loi n° 2019-809 du 1er août 2019 visant à adapter l'organisation des communes nouvelles à la diversité des territoires, JORF n° 0178, 2 août 2019 ; et de la loi n° 2019-1461 du 27 décembre 2019.

[533] J.-M. PONTIER, « Identité territoriale », *AJDA*, n° 27, 2018, p. 1513.

[534] Défenseur des droits, *Déconstruction des stéréotypes et préjugés*, 2012, [mis en ligne sur le site http://www.defenseurdesdroits.fr] [consulté le 15 août 2019].

[535] Les développements détaillés sur la traduction juridique de ce mouvement, qualifié de jacquerie, sont présentés dans un ouvrage collectif sous la direction d'O. BUI-XUAN, *Les « gilets jaunes » au prisme du droit*, LGDJ – Lextenso Éditions, coll. « Colloques & Essais », 2020, 212 p.

B. L'objectif réitéré d'une représentation égalitaire des collectivités territoriales par le Sénat

354. Le principe d'égalité a une portée considérable dans la représentation des collectivités territoriales : d'une part, il est justifié par la nature inégalitaire des territoires, ainsi que l'accentuation des inégalités, notamment par le jeu de la concurrence territoriale combiné à la mise en œuvre des politiques publiques ciblées ; d'autre part, il s'appuie sur les particularités locales pour traduire une représentation juste. C'est précisément sur ce dernier point qu'il convient d'apporter un éclaircissement. Pour ce faire, il convient d'écarter au préalable toute idée tendant à l'homogénéisation ou à l'uniformisation des collectivités territoriales par la question de l'égalité au sein de la représentation sénatoriale. Cette question a en effet jalonné la mise en place de la chambre haute du Parlement, dès ses origines, notamment dans le souci de mettre un terme à la diversité des rapports de force entre les différentes composantes du système politico-administratif qui ont émaillé le niveau territorial depuis l'Ancien régime. L'égalité recherchée dans la représentation sénatoriale constitue, aux côtés de l'indivisibilité de la République, un contre-poids de la libre administration et de la subsidiarité. Elle participe ainsi de la mise en œuvre, entre autres, d'une communauté de destin qui ne porte pas « atteinte à la représentation par le Sénat de chaque catégorie de collectivités territoriales »[536].

355. L'aspiration à un système des territoires tenant compte de leurs réalités intrinsèques et des évolutions contemporaines peut apparaître pertinente. Or il n'existe pas, à proprement parler, de système des territoires : il n'y a qu'un régime juridique des collectivités territoriales défini par le CGCT. Lorsqu'on sait que les collectivités territoriales constituent le réceptacle de la représentation au niveau local et, de même, sont dotées d'instruments juridiques pour appliquer les règles de droit, on peut affirmer que le principe d'égalité s'épanouit davantage dans le cadre des collectivités que dans celui des territoires. En gardant à l'esprit que la dualité du « principe d'égalité réalisé par la généralité de la norme et [du] principe d'égalité modelant la règle de droit sur les

[536] CC, décision n° 2011-634 DC, 21 juillet 2011, *Loi fixant le nombre des conseillers territoriaux de chaque département et de chaque région*, considérant 7.

données du réel »[537], les actions menées dans le cadre de la représentation sénatoriale devraient être dans une perspective globale qui dépasse le cadre du mandat électoral.

356. En revanche, devant de tels enjeux qui dépassent largement le périmètre de leurs compétences mais qui déterminent leurs capacités notamment en termes de ressources, une action proactive des représentants locaux est utile pour servir de relais à celle de la représentation sénatoriale. Dès lors, le progrès des collectivités territoriales est lié à leur capacité à nouer des relations fortes les unes avec les autres[538] afin d'harmoniser leurs politiques publiques et faciliter ainsi l'action des sénateurs à l'échelon supérieur. Un rapport d'information de l'Assemblée nationale a envisagé « une articulation horizontale des collectivités entre elles – et verticale – avec l'État, afin que les territoires s'autodéterminent et s'émancipent par rapport aux capitales régionales »[539]. Il a incité l'État à dépasser l'expérimentation vouée, à terme, au rétablissement de l'uniformité normative, et l'encourage à tendre vers la différenciation territoriale[540]. Cette orientation est d'autant plus pertinente que « l'expérimentation recèle par essence l'acceptation d'une différenciation juridique particulière entre les collectivités qui y auront recours et celles qui n'en useront pas »[541].

357. De ce qui précède, les territoires « ne sont pas des réalités concrètes, charnelles, ce sont des concepts abstraits nés de calculs à partir d'échanges économiques, de raisonnements spéculatifs sur la rationalisation des équipements »[542]. Cette abstraction territoriale couvre en réalité un enjeu qui dépasse le simple cadre de l'espace. Il

---

[537] V. Philippe ESTEBE, *L'égalité des territoires, une passion française*, Presse universitaire française, coll. « La ville en débat », 2015.
[538] Plutôt dans une logique de contractualisation, qui valorise les compétences de chaque collectivité territoriale, que dans une logique d'intégration, parfois forcée, qui les en dépossède.
[539] Arnaud VIALA, *Rapport d'information sur la préparation d'une nouvelle étape de la décentralisation en faveur du développement des territoires*, n° 1015, Assemblée nationale, 2018, p. 29 [mis en ligne sur le site https://www.assemblee-nationale.fr/dyn/15/rapports/micterr/l15b1015_rapport-information] [consulté le 20 janvier 2022].
[540] L'objectif de transformer les relations entre l'État et les collectivités territoriales a été intégré dans la loi n° 2022-217 du 21 février 2022.
[541] J.-B. AUBY, J.-F. AUBY et R. NOGUELLOU, *op. cit.* (n° 137), p. 35.
[542] J.-M. PONTIER, *op. cit.* (n° 533), p. 1513.

s'agit en arrière-plan d'un enjeu de l'égalité sociale et politique des citoyens (dans leurs lieux de naissance, de résidence, de scolarité et de travail) au sein la République[543], mais aussi de la représentation au sein du système local. On pourrait envisager en ce sens que l'égalité entre les collectivités territoriales conduise, par la continuité territoriale qui s'en suit, à l'avènement, à terme, d'une ère de la « diplomatie territoriale » – au sens figuré du terme.

§2 L'effet pervers d'une représentation sénatoriale initialement voulue « équitable »

358. Confronter la représentation des collectivités territoriales par les sénateurs à l'égalité entre les collectivités territoriales nécessite de dépasser la logique territoriale qui constitue le fil conducteur de la réflexion menée dans la première partie de cette recherche. Le dépassement de ce cadre de pensée initial conduit à appréhender le caractère exorbitant de la valorisation des « petites » communes (I) et à envisager la rectification du décalage de la fonction de représentation des sénateurs (II). Il est cependant important de préciser que, si les développements de ce paragraphe peuvent concerner collectivités ultramarines de manière incidente et dans une perspective nationale, ils ne concernent pas du tout les TAAF et l'île de Clipperton. En effet, on ne peut appliquer à ces territoires inhabités des considérations liées à la représentativité.

I. La surreprésentation des territoires ruraux due à une valorisation exorbitante des « petites » communes

359. La règle de la représentation des collectivités territoriales a été initiée par l'article 4 de la loi constitutionnelle du 24 février 1875 relative à l'organisation du Sénat, « à la faveur d'un compromis entre monarchistes et républicains […] qui composaient l'Assemblée Nationale élue en 1871 »[544]. L'idée était d'avoir au Parlement une seconde chambre essentiellement représentative des valeurs de la France rurale conservatrice et, de manière ultime, monarchiste. La finalité était donc de faire le contrepoids de la première chambre du Parlement essentiellement représentative de la France des villes, et donc

---

543 V. P. ESTEBE, *op. cit.* (n° 537).

544 F. ROBBE, *op. cit.* (n° 492), p. 629.

républicaine. En nommant les choses exactement, si les conseillers départementaux et régionaux – depuis 1986 – sont aussi membres du collège électoral sénatorial, la chambre haute du Parlement demeure le « grand conseil des communes de France » qu'il a été au début de la IIIe République, dès lors que les conseillers municipaux composent ce corps électoral à plus de 90 %.

360. L'article 3, alinéa 3, de la Constitution de la Ve République dispose : « Le suffrage peut être direct ou indirect dans les conditions prévues par la Constitution. Il est toujours universel, égal et secret. ». À première vue, on pourrait penser que la représentation sénatoriale des collectivités territoriales constitue une déformation au regard de cette disposition constitutionnelle, loin s'en faut. En ce sens, « [o]n peut également se poser la question de savoir si chaque sénateur, à titre individuel, est le mandataire particulier des collectivités territoriales dont les représentants l'ont élu »[545]. Mais à voir en réalité, cette représentation n'est pas inégale, donc pas inconstitutionnelle, puisque le sénateur n'est pas tenu juridiquement de préserver les intérêts des collectivités territoriales qui l'ont désigné mais ceux de la Nation.

361. En dépit des modifications constantes apportées depuis la loi constitutionnelle du 14 août 1884, il est apparu que « traditionnellement, le collège électoral sénatorial est très largement dominé par les représentants des petites communes rurales, chacune d'elles bénéficiant au minimum d'un délégué sénatorial quel que soit son poids démographique »[546]. Pour comprendre la composition inéquitable du collège électoral sénatorial, il convient d'analyser ses

---

[545] V. F. ROBBE, *op. cit.* (n° 90), p. 24. L'auteur poursuit son analyse en ces termes : « Le Sénat n'est-il que le reflet, ou un certain reflet de la vie politique française envisagée dans sa dimension locale ? Il est possible de supposer, à l'inverse, que l'article 24 met en place un rapport d'identification beaucoup plus fort, qui conduirait nécessairement le Sénat à exprimer, et à défendre en toutes circonstances, les intérêts des collectivités territoriales. » Et l'auteur d'ajouter : « On voit finalement que même si le terme de représentation mentionné à l'article 24 alinéa 3 a un lien direct avec l'élection des membres de la seconde chambre, sa signification demeure incertaine, concernant notamment le comportement qui doit être celui des sénateurs vis-à-vis des collectivités territoriales. »

[546] F. ROBBE, *op. cit.* (n° 492), p. 629.

éléments intrinsèques, notamment la configuration des collectivités territoriales ainsi que la répartition de leurs représentants[547].

362. Au 1er janvier 2024, on a recensé 34 935 communes en France (dont plus de 33 000 ont moins de 10 000 habitants)[548], 101 départements et 18 collectivités ayant un statut régional. Dans l'ensemble, sur environ 150 000 électeurs sénatoriaux, les élus et délégués des communes représentent environ 95 % du collège électoral qui élit les sénateurs, par moitié tous les trois ans depuis 2011[549]. Il est important de relever que le nombre des départements a été réduit au cours des dernières années[550] : les conseils départementaux et régionaux ont disparu à la création d'une collectivité unique en Guyane et à la Martinique, la Corse-du-Sud et la Haute-Corse ont fusionné avec la collectivité territoriale de Corse au sein de la Collectivité de Corse depuis le 1er janvier 2018, Paris n'a plus le statut de département car la commune capitale et le conseil départemental ont fusionné au sein de la Ville de Paris depuis le 1er janvier 2019 et les départements de Bas-Rhin et de Haut-Rhin ont fusionné au sein de la CEA depuis le 1er janvier 2021[551].

---

547 P. BRUNET, *op. cit.* (n° 150), p. 22. L'auteur affirme que le Sénat représente « les minorités rurales » et « n'est que le résultat de la segmentation administrative et politique du territoire, segmentation sans doute excessive ».

548 Il a été dénombré 34 968 communes au 1er janvier 2020, 34 965 communes au 1er janvier 2021, 34 955 communes au 1er janvier 2022 et 34 945 communes au 1er janvier 2023. V. DGCL, *op. cit.* (n° 354), p. 1. On observe donc une baisse constante de dix unités depuis 2022.

549 Article L.276 du Code électoral.

550 V. L. JANICOT, *op. cit.* (n° 302), pp. 2417-2422. V. les éclairages plus approfondis de Nelly FERREIRA et Laetitia JANICOT (dir.), *Quel(s) avenir(s) pour les départements ?*, LGDJ – Lextenso Éditions, coll. « LEJEP », 2017, 108 p.

551 Pour comprendre les origines du projet de fusion en Alsace, v. Jean-Pierre COURTEJAIRE, « Vers la collectivité territoriale d'Alsace : pour ou contre ? », *JCP A*, n° 14, 2013, pp. 34-37. L'expérience alsacienne, présentée comme le « laboratoire de la fusion des collectivités territoriales » a été regardée avec enthousiasme par d'autres collectivités territoriales, en particulier la Bretagne et la Normandie ainsi que les départements des Hauts-de-Seine et des Yvelines. Ces derniers affichent, depuis 2016, leur volonté d'engager une réflexion commune sur le devenir de leur territoire et de leurs collectivités, soit de concrétiser leur projet de fusion. Dans cette perspective, les deux départements de la région francilienne ont engagé une démarche de rationalisation de leur organisation, notamment par la mutualisation de 60 % de leurs services et la création de l'établissement public interdépartemental Yvelines-Hauts-de-Seine (EPI 78/92).

363. Paul ALLIES indique pour sa part que « les communes de moins de 500 habitants ont chacune droit à un délégué tandis que celles de plus de 30.000 habitants ont droit à un délégué supplémentaire par tranche de 1000 habitants supplémentaires. Les petites et moyennes communes se taillent ainsi la part du lion. Les conseils municipaux des communes de moins de 500 habitants (qui abritent 7% de la population) désignent 16% des grands électeurs. Celle des communes de 500 à 1500 habitants (15% de la population) [en désignent] 25%. Seules les villes comprises entre 1500 et 15.000 habitants sont à peu près équitablement représentées. Mais la France urbaine (plus de la moitié de la population dans les villes de plus de 190.000 habitants) ne dispose que de 30,8% des délégués »[552]. La pertinence relative de cette analyse devrait être associée notamment aux données statiques publiées par la DGCL[553].

364. Une correction a été apportée par la loi de 2013 relative à l'élection des sénateurs [554] abaissant la tranche d'habitants supplémentaires de 1 000 à 800 habitants, afin d'accroître le nombre des électeurs sénatoriaux pour les communes de plus de 30 000 habitants. En même temps, elle a étendu le scrutin proportionnel aux départements élisant au moins trois sénateurs. De plus, aux termes de l'article L.281 du Code électoral, un membre du collège électoral sénatorial ne peut disposer de plus d'une procuration. Mais finalement, les écarts de la représentation sénatoriale des collectivités territoriales sont restés pratiquement les mêmes et « faussent particulièrement la représentativité des collèges électoraux dans les départements où on rencontre la plus grande diversité démographique et économique […] »[555].

365. Tout compte fait, il est difficile pour le système électoral relatif à la désignation des membres de la seconde chambre du Parlement de concilier, de manière efficiente, les principes d'égalité devant le suffrage et de la représentation des collectivités territoriales. Les efforts conjugués ces dernières années pour améliorer ce système électoral

---

[552] Paul ALLIES, « Le Sénat, un insupportable archaïsme », *in Changer de république* [mis en ligne le 20 mai 2008 sur le site https://blogs.mediapart.fr] [consulté le 27 janvier 2016].
[553] V. DGCL, *op. cit.* (n° 353), pp. 1-7.
[554] V. notamment les articles 7 et 13 de la loi n° 2013-702 du 2 août 2013 relative à l'élection des sénateurs, JORF n° 0179, 3 août 2013.
[555] J. GRANGE, *op. cit.* (n° 475), p. 25.

n'ont pas eu un impact significatif sur les élections sénatoriales du 24 septembre 2023 concernant les 170 sièges et 78 000 grands électeurs de la série 1[556]. À l'entrée en fonction des sénateurs élus, le 2 octobre 2023, il a été remarqué que les communes rurales sont toujours surreprésentées au Sénat, en dépit de quelques évolutions notamment en termes de parité (4 femmes de plus pour un total de 126, soit 36,2 % de sénateurs) et de moyenne d'âge (59 ans actuellement, contre 62 avant). Dès lors, des ajustements sont nécessaires pour rendre les mécanismes du mandat mis en œuvre les plus efficaces possibles.

II. La nécessaire rectification du décalage de la fonction de représentation des sénateurs

366. Si la pertinence du bicamérisme n'est plus à démontrer dans fonctionnement des institutions nationales, la nécessité de réformer le mode d'élection des sénateurs est autant une évidence. Ainsi, pour pallier la surreprésentation des communes rurales au Sénat, des solutions ont été envisagées, d'une part, par la doctrine (A) et, d'autre part, par la jurisprudence et par le Parlement (B).

A. Des propositions doctrinales confrontées à l'état du droit

367. Dès l'année 1990, le politologue Jean GRANGE a eu l'idée de proposer un système simple : « […] à partir de la moyenne obtenue en divisant la population totale de l'ensemble des départements par le nombre total des sièges attribués, on pourrait répartir ces sièges à la proportionnelle entre les départements. »[557]. Ensuite, par une décision du 6 juillet 2000, le Conseil constitutionnel a abondé dans le sens de « la répartition par département des sièges de sénateurs pour tenir compte des évolutions de la population des collectivités territoriales dont le Sénat assure la représentation [...] »[558].

---

[556] Il s'est agi à la fois d'un scrutin majoritaire pour l'élection de 136 sénateurs dans 27 circonscriptions, soit 80 % de sièges en lice, et d'un scrutin proportionnel pour l'élection de 34 sénateurs dans 18 circonscriptions, soit 20 % de sièges en lice. V. Direction de la communication, *Le scrutin de septembre 2023 : données essentielles*, Sénat, 2023 [mis en ligne sur le site https://www.senat.fr/fileadmin/Senateurs/Elections/2023/le_scrutin_de_septembre_2023_-_donnees_essentielles.pdf] [consulté le 22 juillet 2023].

[557] J. GRANGE, *op. cit.* (n° 475), p. 25.

[558] CC, décision n° 2000-431 DC, 6 juillet 2000, *Loi relative à l'élection des sénateurs*.

368. Il est certes nécessaire d'adapter la répartition des sièges de sénateurs aux évolutions démographiques des collectivités territoriales. Néanmoins, il convient de préciser qu'au début des années 2000, certains départements avaient connu des évolutions démographiques considérables[559], tandis que la répartition des sièges de sénateurs était restée identique à celle de 1983. Aussi, par un rapport publié en 2003, la Commission des lois du Sénat a estimé qu'une « actualisation de la représentation sénatoriale au regard des résultats du recensement général [...] pourrait aboutir à une nouvelle répartition à effectif constant ou à une augmentation du nombre de sénateurs en maintenant la clé de répartition de 1948 »[560].

369. En outre, le professeur Jean-Philippe DEROSIER a formulé deux propositions de réforme dans un article publié en 2020. D'une part, il propose de « conserver le système actuel, en abaissant toutefois le seuil et la tranche du nombre d'habitants, imposant la désignation de délégués supplémentaires [...] : en abaissant le seuil à 20.000 et la tranche à 500 habitants, il y aurait environ 10.000 nouveaux délégués qui intégreraient le collègue électoral. Les représentants des communes de moins de 9 000 habitants ne pèseraient alors plus « que » 62% du collège électoral »[561]. Le juriste reconnaît cependant qu'en dépit de la possibilité plus aisée d'aboutir à cette solution par une loi ordinaire, finalement le poids des petites communes serait encore « excessif ». Il propose ensuite, d'autre part, de désigner les sénateurs selon deux modes de scrutins (majoritaire et proportionnel) en deux séries : pour la première série, l'élection d'un sénateur au sein de l'organe délibérant de chaque région, département ou commune de plus de 100 000 habitants ; pour la seconde série, dans chaque région ou COM, l'élection au sein des conseils municipaux d'un sénateur pour les communes de moins de 1 000 habitants, de deux sénateurs pour celles de 1 000 à 9 999 habitants et de quatre sénateurs pour celles de 10 000

---

[559] Par exemple, il a été relevé une évolution de +7,82 % pour la Seine-et-Marne, +43, 14 % pour le Var et +36,8 % pour l'Ain. V. DGCL, *Les collectivités locales en chiffre*, 25e éd., 2015, p. 8.

[560] Jacques LARCHE, *Rapport établi au nom de la commission des lois à l'occasion de l'étude de la proposition de loi organique portant réforme de la durée du mandat et de l'élection des sénateurs ainsi que de la composition du Sénat*, Sénat, n° 333, 2003 [mis en ligne sur le site https://www.senat.fr/rap/l02-333/l02-3331.pdf] [consulté le 29 juillet 2022].

[561] J.-P. DEROSIER, *op. cit.* (n° 460).

à 100 000 habitants[562]. Mais au-delà d'une révision constitutionnelle que requiert cette solution, elle semble créer une dichotomie des représentants des collectivités territoriales, qu'il faudrait concilier avec l'exigence constitutionnelle de la représentation du peuple « indivisible ».

370. À l'évidence, les solutions proposées tant dans la doctrine des sciences politiques que dans celle du droit public conçoivent la représentation sénatoriale des collectivités territoriales au prisme de la logique démographique. Aussi convient-il d'admettre que la déformation de la règle du suffrage indirect, telle que vue précédemment, combinée à une répartition inéquitable des sièges de sénateurs, a abouti à une assemblée qui n'est pas réellement à l'image diversifiée de la population de ces collectivités. L'effet pervers de la densité apparaît dès lors que le nombre d'élus et la répartition des sièges au Sénat ne suivent pas les évolutions démographiques des collectivités territoriales, s'agissant notamment des recensements généraux de la population française. En conséquence, « la représentation sénatoriale […] s'en trouve affaiblie »[563] et nécessite une amélioration.

B. La perspective d'une amélioration législative de la représentation sénatoriale

371. Revenant à la logique territoriale de la représentation, le décalage de fonction des sénateurs peut être corrigé sur la base des considérations intrinsèques aux collectivités territoriales représentées. À ce titre, les particularités des territoires – qui relèvent de la logique territoriale – sont aussi valables que la parité des sexes des représentants – relevant de la logique démographique –, tant au niveau des membres du collège électoral que des sénateurs. En effet, après l'adoption de la dernière loi en date sur l'élection des sénateurs, la chambre haute du Parlement a compté 87 femmes et 261 hommes, parmi lesquels 40 femmes et 139 hommes ont été élus ou réélus en 2014.

---

562 J.-P. DEROSIER, *op. cit.* (n° 460).
563 J. LARCHE, *op. cit.* (n° 560).

372. Afin de pallier la critique relative au mode de scrutin sénatorial qui ne favorise pas l'élection des femmes[564], l'article 4 de la loi du 2 août 2013[565] a eu pour effet la progression de la présence des femmes au Sénat (de 22,1 % en 2011 à 25 % en 2014 et 35,1 % en 2021, alors qu'elles représentent 42,4 % des élus locaux en 2021[566] et plus de la moitié de l'électorat au suffrage universel). L'application combinée des dispositions de l'article 4, alinéa 2, de la Constitution et de la loi du 6 juin 2000[567], laisse envisager une parité femmes-hommes de la représentation sénatoriale réellement d'ici à la fin de la cette décennie.

373. Par ailleurs, il est vain de chercher à exclure de la représentation sénatoriale les EPCI et EPT parce qu'ils ne constitueraient pas formellement une catégorie de collectivités territoriales sur le plan constitutionnel. Cette démarche serait aussi saugrenue que le fait d'y inclure les TAAF et l'île de Clipperton, étant donné que ces collectivités inhabitées n'ont pas de représentants locaux. Au surplus, le statut de collectivités territoriales des six communes dites « mortes pour la France »[568], situées dans le département de la Meuse, relève plutôt de la politique mémorielle, en souvenirs de la Guerre mondiale de 1914-1918. En vertu d'une loi du 18 octobre 1919, leurs organes sont désignés par le préfet du département en accord avec le conseil départemental, mais ils ne participent pas au collège électoral sénatorial.

---

[564] M. BERINZON *et alii*, « Les femmes au Sénat », *La Revue des droits de l'homme*, n° 2, 2012 [mis en ligne le 28 novembre 2013 sur le site http://revdh.revues.org/222] [consulté le 27 janvier 2016].

[565] Loi n° 2013-702 du 2 août 2013 relative à l'élection des sénateurs, JORF n° 0179 du 3 août 2013.

[566] DGCL, *Bulletin d'information statistique*, n° 157, 2021, p. 1 [mis en ligne sur le site https://www.collectivites-locales.gouv.fr/files/Accueil/DESL/2021/BIS/BIS%20%C3%A9lus%20locaux%202021.pdf] [consulté le 16 juin 2022].

[567] Loi n° 2000-493 du 6 juin 2000 tendant à favoriser l'égal accès des femmes et des hommes aux mandats électoraux et fonctions électives, JORF n° 131, 7 juin 2000. V. en ce sens le commentaire de M. VERPEAUX, « Égal accès des femmes et des hommes aux mandats politiques et loi politique », *AJDA*, n° 12, 2008, pp. 634-638.

[568] Il s'agit des communes de Beaumont-en-Verdunois, Bezonvaux, Cumières-le-Mort-Homme, Fleury-devant-Douaumont, Haumont-près-Samogneux et Louvemont-Côte-du-Poivre.

374. *In fine*, le régime électoral des sénateurs constitue parallèlement un vivier de la représentation en général : à chaque niveau d'administration territoriale – commune, département, région ou collectivité ultramarine[569] –, les membres du collège électoral sont titulaires non seulement d'un mandat local mais également d'un pouvoir de mandat national. De plus, la représentation des collectivités territoriales par les sénateurs traduit les mêmes aspirations ou ambitions pour l'ensemble des territoires : ce qui est fait pour les uns peut également être fait pour les autres. L'égalité territoriale, traduite dans le langage juridique – constitutionnel – par l'égalité entre les collectivités territoriales, tend ainsi à s'insérer aussi bien dans le discours politique que dans l'action publique.

[569] Article 72-3 de la Constitution tel que modifié par l'article 37 de la loi constitutionnelle n° 2008-724 du 23 juillet 2008 de modernisation des institutions de la Ve République, JORF n° 0171, 24 juillet 2008.

CONCLUSION DU CHAPITRE

375. Dans le cadre du bicamérisme, la représentation sénatoriale est caractérisée, en France, par une répartition des sièges au *pro rata*, à l'opposé d'une logique de représentation égalitaire observable dans le Parlement de certains États fédéraux, à l'instar des États-Unis d'Amérique. Il s'agit d'une garantie « conventionnelle » accordée aux collectivités territoriales dans chaque département de la République, quelle que soit la taille de sa population et l'étendue de son territoire, d'avoir une représentation minimale d'un sénateur[570]. C'est tout l'enjeu de la représentation sénatoriale des collectivités territoriales telle que prévue par la Constitution[571], et qui traduit la logique territoriale de cette représentation avec ses avantages et ses inconvénients[572].

376. En pratique, la composition du Sénat est à l'image du parcours de ses membres élus, depuis 2008, pour un mandat de six ans, et renouvelés par moitié tous les 3 ans, depuis 2011. Les élus locaux de droite ont été pendant longtemps choisis essentiellement sur la base de leur notoriété socioprofessionnelle à l'échelle locale, à l'opposé de ceux de gauche qui devaient majoritairement leur ascension politique à un militantisme partisan, syndical ou associatif. Aussi on peut expliquer le

[570] Cette garantie donne également à chaque département une représentation minimale de deux députés à l'Assemblée nationale. V. P. BRUNET, *op. cit.* (n° 150), p. 24 : « Les circonscriptions électorales ne correspondent pas au champ d'action territorial des représentants. L'identité territoriale de la représentation est donc brouillée. »

[571] P. BRUNET, *op. cit.* (n° 150), p. 22 : « Le principe de la représentation des collectivités territoriales peut-il être envisagé sans lien aucun avec les modalités d'élection des membres de la seconde chambre ? Cela reviendrait à dire que le Sénat représente les collectivités territoriales du seul fait de la rédaction de l'article 24 de la Constitution, et qu'il les représenterait quand bien même ses membres ne seraient pas désignés par un collège d'élus locaux. Une telle interprétation soulèverait de nombreuses difficultés : si elle devait être retenue, on ne voit pas bien par quoi se matérialiserait concrètement la représentation dont il est question à l'article 24. »

[572] F. ROBBE, *op. cit.* (n° 90), p. 24. Suivant une analyse « évolutive » du concept de représentation, l'auteur suppose que « le terme de représentation qui apparaît à l'article 24 alinéa 3 de la Constitution signifierait vraisemblablement, au minimum, que le Sénat est élu par les collectivités territoriales, ou tout au moins par un corps électoral qui en est l'émanation. Le Sénat pourrait alors être perçu comme l'image, projetée au niveau national, des collectivités territoriales qui composent la République française. Et l'on est naturellement amené à se demander quelle est la nature ou l'intensité du rapport d'assimilation existant entre le représenté et le représentant ».

fait que la seconde chambre du Parlement a connu pendant presque toute la Ve République une majorité de droite essentiellement pour deux motifs : la réputation des sénateurs comme « notables locaux » et la surreprésentation des petites communes, essentiellement présentes dans les territoires ruraux et périurbains et sociologiquement plutôt conservatrices. Une parenthèse pendant une courte période de trois ans allant du 25 septembre 2011 au 28 septembre 2014 a battu en brèche l'argument disant : « Quand la gauche perd tout, elle perd tout ; quand la droite perd tout, elle garde le Sénat »[573]. Cette « révolution de Palais » ayant conduit la majorité sénatoriale et, surtout, la présidence de l'institution à basculer à gauche était toutefois prévisible. En effet, l'on observe, depuis la fin des années 1980, « une atténuation progressive mais sensible de certaines différences qui conduit à interroger sur l'homogénéisation d'attributs distinctifs et sa signification »[574].

377. En ce qui concerne la fonction de représentation sénatoriale des collectivités territoriales, elle tend à concilier les logiques territoriales et démographiques de la représentation. C'est ce qui traduit l'originalité du Sénat d'avoir deux modes de scrutin simultanés selon le nombre de sièges à pourvoir : majoritaire à deux tours dans les circonscriptions désignant un ou deux sénateurs et proportionnel dans les circonscriptions désignant au moins trois sénateurs. Le constat est que la territorialisation de l'action publique appelle au renouvellement de la représentation sénatoriale des collectivités territoriales, dès lors que l'évolution de la décentralisation implique, pour le Sénat, à traiter de son existence même.

378. À proprement parler, il faudrait l'accord du Sénat lui-même, en vertu des articles 39, 44 et 89 de la Constitution, pour qu'un projet de sa propre réforme puisse aboutir. Le Conseil constitutionnel a rappelé « que les dispositions combinées de l'article 6 de la Déclaration des droits de l'Homme et du Citoyen de 1789 et des articles 3 et 24 de la Constitution imposent au législateur de modifier la répartition par département des sièges de sénateurs pour tenir compte des évolutions de la population des collectivités territoriales dont le Sénat assure la

[573] G. CARCASSONNE et M. GUILLAUME, *op. cit.* (n° 279), p. 144.
[574] Philippe GARRAUD, « La sélection du personnel politique local », *Revue française de science politique*, n° 3/38, 1988, p. 412.

représentation » [575]. Dans tous les cas, il est souhaitable que les règles relatives à la désignation des sénateurs soient plus claires et précises, et permettent d'avoir des représentants capables d'assurer leur légitimité indispensable.

[575] CC, décision n° 2003-475 DC, 24 juillet 2003, *Loi portant réforme de l'élection des sénateurs*, considérant 5.

CONCLUSION DU TITRE

379. La variété des représentants des collectivités territoriales, personnes morales de droit public, n'est pas de nature à faciliter la compréhension des mécanismes de représentation individuellement. Il faut une analyse objective du régime juridique des collectivités territoriales dans les instances où elles sont représentées afin de savoir si leurs représentants sont, selon le cas, décideurs des politiques publiques, porteurs d'un intérêt local qu'ils cherchent à « préserver » ou influenceurs de l'action publique. Cette différence de positionnement des acteurs de la représentation découle d'une observation empirique de leur rôle au niveau local, national, supranational, voire international. Dans ces conditions, l'égalité ne suffit pas à définir les rapports entre les collectivités territoriales, différemment confrontées à la nécessité d'accroître leurs compétences et, en conséquence, leurs responsabilités.

380. Dans ces circonstances, le mode de désignation des représentants des collectivités territoriales au collège électoral des sénateurs est devenu anachronique, au point que l'on serait tenté d'assimiler le mandat des sénateurs, effet du suffrage indirect, à l'habilitation des représentants[576]. Aussi ce n'est pas en vain qu'après avoir été proposé dans un rapport parlementaire[577], l'idée d'une fusion du Sénat et du Conseil économique, social et environnemental (CESE) en une assemblée de conseils a été reprise au titre de la réforme institutionnelle et démocratique lors du Grand débat national de 2019[578]. En outre, il a été envisagé, à deux reprises[579], la création d'un haut conseil des territoires (HCT) – instance de concertation, d'évaluation et de négociation entre l'État et les collectivités

---

[576] V. l'entretien de Jean-Paul DELEVOYE, « Fusionner Cese et Sénat, c'est absurde », *Le Point*, 3 octobre 2015, [mis en ligne sur le site https://www.lepoint.fr/politique/jean-paul-delevoye-fusionner-cese-et-senat-c-est-absurde-03-10-2015-1970362_20.php] [consulté le 10 août 2023].

[577] V. C. BARTOLONE et M. WINOCK, *op. cit.* (n° 498).

[578] V. *Le grand débat national, Analyse des contributions libres : cahiers citoyens, courriers et emails, comptes rendus des réunions d'initiative locale*, Rapport final, *Cognito – Bluenove* – Roland Berger, 2019, pp. 95 *sq*. [mis en ligne sur le site https://granddebat.fr/media/default/0001/01/e5d08f013099aaa17981cb61e508c8b29 9461683.pdf] [consulté le 20 juillet 2019].

[579] À l'occasion des travaux législatifs concernant les lois MAPTAM et NOTRe.

territoriales – composé notamment des représentants des EPCI à fiscalité propre. Au cours des débats parlementaires, la mise en place du HCT n'a pas été retenue ; le choix a été porté sur la création d'une conférence territoriale de l'action publique (CTAP) : il s'agit d'une instance ayant vocation à favoriser un exercice concerté des compétences des collectivités territoriales, de leurs groupements et de leurs établissements publics. Il convient de préciser que, si le HCT était créé, il serait saisi de tout projet de loi relatif aux collectivités territoriales et associé à l'évaluation des politiques publiques les concernant, soit les missions essentielles du Sénat au sens l'article 39, alinéa 2, de la Constitution[580].

381. La création de cette instance n'a certes pas abouti, mais les débats autour de ce projet témoignent de l'aspiration à une meilleure représentation sénatoriale des collectivités territoriales en général, eu égard à certaines propositions de la doctrine[581]. En ce sens, des théoriciens de droit public pensent qu'« [i]l serait plus sage de régionaliser les élections sénatoriales de sorte qu'au palais du Luxembourg siège à l'avenir le Grand Conseil des régions de France, qui semble mieux correspondre à l'époque. Mieux même, on pourrait tout simplement supprimer les élections actuelles, comme en Allemagne, et décider que le Sénat sera essentiellement composé de membres de droit : tous les présidents des conseils régionaux [...] et [départementaux], les maires des villes de plus de 100 000 habitants [...], auxquels pourraient s'ajouter environ 120 sénateurs élus dans chaque région par l'ensemble des autres maires ».

382. Par ailleurs, l'action des collectivités territoriales dans les instances de droit public est dominée par un principe tiré des dispositions de l'article 72, alinéa 2, de la Constitution qui prévoit que celles-ci « ont vocation à prendre les décisions pour l'ensemble des compétences qui peuvent le mieux être mises en œuvre à leur échelon ». Au regard du rôle subsidiaire reconnu à ces collectivités, leurs représentants sont appelés à user davantage de la négociation, du dialogue et de la persuasion afin de susciter l'adhésion au niveau

---

[580] « Sans préjudice du premier alinéa de l'article 44, les projets de loi ayant pour principal objet l'organisation des collectivités territoriales sont soumis en premier lieu au Sénat. » Cette disposition a été créée par la loi constitutionnelle n° 2003-276 du 28 mars 2003 relative à l'organisation décentralisée de la République, JORF n° 75, 29 mars 2003.

[581] G. CARCASSONNE et M. GUILLAUME, *op. cit.* (n° 279), p. 144.

territorial, et surtout au niveau national et supranational. Le contraire provoquerait des difficultés particulières, voire l'opposition de leurs interlocuteurs, notamment en cas de maladresse. Les mécanismes de l'habilitation constituent à ce titre une espèce d'*empowerment* des acteurs locaux, soit leur autonomisation au sens du droit.

383. Il est important de préciser que la subsidiarité qui caractérise l'action des collectivités territoriales a émergé dans l'ordre juridique interne avec la mise en œuvre de l'acte II de la décentralisation[582]. Il s'agit en outre d'un principe fondamental dans l'organisation des États fédéraux. Pris au sens de « la superposition de la structure fédérale sur les structures fédérées »[583], ce principe régit le modèle du fédéralisme aux côtés des principes d'autonomie des entités fédérées et de leur participation à la structure fédérale. Son incorporation en droit positif s'est faite dans une perspective non pas prescriptive mais plutôt analytique et pratique : « [l]'administration directe par les services centraux est l'exception, celle des services déconcentrés est la règle »[584]. Elle traduit l'évolution significative du régime juridique des collectivités territoriales depuis les premières lois de la décentralisation, notamment dans leurs rapports avec l'État[585].

384. C'est en ce sens qu'a été conduite la dernière réforme territoriale, mise en œuvre dans le sillage du triptyque des lois dites MAPTAM et NOTRe et du 16 janvier 2015 relative notamment à la délimitation des régions. L'enjeu principal de l'acte III de la décentralisation, qui était, *a minima*, la rationalisation de l'organisation

---

[582] Le concept a émergé à l'occasion de l'adoption de la loi constitutionnelle n° 2003-276 du 28 mars 2003 relative à l'organisation décentralisée de la République, JORF n° 75, 29 mars 2003. V. les libres propos de M. VERPEAUX, « La loi constitutionnelle du 28 mars 2003 relative à l'organisation décentralisée de la République, *RFDA*, n° 4, 2003, pp. 661-669.

[583] V. C. CERDA-GUZMAN, *op. cit.* (n° 72), p. 53.

[584] Jacqueline MORAND-DEVILLER, *Cours de droit administratif : cours, thèmes de réflexion, commentaires d'arrêt avec corrigés*, 4e éd., Montchrestien, 1995, p. 135.

[585] V. en ce sens l'ouvrage d'Arnaud DURANTHON, *Subsidiarité et collectivités territoriales : étude sur la subsidiarisation des rapports entre État et collectivités territoriales en droit public français*, Dalloz, coll. Bibliothèque parlementaire et constitutionnelle, 2017, 1014 p. L'auteur estime que « si le concept paraît *a priori* relativement étranger aux structures normatives du droit positif français, il constitue cependant une forme latente et inconsciente de leur évolution, dans l'observation de laquelle la doctrine pourrait trouver de nouvelles clés de description et d'interprétation ».

territoriale[586], a consisté finalement à renforcer la subsidiarisation de l'action des collectivités territoriales. Ceci conduit, à juste titre, à considérer la limitation de la clause de compétence générale aux communes comme « la meilleure expression du principe de subsidiarité » [587]. Cependant, la variété des représentants reste attachée à la diversité des régimes des collectivités territoriales et aux disparités persistantes entre les territoires.

---

[586] V. Chrystelle AUDOIT *et alii*, *L'acte III de la décentralisation : une nouvelle donne pour les territoires*, Territorial, coll. « Essentiel », 2017.
[587] J.-M. PONTIER, *op. cit.* (n° 281), p. 1947.

CONCLUSION DE LA PREMIERE PARTIE

385. L'application des divers mécanismes de représentation étudiés dans cette partie conduit au renouvellement de l'idée de collectivités territoriales, car le législateur a perturbé certains points de repères pour la définition de la notion. L'énumération des collectivités territoriales telle qu'énoncée à l'article 72 de la Constitution est remise en question, dès lors qu'on se rend compte que « ces collectivités ont un régime [juridique] qui tend à se rapprocher de plus en plus d'autres structures administratives qui ne sont pas des collectivités territoriales »[588], notamment les établissements publics. En conséquence, il n'y a plus de critères spécifiques ni de particularités remarquables dans l'ordre juridique interne, que l'on puisse généraliser suffisamment pour qualifier de collectivité territoriale une commune, un département ou une région à la différence d'un EPCI.

386. Pour autant, une donnée invariable intervient de manière constante dans la notion de collectivités territoriales : le territoire. Celui-ci se rapporte, en droit public, soit à l'État – dont il constitue l'un des trois critères fondamentaux –, soit aux collectivités territoriales – dont la première est la commune. Dans sa vision globale de ce qui devait constituer la nouvelle République, l'abbé Sieyès a conçu le territoire national comme un « tout, soumis uniformément, dans toutes ses parties, à une législation, à une administration communes »[589]. Aussi, dans la tradition républicaine, les territoires – locaux – ont longtemps été considérés comme des démembrements de l'ensemble national, suivant notamment les dispositions de la loi du 22 décembre 1789 et du décret du 26 février - 4 mars 1790 : les départements, et plus généralement les collectivités territoriales, constituent des « sections d'un même tout ». Il en découle dès lors « l'impression que toute subdivision territoriale nouvelle doit faire l'objet d'une représentation politique et juridique. »[590]

---

[588] A. DURANTHON, propos introductifs du colloque « Peut-on encore définir la collectivité territoriale ? », 16 septembre 2021, Université de Strasbourg.
[589] Discours de l'abbé E. J. SIEYES concernant « la permanence et l'organisation du Corps législatif et sur la sanction royale », séance du 7 septembre 1789, *Archives parlementaires*, 1re série, t. 8, p. 594.
[590] J. MARTIN et O. RENAUDIE, *op. cit.* (n° 258), 2017, p. 214.

387. Quoiqu'elle semble être « une des plus parfaites constructions théoriques dont puisse s'enorgueillir l'esprit humain »[591], l'assise de la représentation politique, telle que conçue à la Révolution, tient de la substance de la représentation juridique. En ce sens, la diversité des mécanismes de représentation observés sur le plan local trouve son soubassement dans l'évolution de la décentralisation. Celle-ci est entendue comme l'ensemble des normes qui renforcent le pouvoir de décision des collectivités territoriales au niveau infranational, ainsi que leur rôle au niveau national et supranational. Elle aboutit à un transfert de compétences de la part du pouvoir central, c'est-à-dire l'État, aux organes représentant ces collectivités[592]. Cette conception de la décentralisation fait en effet écho à la définition, devenue classique, de Georges BURDEAU : « Une activité est dite décentralisée lorsque les règles qui la commandent sont édictées par des autorités émanant du groupe qu'elle concerne. »[593]

388. En théorie, l'analyse des mécanismes de représentation, définis à différents niveaux et appliqués à ceux qu'il convient d'appeler les acteurs de la représentation ou acteurs locaux, révèle dans cette partie de la recherche que la représentation des collectivités territoriales est essentiellement dominée par la logique territoriale. La désignation de ces acteurs et leur participation dans les différentes instances sont appréciées au regard du pouvoir ou de l'influence qu'ils exercent en réalité. Cela offre une perspective quant à leur capacité d'intervenir ou pas à l'élaboration ou l'orientation des instruments qui régissent la vie juridique de ces collectivités.

389. Mais en pratique, la capacité réelle des représentants d'agir, peu ou prou, au nom et pour le compte des collectivités représentées est tributaire de l'échelle d'intervention de l'instance dans laquelle ils siègent. La pluralité des mécanismes de représentation se traduit dès lors autant dans le pouvoir ou l'influence exercé par les représentants que dans la mise en perspective du régime des collectivités territoriales au regard des autres pouvoirs publics. Dans ces conditions, il n'est pas

---

[591] G. BURDEAU, *op. cit.* (n° 216), p. 298.
[592] Avis du Comité des régions, 2013/C139/08, *La décentralisation dans l'Union européenne et la place de l'autonomie locale et régionale dans l'élaboration des politiques de l'UE et leur mise en œuvre*, JOUE, C 139/39 – C 139/45, 17 mai 2013.
[593] G. BURDEAU, *op. cit.* (n° 216), p. 298.

envisageable pour les représentants d'exercer des prérogatives en décalage avec les compétences des collectivités représentées.

390. Ce faisant, l'exercice des fonctions de représentation fait des collectivités territoriales des « centres d'imputation de droits et d'obligations » [594] . Elles peuvent endosser la responsabilité des conséquences dommageables des actes commis en leur nom, même si ces actes ne sont pas forcément accomplis pour leur compte. Cette responsabilité peut être administrative lorsqu'elle découle d'une faute de service et chaque fois qu'il n'est pas établi que le représentant a commis une faute personnelle, c'est-à-dire détachable de tout lien avec la fonction de représentation [595] ; elle peut être aussi pénale conformément aux règles de responsabilité applicables aux personnes morales en général, fixées notamment par l'article 121-2 du Code pénal[596].

391. Au demeurant, la logique territoriale sert à déterminer les modalités d'application des mécanismes de la représentation des collectivités territoriales, mais elle n'épuise pas la démonstration de la problématique de la présente recherche. L'étude de la représentation sénatoriale, entant que représentation de la Nation en général et de ces collectivités en particulier, a montré la nécessité de concilier cette logique et la logique démographique afin de parvenir à une représentation complète et efficace. La seconde partie de cette recherche sera donc le lieu d'une tentative de conciliation des deux logiques de la représentation, au travers d'une réflexion approfondie sur l'impact de la représentativité dans les mécanismes à l'étude.

---

[594] J.-B. AUBY, J.-F. AUBY et R. NOGUELLOU, *op. cit.* (n° 137), p. 102.

[595] V. TC, décision du 8 février 1873, *Blanco* ; TC, décision du 30 juillet 1873, *Pelletier* ; TC, décision du 5 mai 1877, *Laumonnier-Carriol* ; CE, n° 372359, 11 février 2015, *Ministre de la justice*, mentionné aux tables du recueil Lebon, considérant 3.

[596] Cette disposition a été créée par la loi n° 92-683 du 22 juillet 1992 et modifiée ensuite par l'article 54 de la loi n° 2004-204 du 9 mars 2004. Elle prévoit que les personnes morales, à l'exclusion de l'État, sont responsables pénalement des infractions commises, pour leur compte, notamment par leurs représentants. Néanmoins, elle fixe une limite pour les collectivités territoriales et leurs groupements aux « infractions commises dans l'exercice d'activités susceptibles de faire l'objet de conventions de délégation de service public ». Ce critère d'imputation souffre certes d'une imprécision que la jurisprudence devrait pallier, mais il ne s'agit pas d'une exclusion de toute responsabilité pénale des acteurs locaux.

SECONDE PARTIE : DES MÉCANISMES DE REPRÉSENTATION DIFFÉREMMENT RÉCEPTIFS À LA REPRÉSENTATIVITÉ

392. Au sens étymologique, la représentation tend à rendre présent ce qui est absent ; il s'agit de (re)placer devant les yeux d'un tiers quelqu'un ou quelque chose à la place d'un autre. Cette conception correspond à l'une des acceptions de la représentation identifiée par le professeur Philippe DIDIER : « quand une personne en représente une autre, elle la figure, lui prête son visage, agit en ses lieu et place »[597]. Aussi ressort-il de cette acception, en droit privé comme dans toute autre conceptualisation de la représentation, l'existence d'au moins deux « personnes » : soit la première agit au nom et pour le compte de la seconde *(act for)*, soit la première se tient en lieu et place de la seconde *(stand for)*.

393. De manière classique, une troisième personne intervient dans le procédé de la représentation en droit privé comme en droit public : un tiers qui, selon le cas, peut être soit une personne physique ou morale[598]. Dans le cadre de cette recherche, le schéma externe de la représentation en droit public aboutit cependant à une configuration bipartite de la représentation : l'acteur local représente la collectivité territoriale au sein de l'instance où le mécanisme de la représentation s'opère[599]. Pour autant, une approche conceptuelle collective de la représentation permet d'envisager une interaction entre trois parties : le représentant, le représenté et le destinataire de la décision prise en instance (sous-entendu le tiers). Cette approche tend non seulement à rendre les collectivités territoriales observables à travers des acteurs aptes à engager leurs compétences, voire leur responsabilité, mais aussi à leur donner « une certaine physionomie ». Le procédé de nature juridique acquiert ainsi une portée réelle et une assise humaine.

---

[597] P. DIDIER, *op. cit.* (n° 1), p. 3. Outre le « mécanisme juridique » qui consiste à « figurer », l'autre acception de la représentation identifiée par l'auteur est le fait de « montrer » le représenté.

[598] V. M. STORCK, *op. cit* (n° 6), p. 239 ; N. DISSAUX et R. LOIR, *op. cit.* (n° 11), § 970 ; J. GHESTIN, *op. cit.* (n° 87), p. 517.

[599] V. G. CORNU (dir.), *op. cit.* (n° 20), pp. 906-907.

394. Par suite, le procédé de la représentation est susceptible d'intégrer des considérations liées à l'identité sociologique tant du représentant que du représenté : c'est ce qu'on appelle la représentativité. Celle-ci est conçue de manière générale comme le caractère de celle ou celui qui « rend sensible » quelqu'un ou quelque chose d'autre[600], soit « d'une personne qui a qualité pour parler ou agir au nom d'une autre » [601]. L'idée est de parvenir à l'identification des représentés à travers les représentants, ainsi qu'à la perception des caractéristiques intrinsèques des premiers dans le chef des seconds[602].

395. La représentativité constitue dès lors la somme des considérations, ou des critères, établie de façon à faire correspondre les représentants aux représentés. Identifiés à leur population mais aussi leur territoire, les représentants peuvent s'exprimer valablement au nom et, surtout, pour le compte des collectivités territoriales représentées. En effet, derrière ces collectivités il y a « l'idée de communautés humaines préexistantes que le droit ne fait que reconnaître » [603]. Jadis elles constituaient avant tout « des groupes d'habitants qui cherchent à se voir reconnaître un certain nombre de droits par les seigneurs »[604]. C'est à ce titre que « la commune […] a d'abord été un regroupement de familles » et fut considérée pendant longtemps « comme une personne privée », avant de se voir reconnaître une personnalité morale de droit public[605].

396. Par ailleurs, la typologie de la représentation des collectivités territoriales – représentation-mandat, représentation-habilitation et représentation-incarnation – traduit la manière dont ce procédé participe à l'organisation et au fonctionnement du droit positif. Deux logiques interviennent dans la recherche d'une représentation pertinente et efficace de ces collectivités : d'une part, la logique territoriale qui tend à valoriser les particularités géographiques et historiques de chaque collectivité et, d'autre part, la logique démographique qui vise à prendre en compte la population locale de manière proportionnelle. Du point de vue du droit, il est possible de

---

600 Alain REY (dir.), *Le Robert pratique*, dictionnaire d'apprentissage de la langue française, nouv. éd. enrichie, Dictionnaires Le Robert, 2011, p. 1245.
601 A. REY (dir.), *op. cit.* (n° 18), p. 1974.
602 En l'occurrence, il s'agit du territoire et, surtout, de la population locale.
603 C. CLAVREUL, *op. cit.* (n° 15), p. 12.
604 J.-B. AUBY, J.-F. AUBY et R. NOGUELLOU, *op. cit.* (n° 137), p. 2.
605 J.-M. PONTIER, *op. cit.* (n° 281), p. 1945.

concilier les deux logiques de la représentation des collectivités territoriales en tenant compte « dans une mesure limitée d'autres considérations d'intérêt général »[606], en particulier pour ce qui concerne la logique démographique. Le législateur a ainsi pensé à pallier le déficit de l'une ou l'autre logique de la représentation de ces collectivités en créant des instances consultatives telles que la conférence métropolitaine des maires[607] et la conférence territoriale de l'action publique. À l'instar du juge constitutionnel, il a pensé à garantir l'effectivité du principe d'égalité devant le suffrage, en particulier dans le cadre électoral, par l'application d'une limite traditionnelle de 20 % d'écart en moyenne en matière de répartition des sièges de représentants[608].

397. La tentation serait de suivre la tendance à associer la représentativité aux considérations liées à la démocratie, selon l'utilisation courante des expressions « représentation démocratique » ou « démocratie représentative »[609]. Ceci est en effet hors du champ de notre recherche car nous ne nous attelons pas à étudier la représentativité au sens sociopolitique. Concrètement, ce n'est pas le lieu d'analyser des opinions variées susceptibles d'orienter un processus électoral, ou le fonctionnement démocratique des instances locales – par la parole donnée aux habitants comme par les prérogatives de l'opposition dans les assemblées. Cette approche n'est pas sous-entendue en référence à la représentation proportionnelle, telle qu'abordée dans le premier chapitre de cette partie de la recherche. Il s'agira plutôt de déceler les éléments permettant de percevoir le « reflet » de la population locale, soit le fait de la « figurer » au travers des représentants des collectivités territoriales.

398. Cette démarche conduit, d'un côté, à relever les considérations liées à la représentativité dans la relation entre la population et les représentants locaux, et, de l'autre, à analyser les modalités qui permettent ou empêchent leur application dans les mécanismes à l'œuvre. Il s'ensuit que l'intégration de la représentativité dans les mécanismes de représentation des collectivités territoriales

---

[606] CC, décision n ° 87-227 DC, 7 juillet 1987, *Loi modifiant l'organisation administrative et le régime électoral de la ville de Marseille*.

[607] Articles L.3633-2 et L.3633-3 du CGCT.

[608] V. par exemple, CC, décision n° 2014-405 QPC, 20 juin 2014, *Commune de Salbris*.

[609] V. P. PACTET, *op. cit.* (n° 246), pp. 89-91.

s'est faite de façon transversale, selon une approche évolutive et pratique (titre 1). Sur un total de trente-cinq hypothèses de représentation que nous avons recensées, la majorité est réceptive aux considérations liées à la représentativité. Cependant, la perméabilité des mécanismes de représentation à ces considérations n'est que partielle : ce sont essentiellement les mécanismes du mandat direct et du mandat indirect qui sont totalement traversés par la représentativité, tandis que les autres mécanismes y sont, soit relativement réceptifs, soit différemment imperméables (titre 2).

TITRE 1 : L'INTÉGRATION TRANSVERSALE DE LA REPRÉSENTATIVITÉ DANS CERTAINS MÉCANISMES DE REPRÉSENTATION

399. L'apparition de la notion de représentativité et son intégration en droit public sont assez récentes. Aussi certains mécanismes de représentation intègrent-ils de plus en plus des considérations autrefois éloignées de la stricte application du procédé de la représentation en droit public. La démarche consiste à trouver la « bonne représentation »[610], soit la plus juste, notamment en interrogeant la pratique : « [d]es représentants qui ne sont pas à l'image de leurs représentés peuvent-ils faire de bons représentants ? »[611]. Au surplus, en considérant que « la représentativité relèverait de la légitimité, alors que la représentation procéderait du droit »[612], apparaît l'idée sous-jacente d'une « représentation-miroir »[613]. Celle-ci conduit à dépasser le domaine du droit au sens strict en cherchant à confronter les mécanismes de représentation aux considérations liées à la représentativité.

400. Dans le cadre de cette recherche, la représentativité désigne les éléments de convergence permettant d'identifier dans le chef des représentants une certaine ressemblance avec les représentés. Elle est construite sur la base d'informations relatives à « ce qui est absent » au sein des mécanismes de représentation perméables à cette idée. Cette construction fictive préfigure de manière générale la personnification des collectivités territoriales en droit public, telle que développée dans la première partie de cette recherche[614]. Cependant, les données recueillies à partir des éléments concrets – relatifs aux individus – ou abstraits – relatifs aux collectivités territoriales – sont par nature partielles et n'épuisent pas l'idée de représentativité.

---

[610] V. Samantha BESSON, *La bonne représentation en droit international*, Cours, Collège de France, 2023.

[611] O. BUI-XUAN, *op. cit.* (n° 7), p. 8.

[612] *Ibidem*, p. 15.

[613] *Ibidem*.

[614] V. dans cette partie, la section 2 du chapitre 1 du titre 1 (pp. 254-263), ainsi que la section 2 du chapitre 1 du titre 2 (pp. 311-323).

401. L'effort consiste dès lors à collecter le plus de données possibles que le droit et la pratique peuvent donner à l'observation, et d'analyser leurs effets au regard de la capacité décisionnelle ainsi que des choix opérés par les représentants des collectivités territoriales. Ces données correspondent en fait aux considérations liées à la représentativité, qu'il conviendra de confronter notamment à la capacité décisionnelle des représentants au travers des développements relatifs aux principes et aux notions de droit applicables : par exemple, le principe d'égalité entre les collectivités territoriales, les règles de compétences, le principe de proportionnalité, la représentation équilibrée, ou encore la représentation équitable. Pour décortiquer tous ces éléments, la réflexion sera portée au plus près de l'organisation territoriale et du fonctionnement des grands équilibres de la décentralisation. L'intérêt de cette démarche est de développer la portée pratique de la recherche, comme dans la première partie, sans pour autant aller au-delà des limites du sujet.

402. Par ailleurs, la conception juridique des mécanismes de représentation à l'étude n'est pas susceptible de neutralité eu égard à la nature sociale des collectivités territoriales. Cette conception implique une représentativité au sens de la « représentation-miroir » dont les éclairages seront apportés dans les développements qui suivent. En effet, en tant que personnes publiques, les collectivités territoriales ont des caractéristiques intrinsèques qui peuvent laisser envisager leur « reflet » au sens des apparences perceptibles. Dans un premier temps, l'enjeu est de permettre un double niveau de représentation pour les citoyens, et plus généralement les habitants des collectivités représentées (chapitre 1).

403. Au-delà de cette conception, la représentativité consiste en un foisonnement d'éléments d'identification visant à rendre un représentant « représentatif », c'est-à-dire à l'image du représenté. C'est en ce sens que la fiction du sujet représentatif est apparue plausible d'abord pour les personnes privées, dès lors que cette fiction se prête plus facilement à la perception figurative. Pour les personnes morales publiques, ici les collectivités territoriales, la représentativité est appréhendée au sens de la « représentation-miroir » du fait de la logique démographique qui entre en jeu. Elle peut ainsi se traduire en une question : comment refléter concrètement un sujet dépositaire de l'intérêt général lorsqu'on est soi-même porteur d'intérêts particuliers ?

404. Mais encore, aux termes de l'article L.2121-33 du CGCT, il revient en principe au conseil municipal la compétence de procéder « à la désignation de ses membres ou délégués pour siéger au sein d'organismes extérieurs ». Le Conseil d'État a pu préciser notamment que ces dispositions « n'ont ni pour objet ni pour effet de permettre à un conseil municipal de procéder à de nouvelles désignations de ses délégués dans un organisme extérieur pour le motif que le résultat d'un premier scrutin serait contesté »[615]. En pratique, la désignation des représentants dans les organismes extérieurs est généralement opérée au travers d'un scrutin au sein du conseil municipal comme, par extension, dans toutes les autres assemblées délibérantes locales[616]. Et au regard de l'interprétation et la mise en œuvre des dispositions légales, des trois types de représentations développés dans cette recherche, c'est la représentation-mandat qui constitue le terreau de la représentativité (chapitre 2).

---

[615] V. CE, 1re et 6e chambres réunies, n° 327422, 10 février 2010, *Beyney et alliés*, mentionné aux tables du recueil Lebon, considérant 5.

[616] V. CE, n° 401144, 26 avril 2017, *Élections au conseil de la communauté de communes du Sud*, mentionné aux tables du recueil Lebon ; CE, n° 279422, 5 octobre 2005, *Commune de Saint-Martin-de-Nigelles*, mentionné aux tables du recueil Lebon.

CHAPITRE 1 : DE L'ÉGALITÉ À L'ÉQUITÉ, LA REPRÉSENTATIVITÉ À L'EFFET D'UN DOUBLE NIVEAU DE REPRÉSENTATION

405. Si l'égalité devant le suffrage constitue l'un des fondements juridiques de la représentativité, à l'instar de la proportionnalité des sièges de représentants, l'égalité entre les collectivités territoriales constitue un élément primordial de leur représentation en théorie comme en pratique. D'une part, l'égalité devant le suffrage, fondée sur des considérations essentiellement démographiques, « ne peut ignorer le fait territorial, qui à travers la géographie et l'histoire, est au cœur de l'identité de notre Nation »[617]. C'est en ce sens que la proposition de loi constitutionnelle tendant à assurer la représentation équilibrée des territoires vise notamment à compléter le premier alinéa de l'article 1er de la Constitution par une phrase ainsi rédigée : « La République garantit la représentation équitable de ses territoires dans leur diversité. »[618] Par cette démarche, le législateur cherche en fait à concilier le principe de la proportionnalité – constant dans la jurisprudence du Conseil constitutionnel [619] – avec la règle de représentation équitable des territoires.

406. D'autre part, l'égalité entre les collectivités territoriales n'a pas suscité un intérêt doctrinal comparable à celui d'une notion proche comme la libre administration de ces collectivités. La première véritable réflexion sur le principe d'égalité entre les collectivités territoriales a été menée par le professeur Ferdinand MELIN-SOUCRAMANIEN, dans une étude publiée aux Cahiers du Conseil

---

[617] Messaoud SAOUDI, « Le concept constitutionnel de 'représentation équilibrée des territoires' pour l'élection des assemblées locales : vers une nouvelle conception de la représentation politique ? », *Représenter les territoires / Representing territories*, CIST2018, 2018, pp. 61-65.

[618] Proposition de loi n° 208, 254 et 255 (session ordinaire 2014-2015, n° 58). Le même texte réunit une proposition de loi constitutionnelle (PPLC), une proposition de loi organique (PPLO) et une proposition de loi ordinaire (PLC).

[619] Par exemple, CC, décision n° 2008-573 DC, 8 janvier 2009, *Loi relative à la commission prévue à l'article 25 de la Constitution et à l'élection des députés*, considérant 26 ; CC, décision n° 2010-602 DC, 18 février 2010, *Loi ratifiant l'ordonnance n° 2009-935 du 29 juillet 2009 portant répartition des sièges et délimitation des circonscriptions pour l'élection des députés*, considérant 22.

constitutionnel en 2002 [620]. Par la suite, elle a été approfondie notamment dans une thèse de doctorat soutenue en 2009 à l'Université Aix-Marseille III [621]. Et puis d'autres auteurs se sont saisis de la question de l'égalité entre les collectivités territoriales, soit sous la forme d'une étude pluridisciplinaire [622], soit sous le prisme de la géographie physique et politique [623]. Pour les théoriciens de cette discipline, le territoire est un « périmètre physique délimité par l'exercice d'une autorité légale émanant d'une communauté humaine, [qui] représente le point de contact entre des flux économiques et des frontières politiques »[624]. Cette définition manifestement fondée sur la dialectique espace-pouvoir traduit le fait que chaque territoire est caractérisé par des « solidarités géographiques préexistantes »[625] et un pouvoir qui organise les activités sur ce territoire. Et en dépit du fait que ces caractéristiques ne se prêtent pas en réalité à l'analyse de façon égalitaire, elles sont appréhendées sur le plan juridique par un « égalitarisme » qui s'applique aux collectivités territoriales de même échelon autant qu'il s'applique aux collectivités d'échelons différents.

407. Dans tous les cas, ce ne serait pas une idée saugrenue d'estimer que la multitude des habitants vivant sur un territoire devient une seule et même personne au travers de la collectivité territoriale qu'elle forme. Il s'agit d'un agrégat personnifié de manière concrète au travers des représentants, soit de manière collégiale par l'organe délibérant, soit de manière individuelle par le chef de l'organe exécutif ou toute autorité ayant reçu délégation. Cette idée, aussi récente que l'apparition en droit public de la notion de représentativité des collectivités territoriales, a trait à la problématique des inégalités entre ces collectivités (Section 1). Elle traduit, dans la sphère publique, une représentation indirecte des collectivités humaines préexistantes au travers des collectivités territoriales, personnes publiques (Section 2).

---

[620] F. MELIN-SOUCRAMANIEN, « Le principe d'égalité entre collectivités locales », *Cahiers du conseil constitutionnel,* n° 12, 2002, p 93.

[621] V. A.-S. GORGE, *Le principe d'égalité entre les collectivités territoriales*, Dalloz, 2011.

[622] V. É. LAURENT, *op. cit.* (n° 508). V. aussi J. BENETTI, *op. cit.* (n° 507).

[623] V. P. ESTEBE, *op. cit.* (n° 537).

[624] É. LAURENT, *op. cit.* (n° 508), p. 7.

[625] Article L.5218-3 du CGCT.

Section 1 Le caractère récent de la représentativité des acteurs locaux en droit public

408. La représentativité des acteurs locaux est postulée en droit public par le principe d'égalité, notamment dans ses applications devant la loi et le suffrage ainsi qu'aux collectivités territoriales[626] (§1). À l'origine, ce principe est tiré des dispositions de l'article 6 de la Déclaration des droits de l'Homme et du Citoyen de 1789 selon lesquelles la loi « doit être la même pour tous, soit qu'elle protège, soit qu'elle punisse ». Mais en pratique la jurisprudence constitutionnelle rappelle de manière constante que « [l]e principe d'égalité ne s'oppose ni à ce que le législateur règle de façon différente des situations différentes, ni à ce qu'il déroge à l'égalité pour des raisons d'intérêt général, pourvu que, dans l'un et l'autre cas, la différence de traitement qui en résulte soit en rapport direct avec l'objet de la loi qui l'établit »[627]. Elle a ainsi posé en droit positif le cadre, l'objectif et les modalités de mise œuvre du principe d'égalité dans toutes les circonstances.

409. En confrontant les mécanismes de représentation aux considérations liées à la représentativité, on tend à renouer avec la souplesse, le pragmatisme mais aussi l'adaptation aux aspirations du terrain. C'est alors qu'a émergé l'usage du concept d'équité dont l'enjeu

---

626 V. CC, décision n° 2015-717 DC, 6 août 2015, *Loi portant nouvelle organisation territoriale de la République*, considérant 7 ; CC, décision n° 2014-405 QPC, 20 juin 2014, *Commune de Salbris*, considérant 6 : la méconnaissance du principe d'égalité devant le suffrage a été également à l'origine de la censure des dispositions du I, alinéa 2, de l'article L.5211-6-1 du CGCT relatives à la répartition des sièges de conseillers communautaires entre les communes membres d'une communauté de communes ou d'une communauté d'agglomération ; CC, décision n° 2013-667 DC, 16 mai 2013, *Loi relative à l'élection des conseillers départementaux, des conseillers municipaux et des conseillers communautaires, et modifiant le calendrier électoral*, considérants 50 à 51 : le Conseil a censuré les dispositions de l'article 30 relatives à la répartition des sièges au conseil de Paris à cause de la méconnaissance du principe d'égalité devant le suffrage, dès lors que, « dans les 1er, 2ème et 4ème arrondissements, le rapport du nombre des conseillers de Paris à la population de l'arrondissement s'écarte de la moyenne constatée à Paris dans une mesure qui est manifestement disproportionnée ».

627 CC, décision n° 2018-734 QPC, 27 septembre 2018, *Comité d'entreprise de l'établissement public d'aménagement de la Défense Seine Arche*, considérant 11.

convient d'être défini à la fois pour les collectivités territoriales elles-mêmes et leurs habitants (§2).

§1 La représentativité postulée par l'application du principe d'égalité entre les collectivités territoriales

410. Le principe d'égalité dans ses différentes applications, soit entre les collectivités territoriales[628], soit devant le suffrage[629], a fait l'objet d'éclaircissements par le Conseil constitutionnel. Le Conseil considère notamment que ce principe concerne les représentants locaux en leur qualité de candidats, ainsi que les habitants de ces collectivités en leur qualité d'électeurs. De manière générale, il a jugé que les précisions ou modifications apportées par le législateur au nombre de sièges des représentants « pour tenir compte des évolutions de la population des collectivités territoriales », ne doivent pas avoir pour effet d'aggraver les inégalités mais doivent avoir pour objet de réduire les disparités de représentation[630].

411. Il convient de retenir dans la formule du juge constitutionnel son intention de ne pas censurer les inégalités afférentes à la population de ces collectivités, mais de refuser plutôt d'aggraver ces inégalités. En conséquence, il a fallu mener une réflexion approfondie afin d'intégrer une notion à l'origine sociologique dans la sphère du droit. En dépit de l'effort fourni pour donner une signification juridique à la notion de représentativité (I), sa pratique demeure fondamentalement inégalitaire pour les collectivités territoriales (II).

I. L'effort de signification d'une notion sociologique par des concepts juridiques

412. Depuis les premières lois de la décentralisation adoptées il y a une quarantaine d'années, on a observé une multiplication des dispositifs tendant à insérer une dose de représentativité tant dans la

---

[628] V. dans la première partie de cette recherche, la section 2 du chapitre 2 du titre 2.

[629] V. par exemple, CC, décision n° 2014-709 DC, 15 janvier 2015, *Loi relative à la délimitation des régions, aux élections régionales et départementales et modifiant le calendrier électoral*, considérant 34.

[630] En l'espèce, il s'agit des disparités entre les départements pour l'élection des sénateurs. CC, décision n° 2003-475 DC, 24 juillet 2003, *Loi portant réforme de l'élection des sénateurs*, considérant 5.

désignation que dans l'action des représentants des collectivités territoriales. S'inscrit dans cette dernière démarche l'effort d'une traduction juridique de la représentativité notamment au travers d'une différenciation de périmètres des compétences des communes et de leurs groupements (A). Aussi s'en est-il suivi un désir effréné, parfois discutable, de représentativité en particulier par la doctrine. Il s'est manifesté notamment au travers de concepts utilisés pour définir l'action collégiale ou individuelle des représentants locaux, à l'instar d'un « fédéralisme administratif » qui aboutirait à une sorte de « bicamérisme » intercommunal (B). Il est important de placer l'utilisation des expressions ci-dessus dans le contexte de l'objet de cette recherche pour identifier le caractère représentatif de l'action publique locale, mais aussi des acteurs locaux eux-mêmes.

A. La différenciation de périmètres des compétences à l'échelon communal

413. Habituellement, les périmètres délimitant les compétences que les collectivités territoriales sont appelées à exercer sont désignés par des expressions au sens évocateur. De façon non exhaustive, on parle de « bassins de vie » pour les services et équipements de proximité ; de « territoire de vie-santé » pour les pôles d'équipements et de services constitués selon une logique proche de la délimitation des « bassins de vie » ; d'« aires urbaines ou rurales » pour la gestion des mobilités ; de « zones d'emploi » pour le développement économique ; de « bassins versants » pour la gestion des milieux aquatiques et prévention des inondations (GEMAPI), des approvisionnements en eau, de l'assainissement des eaux usées, ou encore de la gestion des eaux pluviales. On peut y ajouter le périmètre des compétences résiduelles, à l'instar de « zones de santé » ou « zones de démocratie sanitaire » pour la gestion des hôpitaux et les questions médicales, ainsi que la « carte scolaire » pour l'organisation de la mobilité et les équipements scolaires. Ainsi, derrière ces expressions se pose la question de l'exercice de compétences, et surtout du caractère représentatif des actions engagées sur ce fondement, dès lors que celles-ci concernent une population déterminée au sein d'un territoire amplement défini.

414. En droit positif, la représentation des collectivités territoriales s'inscrit dans l'organisation territoriale sur le plan national, voire supranational. Il est dès lors légitime de chercher à limiter l'empilement des structures au niveau territorial, en particulier dans le bloc communal, puisque la multiplication de compétences disparates rend illisible le caractère représentatif de l'action publique locale. C'est en ce sens que le législateur a encouragé la rationalisation de cette action, à l'instar de l'élaboration, dans chaque département, d'un schéma départemental de coopération intercommunale (SDCI). Mieux, il a prévu une couverture intégrale du territoire national par des EPCI à fiscalité propre et la suppression des enclaves et discontinuités territoriales [631] . Aussi le législateur a-t-il facilité l'intégration des considérations liées à la représentativité, notamment la démographie comme facteur primordial, dans la définition et la réalisation des projets intercommunaux. En même temps il s'est assigné pour objectif de réduire le nombre de syndicats lors de l'élaboration des SDCI, en cherchant la cohérence des périmètres physiques et une répartition harmonieuse des compétences des groupements existants et de leur exercice[632].

415. L'ordre juridique national qui régit l'exercice des compétences locales encadre aussi le fonctionnement des collectivités territoriales dans toutes leurs dimensions. Cependant, l'action publique dépasse la seule dimension du droit et nécessite une approche globale et pluridisciplinaire, étant donné que ses différents objets sont difficilement séparables les uns des autres. De plus, dans un système territorial ne connaissant aucune hiérarchisation entre les catégories de collectivités, l'enchevêtrement des domaines de l'action publique locale peut se transformer à terme en nœud gordien. Ce ne serait donc pas une idée saugrenue de considérer que la rationalisation des compétences locales, notamment des EPCI, participe d'une démarche de représentativité par les actions des collectivités territoriales. C'est ce qui ressort, entre autres, d'un rapport enregistré à la Présidence du Sénat le 7 novembre 2018. Citant la commission des lois du Sénat, la commission des lois constitutionnelles, de législation, du suffrage universel, du Règlement et d'administration générale a analysé les retombées de ces dispositions et a proposé le tableau ci-après[633] :

---

[631] V. le I de l'article L. 5210-1-1 du CGCT.

[632] V. le 4° du III de l'article L. 5210-1-1 du CGCT.

[633] Mathieu DARNAUD, *La revitalisation de l'échelon communal*, rapport d'information fait au nom de la commission des lois constitutionnelles, de législation, du suffrage universel, du Règlement et d'administration générale, n° 110, Sénat, 2018, p. 90, [mis en ligne sur le site http://www.senat.fr/rap/r18-110/r18-1101.pdf] [consulté le 28 juillet 2022].

<table>
<tr><th>Périmètres respectifs de l'EPCI à fiscalité propre et du syndicat de communes ou du syndicat mixte</th><th>Règles applicables aux communautés d'agglomération, communautés urbaines et métropoles</th><th>Règles applicables aux communautés de communes</th></tr>
<tr><td>Périmètre identique
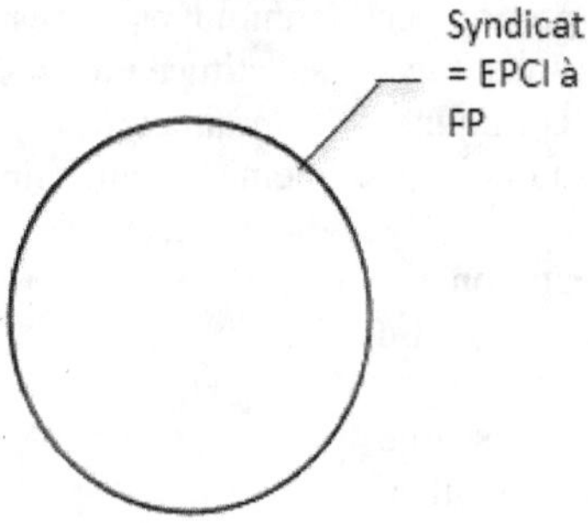
</td><td colspan="2">L'EPCI à fiscalité propre est substitué au syndicat de communes ou au syndicat mixte dont le périmètre est identique au sien, pour l'ensemble des compétences exercées par ce syndicat.
Le syndicat est dissous.</td></tr>
<tr><td>Périmètre du syndicat inclus dans celui de l'EPCI à fiscalité propre
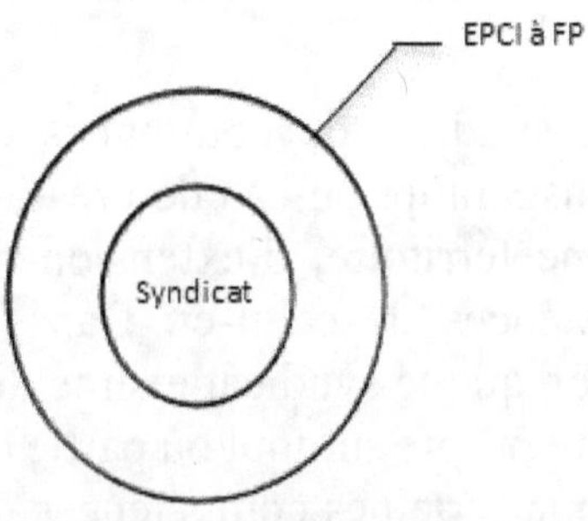
</td><td colspan="2">L'EPCI à fiscalité propre est également substitué au syndicat de communes ou au syndicat mixte dont le périmètre est inclus en totalité dans son propre périmètre, mais seulement pour les compétences qu'exerce ce même EPCI à fiscalité propre.
Le syndicat est dissous s'il n'exerçait que des compétences désormais transférées à ce dernier. Il subsiste en revanche s'il exerce d'autres compétences.</td></tr>
<tr><td>Périmètre de l'EPCI à fiscalité propre inclus dans celui du syndicat
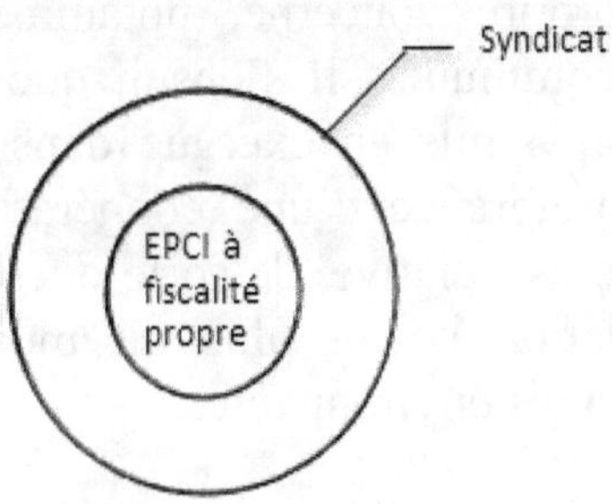

Périmètres qui se chevauchent</td><td>Lorsque le périmètre de l'EPCI à fiscalité propre est inclus dans celui du syndicat, ou lorsque ces deux périmètres se chevauchent :
- si le syndicat exerce des compétences transférées à titre obligatoire ou optionnel à l'EPCI à fiscalité propre, les communes membres</td><td>Lorsque le périmètre de la communauté de communes est inclus dans celui du syndicat, ou lorsque ces deux périmètres se chevauchent, le principe de « représentation-substitution » trouve à s'appliquer dans tous les cas, qu'il</td></tr>
</table>

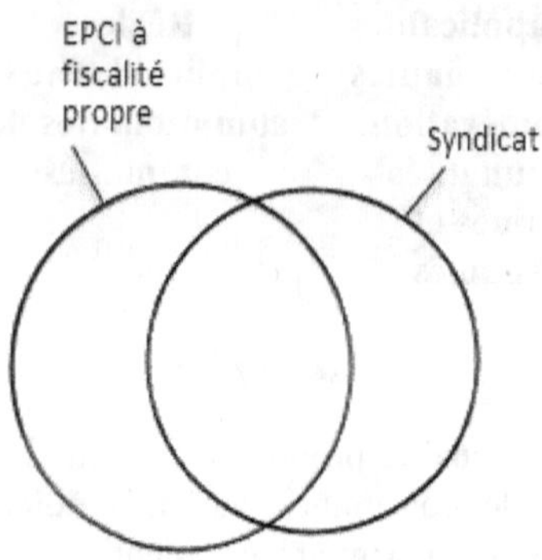

de ce dernier se retirent du syndicat ;
- si le syndicat exerce des compétences transférées à titre facultatif à l'EPCI à fiscalité propre, ce dernier se substitue à ses communes membres au sein du syndicat (« représentation-substitution »). Ce sont des délégués de l'EPCI à fiscalité propre qui siègent au comité syndical, en nombre égal à celui des délégués dont disposaient les communes avant la substitution.

s'agisse de compétences obligatoires, optionnelles ou facultatives. Autrement dit, la communauté de communes est substituée à ses communes membres au sein du syndicat.

416. En lien avec ce qui précède, un syndicat de communes ou syndicat mixte est en principe appelé à disparaître en cas de création d'un EPCI à fiscalité propre sur le même territoire, d'extension du territoire ou d'élargissement des compétences de celui-ci. Dans le dernier cas, la disparition est prononcée lorsque le syndicat exerce des compétences transférées à l'EPCI à fiscalité propre sur tout ou partie de son territoire. Ce régime impose donc, pour certaines compétences, la disparition du syndicat concerné, tandis qu'un mécanisme dit de « représentation-substitution » permet, pour d'autres compétences, sa coexistence avec l'EPCI à fiscalité propre concerné, notamment lorsqu'il s'agit d'une communauté de communes. Il s'ensuit que le principe de « représentation-substitution » mis en exergue dans le rapport susmentionné sous-entend la préférence d'une coopération locale de projet à une coopération locale associative, de sorte que les compétences, le territoire et la population soient plus ou moins égalitaires par rapport aux intercommunalités environnantes.

417. Par ailleurs, le dernier rapport public de la Cour des comptes – dressant « un bilan de la performance de l'organisation territoriale qui a résulté de la mise en œuvre par étapes » du processus de la décentralisation [634] – prône notamment le renforcement des intercommunalités, le cas échéant avec de nouveaux transferts ou délégations de compétences[635]. Il n'en demeure pas moins que, dans la majorité des cas, le transfert d'une compétence à un EPCI à fiscalité propre entraîne le retrait des communes membres du syndicat exerçant cette même compétence. En revanche, l'EPCI à fiscalité propre est libre de transférer toute compétence à un syndicat mixte dont le périmètre inclut en totalité le périmètre communautaire. Ceci exclut donc, en règle générale, le transfert d'une compétence à un syndicat qui l'exerce sur une partie seulement du territoire communautaire, ou à plusieurs syndicats sur des parties distinctes de ce territoire[636]. Concrètement, il s'agit d'une facilité de coopération à l'échelle du bloc communal, par laquelle un regroupement des intercommunalités peut aboutir à la création d'un pôle d'équilibre territorial et rural (PETR) ou d'un pôle métropolitain, notamment pour l'élaboration d'un schéma de cohérence territorial (SCoT).

418. Au demeurant, l'objectif de parvenir à la représentativité par les actions des collectivités territoriales est certes apparente, mais son évolution en termes d'égalité peut être mise en cause. En effet, « les mêmes personnes délibéreront des mêmes choses dans des instances [distinctes], seule la proportion de leur représentation variant »[637] et leurs compétences étant interchangeables. L'enjeu est d'avoir la représentation la plus pertinente entre une vision libérale du système tendant laisser prospérer les initiatives locales et une volonté de réglementer le système territorial sur base des blocs de compétences. D'où la tentative de signification de la représentativité par d'autres concepts juridiques déjà appliqués au niveau national.

---

[634] Cour des comptes, *La décentralisation 40 ans après*, rapport public annuel, 2023, p. 63 [mis en ligne sur le site : https://www.ccomptes.fr/system/files/2023-03/20230310-RPA-2023_0.pdf] [consulté le 14 mars 2023].

[635] V. sur ce point Raphaël MEYER, « Transfert ou délégation de compétences : où en est-on ? », *Intercommunalités*, n° 276, 2022, pp. 20-21.

[636] Une exception est notée en matière de gestion de l'eau et des cours d'eau, d'alimentation en eau potable, d'assainissement collectif ou non collectif, de collecte ou de traitement des déchets ménagers et assimilés, ou encore de distribution d'électricité ou de gaz naturel. Elle est prévue notamment par l'article 4 de la loi n° 2017-1838 du 30 décembre 2017 relative à l'exercice des compétences des collectivités territoriales dans le domaine de la gestion des milieux aquatiques et de la prévention des inondations, JORF n° 0305, 31 décembre 2017.

[637] B. FAURE, *op. cit.* (n° 408), 2020, p. 559.

B. Du « fédéralisme administratif » au « bicamérisme » intercommunal

419. Depuis l'instauration de la désignation des délégués communautaires au suffrage universel direct, la pertinence du maintien de certaines strates communales peut parfois laisser dubitatif. L'acte III de la décentralisation a été renforcé par la mise en œuvre de certains instruments de coopération locale dont les effets se sont traduits notamment par le bouleversement de la configuration institutionnelle des intercommunalités. Par exemple, la conférence des maires qui, *in fine*, a trait à une sorte de fédéralisme administratif : « à côté d'une représentation centrale instituée proportionnellement à l'importance des diverses communes dans le cadre du conseil de communauté, écrasant les petites communes au sein de cette représentation, la conférence des maires doit permettre de concilier les vues des communes avec celles de la représentation intercommunale classique. »[638]

420. La redéfinition de certaines compétences locales par la loi dite Engagement et Proximité, adoptée et promulguée dans le contexte du mouvement des « gilets jaunes », a conduit à la mise en place d'un système d'apparence bicamérale au sein de la configuration intercommunale. En effet, l'instauration de la conférence des maires peut s'apparenter, toutes choses étant égales par ailleurs, à une seconde chambre parlementaire[639], nonobstant le rôle consultatif de cette instance locale. Comparativement à une chambre haute au niveau national, on peut retenir que l'objectif de représentativité est porté par la garantie institutionnelle que la voix des plus petites communes soit mieux entendue au sein de la conférence des maires que dans l'organe délibérant communautaire.

421. Il s'agit moins d'un fédéralisme « embryonnaire » au niveau territorial que d'une logique bicamérale « inégalitaire » faisant de la conférence des maires une « chambre de réflexion », n'ayant guère qu'un rôle plus ou moins négligeable en application du pacte de gouvernance territoriale. À proprement parler, ce raisonnement sur le plan institutionnel n'est pas comparable à la configuration bicamérale des deux chambres du Parlement, où l'Assemblée nationale a le dernier

---

[638] B. FAURE, *op. cit.* (n° 408), 2020, p. 558.
[639] *Ibidem*, p. 559.

mot pour l'adoption des lois. L'idée est plutôt d'identifier l'organisation des pouvoirs locaux sur le modèle existant du pouvoir législatif. Dans un avis rendu en 2019, le Conseil d'État a estimé que « le conseil des maires, les commissions et conférences du pacte de gouvernance ont des attributions exclusivement consultatives qui n'empiètent pas sur les compétences des instances légales des [EPCI] à fiscalité propre »[640]. Le dispositif ainsi créé participe du renforcement de la représentativité du maire et des élus de la commune au sein de l'intercommunalité. Néanmoins, l'intégralité du pouvoir appartient au conseil de communauté, seule assemblée élue sur des bases démographiques au sens de l'article 72, alinéa 3, de la Constitution.

422. Pour autant, la perception d'une seconde assemblée communautaire à travers la conférence des maires, dépourvue de toute capacité décisionnelle, n'est qu'une illusion. C'est ainsi que Bertrand FAURE a établi un constat amer en ces termes : « Il pourra s'ensuivre des espoirs déçus du côté des communes, cette conférence qui les représente étant réduite à un rôle de donneur d'avis sans force obligatoire, à une rencontre de bonnes volontés. »[641] Et le professeur d'ajouter : « Alors, on n'aura rien changé de la gouvernance intercommunale. Celle-ci continuera de s'exercer par sa représentation classique que la loi [n° 2019-1461 du 27 décembre 2019] aura doublée d'une para-représentation d'ordre diplomatique. La première prendra conseil de la seconde si elle le veut. Et le sentiment 'd'encommissionnement', que ces maires éprouvent si douloureusement, ne se dissipera pas (conseil de communauté, bureau, conférence des maires, commissions spécialisées). »[642]

423. Néanmoins, il est important de relever l'exception de la conférence métropolitaine des maires à Lyon que le conseil de la métropole doit consulter selon les modalités prévues à l'article L.3633-2 du CGCT. Cette exception inhérente au caractère particulier de la Métropole de Lyon est loin de couvrir la pratique inégalitaire de la représentativité au niveau territorial.

---

[640] CE, avis n° 398013, 15 juillet 2019, *Avis sur un projet de loi relatif à l'engagement dans la vie locale et à la proximité de l'action publique*, point 4.
[641] B. FAURE, *op. cit.* (n° 408), p. 559.
[642] *Ibidem*.

II. Une pratique de la représentativité en définitive inégalitaire pour les collectivités territoriales

424. La décentralisation laisse apparaître l'idée d'un partage réel des compétences entre les institutions nationales qui animent le niveau central et les organes locaux qui occupent le niveau territorial. Toutefois, pendant ses vingt premières années, la décentralisation s'est astreinte à un vison binaire de l'autonomie des collectivités territoriales : soit elle est absolue et aboutit à l'indépendance, soit elle est relative et contribue au maintien de l'unité nationale. À ce propos, Georges BURDEAU estime que « la décentralisation peut, du moins théoriquement, être absolue ou relative. Elle sera absolue lorsque toutes les activités du groupe considéré ne dépendront que de lui ; elle sera relative si certaines de ces activités seulement seront soustraites à l'emprise d'une autorité extérieure. En fait, comme bien on pense, il n'existe que des cas de décentralisation relative »[643].

425. De manière concrète, les mécanismes de représentation à l'étude traduisent une conception rigide de la décentralisation voulant que la même règle s'applique partout et tout le temps. Si en théorie des évolutions majeures ont été observées, depuis la réforme constitutionnelle de 2003, en pratique le principe d'égalité entre les collectivités territoriales demeure fondamentalement le même[644]. Aussi l'acte III de la décentralisation apparaît-il comme une réforme territoriale particulièrement rigide dans le droit des collectivités territoriales, en particulier pour les intercommunalités.

426. À première vue, l'idéal d'une représentation égalitaire serait justifié dans le sens où celle-ci instaurerait une égalité de représentativité et, par conséquent, de traitement entre les collectivités territoriales. Au sens du principe d'égalité entre les collectivités territoriales, et même de l'interdiction de tutelle d'une collectivité sur une autre, une différence de traitement entre ces collectivités dans une instance décisionnelle pourrait être malvenue dans certains cas. Par exemple, il serait inadmissible qu'à la différence des représentants

---

[643] G. BURDEAU, *op. cit.* (n° 216), p. 297.

[644] V. en ce sens B. FAURE, « La révision constitutionnelle de 2003 : vérité dix ans après », *AJDA*, n° 23, 2013, pp. 1328-1334.

d'autres collectivités territoriales disposant d'une voix délibérative, le représentant d'une collectivité ne dispose que d'une voix consultative.

427. Le Conseil constitutionnel a eu l'occasion de préciser la portée de la pratique inégalitaire de la représentativité des acteurs locaux, en répondant à une question prioritaire de constitutionnalité relative au Comité d'entreprise de l'établissement public d'aménagement de la Défense Seine Arche[645]. Concernant la composition et les droits de vote au sein du conseil d'administration de cet établissement public, il a jugé conforme à la Constitution l'inégalité de la représentation des collectivités territoriales à condition qu'elle soit liée à une contrepartie de la collectivité favorisée et justifiée par une différence de situation de la collectivité défavorisée. En l'occurrence, la contrepartie de la collectivité favorisée est liée à l'obligation de contribuer proportionnellement aux dépenses de l'établissement public, telles que fixées par une convention. L'inégalité de la représentativité semble donc admise dès lors qu'il n'y a aucun risque de tutelle d'une collectivité sur une autre.

§2 Le passage de l'égalité à l'équité au travers d'une « représentation statistique »

428. L'importance de la notion de représentativité dans la sphère publique apparaît moins propice au caractère « exceptionnel » des considérations qui lui sont attachées. Il a donc fallu trouver un concept susceptible de sortir ces considérations de l'ordre de l'exception, eu égard au principe d'égalité, pour en faire des éléments constitutifs d'une notion plus inclusive. C'est alors qu'intervient le concept juridique d'équité ou, a contrario, le caractère inéquitable de la représentation plus couramment évoqué. Toutefois, même si dans la pratique c'est plutôt l'iniquité de la représentation qui semble prévaloir, la représentativité demeure un objectif valable tant pour les collectivités territoriales elles-mêmes que pour leurs habitants (I). Elle se traduit cependant par une identification dominante des considérations démographiques au fait majoritaire (II).

---

645 CC, décision n° 2018-734 QPC, 27 septembre 2018, *Comité d'entreprise de l'établissement public d'aménagement de la Défense Seine Arche*, considérants 9, 12 à 14 et 17.

I. Les considérations dominantes de la représentativité à l'origine de l'équité

429. L'exigence formelle d'une représentation équitable des collectivités territoriales et leurs habitants au sein de la République française a été construite notamment par une jurisprudence constante du Conseil constitutionnel[646], « dont la formulation actuelle affirme que ce principe implique une répartition des sièges selon une règle de proportionnalité à la population »[647]. Ensuite, par une décision du 9 décembre 2010, le Conseil a expressément étendu cette exigence, qui s'appliquait déjà aux communes[648], aux départements et aux régions[649]. On peut penser en toute logique qu'elle concerne leurs organes délibérants, étant donné que la compétence d'administrer et de représenter les collectivités territoriales appartient en principe à leurs conseils élus.

430. Une telle exigence, non comminatoire mais généralisée au niveau territorial, se distingue notamment de la représentativité fortement exigée dans les États ayant adopté le consociationalisme, à l'instar de la Belgique, de l'Irlande du Nord, des Pays-Bas ou de la Suisse [650] . En pratique, l'idéal serait d'établir des critères de

---

[646] Par exemple, CC, décision n° 85-196 DC, 8 août 1985, *Loi sur l'évolution de la Nouvelle-Calédonie*, considérant 16 ; CC, décision n° 86-208 DC, 2 juillet 1986, *Loi relative à l'élection des députés et autorisant le Gouvernement à délimiter par ordonnance les circonscriptions électorales*, considérants 21 et suivants ; CC, décision n° 2008-573 DC, 8 janvier 2009, *Loi relative à la commission prévue à l'article 25 de la Constitution et à l'élection des députés*, considérant 26 ; CC, décision n° 2010-602 DC, 18 février 2010, *Loi ratifiant l'ordonnance n° 2009-935 du 29 juillet 2009 portant répartition des sièges et délimitation des circonscriptions pour l'élection des députés*, considérant 22.

[647] M. Verpeaux, « La loi portant nouvelle organisation territoriale de la République devant le Conseil constitutionnel : une nouvelle illustration de la parabole du moustique et du chameau », *JCP A*, n° 38-39, 2015, p. 18.

[648] V. CC, décision n° 87-227 DC, 7 juillet 1987, *Loi modifiant l'organisation administrative et le régime électoral de la ville de Marseille*, considérant 5.

[649] V. CC, décision n° 2010-618 DC, 9 décembre 2010, *Loi de réforme des collectivités territoriales*, considérants 38 à 41. Cette exigence concerne implicitement l'ensemble des collectivités territoriales.

[650] V. par exemple, Dave Sinardet, « Le fédéralisme consociatif belge : vecteur d'instabilité ? », *Pouvoirs*, n° 136, 2011, pp. 21-35 ; Félix Mathieu et Dave Guenette, « De la mobilisation du consociationalisme par le droit : comprendre les systèmes juridiques des sociétés fragmentées à la lumière de leurs trajectoires sociopolitiques », Revue générale de droit, n° 51, 2021 [mis en ligne sur le site

représentativité applicables dans tous les cas de figure, mais l'extrême diversité des collectivités territoriales rend complexe l'élaboration de tels critères transversaux en droit positif. Pour autant, la comparaison avec le système consociatif doit être limitée à l'observation du fonctionnement des mécanismes consociationnels sous le prisme du droit ; elle ne s'étend pas à l'existence de la « démocratie de concordance » envisagée par les théoriciens des sciences politiques.

431. Par ailleurs, une lecture concordante des textes officiels et de la jurisprudence susmentionnés ne permet de dégager qu'un seul critère reconnu par le législateur et appliqué par les juges, à savoir la proportionnalité des représentants à la population. Il est néanmoins dégagé dans cette recherche les considérations dominantes attachées à la représentativité des acteurs locaux, qui illustrent le double degré de représentation pour la population locale tel qu'analysé dans la section suivante. En outre, elles induisent le caractère équitable ou inéquitable de la répartition des sièges de représentants.

432. Les considérations dominantes de la représentativité aboutissent sur ce point soit au caractère équitable de la représentation, soit à son caractère inéquitable. Aussi, au regard des hypothèses de représentation des collectivités territoriales recensées dans cette recherche, les mécanismes du mandat et ceux de l'habilitation – réceptifs à la représentativité – sont essentiellement inéquitables. Sur trente-cinq hypothèses de représentation, six sont équitables, trois sont partiellement inéquitables et vingt-six sont totalement inéquitables[651]. On relève finalement que l'extrême diversité des collectivités territoriales et l'hétérogénéité des modes d'élection des organes locaux constituent les principaux freins à la mise œuvre d'une représentation équitable au niveau territorial ; elles révèlent en particulier la relativité du « fait majoritaire » des organes délibérants de ces collectivités.

---

https://www.erudit.org/fr/revues/rgd/2021-v51-n1-rgd06406/1081843ar.pdf] [consulté le 10 novembre 2024].

[651] V. en introduction le tableau synoptique de la représentation des collectivités territoriales dans la sphère publique, pp. 43-50

II. L'identification des considérations démographiques au fait majoritaire

433. Le passage au concept d'équité est soutenu notamment par l'inadéquation du concept d'égalité au phénomène majoritaire à l'échelle des collectivités territoriales. Dans le cadre de cette recherche, le phénomène du fait majoritaire ne correspond pas tout à fait au contexte politique à l'échelle nationale, c'est-à-dire lorsque le président de la République et la majorité à l'Assemblée nationale sont de même obédience politique [652]. Il correspond plutôt au fait que la représentativité des acteurs locaux n'intègre pas l'ensemble de la population des collectivités territoriales mais une partie de leurs habitants, notamment ceux dont les aspirations sont portées par les élus locaux. Ainsi, de la concordance de ces aspirations est dégagée une majorité de représentants susceptible de prendre des décisions ou d'adopter des orientations allant dans le sens des attentes des habitants.

434. Toutefois, une opinion des acteurs locaux portant les aspirations de la majorité des habitants d'une collectivité territoriale peut se trouver en minorité au sein d'une instance élargie à d'autres collectivités. Aussi, mieux que le principe d'égalité en général, l'adéquation du concept d'équité au phénomène majoritaire peut-elle être traduite de la réflexion d'Evelyne LAGRANGE en ces termes : « L'élaboration du principe de majorité s'est toujours entremêlée à la formulation des principes représentatifs et l'a exposée aux mêmes griefs. Les points de recoupement sont nombreux : la loi de la majorité comme la désignation d'un organe représentatif mettent en péril l'unité de la collectivité ; l'arithmétique menace d'imposer son arbitraire, à la décision comme à l'élection, au détriment des raisons les plus étroites et des éléments les meilleurs ; par application de la règle de majorité ou par délégation de la faculté de vouloir, la volonté du tout se passe du consentement de chacun ; la majorité du moment joue les représentants de la minorité »[653]. Il s'ensuit que, derrière la représentation des collectivités territoriales, il y a une représentation des habitants de ces collectivités dont il convient de mettre les caractéristiques en évidence.

---

[652] V. J. BENETTI, « L'impact du fait majoritaire sur la nature du régime (Réflexions sur le régime parlementaire de la Ve République) », *Petites affiches*, n° 138, 2008, p. 20.

[653] E. LAGRANGE, *op. cit.* (n° 45), p. 21.

Section 2 La représentation indirecte de la population au travers des collectivités territoriales : une représentativité incidente

435. Les collectivités territoriales ont une dimension sociale que l'on peut identifier au travers de leurs organes – s'agissant de leur représentation – et leurs habitants – s'agissant de leur finalité. Pour ces derniers un double niveau de représentation est à l'œuvre, subséquemment à la dimension sociale de ces collectivités, toutes les fois que l'action des représentants engage les collectivités représentées. La question ici est donc de savoir si les représentants des collectivités territoriales dans les institutions sont indirectement représentatifs de leur population (§1).

436. En outre, par définition et syllogisme, celui qui représente agit à la place de celui qui est représenté, ce dernier étant visible à travers le premier : il incombe au représentant de traduire, en fait et en droit, la personnalité et la responsabilité du représenté. Il s'ensuit que le procédé de la représentation fait des acteurs locaux les porteurs des intérêts non seulement des collectivités territoriales mais aussi de leurs habitants, par leur rattachement aux mécanismes de représentation mis en œuvre. C'est aussi le lieu d'analyser l'impact de cette représentativité incidente dans la prise des décisions censées concerner les collectivités représentées, notamment par la recherche d'un équilibre démographique (§2).

§1 L'effet d'un double degré de représentation pour les habitants des collectivités territoriales

437. L'objectif dans cette partie de la recherche est de comprendre les modalités de la représentation indirecte de la population locale par les représentants des collectivités territoriales dans les institutions. Ce double degré de représentation au bénéfice des habitants participe de la dimension sociale des collectivités territoriales (I). Il implique l'existence d'un lien permanent entre les organes élus et les habitants de ces collectivités (II).

I. La dimension sociale des collectivités territoriales en faveur de l'équité

438. Le cloisonnement des fonctions de représentation et d'administration est générateur de discontinuités dans la mise en œuvre des solutions apportées par les politiques publiques. Il est nécessaire de procéder à l'ajustement des politiques publiques locales afin de les orienter au plus près des besoins des habitants des collectivités territoriales représentées. L'idée sous-jacente est de créer et développer un système de coopération territoriale entre les acteurs locaux afin de fluidifier l'intervention des pouvoirs publics dans le quotidien des habitants. Cette coopération devrait être comprise non pas au sens de l'intercommunalité ou de la coopération locale classique, mais du point de vue d'une « diplomatie » entre collectivités territoriales dont les représentants seraient les principaux acteurs et hors de tout cadre structurel existant.

439. De toute évidence, il importe plus aux habitants des collectivités territoriales de voir l'amélioration de leur quotidien et leur cadre de vie que de connaitre ceux qui agissent en ce sens, même si l'inverse est politiquement intéressant pour ces acteurs. Partant, l'intérêt pratique d'une représentation ajustée par l'objectif de représentativité est de permettre la clarification des compétences et le renforcement de l'efficacité de l'administration. Ceci est d'autant plus nécessaire dans une région telle que l'Île-de-France, devenue un labyrinthe de l'administration territoriale où s'empilent et s'enchevêtrent des structures de diverses natures (région, métropole du Grand Paris, départements, EPT, intercommunalités et communes).

440. L'équilibre de leur représentation tant recherché au niveau territorial est en réalité « synonyme d'équité : la représentation visée serait une représentation équitable, au sens de représentation juste, raisonnable, une représentation non disproportionnée » [654]. Il est difficile de définir précisément les contours de l'équité à laquelle renvoie la représentation équilibrée des collectivités territoriales, notamment du fait de leur extrême diversité. Néanmoins, cette

---

[654] O. Bui-Xuan, « La représentation équilibrée : une fausse représentation ? », *in* O. Bui-Xuan (dir.), *op. cit.* (n° 7), p. 146.

représentation équilibrée postule une relation évidente entre les représentants de ces collectivités et leurs habitants.

II. Un lien permanent entre les organes élus et les habitants des collectivités territoriales

441. Le fondement de la représentativité, en droit public, est la garantie que la représentation tienne compte de l'enjeu démographique, c'est-à-dire du poids proportionnel de la population. À l'échelle nationale, le Conseil constitutionnel considère qu'« en sa qualité d'assemblée parlementaire le Sénat participe à l'exercice de la souveraineté nationale » [655] conformément à l'article 3 de la Constitution qui, pourtant, réserve cette compétence aux seuls représentants du peuple[656]. On peut en déduire que les représentants des collectivités territoriales, dès lors qu'ils participent indirectement de l'exercice de la souveraineté par l'élection des sénateurs, doivent être à leur échelle représentatifs du peuple au sein des instances où ils siègent.

442. Au niveau territorial la représentation indirecte de la population tient à l'existence d'un lien permanent entre cette dernière et les représentants, en tant qu'organes élus des collectivités territoriales. Au sens des dispositions des articles 24 et 72 de la Constitution, ce lien indéfectible nécessite que les organes délibérants de ces collectivités soient issus des élections au suffrage universel. C'est en ce sens qu'à l'échelle nationale, le Sénat doit, « dans la mesure où il assure la représentation des collectivités territoriales de la République, être élu par un corps électoral qui est lui-même l'émanation de ces collectivités [...] » [657].

443. Il faut par ailleurs que ce soit une représentation équilibrée : il s'agit d'une forme de représentation équitable, au sens du droit, attachée à la démographie des collectivités territoriales. Le principe d'équité vise en l'occurrence à établir une équivalence proportionnelle entre le nombre des habitants de ces collectivités et le nombre de sièges

---

[655] CC, décision n° 92-308 DC, 9 avril 1992, *Traité sur l'Union européenne*, considérant 26.

[656] Le premier alinéa de l'article 3 de la Constitution dispose : « La souveraineté nationale appartient au peuple qui l'exerce par ses représentants et par la voie du référendum. »

[657] CC, décision n° 92-308 DC, 9 avril 1992, *Traité sur l'Union européenne*, considérant 26.

des représentants au sein d'une instance. Nous y reviendrons dans le prochain chapitre notamment pour indiquer dans quels cas on parle de « représentation équilibrée »[658].

§2 La recherche de l'équilibre démographique des collectivités territoriales représentées

444. La représentativité des acteurs locaux est appréhendée dans cette recherche au-delà de la conception de la démocratie locale (I). En revanche, l'équité de la représentation souhaitée est nuancée par la limitation du droit de vote et d'éligibilité (II).

I. Un objectif de représentativité distinct du concept de la démocratie locale

445. Le développement du concept de démocratie, ainsi que des idées associées (ancrage territorial, référendum local, pluralisme d'opinions, etc.), est apparu à l'échelle locale à l'occasion du renforcement des mesures destinées à favoriser la transparence des mécanismes d'élaboration et de prise des décisions. De manière classique, le concept « désigne l'ensemble des moyens et des procédures par lesquels les élus [locaux] peuvent mieux associer les habitants aux décisions et à la vie de leur collectivité locale »[659]. Si cette définition peut être admissible, dans certains cas, pour la représentation des collectivités territoriales dans une perspective interne, elle n'est pas valable pour la perspective externe de la représentation dans laquelle cette recherche est orientée[660].

446. En effet, l'action qui s'inscrit dans le registre de la démocratie locale est caractérisée par la justification de l'intérêt à agir des représentants ; elle ne peut porter les intérêts des collectivités territoriales, ni engager celles-ci. C'est ainsi que la jurisprudence administrative relève qu'une collectivité territoriale « ne justifie pas d'un intérêt lui donnant qualité pour faire appel du jugement » par lequel l'élection d'un conseiller municipal a été annulée et un autre

---

[658] Il faut noter que cette expression est notamment entendue, dans cette recherche, au sens d'une représentation inclusive. Son acception n'est donc pas forcément identique à l'utilisation faite par le législateur ou par les juges administratif et constitutionnel.
[659] DGCL, *La démocratie locale*, Les éditions des Journaux officiels, coll. « Législation et réglementation », 1998.
[660] V. *supra*, pp. 36-39.

candidat proclamé élu[661]. Dans le même ordre d'idées, c'est aux représentants des collectivités territoriales qu'appartient le pouvoir de les administrer et, en conséquence, de délibérer sur les affaires qui les concernent. Ainsi, le référendum décisionnel, instauré au niveau local par la révision constitutionnelle du 28 mars 2003, est précisément limité à certains domaines.

447. Par ailleurs, la mission principale des collectivités territoriales est de satisfaire l'intérêt général ; la fonction de représentation de leurs organes dans les instances externes peut s'inscrire dans ce cadre. L'objectif d'intégrer les considérations liées à la représentativité dans les fonctions de représentation diffère de la conception classique de la démocratie locale : celle-ci est le pendant politique des instruments juridiques d'une décentralisation par définition unitaire. Partant, la représentativité à l'étude tend à une nouvelle forme de gouvernance « fondée sur l'acceptation et l'application des diversités culturelles ou territoriales, ancrée dans l'affirmation et l'organisation des principes d'autonomie et de subsidiarité, et orientée vers la définition et la réalisation de politiques publiques tout à la fois à l'écoute des attentes de la société et de l'économie et à la recherche d'une meilleure efficacité »[662]. Elle tend finalement à jeter les bases d'un équilibre démographique pour autant nuancé.

II. Un équilibre démographique nuancé par un droit de vote et d'éligibilité restreint

448. Le déséquilibre de la représentation peut être mis en relation avec le déséquilibre du développement géographique de la France, dénoncé dans l'ouvrage de Jean-François GRAVIER[663]. L'idée soutenue dans cet ouvrage est particulièrement valable pour les collectivités territoriales au sens de l'article 72 de la Constitution. Cependant, elle ne peut pas être étendue au niveau national, notamment pour les élections législatives, car elle se heurterait au principe fondamental selon lequel les députés représentent non pas leurs circonscriptions mais la Nation tout entière au sens de l'article 3 de la Constitution.

---

[661] CE, n° 113116, 11 juillet 1990, *Élections municipales d'Entremont*, mentionné aux tables du recueil Lebon.

[662] Bruno REMOND, *De la démocratie locale en Europe*, Presses de Sciences Po, coll. « La bibliothèque du citoyen », 2001, p. 143.

[663] J.-F. GRAVIER, *op. cit.* (n° 422).

449. En pratique, ce déséquilibre, qui découle notamment de la diversité des régimes électoraux de ces collectivités, présente quelques difficultés pouvant être identifiées notamment dans le cadre des intercommunalités, et plus généralement de la coopération locale. Justement, parce qu'il est nécessaire de le corriger, on a cherché à rétablir l'équilibre de la représentativité en fixant un plafond de 20 % en moyenne des écarts de représentation, à l'instar de celui requis concernant la délimitation des circonscriptions pour les élections législatives. Mais finalement, la portée d'un tel équilibre doit être relativisé lorsqu'on considère la limitation du droit de vote et d'éligibilité sur lequel il est fondé. Cette limitation du droit de vote et d'éligibilité aux nationaux et, dans une certaine mesure pour les élections municipales [664], aux ressortissants des États membres de l'Union européenne engendre une distinction sous-jacente entre les citoyens et les habitants des collectivités territoriales en général.

450. Force est de constater qu'en réalité les sièges de représentants ne sont pas répartis selon le nombre d'électeurs inscrits sur les listes électorales mais sur la base de la population recensée, qu'elle soit française, communautaire ou étrangère, majeure ou mineure, ou qu'elle jouisse ou non de ses droits civils et politiques[665]. Dans sa décision du 7 juillet 1987, le Conseil constitutionnel a implicitement confirmé le principe tendant à se référer à la population telle qu'elle est identifiée au recensement le plus récent. Il a suivi les critiques des requérants qui ont estimé que « [s]ubstituer au critère de la population celui du nombre d'électeurs […] aboutirait à exclure radicalement de toute représentation non seulement les étrangers... mais aussi les citoyens adultes qui, pour une raison ou pour une autre, ne sont pas inscrits sur les listes, et surtout la totalité des enfants de France »[666]. En outre, concernant les droits civils et politiques, il convient de relever qu'en France la jouissance du droit de vote pour les détenus ne soulève pas tant de difficultés que l'effectivité de son exercice en milieu carcéral. Depuis l'entrée en vigueur du décret n° 94-167 du 25 février 1994

---

[664] V. l'article L.O.227-1 du Code électoral.

[665] V. sur ce point, Claire CUVELIER, « La réforme du vote en prison », *AJDA*, n° 19, 2023, pp. 981 *sq* : « Les exclus du vote sont, de la même façon qu'en dehors des prisons, les mineurs, les étrangers, les condamnés à une peine de prison privative des droits civiques et les détenus condamnés sous le régime de la loi ancienne. »

[666] CC, décision n° 87-227 DC, 7 juillet 1987, *Loi modifiant l'organisation administrative et le régime électoral de la ville de Marseille*.

modifiant certaines dispositions de droit pénal et de procédure pénale, les personnes détenues jouissent, à l'exception de la liberté d'aller et venir, de l'ensemble des droits et libertés des citoyens, notamment le droit de vote[667].

451. Concernant les étrangers non-ressortissants de l'Union européenne résidant en France, un élargissement législatif ou réglementaire du droit de vote et d'éligibilité aux élections municipales est impossible en l'état actuel du droit. Il est nécessaire de procéder à une révision constitutionnelle à l'instar de celle qui a été opérée pour le droit de vote et d'éligibilité conféré aux citoyens européens. En ce sens, une proposition de loi constitutionnelle, adoptée le 3 mai 2000 à l'Assemblée nationale, a prévu d'accorder le droit de vote et d'éligibilité aux élections municipales aux étrangers non-ressortissants de l'Union européenne résidant en France depuis plus de cinq ans[668]. Transmise à la chambre haute du Parlement le 4 mai 2000, il aura fallu attendre onze ans pour voir des débats autour de cette loi et son adoption – après modification en première lecture – par le Sénat le 8 décembre 2011[669]. Afin d'éviter toute contradiction constitutionnelle, l'article 1er du texte a été adopté en ces termes : « Après l'article 72-4 de la Constitution, il est inséré un article 72-5 ainsi rédigé : '*Art. 72-5.* – Le droit de vote et d'éligibilité aux élections municipales est accordé aux étrangers non-ressortissants de l'Union européenne résidant en France. Ils ne peuvent exercer les fonctions de maire ou d'adjoint, ni participer à la désignation des électeurs sénatoriaux et à l'élection des sénateurs. Une loi organique détermine les conditions d'application du présent article.' »

452. Pour autant, du fait des calculs politiciens, le texte adopté par les deux chambres du Parlement est encore loin d'être soumis au vote du Congrès – dont le vote favorable aux trois quarts au minimum est

---

667 V. le décret n° 94-167 du 25 février 1994 modifiant certaines dispositions de droit pénal et de procédure pénale, JORF n° 48, 26 février 1994.

668 Il est important de relever que la durée attachée à la condition de résidence correspond à celle fixée au paragraphe 1 de l'article 6 de la Convention sur la participation des étrangers à la vie publique au niveau local (STE n° 144).

669 V. la proposition de loi constitutionnelle visant à accorder le droit de vote et d'éligibilité aux élections municipales aux étrangers non-ressortissants de l'Union européenne résidant en France, n° 21 (2011-2012), Sénat.

requis – ou au référendum en vue de son adoption[670]. Le 9 août 2022, un député a déposé « à titre personnel » une nouvelle proposition de loi constitutionnelle pour « accorder le droit de vote et d'éligibilité aux élections municipales » indistinctement à tous les étrangers[671]. En réalité, une adaptation sous diverses formes peut être envisagée comme en Espagne et au Portugal sous condition de réciprocité, en Belgique, au Danemark, au Luxembourg, aux Pays-Bas et en Suède, sous condition de durée de résidence allant de trois à cinq ans, au Royaume-Uni sous conditions de résidence et d'être ressortissant d'un État membre du Commonwealth, ainsi qu'en Irlande sans condition[672].

453. Aussi est-il souhaitable d'intégrer un nouvel article 72-5 dans le titre XII de la Constitution, qui serait rédigé en ces termes : « Sous réserve de réciprocité et selon les modalités prévues par des traités bilatéraux ou multilatéraux qui engagent la République française, le droit de vote et d'éligibilité aux élections municipales est accordé aux étrangers non-ressortissants de l'Union européenne résidant en France. Ces derniers ne peuvent exercer les fonctions de maire ou d'adjoint ni participer à la désignation des électeurs sénatoriaux et à l'élection des sénateurs. Une loi organique votée dans les mêmes termes par les deux chambres du Parlement détermine les conditions d'application du présent article. »

---

[670] V. « Citoyenneté et droit de vote des étrangers », *Vie publique*, 7 mars 2022 [mis en ligne sur le site : https://www.vie-publique.fr/eclairage/20186-citoyennete-et-droit-de-vote-des-etrangers] [consulté le 11 novembre 2022]. D'abord Nicolas Sarkozy, alors président de la République, s'est prononcé « contre cette proposition qu'il estime 'hasardeuse' et susceptible de 'diviser les Français à une période de crise où il y a tant besoin de les rassembler' ». Ensuite l'ancien président de la République François Hollande, au travers de son Premier ministre, Manuel Valls, a estimé « impossible politiquement de faire adopter [sa] promesse [de campagne] sur le droit de vote des étrangers, car aucune des deux options nécessaires […] n'est envisageable ». Enfin l'actuel président de la République, Emmanuel Macron, a précisé, pour sa part, « qu'il préférait favoriser l'accès à la nationalité française plutôt que d'accorder le droit de vote aux étrangers ».

[671] V. *Les Echos*, 9 août 2022 [mis en ligne sur le site : https://www. https://www.lesechos.fr/politique-societe/politique/sacha-houlie-veut-un-droit-de-vote-aux-municipales-pour-tous-les-etrangers-1781226vie-publique.fr/eclairage/20186-citoyennete-et-droit-de-vote-des-etrangers] [consulté le 30 décembre 2022].

[672] V. Service des études juridiques du Sénat, *Le droit de vote des étrangers aux élections locales*, coll. « Les documents de travail du Sénat. Série législation comparée », n° 154, 2005.

CONCLUSION DU CHAPITRE

454. L'objectif de représentativité des acteurs locaux, tel qu'analysé dans cette recherche, s'inscrit dans le registre du droit et diffère, en conséquence, de la conceptualisation de la représentativité en lien avec le système de la démocratie locale. Dans le cadre des mécanismes de représentation à l'étude, il n'est pas possible d'atteindre cet objectif sans le « miroir », c'est-à-dire les représentants dont l'action est fondée soit sur un titre valide[673], soit sur l'intérêt public leur conférant la qualité d'agir au nom et pour le compte des collectivités territoriales représentées [674]. La représentativité des acteurs locaux, conciliant l'intérêt public avec les réalités locales, est alors associée à cette action afin de combler le fossé entre la complexité de l'appareil politique et les besoins des habitants liés à leur cadre de vie.

455. La représentativité des acteurs locaux emporte la représentation indirecte des habitants des collectivités territoriales : on pourrait en déduire qu'elle tient de l'intérêt local identifié dans l'action des organes de ces collectivités. Cette représentativité serait dans ce cas assez particulière : ce serait bien plus une conséquence, peut-être fortuite, qu'un objectif, voire une exigence de la loi ou de la jurisprudence. Par exemple, lorsqu'un conseil départemental décide de financer et de mener une campagne de communication contre des projets de loi tendant à une profonde modification du régime administratif des collectivités territoriales675. On se trouve non seulement face à une évidente adaptation du concept représentativité mais aussi un prolongement de la règle constitutionnelle d'égalité devant le suffrage. Plus précisément, la compatibilité du concept et de la règle susmentionnés renforce l'idée de chercher une meilleure représentation des collectivités territoriales.

---

[673] Par exemple, dans le mécanisme du mandat direct et les mécanismes de l'habilitation.

[674] Par exemple, dans le cadre du mécanisme du mandat indirect ou du mécanisme de l'incarnation.

[675] V. Marie-Christine ROUAULT, « Un département a-t-il intérêt à mener campagne contre les projets de loi de réforme des collectivités territoriales ? », *JCP A*, n° 49, 2010, pp. 2-4.

456. En outre, l'égalité devant le suffrage n'implique pas nécessairement une égalité arithmétique de représentation des collectivités territoriales, les inégalités étant essentiellement consubstantielles à la configuration de chaque collectivité territoriale. De même une « représentation statistique » tendant à faire converger les intérêts des collectivités territoriales ne s'applique pas de façon similaire dans les instances des EPCI à fiscalité propre comme dans d'autres formes de coopération locale. In fine, le concept de représentativité pour les acteurs locaux ne se prête pas correctement à la règle d'égalité entre les collectivités territoriales au sens de l'article 72-2, alinéa 5, de la Constitution. D'où la nécessité de faire évoluer cette représentativité au travers d'un concept qui correspond au principe de la représentation : l'équité, c'est-à-dire le caractère juste ou non de la représentation.

457. Il en résulte que les collectivités territoriales ont une dimension sociale prééminente qui se prête moins au concept d'égalité en qualité d'élément unitaire qu'à celui d'équité en tant qu'agrégat. On pourrait penser à première vue qu'elle consiste en « une représentation numérique, une représentation statistique qui rejoint la notion de représentativité lorsqu'elle s'applique à une instance représentative »[676], et devrait donc suivre la logique égalitaire des nombres. À voir de plus près, il n'en est rien car cette représentation, mais aussi la représentativité sous-jacente, ne concerne pas que des personnes morales de droit public selon leur catégorie, ou leur nombre ; elle concerne davantage des éléments géographiques, historiques, démographiques et socioéconomiques solidement attachés et formant un tout homogène que sont les collectivités territoriales.

[676] O. BUI-XUAN, *op. cit.* (n° 654), p. 147.

CHAPITRE 2 : LA REPRÉSENTATION-MANDAT TRAVERSÉE PAR LA REPRÉSENTATIVITÉ

458. Le Constituant fait de l'objectif d'accorder de nouveaux droits aux citoyens l'un des trois axes de la loi constitutionnelle n° 2008-724 du 23 juillet 2008 adoptée par le Congrès le 21 juillet 2008 et promulguée le 23 juillet 2008 [677]. Il a cherché à améliorer la représentativité des institutions par davantage d'écoute des citoyens et une meilleure prise en compte de leurs aspirations par les pouvoirs publics. C'est ce qui ressort de l'exposé des motifs de ladite loi constitutionnelle et s'est traduit, le 9 mai 2019, par la première décision du Conseil constitutionnel relative au référendum « d'initiative partagée »[678]. Cette démarche, valable aussi bien sur le plan national que local, vise à améliorer l'implication des citoyens dans les dispositifs d'administration des collectivités territoriales ainsi que dans les mécanismes de représentation.

459. Par ailleurs, le niveau territorial, en particulier le bloc communal, apparaît comme un espace privilégié dans lequel s'épanouit la représentativité, essentiellement en raison du rapport de proximité entre les représentants locaux et la population. On observe, dès lors, un fil conducteur similaire à celui de la « participation citoyenne » ou de la « démocratie participative » [679], entendues comme un dispositif juridique et administratif visant à associer les citoyens à la gouvernance des affaires publiques[680]. Il existe un foisonnement des démarches dites

---

[677] Loi constitutionnelle n° 2008-724 du 23 juillet 2008 de modernisation des institutions de la Vᵉ République, JORF n° 0171, 24 juillet 2008.

[678] CC, décision n° 2019-1 RIP, 9 mai 2019, *Proposition de loi visant à affirmer le caractère de service public national de l'exploitation des aérodromes de Paris*. V. le commentaire de M. VERPEAUX, « Démocratie représentative *versus* démocratie semi-directe », *AJDA*, n° 27, 2019, pp. 1553-1559.

[679] V. Guillaume GOURGUES, *Les politiques de démocratie participative*, Presses universitaires de Grenoble, coll. « Libres cours », 2013, 148 p. ; Patrick NORYNBERG, *Une nouvelle ambition pour la démocratie participative. Un éventail de pratiques citoyennes*, Yves Michel Éditions, coll. « Société civile », 2014, 136 p. ; Alice MAZEAUD et Magali NONJON, *Le marché de la démocratie participative*, Éditions du Croquant, 2018, 366 p.

[680] V. Margaux BARLET, Paul FOYART, Claire GOHET et Arthur POPLIN, *La participation citoyenne à l'échelle des grandes villes, grandes intercommunalités et métropoles*, Presses de Sciences Po – France Urbaine, 2019, p. 4 : À ce titre, « [l]e développement d'une multitude de démarches participatives au sein des [collectivités

de « démocratie participative », dont les plus courantes sont : le budget participatif, le jury citoyen, les ateliers de concertation et les fabriques de la participation. L'objectif de représentativité dans ces démarches est, d'une part, limité à la perception du citoyen comme expert de son cadre de vie sur des questions précises et, d'autre part, dépend du degré de son implication, et donc de prise en compte de son opinion (information, consultation, concertation, co-construction), les pratiques étant par ailleurs différentes selon les collectivités territoriales.

460. Dans les faits, la représentation est peu imprégnée de la conception sociologique et politique de la place des habitants au sein de la gouvernance publique, en dépit du fait que l'innovation des stratégies en matière de participation citoyenne est en plein développement, surtout au niveau des collectivités territoriales. Force est de constater que les démarches de participation citoyenne « tendent parfois à mobiliser les mêmes populations et ne peuvent pas dans ces conditions prétendre représenter tous les citoyens [du fait] de ce problème de représentativité. Les jeunes, les classes populaires, les ressortissants étrangers, mais aussi les ménages avec enfants et les actifs peinent à être mobilisés lors des démarches invitant à la participation citoyenne »[681].

461. Cela étant, on relève que, dans la représentation des collectivités territoriales, la représentativité est subjuguée par les fondements « essentiellement démographiques » des mécanismes du mandat direct et du mandat indirect (Section 1). Pour autant, ces mécanismes sont inéquitables et nécessitent qu'il soit envisagé leur correction dans l'optique d'une meilleure représentativité de ces collectivités (Section 2). Il est important de préciser que, du fait du lien indirect avec la population, une meilleure compréhension des fondements de ces mécanismes nécessite une approche par différents niveaux de représentativité : externe et interne. La démonstration qui s'ensuit reste cependant essentiellement axée sur le fil conducteur de cette recherche, à savoir la représentation externe des collectivités territoriales.

---

territoriales] semble à première vue se faire en ordre dispersé. Chaque dispositif suit des logiques propres, et chaque territoire propose une vision politique de la participation citoyenne singulière, autonome, et donc incomparable aux autres territoires français. La réussite ou l'échec d'une démarche de participation est ainsi intimement lié au contexte local ».

[681] M. BARLET, P. FOYART, C. GOHET et A. POPLIN, *op. cit.* (n° 680), 2019, p. 11.

Section 1 La représentativité traduite par les mécanismes du mandat

462. Les mécanismes du mandat direct et du mandat indirect constituent le point focal de la représentativité dans le cadre de cette recherche. Et lorsque la représentativité s'applique aux représentants au sein des instances, elle se traduit notamment par l'exigence de la proportionnalité de leur nombre à la population des collectivités représentées (§1). Il est dès lors possible se demander si la représentation unique d'une collectivité territoriale peut être représentative, ou au contraire elle nécessite de constituer un ensemble ou une composition collégiale. Appliquée de manière exacerbée, cette dernière entraine une catégorie de représentants plus nombreuse en proportion dans une instance que dans la réalité de référence, soit une surreprésentation[682].

463. En ce sens, le cumul des mandats ne permet pas de renforcer la représentativité des élus locaux[683], et ce ne serait un abus de verbe d'y voir la reformulation de la locution latine suivante : *« cumulatio delenda est »*[684]. Au surplus, la quête de la proportionnalité rend la représentation-mandat perméable à diverses considérations liées à la représentativité ; mais certaines retombées de ce type de représentation en demeurent éloignées (§2).

§1 L'exigence de la proportionnalité du nombre de représentants à la population

464. Au sens de la jurisprudence constitutionnelle, les mécanismes du mandat direct et du mandat indirect intègrent une répartition des sièges de façon proportionnelle eu égard à la population des collectivités territoriales. La répartition des sièges de représentants qui s'ensuit doit s'appuyer sur un recensement récent de la population, afin

[682] En termes de population ou de nombre de communes membres d'une intercommunalité par exemple.
[683] V. CC, décision n° 2014-689 DC, 13 février 2014, *Loi organique interdisant le cumul de fonctions exécutives locales avec le mandat de député ou de sénateur*.
[684] « Il faut supprimer le cumul ». La locution originale est : *« Carthago delenda est »* (il faut détruire Carthage). Elle est issue des discours appelant à la troisième guerre punique, prononcés au Sénat de Rome par Marcus Porcius Cato, dit Caton l'Ancien, vers 150 avant Jésus-Christ.

d'être conforme à sa conception initialement voulue équitable. Il faut cependant se garder de confondre la représentation proportionnelle avec le scrutin proportionnel qui est en fait l'un des deux principaux modes d'élection en droit positif, outre le scrutin majoritaire. À ce propos, le scrutin proportionnel peut être considéré comme le mode d'élection qui intègre le plus les considérations liées à la représentativité, « en ce qu'il permet de refléter davantage de courants politiques que le scrutin majoritaire, [mais] ce dernier est souvent considéré comme le plus efficace, puisqu'il contribue à dégager une majorité »[685].

465. Selon le Conseil constitutionnel, la proportionnalité de la représentation constitue en soi un impératif d'intérêt général. Toutefois, dans une mesure limitée, la répartition des sièges peut ne pas respecter la règle de proportionnalité : on peut y déroger en tenant compte « d'autres impératifs d'intérêt général »[686]. Cette répartition est du reste définie par la prise en compte de l'ensemble de la population, et non seulement du nombre des électeurs (I). En outre, il n'est pas possible d'y intégrer des aspects relatifs aux identifications singulières (II).

I. Une proportionnalité relative définie par une prise en compte de l'ensemble de la population

466. Le représentant d'une collectivité territoriale peut s'exprimer ou agir valablement du fait de la qualité de « l'audience » qu'il a dans la population plutôt qu'au sein de l'électorat. Cette affirmation traduit une conception prétorienne da la représentativité à l'aune de la proportionnalité des élus locaux à la population. En effet, dans la décision n° 87-227 DC du 7 juillet 1987, le Conseil constitutionnel a appliqué la jurisprudence dite « Nouvelle-Calédonie » en soulignant que l'organe délibérant d'une commune doit être élu sur des bases essentiellement démographiques. Ainsi a-t-il relevé que « si le législateur n'a pas jugé opportun, pour deux des cent un siège à attribuer, de faire une stricte application de la représentation proportionnelle à la plus forte moyenne, les écarts de représentation entre les secteurs selon l'importance respective de leur population, telle

685 V. O. Bui-Xuan, *op. cit.* (n° 135), p. 911.
686 CC, décision n° 2010-618 DC, 9 décembre 2010, *Loi de réforme des collectivités territoriales*, considérant 38.

qu'elle ressort du dernier recensement, ne sont ni manifestement injustifiables ni disproportionnées de manière excessive »[687].

467. Par la suite, depuis sa décision du 8 août 1985, le Conseil constitutionnel s'est toujours fondé sur le principe d'égalité devant le suffrage pour exercer un contrôle sur les découpages électoraux. Ceci n'implique pas pour autant que le nombre des représentants d'une circonscription soit rigoureusement proportionnelle à la population. D'autres considérations d'intérêt général peuvent justifier que des distorsions existent « dans une mesure limitée »[688]. Toutefois, la répartition proportionnelle des sièges de représentants doit se faire « sur des bases essentiellement démographiques » et si « le législateur peut tenir compte d'impératifs d'intérêt général susceptibles d'atténuer la portée de cette règle fondamentale, il ne saurait le faire que dans une mesure limitée »[689].

468. En lien avec ce qui précède, des théoriciens de droit public y trouvent la garantie d'un certain équilibre : « Ainsi est du même coup confirmée la prise en compte de la population plutôt que celle des électeurs. Ceux, donc, qui n'ont pas cette qualité sont néanmoins représentés par les élus, même s'ils ne participent pas à leur désignation. Ce n'est que justice : outre les ressortissants étrangers en situation irrégulière qu'il est souhaitable de prendre en compte, cette catégorie est avant tout composée des mineurs, qui, pour n'être pas encore électeurs, font partie du peuple et sont déjà citoyens, passifs, titulaires de droits à ce titre [...] »[690]. Il en résulte une limitation de l'écart de représentation au sein des assemblées délibérantes des collectivités territoriales à 20 % par rapport à la proportionnalité démographique. Une jurisprudence constante du Conseil constitutionnel attache à cette limitation le principe d'égalité devant le suffrage[691]. Toutefois, il faut

---

[687] CC, décision n° 87-227 DC, 7 juillet 1987, *Loi modifiant l'organisation administrative et le régime électoral de la ville de Marseille*.
[688] CC, décision n° 85-196 DC, 8 août 1985, *Loi sur l'évolution de la Nouvelle-Calédonie*, considérant 16.
[689] CC, décision n° 86-208 DC, 2 juillet 1986, *Loi relative à l'élection des députés et autorisant le Gouvernement à délimiter par ordonnance les circonscriptions électorales*, considérant 21.
[690] G. CARCASSONNE et M. GUILLAUME, *op. cit.* (n° 279), p. 51.
[691] Par exemple, CC, décision n° 2008-573 DC, 8 janvier 2009, *Loi relative à la commission prévue à l'article 25 de la Constitution et à l'élection des députés*, considérant 26 ; CC, décision n° 2010-602 DC, 18 février 2010, *Loi ratifiant*

écarter de cette limitation traditionnelle toute tendance à y voir une identification aux particularités des habitants.

II. L'aberration d'une identification aux diverses particularités de la population locale

469. Le Conseil constitutionnel a constamment jugé que la répartition des sièges de représentants au sein des instances de coopération locale doit respecter le principe de proportionnalité. Cette proportionnalité est exigée par rapport à la population de chaque commune membre car, « dès lors que des établissements publics de coopération entre les collectivités territoriales exercent en lieu et place de ces dernières des compétences qui leur sont dévolues, leurs organes délibérants doivent être élus sur des bases essentiellement démographiques »[692]. À ce titre, la méconnaissance des considérations démographiques par les dispositions législatives relatives à la répartition des sièges de représentants constitue une violation du principe d'égalité devant le suffrage, aussi valable pour une répartition des sièges à l'échelon infracommunal.

470. Le même principe rend inopérant l'identification des acteurs locaux aux particularités de la population des collectivités territoriales représentées. Pour traduire cet impératif juridique dans la réalité, l'action des représentants au sein de l'organe délibérant est menée par la conciliation des choix de la majorité politique avec les propositions ou influences de l'opposition. Dès lors, toute considération tendant à quelconque identification politique, sociologique, voire religieuse des acteurs locaux aux habitants des collectivités territoriales est caduque au point de vue du droit, quand bien même elle serait réelle.

471. Ce raisonnement va dans le sens du choix opéré par le pouvoir exécutif lorsqu'il a rejeté l'idée tendant à un contrôle *a priori* de listes de candidats aux élections municipales. En effet, l'idée portée notamment par les députés, sénateurs et autres élus de droite visait, en fait, le communautarisme de « listes défendant un islamisme radical »

---

l'ordonnance n° 2009-935 du 29 juillet 2009 portant répartition des sièges et délimitation des circonscriptions pour l'élection des députés, considérant 22.

[692] CC, décision n° 2015-717 DC, 6 août 2015, *Loi portant nouvelle organisation territoriale de la République*, considérant 5. En l'espèce, il s'agit de la répartition des sièges de conseillers métropolitains de Paris.

qui se distinguent par rapport « au seul nom de la liste, au programme défendu par certaines listes, au soutien apporté par un ou des partis politiques identifiés comme étant communautaristes, ou à la qualité et la personnalité des têtes de liste lorsqu'elles existent »[693]. L'argument soutenu est que le pouvoir de suspension par arrêté ministériel et de révocation par décret dont dispose l'État constitue un rempart contre des dérives identitaires. Dans tous cas, il n'est pas concevable qu'une telle initiative passe le filtre du contrôle de constitutionnalité, étant donné que les règles juridiques relatives à la représentation n'ont ni pour objet ni pour effet de prêter le flanc à un jeu politicien tapi dans l'ombre de la représentativité.

§2 L'éloignement persistant de la représentation équitable escomptée

472. En dépit de divers efforts législatifs et jurisprudentiels, les considérations liées à la représentativité ont eu pour effet notamment de creuser un désavantage de la proportionnalité au détriment de la population des communes moyennes (I). Les efforts consentis en matière démographique ont pu dans le même temps produire un effet remarquable sur le plan de la sociologie : elles ont pu rendre moins inégalitaire l'accès des femmes et des hommes aux mandats électoraux (II). Toutefois, les évolutions actuelles et à venir de la société soulèvent des questionnements concernant le repositionnement du droit, ainsi que les risques de remise en cause ou même les avancées, dans ce domaine : c'est entre autres le cas de la problématique de la non-binarité qui outrepasse la catégorisation classique du masculin et du féminin en droit[694].

---

693 M. VERPEAUX, « Peut-on contrôler les listes de candidats aux élections municipales ? », *JCP A*, n° 48, 2019, p. 3.

694 V. par exemple, les développements de Stéphanie HENNETTE VAUCHEZ, « Neutralisation des énoncés juridiques et égalité femmes-hommes », *in* O. BUI-XUAN (dir.), *Le(s) droit(s) à l'épreuve de la non-binarité*, Lextenso-LGDJ, coll. « Colloques & Essais », 2023, pp. 217-230 ; Diane ROMAN, « Reconnaissance juridique de la non-binarité et actions positives en faveur des femmes », *in* O. BUI-XUAN (dir.), *Le(s) droit(s) à l'épreuve de la non-binarité*, Lextenso-LGDJ, coll. « Colloques & Essais », 2023, pp. 231-250.

I. Une proportionnalité aux effets de représentativité limités

473. À la question de savoir si la représentativité des acteurs locaux est déterminée à l'aune du nombre de sièges échu à une collectivité territoriale, le Conseil constitutionnel répond par la négative dans sa décision n° 2017-640 QPC. Statuant sur la condition d'éligibilité du conseiller communautaire représentant une commune ne disposant que d'un seul siège au sein d'un EPCI, le Conseil souligne que le législateur est tenu seulement à assurer la représentation effective de chaque commune[695]. En l'espèce, il est nécessaire d'avoir la garantie d'un conseiller communautaire suppléant, et la recevabilité d'une liste électorale n'est pas liée au respect de l'exigence d'un nombre de candidats. L'effectivité de la représentation traduit un effort minimal en faveur de la représentativité des acteurs locaux. Elle laisse ainsi subsister une arithmétique défavorable des sièges de représentants, notamment pour les communes et les autres collectivités territoriales de taille moyenne dans les différentes instances.

474. En termes de proportionnalité du nombre de représentants à la population, il s'ensuit pour le bloc communal l'effet pervers d'une représentativité à la fois écrasante pour les communes fortement peuplées et insignifiante pour les communes faiblement peuplées. Concernant les communes nouvelles en particulier, celles qui ont fusionné sont légèrement surreprésentées parmi les communes de 200 à 499 habitants et sous-représentées dans la strate des communes d'au moins 5 000 habitants. Si la représentativité des élus des communes nouvelles ressemble le plus souvent à celle des élus d'autres communes en termes de nombre d'habitants, elle s'inscrit plutôt dans l'ordre de la surreprésentation des communes ayant entre 1 000 et 10 000 habitants. Il convient de relever la corrélation entre cette surreprésentation et un mécanisme fonctionnel aussi incitatif que pertinent : le bonus financier de 5 % de la dotation forfaitaire pour les communes nouvelles avec une population comprise entre 1 000 et 10 000 habitants[696].

---

[695] V. CC, décision n° 2017-640 QPC, 23 juin 2017, *M. Gabriel A*, considérant 8.

[696] Il s'agit d'une nouvelle forme d'incitations financières, dont la première version apparût dans la loi n° 71-588 du 16 juillet 1971 sur les fusions et regroupements de communes, dite loi « Marcellin ». Celle-ci avait prévu deux incitations financières à la fusion des communes : la majoration de 50 % pendant cinq ans, à compter de la fusion, des subventions d'équipement attribuées par l'État pour des opérations déjà engagées par les communes fusionnées ; la compensation par l'État du manque à

475. Par ailleurs, dans leur rédaction issue de la loi du 16 décembre 2010 de réforme des collectivités territoriales, telle que modifiée par la loi n° 2012-1561 du 31 décembre 2012, les dispositions du deuxième alinéa du I de l'article L.5211-6-1 du CGCT ont été jugées non conformes à la Constitution. Le Conseil constitutionnel, appliquant pour la première fois aux EPCI les règles de désignation des représentants des collectivités territoriales, a exigé en particulier de « respecter un principe général de proportionnalité par rapport à la population de chaque collectivité territoriale participante »[697]. Aussi le Conseil a-t-il considéré que les dispositions en cause méconnaissaient le principe d'égalité devant le suffrage et étaient contraires à la Constitution, dès lors qu'elles tendaient à permettre l'accord sur la détermination du nombre et la répartition des sièges à la seule condition qu'il soit tenu compte de la population. Il en découle le souci de rechercher avant tout la représentation effective des communes membres des EPCI.

II. L'accès encore « inégalitaire » des femmes et des hommes aux mandats électifs locaux

476. Au cours des années 2010, deux évolutions législatives ont eu pour effet notamment de favoriser la parité femmes-hommes dans la représentation des collectivités territoriales. D'une part, l'abaissement à 1 000 habitants – au lieu de 3 500 auparavant – du seuil de population à partir duquel l'élection des conseillers municipaux se fait au scrutin de liste. D'autre part, une innovation électorale au niveau territorial : l'élection d'un « binôme paritaire » constitué de deux conseillers départementaux de sexe différent par canton [698], ainsi que leurs suppléants de sexe différent. À noter que le suffrage binominal est le seul qui correspond à la parité de candidatures et d'élu(e)s, les autres

---

gagner résultant, pour la commune nouvelle, de l'égalisation des charges fiscales. Ces incitations financières étaient applicables aux deux types de fusion des communes pouvant être retenus, à savoir : la fusion simple, entraînant une disparition complète des communes fusionnées (v. les anciens articles L.2113-1 à L.2113-10 du CGCT) ; la fusion-association, prévoyant la création de communes associées avec, pour une commune nouvelle de plus de 100 000 habitants, des conseils consultatifs (v. les anciens articles L.2113-11 à L.2113-26 du même Code).

[697] CC, décision n° 2014-405 QPC, 20 juin 2014, *Commune de Salbris*, considérants 4 et 5.

[698] En 2013, les femmes ne représentaient que 13,5 % des conseillers départementaux sur environ 4 000.

types de suffrages étant limités, au mieux, à une parité de candidatures. Cependant, dans les deux cas, la parité femmes-hommes ne s'est pas réalisée de manière automatique, contrairement à ce qui était envisagé. L'une des raisons est que les communes de moins de 1 000 habitants sont soustraites à cette législation, soit 71 % de l'ensemble des communes avec les exécutifs de leurs groupements.

477. On a beau apercevoir une progression du nombre d'élus locaux de sexe féminin, force est de constater que plus de 80 % des maires et 89 % des présidents d'intercommunalités sont de sexe masculin. Afin de pallier cette difficulté pour autant surmontable, le législateur s'est fixé dans la loi dite Engagement et Proximité l'objectif de commencer l'élaboration d'une loi à ce sujet avant la date limite du 31 décembre 2021. Ainsi une proposition de loi sur l'égalité femmes-hommes dans les fonctions électives et exécutives des communes et leurs groupements a été adoptée en première lecture à l'Assemblée nationale le 3 février 2022[699].

478. Mais en pratique, la considération de la parité femmes-hommes est associée à d'autres considérations liées à la représentativité, à l'instar de la délimitation territoriale et la démographie. C'est le cas notamment pour la représentation des communes soit au conseil de territoire d'EPT, soit au conseil communautaire d'EPCI – instances de type institutionnel. Cette considération est aussi associée au régime catégoriel des collectivités territoriales pour la représentation des communes, départements, régions, EPCI et CSP au sein du CFL ou du CNEN – instances de type institutionnel. Plus précisément, « il ne s'agit absolument pas de représentation juridique, juste de représentation statistique : ce qui est visé, c'est une meilleure participation des femmes dans ce type d'instances. Par suite, l'objectif poursuivi n'est pas de confronter des intérêts différents au sein d'instances de décision, mais d'ouvrir effectivement ces instances aux femmes et, accessoirement, de multiplier les compétences et les expériences » des représentants[700]. Les compétences et expériences dont il s'agit sont autant valables pour la

---

[699] V. la proposition de loi visant à renforcer la parité dans les fonctions électives et exécutives du bloc communal, n° 4587, enregistrée à la présidence de l'Assemblée nationale le 19 octobre 2021.
[700] O. BUI-XUAN, *op. cit.* (n° 654), p. 150.

représentativité externe des collectivités territoriales que pour leur représentativité interne.

479. L'exposé des motifs de la proposition de loi visant à renforcer la parité dans les fonctions électives et exécutives du bloc communal révèle que le législateur prend garde à ne pas traiter la question de la parité de manière isolée dans les deux volets principaux de son travail. *Primo*, il a étendu le scrutin de liste paritaire aux communes de moins de 1 000 habitants et autorise en même temps le dépôt de listes incomplètes dans le souci de ne pas porter une atteinte excessive notamment au principe de pluralisme, consacré par l'article 4 de la Constitution. Plus précisément, les dérogations au principe de complétude du conseil municipal [701] ne sont plus limitées aux communes de moins de 500 habitants mais concernent désormais toutes celles de moins de 1 000 habitants. Au surplus, la nécessité d'un conseil municipal qui ne soit pas « incomplet », telle que prévue à l'alinéa 3 de l'article L.2122-8 du CGCT, ne signifie pas la présence de tous les conseillers municipaux lors de l'élection des membres de l'organe exécutif. Elle traduit plutôt l'élection du conseil municipal dans son intégralité, c'est-à-dire qu'il doit y avoir autant de conseillers élus que de sièges à pourvoir.

480. *Secundo*, l'exposé des motifs de la proposition de loi susmentionnée a prévu d'instaurer dans les exécutifs des intercommunalités une parité « en miroir » de la répartition par sexe des membres de l'organe délibérant pris dans son ensemble. Il en résulte que la parité femmes-hommes n'est pas une considération autonome de la représentativité[702]. Elle s'inscrit dans une dynamique à long terme qui devrait suivre la progression du nombre de représentants de sexe féminin dans le cadre des mécanismes du mandat, sans nécessiter une nouvelle intervention du législateur dans les années à venir. En pratique, l'application du principe fondamental de parité n'est pas aisée et il est arrivé que les juges administratifs concèdent son adaptation aux

---

[701] Telles que prévues à l'article L.2121-2-1 du CGCT.

[702] V. en ce sens les éclairages d'O. BUI-XUAN, « La 'représentation équilibrée entre hommes et femmes', une catégorie juridique équivoque », *RDP*, n° 2, 2015, pp. 425-443.

réalités locales, par exemple à l'occasion du renouvellement des membres l'exécutif d'une commune[703].

481. Le travail législatif en cours devrait être moins prescriptif dans le sens de renforcer la parité femmes-hommes dans le bloc communal. En effet, le risque est de penser que « [c]e souci strictement quantitatif masque une nouvelle forme de domination masculine sur les lieux de pouvoir. Car les femmes sont certes plus nombreuses aujourd'hui, mais là où il y a le moins de pouvoir. Le quantitatif prime sur le qualitatif »[704]. Le législateur devrait préférer une approche pragmatique à une approche statistique de la parité qui « n'injecte pas une dose de représentativité dans les institutions »[705]. Ainsi, en associant la pratique de la parité à celle d'autres considérations liées à la représentativité, elle serait plus efficace au sein des mécanismes du mandat encore marqués par un déficit d'équité, auquel il convient d'apporter quelques correctifs.

Section 2 Les tentatives de correction d'une représentation-mandat inéquitable

482. Lors de son allocution du 21 octobre 2014 à la suite de son élection à la présidence du Sénat, Gérard LARCHER s'interrogeait en ces termes : « Le critère démographique [...] est-il le critère exclusif de représentativité ? » Et dans le souci d'impulser une « nouvelle génération de la décentralisation », le Groupe de travail du Sénat sur la décentralisation a proposé une meilleure représentation des collectivités territoriales par la garantie d'une représentation équitable des territoires dans les assemblées locales, en particulier dans les

---

[703] V. CE, arrêt n° 353342, 7 novembre 2013, *Monsieur A*... Le Conseil relève en substance qu'« il ne résulte pas du texte clair [des dispositions de la loi n° 2007-128 du 31 janvier 2007] qu'une liste présentée pour l'élection partielle d'adjoints au maire doive tenir compte du nombre des adjoints de chaque sexe qu'il est nécessaire de remplacer, dès lors qu'elle ne comporte pas d'écart entre le nombre des candidats de chaque sexe supérieur à un ».

[704] Isabelle BOUCOBZA et Charlotte GIRARD, « Représentation ou représentativité des femmes dans les institutions politiques ? », *in* O. BUI-XUAN (dir.), *op. cit.* (n° 7), p. 102.

[705] *Ibidem*, p. 104.

intercommunalités[706]. Le rapport du Groupe de travail met en évidence les enjeux géographiques, historiques et culturelles, et va dans le sens de la proposition de loi constitutionnelle tendant à assurer la représentation équilibrée des territoires, adoptée par le Sénat le 3 février 2015[707]. Cette proposition de loi a été envoyée en vue de son adoption à la commission de l'Assemblée nationale chargée des lois constitutionnelles, de la législation et de l'administration générale de la République ; elle a été reprise en substance dans une nouvelle proposition de loi constitutionnelle et prévoit désormais de garantir une « représentation équitable » des territoires dans leur diversité[708].

483. De manière concrète, la quête d'une représentation-mandat équitable peut être identifiée dans une démarche volontariste du législateur, et des sénateurs en particulier (§1), et une prise en compte réelle des citoyens dans les affaires de leur collectivité (§2). C'est en somme la traduction législative de ce qu'on appelle le « fait territorial » que l'on tend à appliquer essentiellement au bloc communal. L'idée est d'aboutir à une représentation des territoires « assurée dans le respect de l'égalité devant le suffrage », selon le président de la seconde chambre du Parlement, en combinant démocratie du nombre et celle du territoire.

§1 La démarche volontariste du législateur pour une « représentation équilibrée » des territoires

484. Par l'adoption de la proposition de loi n° 58 (2014-2015), le Sénat a montré sa volonté de consacrer une règle fondamentale de la représentation équilibrée des territoires aux côtés de celle de la

---

[706] Gérard LARCHER, Philippe BAS et Jean-Marie BOCKEL, *Pour le plein exercice des libertés locales* : *50 propositions du sénat pour une nouvelle génération de la décentralisation*, Sénat, 2020, p. 14, [mis en ligne sur le site http://www.senat.fr/fileadmin/Fichiers/Images/redaction_multimedia/2020/2020-Documents_pdf/20200702_Rapport_GT_Decentralisation.pdf] [consulté le 18 septembre 2022].

[707] V. la proposition de loi n° 208, 254 et 255 (session ordinaire 2014-2015, n° 58).

[708] Proposition de loi constitutionnelle pour le plein exercice des libertés locales, n° 682, enregistrée à la présidence du Sénat le 29 juillet 2020. V. en ce sens le rapport de la Commission des lois constitutionnelles, de législation, du suffrage universel, du Règlement et d'administration générale, présenté en première lecture à la séance du 20 octobre 2020 [mis en ligne sur le site https://www.senat.fr/rap/l20-048/l20-0485.html] [consulté le 10 août 2023].

représentation sur des bases essentiellement démographiques[709]. Il s'agit d'introduire un concept d'équilibre visant à « assouplir le principe d'égalité devant le suffrage tel qu'il est interprété par le Conseil constitutionnel afin de permettre une meilleure représentation des territoires ruraux dans les assemblées locales »[710]. Il convient de mentionner que cette proposition de loi est intervenue à la suite d'une autre proposition législative tendant, elle, à assurer une représentation juste et équilibrée des territoires au sein des conseils régionaux[711]. Puis un autre texte législatif a été proposé dans le même sens en vue d'améliorer, cette fois, la représentativité des conseils communautaires ainsi que la participation des conseillers municipaux au fonctionnement des EPCI[712]. La démarche parlementaire, et particulier du Sénat, correspond à son ambition d'une meilleure représentativité des communes, notamment au travers de la revitalisation de l'échelon communal (I) et de l'émergence des communes nouvelles (II).

I. L'ambition de revitalisation de l'échelon communal

485. Dans une lettre du 10 septembre 2018 adressée au président de la République, les présidents de cinq départements avaient évoqué « le risque irrévocable d'accentuer davantage les fractures territoriales [entre les territoires urbains et ruraux] », si le Gouvernement maintenait son projet de « fusion-absorption » des départements sur le périmètre des métropoles de Bordeaux, de Lille, de Nantes, de Nice et de Toulouse[713]. De plus, le contexte de l'émotion collective suscitée, en été 2019, par le décès du maire de Signes, dans le Var, renversé par le conducteur d'un fourgon, alors qu'il tentait de le dissuader de déverser illégalement des gravats dans sa commune, a donné place à une série de doléances et revendications lointaines des élus locaux. Il a fallu donc

---

[709] V. la proposition de loi n° 208, 254 et 255 (session ordinaire 2014-2015, n° 58).
[710] O. BUI-XUAN, *op. cit.* (n° 654), p. 147.
[711] V. la proposition de loi tendant à assurer une représentation juste et équilibrée des territoires au sein des conseils régionaux, n° 386 (2012-2013), enregistrée à la présidence du Sénat le 25 février 2013.
[712] V. aussi la proposition de loi visant à améliorer la représentativité des conseils communautaires et à mieux associer les conseillers municipaux au fonctionnement de l'intercommunalité, n° 54 (2018-2019), adoptée par le Sénat le 24 janvier 2019.
[713] Géraldine LANGLOIS, « La fronde des départements contre les métropoles à la lyonnaise », La Gazette, 10 septembre 2018, [mis en ligne sur le site https://www.lagazettedescommunes.com/582012/la-fronde-des-departements-contre-les-metropoles-a-la-lyonnaise/] [consulté le 2 août 2022].

apaiser le mécontentement des élus locaux, notamment au sujet des réglementations considérées comme restrictives des compétences des communes et des départements, et par suite de leur représentativité dans les instances locales, mais aussi à propos de l'activité des élus locaux[714].

486. Une solution législative en vue de « lutter contre la fracture territoriale » – c'est-à-dire les inégalités observables entre les collectivités territoriales –, ainsi que leurs populations, a été initiée par le Gouvernement. La loi relative à l'engagement dans la vie locale et à la proximité de l'action publique a constitué la première réponse législative en matière territoriale à la fois aux revendications du mouvement des « gilets jaunes » et à la grogne des élus locaux. Avec le soutien notable des sénateurs, le projet du texte à adopter a suivi une procédure accélérée : il a d'abord été déposé au Sénat le 17 juillet 2019 et adopté en première lecture le 22 octobre 2019 ; ensuite il a été adopté en première lecture à l'Assemblée nationale, en décembre de la même année, avant d'être harmonisé en commission mixte paritaire[715]. À voir de près, cette réponse législative intéresse plus les communes que les autres collectivités territoriales et va à contre-courant de l'acte III de la décentralisation, opéré sous le triptyque des lois dites MAPATAM, NOTRe et de découpage des régions.

487. Dans ce contexte, la revitalisation de l'échelon communal participe de l'amélioration de la représentativité institutionnelle à l'échelle locale au travers d'une gouvernance caractérisée par une coopération effective, une complémentarité des acteurs et une prise de décisions concertée. Elle emprunte une voie dont la réflexion a été menée notamment dans un rapport enregistré à la présidence du Sénat le 7 novembre 2018[716]. En somme, le rapport esquisse trois modèles pour revitaliser le bloc communal. Le premier modèle correspond à ce

---

[714] V. en ce sens l'étude réalisée par B. FAURE, *op. cit.* (n° 408), pp. 557-568 ; Arnaud HAQUET, « La reconnaissance et le renforcement des droits des élus », *AJDA*, n° 10, 2020, pp. 569-575.

[715] V. sur ce point le commentaire de B. FAURE, *op. cit.* (n° 408), p. 557 : « Il s'agit davantage d'une de ces lois de circonstance où règne le détail. Elaborée à marche forcée […] dans le but d'entrer en vigueur dès 2020, elle rassemble une pluie de mesures pragmatiques, parfois nouvelles pour compléter des mesures existantes (droits des élus, organisation intercommunale, police municipale), parfois correctrices et abrogatoires pour effacer celles, récentes, qui avaient révélé leur inadaptation (compétences intercommunales, organisation communale). »

[716] Mathieu DARNAUD, *op. cit.* (n° 633), pp. 115-116.

qui est appelé la « coopérative locale ». Sans remettre en question l'architecture actuelle du bloc communal, ce modèle lui apporte des pertinents correctifs. Les communes, dont les compétences et les moyens seraient consolidés, continueraient en raison de leur taille à devoir s'associer pour exercer ensemble des compétences structurantes et pour mutualiser certaines dépenses. L'enjeu des mécanismes du mandat dans ce modèle est de renforcer la représentation des communes de petite taille en associant étroitement leurs organes à la gouvernance de l'intercommunalité. Par la suite, il est envisagé une polarisation du fonctionnement des EPCI à fiscalité propre à l'échelle des territoires ayant une réelle consistance, de sorte que certaines compétences intercommunales pourraient être restituées aux communes, quitte à ce qu'elles se regroupent en syndicats pour les exercer à une échelle efficiente.

488. Le deuxième modèle porte sur une complémentarité renforcée entre l'intercommunalité et les communes membres. Ce modèle met en avant les communes de taille moyenne capables d'exercer elles-mêmes des compétences élémentaires, notamment pour prendre en charge l'ensemble des services publics de proximité. L'intercommunalité se limiterait dès lors aux compétences stratégiques, notamment en matière d'environnement et d'aménagement, de développement économique et de transports. Ce modèle, conçu essentiellement sur la base de subsidiarité, « est inspiré de l'exemple des Mauges, dans le Maine-et-Loire, où des communes nouvelles ont été constituées à l'échelle d'anciennes communautés de communes, et regroupées au sein d'une communauté d'agglomération aux compétences recentrées » [717].

489. Le troisième modèle est celui qu'on appelle la « commune-communauté »[718]. La commune nouvelle peut ne pas appartenir à un EPCI à fiscalité propre, disposer des mêmes prérogatives et être soumise aux mêmes obligations que celles que la loi attribue ou assigne directement à un tel établissement. Ce modèle de revitalisation de l'échelon communal a été mis en avant par la loi n° 2019-809 du 1er août 2019, notamment dans l'objectif de pallier le sempiternel problème de l'émiettement des communes.

---

[717] Mathieu DARNAUD, *op. cit.* (n° 633), p. 116.
[718] V. Simon MAUROUX, « Relations entre intercommunalités et communes nouvelles : compétences et gouvernance », *Intercommunalités*, n° 282, 2023, p. 22.

II. L’émergence des communes nouvelles comme mesure palliative de l’émiettement communal

490. À l’origine, le Parlement a trouvé dans la commune nouvelle non seulement un moyen d’apporter une solution pragmatique au problème de l’émiettement des communes, mais aussi un moyen d’améliorer l’administration des petites communes, en particulier dans les territoires ruraux, ainsi que la représentativité de leurs élus. Pour le Sénat en particulier, la représentativité des élus municipaux se trouverait parfois renforcée dans les instances de coopération entre les collectivités territoriales. Mais la pratique a pu révéler plus tard d’autres difficultés en matière de représentativité.

491. En cas de fusion ou d’extension du périmètre d’un EPCI à fiscalité propre, une exigence a été fixée par le 1° bis de l’article L.5211-6-2 du CGCT de sorte que, « lorsque le périmètre issu de la fusion ou de l’extension de périmètre comprend une commune nouvelle qui a été créée après le dernier renouvellement général des conseils municipaux et que le nombre de sièges de conseillers communautaires qui lui sont attribués en application de l’article L.5211-6-1 est inférieur au nombre des anciennes communes qui ont constitué la commune nouvelle, il est procédé, jusqu'au prochain renouvellement du conseil municipal, à l’attribution au bénéfice de la commune nouvelle d’un nombre de sièges supplémentaires lui permettant d’assurer la représentation de chacune des anciennes communes. »[719] La portée de cette exigence législative, qui tend à assurer une représentation équilibrée des communes dans leur dimension intrinsèque, est limitée à la moitié des sièges de l’organe délibérant de l’EPCI, arrondie à l’entier inférieur.

492. Il convient de « voir dans cette disposition une sorte ‘d’attrape commune’ afin de les inciter à se fondre dans une commune nouvelle » [720], en garantissant, jusqu’au prochain renouvellement général des conseils municipaux et communautaires, le maintien des

---

[719] Cette disposition est issue, dans la dynamique de l’acte III de la décentralisation, de l’article 11 de la loi n° 2016-1500 du 8 novembre 2016 tendant à permettre le maintien des communes associées, sous forme de communes déléguées, en cas de création d’une commune nouvelle, JORF n° 0261, 9 novembre 2016.

[720] Jean-François LACHAUME, « Désignation des délégués communautaires entre deux renouvellements de conseils municipaux », *AJDA*, n° 4, 2018, p. 222.

sièges de leurs représentants. Cependant, comme le remarque le juge administratif, force est de constater que le législateur « n'a prévu aucune règle relative à la constitution des listes ou au mode de scrutin imposant que chacune des anciennes communes soit représentée par un conseiller communautaire au sein de l'[EPCI] »[721]. Toutes choses étant égales par ailleurs, si aucune disposition ne fait pièce à ce qu'une liste de candidats comporte plus d'un représentant au titre d'une même ancienne commune, « cette exigence n'assurerait pas automatiquement la représentation de chaque ancienne commune à l'organe délibérant de l'EPCI dès lors qu'il y aurait plusieurs listes de candidats et que seule une liste unique le permettrait »[722].

493. Par l'adoption de la loi du 1er août 2019, le législateur a voulu renforcer la représentativité au sein de communes nouvelles : d'une part, par une extension des communes déléguées aux communes nouvelles créées sous le régime de la loi du 10 décembre 2010 (article 11) et, d'autre part, par une suppression davantage difficile des communes déléguées (article 12 modifiant l'article L.2113-10 du CGCT – disposition en vigueur au 1er avril 2020). Il est également prévu un droit de préséance des maires délégués, qui prennent rang immédiatement après le maire de la commune nouvelle dans l'ordre du tableau officiel (article 7 complétant l'article L.2113-8-2 du CGCT).

494. Mais en pratique, les communes nouvelles ne se développent pas au même rythme sur l'ensemble du territoire national, et il faut se garder d'en imposer la généralisation. Il est des territoires qui ont le plus grand mal à intégrer ce dispositif, notamment pour des considérations géographiques, historiques ou culturelles. D'une part, certaines parties du pays, comme l'Île-de-France et les régions du littoral méditerranéen, se caractérisent à la fois par un nombre de communes relativement faible et une forte densité de population[723]. La fusion de communes y est donc moins fréquente qu'ailleurs, hormis le cas emblématique – pour l'Île-de-France – de la commune nouvelle d'Évry-Courcouronnes. D'autre part, il existe des territoires ayant en revanche un nombre de communes assez élevé et une densité de population relativement faible.

---

[721] CE, 1re et 6e chambres réunies, n° 410193, 18 octobre 2017, *Élection des conseillers communautaires de Villeneuve-en-Perseigne*, considérant 4, mentionné aux tables du recueil Lebon.

[722] J.-F. LACHAUME, *op. cit.* (n° 720), p. 222.

[723] M. DARNAUD, *op. cit.* (n° 633), p. 116.

En cas de fusion de communes, la représentativité peut poser des difficultés liées particulièrement au caractère historique des anciennes communes, à l'instar du problème de la commune nouvelle de Segré-en-Anjou Bleu située dans le département de Maine-et-Loire, en région Pays de la Loire[724]. À sa création, le conseil municipal de la commune nouvelle était composé de l'ensemble des conseillers municipaux des communes fusionnées, soit 211 élus. À la suite des élections municipales et intercommunales de 2020, le nombre de conseillers municipaux est descendu à 69 et, au regard du nombre de la population, il devrait encore descendre à 33 en 2026.

495. Ainsi, la question de la pertinence de la représentativité des maires des communes déléguées peut se poser à juste titre, dès lors que la création de cette « strate supplémentaire » dans l'ordre administratif territorial peut laisser le législateur lui-même circonspect. Si on considère dans ce cas que la représentativité est attachée à la fonction des maires délégués au sein du bureau municipal, certaines communes déléguées risquent en effet de ne plus avoir de représentants, à l'instar de la commune nouvelle de Segré-en-Anjou Bleu. C'est en ce sens que l'évaluation du dispositif des « communes-communautés », prévue par l'article 14 de la loi n° 2019-809 du 1er août 2019 dans un délai de quatre ans à compter de la promulgation cette loi, est utile. Les données résultant de cette évaluation devraient être replacées dans leur contexte dans le but de mieux les comprendre et d'établir le lien avec la part active de la population, afin de mieux appréhender leur sens.

§2 Les expériences ascendantes et descendantes en vue d'une représentativité réelle des communes à l'échelon intercommunal

496. De manière ascendante, on peut observer une utilisation appropriée du critère démographique dans la répartition des sièges de conseillers communautaires (I). En revanche, la garantie d'une représentation continue des communes membres au sein des conseils

[724] Cette commune a été créée en lieu et place des communes d'Aviré, du Bourg-d'Iré, de La Chapelle-sur-Oudon, de Chatelais, de La Ferrière-de-Flée, de L'Hôtellerie-de-Flée, de Louvaines, de Marans, de Montguillon, de Noyant-la-Gravoyère, de Nyoiseau, de Sainte-Gemmes-d'Andigné, de Saint-Martin-du-Bois, de Saint-Sauveur-de-Flée et de Segré à compter du 15 décembre 2016, conformément à l'arrêté préfectoral du 28 septembre 2016 portant création de la commune nouvelle de Segré-en-Anjou Bleu.

communautaires met en exergue, de manière descendante, une expérience législative en termes de représentativité (II).

I. L'appropriation de la démographie dans la répartition des sièges de conseillers communautaires

497. L'exigence d'équité dans la représentation-mandat est en somme inhérente aux libertés et responsabilités des collectivités territoriales de manière générale. En l'occurrence, elle s'explique par le fait que dans les instances intercommunales où ces collectivités sont représentées, les décisions relatives aux affaires délibérées s'appliquent en réalité à la population, qui en est le destinataire final. Il convient dès lors d'associer cette dernière indirectement dans l'élaboration des politiques publiques, au travers d'une assemblée intercommunale proportionnellement représentative des communes membres (A). La fonction de représentation de cette assemblée peut ensuite être complétée par une interaction positive des représentants de ces communes avec leurs habitants (B).

A. Une formation de conseils communautaires représentative des communes membres

498. En règle générale, chaque commune doit disposer d'au moins un siège à l'assemblée délibérante de l'EPCI, les autres sièges étant répartis entre les communes membres sur la base des « critères essentiellement démographiques ». Le Conseil constitutionnel a eu l'opportunité de rappeler l'exigence du respect des considérations démographiques en jugeant, à rebours de sa décision concernant la répartition des sièges de conseillers métropolitains de Paris par arrondissement[725], la conformité à la Constitution des dispositions relatives à la répartition des sièges de conseillers communautaires entre les communes membres de la métropole d'Aix-Marseille-Provence[726]. En théorie, ces critères présentent certes des avantages en termes de représentativité mais, en pratique, ils ont également des inconvénients. Si l'un des avantages est notamment de faciliter la parité femmes-hommes – au-delà d'une plus grande légitimité de représentation que

---

[725] Il est important de mentionner que l'arrondissement ne constitue pas une collectivité territoriale au sens constitutionnel ou législatif. C'est une circonscription administrative et électorale opérant sur le plan national et sur le plan territorial.

[726] CC, décision n° 2015-521/528 QPC, 19 février 2016, *Commune d'Éguilles*.

ces critères procurent –, l'un des inconvénients est la difficulté de faire émerger des projets partagés entre les communes.

499. Afin de réduire les écarts de représentation, l'article 54 de la loi dite MAPTAM a été abrogé par l'article 6 de la loi dite Engagement et Proximité, réaffirmant ainsi la légitimité de l'élection au suffrage universel direct des conseillers communautaires et métropolitains par « fléchage », tel que prévu à l'article L.273-9 du Code électoral. Exceptionnellement, l'organisation d'un scrutin autonome pour l'élection des conseillers métropolitains a été maintenu uniquement pour la métropole à statut particulier de Lyon. Il est observé cependant que la simple application du droit commun conduit à des écarts de représentation considérables au sein des organes délibérants des EPCI à fiscalité propre, qui vont bien au-delà de la limite traditionnelle de 20 %. Dans le cas de Granville Terre et Mer, communauté de communes pour lequel aucun accord local de répartition de sièges n'est possible, certaines communes se trouvent sous-représentées de plus de 45 % comme indiqué dans le tableau ci-après[727] :

[727] M. DARNAUD, *op. cit.*(n° 633), p. 76.

Commune	Population	Nombre de sièges (droit commun)	Écart par rapport à la représentation proportionnelle démographique
Granville	13 350	17	- 5,3%
Saint-Pair sur Mer	4 005	5	- 7,2%
Bréhal	3 187	4	- 6,7%
Donville	3 181	4	- 6,5%
Jullouville	2 329	2	- 36,1%
Cérences	1 868	2	- 20,4%
Saint-Jean des Champs	1 375	1	- 45,9%
La Haye Pesnel	1 366	1	- 45,6%
Saint-Planchers	1 353	1	- 45,0%
Bricqueville	1 184	1	- 37,2%
Folligny	1 070	1	- 30,5%
Yquelon	1 048	1	- 29,0%
Hudimesnil	867	1	- 14,2%
La Lucerne d'Outremer	867	1	- 14,2%
Coudeville	859	1	- 13,4%
Bréville	788	1	- 5,6%
Carolles	771	1	- 3,5%
Longueville	619	1	+ 20,1%
Saint-Pierre Langers	546	1	+ 36,2%
Anctoville sur Boscq	473	1	+ 57,2%
Muneville sur mer	456	1	+ 63,1%
Saint Aubin des Préaux	427	1	+ 74,2%
Beauchamps	382	1	+ 94,7%
Champeaux	356	1	+ 108,9%
Chanteloup	351	1	+ 111,9%
Saint-Sauveur la Pommeraye	331	1	+ 124,7%
Le Loreur	270	1	+ 175,4%
La Mouche	234	1	+ 217,8%
Hocquigny	188	1	+ 295,6%
Equilly	186	1	+ 299,8%
Le Mesnil Aubert	170	1	+ 337,5%
La Meurdraquière	164	1	+ 353,5%
TOTAL	**44 621**	**60**	

500. Le tableau ci-dessus a l'avantage de remonter des données pertinentes sur l'application des règles relatives à la décentralisation qui se conçoit classiquement de manière descendante. Il faut garder à l'esprit que les circonscriptions pour les élections communautaires sont avant tout définies à l'échelle communale. Les débats de la campagne électorale ainsi que la formation des opinions se font à ce niveau, car il n'y a pas de campagne « communautaire » à proprement parler. La représentation communautaire qui s'ensuit a en conséquence une coloration essentiellement communale, et le nombre croissant de communes membres exacerbe le phénomène. De plus, du fait de la concomitance des scrutins municipaux et communautaires, la composition de l'assemblée délibérante est souvent tributaire des majorités dégagées dans les conseils municipaux, dès lors que la prime majoritaire s'applique non pas au niveau communautaire mais au niveau communal. Le contraste d'une impression d'éloignement des intercommunalités du regard des citoyens est alors saisissant, étant donné que les EPCI disposent des compétences et ressources plus importantes que les communes dont on se sent proche.

B. Une interaction positive des représentants communautaires avec les habitants des communes membres

501. L'implication des habitants dans la représentation des collectivités territoriales conduit à une interaction avec les acteurs locaux au sujet des affaires qui les concernent. Il s'agit d'optimiser le rôle des représentants de ces collectivités afin que, par l'exercice des compétences en jeu, leur capacité d'influencer, voire de changer le quotidien des habitants soit aussi pertinente que positive. Pour cela il convient de mieux associer les maires en vue de l'amélioration de la gouvernance des intercommunalités, de mieux informer les membres du conseil municipal en vue de la visibilité des projets communs et des politiques territorialisées et de renforcer l'ancrage territorial des EPCI par la participation des habitants à la vie communautaire.

502. Parmi les modalités d'association des habitants à la vie de l'intercommunalité, on distingue, d'une part, les instances consultatives créées obligatoirement ou non et dont la composition – laissée à la discrétion des représentants ou encadrée par des textes officiels – tend à la représentativité de la population ; d'autre part, des formes de participation directe de l'ensemble des habitants – ou de façon restreinte des citoyens inscrits sur les listes électorales – à certaines décisions.

Pour autant, il ne s'agit pas de remettre en cause le double degré de représentation des habitants mais de leur accorder la parole dans un but précis et limité aux domaines préalablement validés par le conseil communautaire.

503. Dans tous les cas, l'interaction des représentants des communes membres avec la population locale devient plus intéressante lorsqu'elle conduit à tenir compte réellement de la proportion des habitants dans la représentation institutionnelle. À ce titre, un récent retour d'expérience notamment sur les équilibres de la représentation dans la gouvernance intercommunale soutient l'idée que la représentation des communes se trouve améliorée dès lors que « le nombre de sièges [d'élus] correspond mieux aux populations des communes »[728]. Il est fait état en outre d'une meilleure représentativité des maires lorsqu'ils ont « plus de facilité à s'exprimer au sein de la conférence des maires […] ou dans la possibilité de faire représenter chaque commune au sein du bureau »[729]. On revient ainsi à la conception originelle des conseils communautaires en tant qu'émanation des conseils municipaux.

II. La garantie législative d'une représentation continue des communes membres au sein des conseils communautaires

504. Des retours d'expériences ont conduit le législateur à clarifier, et même à adopter des correctifs au caractère hybride des conseillers communautaires. Le dernier correctif en date est issu de la loi tendant à garantir la continuité de la représentation des communes au sein des conseils communautaires[730]. Il convient de relever le caractère récent de ce texte législatif, adopté sans modification en première lecture à l'Assemblée nationale, le 15 juin 2023, à la suite de son adoption au Sénat. L'article unique du texte insère, après le troisième alinéa de l'article L.273-10 du Code électoral, un alinéa ainsi rédigé : « Par dérogation au troisième alinéa, au terme de la première année suivant l'installation du conseil municipal de la commune concernée, lorsqu'il n'existe pas de conseiller municipal ou de conseiller d'arrondissement

---

[728] S. MAUROUX, « Communes nouvelles et intercommunalités : retours du terrain », *Intercommunalités*, n° 282, 2023, p. 20.

[729] *Ibidem*, p. 21.

[730] Loi n° 2023-506 du 26 juin 2023 tendant à garantir la continuité de la représentation des communes au sein des conseils communautaires, JORF, n° 0147, 27 juin 2023.

pouvant être désigné en application des deux premiers alinéas, le siège devenu vacant est pourvu par le premier candidat élu conseiller municipal ou conseiller d'arrondissement suivant sur la liste des candidats aux sièges de conseiller communautaire sur laquelle le conseiller à remplacer a été élu, sans tenir compte de son sexe. Lorsqu'il n'y a plus de candidat élu conseiller municipal ou conseiller d'arrondissement pouvant pourvoir le siège sur la liste des candidats au siège de conseiller communautaire, le siège est pourvu par le premier conseiller municipal ou conseiller d'arrondissement élu sur la liste correspondante des candidats aux sièges de conseiller municipal n'exerçant pas de mandat de conseiller communautaire, sans tenir compte de son sexe. »

505. Le texte apporte ainsi deux assouplissements à la règle de la parité découlant de l'article 1er de la Constitution – révision constitutionnelle du 8 juillet 1999 – et de l'article L.273-10 du Code électoral – créé par l'article 33 de la loi n° 2013-403 du 17 mai 2013. *Primo*, il s'agit de la possibilité de pourvoir un siège de conseiller communautaire, devenu vacant, par le premier candidat élu conseiller municipal ou conseiller d'arrondissement suivant sur la liste des candidats aux sièges de conseiller communautaire sur laquelle le conseiller à remplacer a été élu. *Secundo*, il est prévu la possibilité de pourvoir un siège de conseiller communautaire, devenu vacant, par le premier conseiller municipal ou conseiller d'arrondissement, élu sur la liste correspondante des candidats aux sièges de conseiller municipal et n'exerçant pas de mandat de conseiller communautaire.

506. L'idée est de ne pas tenir compte du sexe du remplaçant, lorsqu'il n'y a plus de candidat élu conseiller municipal ou conseiller d'arrondissement pouvant pourvoir le siège vacant sur la liste des candidats au siège de conseiller communautaire. On peut y voir la réaffirmation d'une position constante des élus locaux, soutenue par le Sénat, voulant que les conseils communautaires représentent en priorité non seulement l'ensemble des communes membres mais aussi leurs équilibres politiques. Il faut cependant préciser que la garantie légale de la continuité de la représentation est limitée aux communes de 1 000 habitants et plus, étant donné que la parité du mandat constitue le prolongement de la parité électorale imposée dans cette strate communale, conformément aux dispositions de l'article L.273-9 du Code électoral.

CONCLUSION DU CHAPITRE

507. Les mécanismes du mandat tendent particulièrement à rapprocher du regard de la population les affaires traitées ainsi que les décisions prises dans les instances où les collectivités territoriales sont représentées. La participation citoyenne sous toutes ses formes – enjeu de la légitimité et de la mise en œuvre de la représentativité dans la sphère publique – fait écho à un dispositif juridique et social visant à associer la population à la gouvernance des affaires publiques. Aussi, au regard de la mise en œuvre de la représentation tant au niveau de l'organe délibérant que de l'organe exécutif, il sera possible d'appréhender le rôle du représentant traduit par la représentativité. Il s'agira donc, selon le cas, soit d'un rôle d'intermédiaire de la population à l'intérieur des collectivités territoriales, soit d'un rôle de médiateur à l'extérieur des collectivités territoriales entre la population et les institutions locales, nationales ou supranationales.

508. Le délégué, l'élu ou l'organe exécutif local représente une collectivité territoriale en tant que porteur d'un élément de spécification à l'appui de sa fonction de représentation. Ceci traduit le caractère complémentaire de la représentativité dans les mécanismes du mandat : même si elle le traverse, elle ne vient qu'à la suite d'un procédé juridique dont elle ne détermine ni l'objet ni les effets. Il en résulte que la jurisprudence, s'appuyant sur le travail du législateur, n'a pu relever que la proportionnalité du nombre des représentants à la population comme « critère » de la représentativité applicable à tous les cas de figure de la représentation-mandat. Faute d'autres critères, la répartition des sièges de représentants est essentiellement inéquitable pour ce type de représentation.

509. En effet, les considérations liées à la représentativité, tant dans les instances de type institutionnel que dans celles de type conventionnel, traduisent une représentation essentiellement inéquitable en ce qui concerne les mécanismes du mandat. On relève dans les vingt-trois hypothèses de représentation-mandat recensées dans cette recherche que ces considérations sont intégrées quatorze fois individuellement et neuf fois en binôme. À ce titre, en matière de parité femmes-hommes par exemple, le travail législatif entamé à la suite de l'adoption de la loi dite Engagement et Proximité ne doit pas avoir pour effet de priver « de garanties légales [d'autres] exigences de caractère constitutionnel »[731]. Il peut s'agir de la proportionnalité du nombre de représentants des collectivités territoriales à leur population et, de manière générale, du pluralisme des courants d'idées et d'opinions. Ce faisant, le travail du législateur doit être réalisé de manière à intégrer l'objectif de la représentativité, renforcé par une parité femmes-hommes intelligible. Il ne doit pas aboutir à l'effet inverse de « défavoriser l'accès des femmes aux mandats électoraux, en violation du deuxième alinéa de l'article 1er de la Constitution » [732].

510. Finalement, la configuration intrinsèque des collectivités territoriales ne permet pas en réalité d'envisager une équité absolue dans les mécanismes de représentation. Il ne s'agit pas d'assurer la représentation de l'ensemble des intérêts locaux – différents et parfois contradictoires – au sein d'une même instance, mais de veiller à la qualité de la représentation de ces collectivités au sein de leur environnement, dans le temps et dans l'espace. Le maintien de l'équilibre de cette représentation dans la période suivant un changement majeur est une donnée essentielle en matière de représentativité ; elle apparaît même en droit comparé : par exemple, jusqu'au 30 novembre 2013 en droit helvétique, on a pu déroger à l'article 127 de la loi sur les communes, notamment en autorisant d'attribuer dans les syndicats de communes la majorité de délégués à une commune[733]. Dans tous les cas, il est nécessaire d'attacher à ces considérations la place effective de la population ainsi que la prise en compte des réalités inhérentes aux territoires qui constituent le cadre opérationnel des compétences mises en pratique. La représentation-mandat ne peut ainsi qu'être relativement équitable pour les collectivités territoriales et, par suite, leurs habitants.

---

731 CC, décision n° 2010-618 DC, 9 décembre 2010, *Loi de réforme des collectivités territoriales*, considérant 15.

732 *Ibidem*, considérant 33. V. également CC, décision n° 2013-667 DC, 16 mai 2013, *Loi relative à l'élection des conseillers départementaux, des conseillers municipaux et des conseillers communautaires, et modifiant le calendrier électoral*, considérants 14, 15 et 47.

733 V. l'ordonnance relative à la représentativité des nouvelles communes fusionnées dans les syndicats des communes, Journal officiel de la République et Canton du Jura, 18 décembre 2012.

CONCLUSION DU TITRE

511. La représentativité a trait de manière commune aux caractéristiques pertinentes de la ressemblance de celle ou celui qui représente avec celle ou celui qui est représenté. Dans le cadre de cette recherche, il s'agit d'un procédé d'identification qui tend à rechercher chez les représentants d'une collectivité territoriale des similitudes avec le territoire et/ou les habitants de la collectivité représentée. Dès lors, l'enjeu est de pouvoir identifier les traits communs observables au sein des mécanismes de la représentation, eu égard aux caractéristiques propres aux représentants, d'une part, et aux collectivités territoriales, ainsi qu'à leurs habitants et leur territoire, d'autre part. Et parmi les différents types de représentations mis en évidence dans cette recherche[734], la représentation-mandat est la plus imprégnée de la représentativité car elle repose sur des fondements « essentiellement démographiques ».

512. Cette démarche aboutit à une reproduction des traits sociologiques, soit de la réalité, tendant à la ressemblance des représentants des collectivités territoriales à leur population. Mais en pratique, la représentativité d'un acteur local peut concerner une collectivité territoriale tierce – ainsi que ses habitants, notamment au travers des considérations sociales et économiques –, quand bien même ladite collectivité n'est pas formellement représentée au sein d'une instance. C'est le cas d'un établissement public foncier de l'État – instance de type institutionnel –, dont certains administrateurs sont de facto représentants des collectivités territoriales n'ayant pas encore obtenu de siège dans la composition de son conseil d'administration[735]. En effet, « [l']inclusion d'une collectivité territoriale ou d'un établissement public de coopération intercommunale dans le périmètre d'un établissement public foncier de l'État [...] n'emporte pas de modification de la composition du conseil d'administration. La représentation de la collectivité territoriale ou de l'établissement public de coopération intercommunale est organisée lors de la prochaine

[734] V. *supra* le titre 1 de la première partie de cette recherche, pp. 73-145.
[735] Au sens du I de l'article L.321-2 du Code de l'urbanisme.

modification de la composition du conseil d'administration, en application de l'article L. 321-9 [du Code de l'urbanisme] »[736].

513. Il faut cependant garder à l'esprit que le principe d'indivisibilité de la République consacré par l'article premier de la Constitution renvoie à l'idée d'unicité. Pour autant, le principe d'unicité de la République n'est pas expressément consacré dans la loi fondamentale. Mais dans une décision du 15 juin 1999 censurant partiellement l'adhésion à la Charte européenne des langues régionales ou minoritaires, le Conseil constitutionnel a affirmé que « le principe d'unicité du peuple français, dont aucune section ne peut s'attribuer l'exercice de la souveraineté nationale, a également valeur constitutionnelle »[737]. C'est pourquoi il est important de concilier, et non d'opposer, le sentiment d'identité locale ancré dans les particularités territoriales avec le devoir d'appartenance forgée par la Nation. Ainsi, la représentativité des acteurs locaux, quand bien même elle procéderait d'une élection locale, a trait à l'ensemble des citoyens parce que « la population d'une collectivité territoriale ne peut pas se voir reconnaître de caractère distinct au sein du peuple français »[738]. Cette assertion se traduit notamment sur le plan administratif par l'unité d'objectif des personnes publiques : il est interdit à un agent public en activité de réaliser, dans un cadre privé, des prestations d'expertise ou de consultation contre une personne publique.

514. De ce qui précède, le reflet qui se dégage de la « représentation-miroir » se prête différemment à l'analyse, selon que le représentant soit est porteur d'un mandat, soit dispose d'une habilitation ou est une incarnation de la collectivité représentée. On observe que les mécanismes du mandat constituent un domaine dans lequel les compétences des collectivités territoriales sont d'ores et déjà affirmées. Leur volonté peut ainsi s'exprimer au travers de leurs représentants, en intégrant des considérations liées à la représentativité, et reproduire ainsi les traits généraux de la population constitutive de ces collectivités. Mais il en va différemment du reflet objet de l'habilitation ou de l'incarnation qui sera analysé dans le prochain titre.

---

[736] Article L.321-2 II, alinéa 3, du Code de l'urbanisme. Ces dispositions ont été créées par l'article 112 de la loi n° 2022-217 du 21 février 2022.
[737] CC, décision n° 99-412 DC, 15 juin 1999, *Charte européenne des langues régionales ou minoritaires*, considérant 5.
[738] J.-B. AUBY, J.-F. AUBY et R. NOGUELLOU, *op. cit.* (n° 137), p. 72.

TITRE 2 : L'IMPERMÉABILITÉ NUANCÉE DES MÉCANISMES DE REPRÉSENTATION À LA REPRÉSENTATIVITÉ

515. La réceptivité de la représentativité dans les mécanismes de représentation est principalement compromise par un facteur « existentiel » : la personnalité morale de droit public des collectivités territoriales qui découle de leur régime[739]. Celui-ci est en effet fondé sur des éléments constitutifs de même nature que celle de l'État, à quelques attributs près notamment inhérents au principe de subsidiarité[740]. On peut à ce titre reprendre cette formule de François ROBBE : « À l'instar des collectivités territoriales définies à l'article 72 [de la Constitution], l'État est d'abord constitué par une population, c'est-à-dire qu'il apparaît en premier lieu comme un groupe humain : il s'agit d'une collectivité au sens courant du terme. »[741] Et le chercheur d'ajouter : « Cette collectivité a un caractère territorial, en ce sens qu'elle se définit principalement par rapport à un territoire, même si les Français vivant en territoire étranger demeurent des membres de la collectivité nationale, et même si toutes les personnes vivant sur le territoire français ne font pas partie de la communauté nationale. »[742]

516. Le lien est indéfectible entre une collectivité territoriale, personne morale, et son territoire, ainsi que sa population – exception faite des six communes dites « mortes pour la France »[743]. L'article 53, alinéa 3, de la Constitution a expressément attaché la destinée des

---

[739] B. FAURE, « Le rapport du comité Balladur sur la réforme des collectivités territoriales : bonnes raisons, fausses solutions ? », *AJDA*, n° 16, 2009, p. 859. Selon l'auteur, les collectivités territoriales sont définies selon quatre critères : « la personnalité morale de droit public, des affaires propres, une compétence générale et le contrôle administratif de l'État ». Il est évident qu'en l'état actuel du droit, le troisième critère proposé par le professeur n'est plus pertinent à cause de la limitation de la clause de compétence générale aux communes, depuis la promulgation de la loi dite « NOTRe » en 2015.

[740] V. notamment, dans la première partie de cette recherche, les développements de la section 1 du chapitre 2 du titre 1.

[741] F. ROBBE, *op. cit.* (n° 90), p. 31.

[742] *Ibidem.*

[743] Beaumont-en-Verdunois, Bezonvaux, Cumières-le-Mort-Homme, Fleury-devant-Douaumont, Haumont-près-Samogneux et Louvemont-Côte-du-Poivre. Les six communes ont conservé leur territoire, même si elles ont perdu leurs habitants.

territoires au sein de la République à la volonté des habitants des collectivités territoriales : nulle initiative de cession, d'échange ou d'adjonction de territoire ne peut être valide sans le consentement de la population concernée. De plus, au sens du même article de la Constitution, le principe de l'élection des organes de ces collectivités par la population participe de la condition de leur existence. Il a permis en effet aux collectivités territoriales de s'administrer « par des organes élus », contrairement à ce qui a été pratiqué pendant très longtemps : en particulier pour les départements et les régions, les organes étaient désignés hors du principe électif et placés sous la tutelle de l'État jusqu'en 1982. Ce dernier était considéré comme « l'interprète et l'agent unique de l'intérêt général »[744], selon une conception lointaine de l'intérêt public national et de l'égalité des citoyens.

517. De ce qui précède, s'il peut paraître que la représentation des collectivités territoriales emporte une représentation indirecte de leurs habitants, voire de leurs territoires, la représentativité ne s'ensuit pas de manière systématique. Les considérations liées à la représentativité disparaissent au fur et à mesure que les représentants exercent leur fonction sans pouvoir porter d'intérêts, dans le sens de la décision du Conseil constitutionnel n° 85-196 DC du 8 août 1985. En associant la fonction de représentation à celle d'administration des collectivités territoriales, le Conseil a posé le principe de leur représentation sur des bases essentiellement démographiques derrières lesquelles on peut identifier des intérêts distincts. Or, ce principe est limité aux mécanismes du mandat, notamment dans le cadre de l'action menée au sein des instances dans lesquelles les collectivités territoriales sont représentées et de l'élection des membres du Sénat au sens de l'article 24, alinéa 3, de la Constitution. En conséquence, les mécanismes de l'habilitation se trouvent relativement imperméables à la représentativité (chapitre 1), tandis que le mécanisme de l'incarnation est quant à lui absolument imperméable à celle-ci (chapitre 2).

---

744 E. VITAL-DURAND, *op. cit.* (n° 506), p. 12.

CHAPITRE 1 : LA REPRÉSENTATION-HABILITATION RELATIVEMENT IMPERMÉABLE À LA REPRÉSENTATIVITÉ

518. La représentation-habilitation est un type de représentation qui consiste en général soit à la prise de décisions, soit à permettre le fonctionnement d'une instance ou d'un mécanisme juridique. Son champ est donc restreint, à la différence de la représentation-mandat, par exemple, qui a un champ plutôt étendu. En outre, elle est encadrée par des règles de fonctionnement qu'il faut connaitre, et savoir user des moyens les plus efficaces dans une démarche qui n'offre pas une grande marge de manœuvre pour le représentant. Cependant, quoique l'objet de l'habilitation soit précisé et réglementé, il ne peut y avoir d'instructions du pouvoir habilitant dans l'exercice de la fonction de représentation.

519. En pratique, l'habilitation peut induire des considérations liées à la représentativité externe et interne, à l'instar des délégués français au Comité des régions de l'Union européenne et au CPLR du Conseil de l'Europe. Au niveau supranational, la représentativité de ces derniers est fondée sur la logique selon laquelle la défense des intérêts des collectivités territoriales d'un État nécessite une représentation par un ressortissant national. Le représentant doit donc être ressortissant de la France, en raison du lien de nationalité qui le lie à cet État membre. Mais au niveau national, leur représentativité est fondée sur la logique selon laquelle les intérêts d'une catégorie de ces collectivités sont mieux défendus par la présence d'un délégué qui en est issu. Dès lors, le représentant doit nécessairement exercer des responsabilités locales, en raison du pouvoir qu'il détient de manière individuelle ou collégiale. Dans tous les cas, que ce soit par le critère de la nationalité ou celui de l'appartenance catégorielle, l'enjeu est l'expression de la loyauté et de la solidarité du représentant envers les collectivités représentées[745].

520. Par ailleurs, le professeur Vincent BOUHIER estime que « la représentation-habilitation n'apparaît […] pas perméable à la représentativité »[746]. Son affirmation découle peut-être du dualisme formel de ce type de représentation, qui revêt essentiellement un intérêt

[745] V. V. BOUHIER, *op. cit.* (n° 255), p. 120.
[746] *Ibidem*, p. 118.

théorique, tel que vu dans la première partie de cette recherche. Mais une analyse approfondie révèle que la représentation-habilitation est en partie perméable à la représentativité. Son dualisme revêt un intérêt pratique qui tient à l'ambivalence des mécanismes à l'œuvre, dans la mesure où leur perméabilité à la représentativité dépend essentiellement du degré d'intervention du pouvoir habilitant (Section 1).

521. L'ambivalence des mécanismes de l'habilitation offre aussi l'opportunité de s'interroger quant aux applications distinctes de la représentativité au niveau local (Section 2). On observe ainsi que la représentation-habilitation n'apparaît généralement pas lorsqu'il s'agit de mettre en exergue les compétences fondamentales des collectivités territoriales, c'est-à-dire celles qui sont déterminantes pour leur organisation et leur fonctionnement. C'est ainsi que les mécanismes de l'habilitation ne sont pas utilisés lorsque la représentation peut avoir pour objet de statuer sur les finances ou la réglementation des collectivités territoriales.

Section 1 L'effet ambivalent du dualisme des mécanismes de l'habilitation

522. La représentation-habilitation est relativement imperméable à la représentativité à cause de son dualisme qui lui donne une réceptivité ambivalente. D'une part, le caractère abstrait des mécanismes de l'habilitation législative et de l'habilitation conventionnelle les rend moins propices à la représentativité (§1). D'autre part, l'habilitation administrative est plutôt réceptive à la représentativité du fait de la possibilité pour l'autorité habilitante d'intervenir dans sa mise en œuvre (§2).

§1 Une utilisation des mécanismes de l'habilitation moins propice à la représentativité

523. Par l'articulation du principe constitutionnel de libre administration des collectivités territoriales avec les compétences du législateur, on peut aboutir à une habilitation législative et, par effets consécutifs, une habilitation conventionnelle[747]. Le caractère objectif des règles d'application de ces mécanismes traduit l'abstraction qui les caractérise, du fait du statut prévalent de l'habilité (I). La crise liée à l'épidémie de Covid-19 a offert l'occasion d'y trouver un effet palliatif dans la pratique du droit public (II).

I. L'abstraction des mécanismes de l'habilitation législative et de l'habilitation conventionnelle

524. Le caractère abstrait des mécanismes de l'habilitation législative et de l'habilitation conventionnelle fait pièce à leur perméabilité aux considérations liées à la représentativité. Cette abstraction tient à l'attachement de ces mécanismes à la libre administration des collectivités territoriales. En effet, l'effectivité des compétences de ces collectivités est une garantie de la liberté d'action de leurs représentants sur le fondement du deuxième alinéa et du troisième alinéa de l'article 72 de la Constitution. En ce sens, la vigilance du juge interne est portée tant sur les normes internes que sur les normes européennes, celles-ci étant de plus en plus nombreuses dans les domaines de compétences des collectivités territoriales, et leur importance étant grandissante en termes de précisions et d'objectifs contraignants.

525. Sur le plan supranational, les considérations liées à la représentativité des acteurs locaux paraissent éloignées des mécanismes de l'habilitation inopérant dans les dispositifs tels que les groupements locaux de coopération transfrontalière (GLCT), les groupements eurorégionaux de coopération (GEC), les districts européens et les GECT. En effet, partant des considérations financières de ces dispositifs, la représentation des collectivités territoriales peut être envisagée à partir des actions de coopération territoriale européenne, essentiellement dans le cadre de la coopération transfrontalière (le financement de projets situés de part et d'autre d'une frontière), la coopération décentralisée (le financement de projets au sein de l'Union européenne dans une zone géographique plus étendue) et la coopération interrégionale inclusive (le financement des échanges d'expériences pour améliorer l'efficacité des outils de développement régional)[748].

---

[747] V. dans la première partie de cette recherche, la section 1 du chapitre 2 du titre 1 (pp. 108-118).
[748] V. R. BOURREL, *op. cit.* (n° 92), p. 32.

526. Par ailleurs, la représentativité des acteurs locaux peut être postulée par la mise œuvre des mécanismes de l'habilitation en vue de favoriser la cohésion territoriale, notamment dans le cadre des PETR. Sur ce point, un rapport de la Cour des comptes remis en janvier 2022 à la ministre chargée de la cohésion des territoires et des relations avec les collectivités territoriales se montre très critique[749]. En effet, on a cherché, au travers de ce dispositif, à avoir une représentation des collectivités territoriales qui vise à « mieux prendre en compte le monde rural », tout en renforçant « un aménagement équilibré du territoire » face aux métropoles[750]. Pourtant, en dépit de son caractère représentatif, le dispositif apporte peu au progrès des collectivités territoriales situées dans les zones rurales à cause d'une « rigidité institutionnelle difficilement compensée par des innovations en matière de gouvernance », mais aussi « une dépendance et une absence de visibilité tant financière que dans l'exercice des missions »[751].

527. En lien avec ce qui précède, il est important de rappeler que les PETR ont été conçus en vue remplacer les « pays » mis en place dans le cadre d'une coopération locale sans aboutir à la création d'une instance intercommunale « personnalisée »[752]. Les « pays » expriment, aux termes de la loi n° 95-115 du 4 février 1995, « la communauté d'intérêts économiques et sociaux ainsi que, le cas échéant, les solidarités réciproques entre la ville et l'espace rural » au sein d'un « territoire [qui] présente une cohésion géographique, culturelle, économique ou sociale ». Repris dans la loi n° 99-533 du 25 juin 1999[753], la loi n° 2003-590 du 2 juillet 2003 a élargi ensuite leur

---

[749] V. Pierre MOSCOVICI, *Les pôles d'équilibre territorial et rural*, Cour des comptes, Référé n° S2021-2308, 26 janvier 2022, 7 p., [mis en ligne sur le site https://www.ccomptes.fr/fr/documents/59700] [consulté le 4 octobre 2022].

[750] *Ibidem*, p. 2.

[751] *Ibidem*, pp. 2-3. Au final, le rapport de la Cour des comptes présente trois propositions pour pallier les critiques formulées : faire des PETR des syndicats mixtes ouverts permettant l'adhésion du département et de la région (recommandation n° 1) ; transformer à moyen terme les PETR en EPCI élargis lorsque leur périmètre peut s'identifier à celui du bassin de vie (recommandation n° 2) ; à défaut, et lorsque le périmètre du PETR n'est pas pertinent, envisager le retour à une forme associative moins contraignante (recommandation n° 3).

[752] V. le titre II de la loi n° 95-115 du 4 février 1995 d'orientation pour l'aménagement et le développement du territoire, JORF n° 31, 5 février 1995.

[753] Loi n° 99-533 du 25 juin 1999 d'orientation pour l'aménagement et le développement durable du territoire et portant modification de la loi no 95-115

composition aux EPCI et requalifié leur périmètre au sein d'un « territoire [qui] présente une cohésion géographique, culturelle, économique ou sociale, à l'échelle d'un bassin de vie ou d'emploi »[754].

528. Puis le dispositif a été écarté de la loi n° 2010-1563 du 16 décembre 2010, laissant un vide juridique qui a dû être comblé par l'article 79 de la loi dite MAPTAM. Initialement présentés comme le « pendant des métropoles pour le fait urbain »[755], les PETR n'ont pas cependant été dotés de moyens équivalents pour atteindre une « intégration » rurale. Leur représentativité est finalement à la marge des autres dispositifs territoriaux, car les PETR sont en quelque sorte obligés de contractualiser avec les dispositifs classiques européens, étatiques ou régionaux afin d'avoir une existence réelle. Cette approche palliative des mécanismes de l'habilitation a aussi été utilisée afin de suppléer le fonctionnent du mécanisme de mandat, lors de la crise sanitaire de 2020.

II. L'habilitation à l'effet palliatif du mandat pendant l'état d'urgence sanitaire liée au Covid-19

529. Devant le caractère inédit de l'état d'urgence sanitaire décrété en mars 2020, le législateur avait adopté une série de mesures permettant de renforcer les attributions des organes exécutifs locaux[756]. Par exemple, pour faciliter le fonctionnement des collectivités territoriales, le chapitre 1er de l'ordonnance n° 2020-391 du 1er avril 2020 a attribué d'office à l'organe exécutif des communes, des départements, des régions et des EPCI les compétences que l'organe délibérant pouvait déléguer en application du CGCT. Cette dérogation

du 4 février 1995 d'orientation pour l'aménagement et le développement du territoire, JORF n° 148, 29 juin 1999.

[754] Article 95, alinéa 1, de la loi n° 2003-590 du 2 juillet 2003 d'urbanisme et d'habitat, JORF n° 152, 3 juillet 2003.

[755] J.-M. PONTIER, *op.cit.* (n° 402), p. 1720.

[756] Par exemple, l' ordonnance n° 2020-330 du 25 mars 2020 relative aux mesures de continuité budgétaire, financière et fiscale des collectivités territoriales et des établissements publics locaux afin de faire face aux conséquences de l'épidémie de covid-19, JORF n° 0074, 26 mars 2020 ; l'ordonnance n° 2020-391 du 1er avril 2020 visant à assurer la continuité du fonctionnement des institutions locales et de l'exercice des compétences des collectivités territoriales et des établissements publics locaux afin de faire face à l'épidémie de covid-19, JORF n° 0080, 2 avril 2020.

était applicable « sauf délibération contraire de leur organe délibérant », ce qui traduit le caractère conditionnel de cette mesure.

530. Par la suite, l'ordonnance n° 2020-413 du 8 avril 2020 a prévu que « l'adjoint qui remplace le maire conserve cette fonction jusqu'à l'élection des maires à la suite du premier tour ou du second tour ou, le cas échéant, jusqu'à la date d'entrée en fonction des maires déjà élus à la suite du premier tour ». Cette ordonnance a aussi prévu que « [p]ar dérogation aux règles générales, cette élection peut avoir lieu même si des vacances se sont produites au sein du conseil depuis le premier tour ». L'élection municipale étant achevée au premier tour dans 30 143 communes[757], l'habilitation législative ainsi mise en œuvre a donc concerné 4 897 communes, dont 3 455 communes de moins de 1 000 habitants et 1 442 communes de 1 000 habitants ou plus, jusqu'à l'organisation du second tour.

531. On peut dès lors comprendre l'utilisation du mécanisme de l'habilitation législative dans le but de concilier la nécessité d'assurer la continuité – du fonctionnement – des collectivités territoriales et le respect des règles générales. Sur ce dernier point, l'ordonnance du 13 mai 2020 a précisé la fin de la période transitoire et le retour à l'ordre juridique initial au 10 juillet 2020. En attendant, les incompatibilités prévues par le CGCT entre deux mandats exécutifs locaux n'étaient pas applicables durant la période transitoire. Les élus locaux ainsi habilités par le législateur avaient la possibilité d'exercer plusieurs fonctions exécutives au sein de collectivités territoriales distinctes, sans que n'entre en jeu des considérations liées à leur représentativité. Toutefois, *in fine*, le dualisme des mécanismes de l'habilitation permet une réceptivité différente à la représentativité en particulier lorsque l'autorité habilitante intervient sur le plan administratif.

---

[757] Il convient de préciser que 2 828 requêtes furent déposées devant le juge du contentieux électoral au 19 avril 2020 contre 1 513 requêtes au total après les élections municipales de 2014, révélant ainsi la particularité du contexte des dernières élections municipales en France.

§2 L'intervention de l'autorité habilitante aux fins de représentativité dans l'habilitation administrative

532. La perméabilité de l'habilitation administrative à la représentativité est essentiellement due à une part active de l'autorité habilitante : c'est précisément l'intégration dans la gestion quotidienne des collectivités territoriales des considérations liées à la parité femmes-hommes en particulier à l'échelon communal (I). De plus, la participation aux instances extra-communales des habitants n'ayant pas le droit de vote et l'éligibilité est également un moyen non négligeable afin de tendre à une représentativité inclusive des instances locales (II). La combinaison d'une approche juridique et d'une approche sociologique est en l'occurrence utilise pour une réflexion pertinente sur le sujet.

I. La parité femmes-hommes facilitée dans le bloc communal par l'évolution du droit et l'intervention de l'autorité habilitante

533. Avant la révision constitutionnelle du 8 juillet 1999[758], des initiatives favorables à la parité femmes-hommes, notamment dans l'accès aux fonctions électives, ont été censurées par le Conseil constitutionnel. Celui-ci apparaissait à ce titre assez hostile « en l'état du droit » : par exemple, en 1982, il a jugé contraire à la Constitution la limitation à 75 % de personnes du même sexe sur les listes de candidats pour les élections municipales dans les communes de 3 500 habitants et plus. Le raisonnement développé dans cette décision était que « la qualité de citoyen ouvre le droit de vote et l'éligibilité dans des conditions identiques à tous ceux qui n'en sont pas exclus pour une raison d'âge, d'incapacité ou de nationalité, ou pour une raison tendant à préserver la liberté de l'électeur ou l'indépendance de l'élu ; [et] que ces principes de valeur constitutionnelle s'opposent à toute division par catégories des électeurs ou des éligibles »[759].

---

[758] Loi constitutionnelle n° 99-569 du 8 juillet 1999 relative à l'égalité entre les femmes et les hommes, JORF n° 157, 9 juillet 1999.

[759] CC, décision n° 82-146 DC, 18 novembre 1982, *Loi modifiant le code électoral et le code des communes et relative à l'élection des conseillers municipaux et aux conditions d'inscription des Français établis hors de France sur les listes électorales*, considérant 7.

534. Ensuite, le Conseil constitutionnel a repris exactement le même raisonnement dans sa décision du 14 janvier 1999 en considérant que « la qualité de citoyen ouvre le droit de vote et l'éligibilité dans des conditions identiques à tous ceux qui n'en sont exclus ni pour une raison d'âge, d'incapacité ou de nationalité, ni pour une raison tendant à préserver la liberté de l'électeur ou l'indépendance de l'élu, sans que puisse être opérée aucune distinction entre électeurs ou éligibles en raison de leur sexe »[760]. Cette fois, il a pris le soin de préciser que son jugement était rendu « en l'état » du droit : une réforme en ce sens devait intervenir quelques mois après cette décision.

535. Enfin, dans sa décision du 30 mai 2000, le Conseil constitutionnel a reconnu un revirement jurisprudentiel du fait de l'introduction des dispositions nouvelles dans la Constitution [761]. Dorénavant, l'idée est de « rendre effectif l'égal accès des femmes et des hommes aux mandats électoraux et fonctions électives »[762]. Et même si cela n'est pas précisé au fond, on peut raisonnablement estimer que la Constitution ne s'oppose pas à ce que soient mises en œuvre des mesures d'incitation, voire des contraintes en ce sens. Ceci est aussi valable en matière de représentation comme en matière d'administration des collectivités territoriales.

536. En lien avec ce qui précède et dans le prolongement des nouvelles dispositions constitutionnelles, les travaux parlementaires ont révélé la préoccupation de faire progresser la participation des femmes dans les organes dirigeants à l'échelon communal. L'on estime qu'il aurait été possible de réaliser des progrès dans le cadre des mécanismes du mandat, « en prévoyant l'élection des vice-présidents des EPCI au scrutin de liste ainsi que l'abaissement à 500 habitants – au lieu de 1 000 – du seuil à partir duquel les communes pratiquent le scrutin de liste paritaire (ce qui eût concerné 7 000 communes de plus) »[763]. C'est

---

[760] CC, décision n° 98-407 DC, 14 janvier 1999, *Loi relative au mode d'élection des conseillers régionaux et des conseillers à l'Assemblée de Corse et au fonctionnement des Conseils régionaux*, considérant 12.

[761] Lorsqu'il y a revirement jurisprudentiel, nul ne peut se prévaloir de l'autorité de chose jugée attachée à la décision précédente, en l'occurrence la décision de 1982 et celle de 1999.

[762] CC, décision n° 2000-429 DC, 30 mai 2000, *Loi tendant à favoriser l'égal accès des femmes et des hommes aux mandats électoraux et fonctions électives*, considérant 7.

[763] B. FAURE, *op. cit.* (n° 408), p. 559.

finalement l'article 29 de la loi n° 2019-1461 du 27 décembre 2019 qui a permis de progresser sur la question au niveau local en prévoyant que, dans les communes de 1 000 habitants et plus, la liste des adjoints au maire doit être composée alternativement d'un candidat de chaque sexe. En fixant ainsi une alternance stricte entre les deux sexes, à la différence des dispositions précédentes de l'article L.2122-7-2 du CGCT, cela implique qu'en cas de vacance d'un poste d'adjoint, le conseiller municipal remplaçant sera de même sexe de manière à maintenir l'effectivité de la parité parmi les adjoints au maire. Il convient de relever que ces dispositions s'appliquent également aux adjoints de quartier qui, à défaut de dispositions particulières, sont élus selon la même procédure que les adjoints au maire[764].

537. En pratique, la déformation (juridique) de la représentation des collectivités territoriales a notamment pour conséquence des inégalités de nature sociologique, en termes de représentativité des élus, que les mécanismes de mandat peuvent pallier. Des théoriciennes du droit public renseignent que « la parité a été imaginée pour remédier à cette quasi-absence des femmes dans la représentation […]. Peut-on pour autant en déduire que la parité injecterait une dose de représentativité dans la représentation ? »[765]. À l'évidence, la réponse serait négative, si l'on considérait la parité femmes-hommes comme une panacée de la représentativité. L'opportunité qu'offre l'état du droit en faveur de cette parité en fait plutôt un outil à la disposition de l'autorité habilitante : elle est en fait une considération liée à la représentativité. Cela est illustré particulièrement dans l'hypothèse de la représentation des DROM au sein d'une mission diplomatique de la France. En effet, l'habilitation administrative, au travers des organes délibérant et, ou exécutif de ces collectivités territoriales, peut intégrer la parité femmes-hommes, lorsqu'il s'agit d'une pluralité de représentants[766]. L'autorité habilitante peut se révéler aussi efficace pour renforcer la représentativité au niveau local au travers de la participation inclusive des habitants aux instances extra-communales.

---

[764] À défaut des dispositions particulières, les adjoints de quartier sont désignés selon la procédure prévue à l'article L. 2122-7-2 pour les adjoints au maire.

[765] I. BOUCOBZA et C. GIRARD, *op. cit.* (n° 704), p. 97.

[766] V. Assemblée nationale, *Débats parlementaires*, JORF n° 42 A.N., 18 octobre 2016, p. 8623.

II. L'intervention de l'autorité habilitante en faveur de la participation des habitants non-électeurs

538. L'une des particularités des mécanismes de l'habilitation, c'est de pouvoir suppléer la représentativité partielle déduite des règles qui régissent les mécanismes du mandat. Il est connu qu'en France le droit de vote et l'éligibilité sont attachés à la citoyenneté. Or, il existe une partie assez considérable de l'ensemble de la population qui n'en bénéficient pas. Une solution d'inclusivité est donc possible par l'habilitation des habitants n'ayant pas le droit de vote et l'éligibilité à siéger avec les nationaux aux conseils et assemblées de quartier[767].

539. L'article L.2143-1 du CGCT prévoit les modalités relatives à l'existence des conseils de quartier[768]. Leur création est obligatoire dans les communes de 80 000 habitants et plus, facultative dans les communes dont la population est comprise entre 20 000 et 79 999 habitants, mais le maire peut décider que les conseils citoyens prévus à l'article 7 de la loi n° 2014-173 du 21 février 2014 de programmation pour la ville et la cohésion urbaine se substituent aux conseils de quartier. Le CGCT prévoit en effet que ces instances extramunicipales « peuvent être consultées par le maire et peuvent lui faire des propositions sur toute question concernant le quartier ou la ville. Le maire peut les associer à l'élaboration, à la mise en œuvre et à l'évaluation des actions intéressant le quartier, en particulier celles menées au titre de la politique de la ville ». À ce titre, le conseil municipal peut leur affecter un local et allouer chaque année des crédits pour leur fonctionnement.

540. Par la participation à ces instances des habitants n'ayant pas le droit de vote et l'éligibilité, notamment les étrangers et de façon particulière les mineurs [769], le mécanisme de l'habilitation administrative à l'œuvre tend en réalité à promouvoir leur intégration générale dans la vie de la collectivité territoriale, en particulier la commune. Leur nomination par le maire vise à les valoriser au rang de représentants au sein de la collectivité mais aussi à renforcer la

---

[767] Ceci est aussi valable pour les conseils municipaux des enfants.

[768] Ces dispositions ont été créées par la loi n° 2002-276 du 27 février 2002 relative à la démocratie de proximité, JORF, 28 février 2002.

[769] V. le dispositif du conseil municipal des jeunes ainsi que les autres mécanismes prévus au titre premier de la loi n° 2017-86 du 27 janvier 2017.

représentativité locale, au travers des liens entre la commune et ses habitants de manière inclusive. Ces derniers ont ainsi la possibilité d'y trouver un cadre institutionnel pour la discussion et la formulation des opinions, des souhaits et des préoccupations diverses, allant des questions relatives à la vie politique locale qui les concernent particulièrement – sans pouvoir les exprimer dans les urnes – à celles concernant les activités et responsabilités de la commune. Mais au-delà du rôle important de l'autorité habilitante, d'autres particularités sont à relever.

Section 2 Quelques particularités de la représentativité dans les mécanismes de l'habilitation

541. Parmi les missions relatives à la fonction de représentation des organes exécutifs locaux, on relève la passation des marchés publics et la signature d'autres types de contrats. À l'ère de la mutualisation des services et des ressources, ces marchés et contrats ont de plus en plus pour objet la mise en commun d'activités. Pour autant, la représentativité des organes exécutifs dans la gestion des activités mutualisées des collectivités territoriales a un double intérêt : d'une part, l'exigence d'un contrôle de ces collectivités analogue à celui exercé sur leurs propres services et, d'autre part, le risque de conflits d'intérêts dans la passation des contrats dits *« in house »* (§1).

542. Par ailleurs, le dispositif de la collectivité chef de file illustre un mécanisme qui dépasse le cadre formel de l'habilitation administrative et de l'habilitation législative : il s'agit de l'habilitation tacite. Ce dispositif illustre en particulier le pouvoir du représentant d'une collectivité territoriale d'agir au nom et pour le compte d'autres collectivité sans qu'il y ait un lien de représentation au préalable, mais aussi la possibilité de mettre œuvre par la suite un mécanisme de représentation en dehors des instances. La représentativité sous-jacente est cependant confrontée aux principes constitutionnels de libre administration des collectivités territoriales et d'interdiction de la tutelle d'une collectivité sur autre (§2).

§1 L'exigence du contrôle analogue et les risques de conflits d'intérêts

543. L'exigence du contrôle analogue s'applique à la représentation des collectivités territoriales au sein des SPL[770]. Il s'agit d'une notion créée par la jurisprudence européenne[771] (I), mais dont l'application présente des risques de conflits d'intérêts quant à la représentativité des acteurs locaux agissant à la fois comme élus et « actionnaires » (II). Cette notion est exclusive des SEML, dès lors que les personnes privées y sont représentées[772], et ce quoique ces sociétés soient des « entreprises du secteur public, chargées de l'intérêt général »[773]. La détermination de la nature commerciale de ces sociétés et la prévalence d'une approche organique de l'économie mixte par le juge français amenuisent le fait que « [l]es collectivités territoriales disposent de pouvoirs de contrôle du fonctionnement des [SEML] qu'elles peuvent exercer en tant qu'actionnaires »[774].

I. La conceptualisation jurisprudentielle du contrôle analogue des activités

544. Le contrôle analogue à celui exercé sur les services d'une collectivité territoriale implique d'assurer la représentation directe de l'ensemble des actionnaires au conseil d'administration de la SPL, principal organe de direction et de gestion. Le régime juridique des SPL est similaire à celui des SEML, qui elles-mêmes sont soumises au régime des sociétés anonymes (SA). Dès lors, le nombre des membres du conseil d'administration limité à dix-huit est réparti proportionnellement au capital de chaque actionnaire. Par la fixation de ce plafond de la représentation directe des actionnaires au conseil d'administration il est accordé aux collectivités territoriales une

[770] V. Frédéric MARCHAND, « La nécessaire évolution de la forme sociale des sociétés publiques locales », *JCP A*, n° 14, 2013, pp. 2-3.
[771] CJCE, affaire C-107/98, Recueil p. I-08121, 18 novembre 1999, *Teckal c/ Comune di Viano*, points 50-51.
[772] V. DGCL, *Le guide des sociétés d'économie mixte locales*, La Documentation française, 2007, 130 p.
[773] Sébastien BRAMERET, *Les relations des collectivités territoriales avec les sociétés d'économie mixte locales : recherche sur l'institutionnalisation d'un partenariat public-privé*, texte remanié de la thèse de doctorat soutenue en 2010 à l'Université de Grenoble, LGDJ-Lextenso, coll. « Bibliothèque de droit public », t. 21, 2012, p. 25.
[774] *Ibidem*, p. 180.

représentativité effective pour pouvoir exercer le contrôle analogue. Il est précisé que ce contrôle doit permettre aux collectivités concernées d'influencer de façon déterminante les décisions de la SPL. En réalité, le contrôle analogue est quasiment assimilé à celui exercé sur leurs services internes et, en revanche, la société ne peut bénéficier d'aucune marge de manœuvre.

545. À l'évidence, le législateur a cherché à éviter qu'un nombre élevé d'actionnaires au sein des SPL rende « illusoire » la réalité du contrôle analogue pour l'ensemble des collectivités représentées. Cependant, les règles relatives au cumul des mandats applicables aux élus locaux mandataires des collectivités au sein des SEML ont récemment évolué. En effet, ces derniers se voient appliquer le régime fixé par la loi n° 2002-1303 du 29 octobre 2002[775]. L'article 2 de ce texte, complétant l'article L.225-95-1 du Code de commerce, prévoit que « par dérogation aux articles L.225-21, L.225-54-1, L.225-67 et L.225-94- 1, les mandats de président, de directeur général, de directeur général unique, de membre du directoire ou d'administrateur d'une société d'économie mixte locale, exercés par un représentant d'une collectivité territoriale ou d'un groupement de collectivités territoriales, ne sont pas pris en compte pour l'application des règles relatives au cumul des mandats sociaux ». Dès lors qu'on sait que le régime juridique des SPL est similaire à celui des SEML, le plafond fixé pour la représentation directe des actionnaires au conseil d'administration des SPL risque d'être inopérant.

546. Le Code de la commande publique, entré en vigueur le 1er avril 2019, prévoit les contrats dits *« in house »* en termes de quasi-régie et fixe en substance trois conditions cumulatives : le pouvoir adjudicateur doit exercer sur la personne morale concernée un contrôle analogue à celui qu'il exerce sur ses propres services, la personne morale contrôlée doit réaliser plus de 80 % de son activité dans le cadre des tâches qui lui sont confiées et la personne morale contrôlée ne doit pas comporter de participation directe de capitaux privés au capital[776]. À l'origine, ce type de contrats a été conceptualisé dans le cadre des règles relatives aux marchés publics. Il s'agissait plus précisément de l'attribution par une collectivité territoriale – pouvoir adjudicateur – d'un marché de

---

[775] Loi n° 2002-1303 du 29 octobre 2002 modifiant certaines dispositions du code de commerce relatives aux mandats sociaux, JORF, 30 octobre 2002.
[776] Article L.2511-1 du Code de la commande publique.

fourniture de produits et de prestation de services déterminés à une entreprise dans laquelle elle est actionnaire.

547. Cependant, les contrats dits *« in house »* ne peuvent être étendus aux SEML, dès lors qu'une personne privée participant au capital de la société ne peut exercer sur celle-ci un contrôle analogue à celui exercé sur ses propres activités[777]. D'où les dispositions de l'article L.1531-1 du CGCT prévoyant la création des SPL par les collectivités territoriales et leurs groupements et qui en détiennent la totalité du capital. Cette précaution est principalement, voire exclusivement, motivée par la nécessité de sécuriser, en droit interne, le mécanisme de dispense des obligations concurrentielles applicables aux contrats publics dits *« in house »*, dans les relations contractuelles des collectivités territoriales avec leurs entreprises publiques locales[778].

548. Pour pouvoir passer un contrat dit *« in house »* avec un prestataire – de service ou de travaux – ou un fournisseur, une collectivité territoriale doit satisfaire à deux conditions cumulatives : elle doit « participer non seulement à son capital mais également aux organes de direction de [la] société » [779]. *Primo*, la société est effectivement contrôlée par les collectivités territoriales actionnaires, lorsque l'essentiel de son de son activité est exercé pour le compte de ces collectivités et limité à leur territoire. Autrement dit, il est considéré que l'activité de cette personne morale – de droit public comme de droit privé – doit être exercée à plus de 80 % pour le compte de l'ensemble

---

[777] V. CC, décision n° 92-316 DC, 20 janvier 1993, *Loi relative à la prévention de la corruption et à la transparence de la vie économique et des procédures publiques*, considérants 47 et 48 ; CJCE, affaire C-26/03, Recueil p. I-1, 11 janvier 2005, *Stadt Halle et RPL Lochau*, point 50. V. en ce sens le bilan dressé par S. BRAMERET, « La loi Sapin et les entreprises publiques locales : trente ans, l'âge de la raison ? », *AJDA*, n° 4, 2023, pp. 186-191 : en somme, l'auteur retient que l'adoption de la loi n° 93-122 du 29 janvier 1993 a permis de nombreuses avancées « dans le domaine de la transparence des relations entre les collectivités territoriales et leurs sociétés à capital public locales », notamment la banalisation des relations contractuelles, l'ouverture à l'application de la théorie des prestations intégrées et l'assouplissement des conditions de la filialisation.

[778] F. MARCHAND, *op. cit.* (n° 770), p. 2.

[779] CE, 7e et 2e chambres réunies, n° 365079, 6 novembre 2013, *Association pour la défense du cadre de vie de Marsannay-la-Côte*, mentionné aux tables du recueil Lebon, considérant 5.

des collectivités territoriales actionnaires[780]. Celles-ci doivent ainsi exercer conjointement sur la personne morale un contrôle analogue à celui qu'elles exercent sur leurs propres services, c'est-à-dire avoir « la capacité d'influencer, de façon plus ou importante, tant les objectifs stratégiques que les décisions importantes de la société »[781].

549. *Secundo*, cette condition cumulative donne une portée restrictive au concept de *« in house »*, comme le montre une interprétation par la Cour de justice de l'Union européenne (CJUE) des dispositions de l'article 12, paragraphes 3 et 4, de la directive 2014/24/UE du Parlement européen et du Conseil, du 26 février 2014, sur la passation des marchés publics[782]. Concrètement, il s'est agi pour la Cour de préciser notamment la manière dont le pouvoir adjudicateur doit participer aux organes de la personne morale contrôlée et contribuer effectivement à son contrôle, en particulier en vertu de l'exigence visée à l'article 12, paragraphe 3, second alinéa, sous i), de la directive susmentionnée. Sur ce point elle considère que, « [e]n particulier, l'exigence de représentation visée à l'article 12, paragraphe 3, second alinéa, sous i), de la directive 2014/24 requiert que la participation d'un pouvoir adjudicateur au sein des organes décisionnels de la personne morale contrôlée conjointement avec d'autres pouvoirs adjudicateurs s'effectue par l'intermédiaire d'un représentant de ce pouvoir adjudicateur lui-même. Cette exigence ne peut donc pas être satisfaite par l'intermédiaire d'un membre de ces organes y siégeant seulement en qualité de représentant d'un autre pouvoir adjudicateur »[783].

[780] Le pourcentage d'activité est déduit de l'interprétation *a contrario* du 2° de l'article L.2511-6 du Code de la commande publique : « Les pouvoirs adjudicateurs concernés réalisent sur le marché concurrentiel moins de 20 % des activités concernées par cette coopération. Ce pourcentage d'activités est déterminé dans les conditions fixées à l'article L. 2511-5. »

[781] CJCE, affaire C-340/04, 11 mai 2006, *Carbotermo SpA*. V. aussi CJUE, affaires jointes C-182/11, 29 novembre 2012, *Econord Spa c/ Comune di Cagno* et C-183/11, *Comune di Varese*.

[782] Ces dispositions ont été transposées dans l'ordre juridique interne notamment aux articles L.2511-4 et L.2511-6 du Code de la commande publique.

[783] CJUE, affaires jointes C-383/21 et C-384/21, 22 décembre 2022, *Commune de Farciennes c/ Société wallonne du logement*, considérant 62.

550. Soit dit en passant, cette exigence autonome est distincte de celle ayant trait à la capacité des pouvoirs adjudicateurs « d'exercer conjointement une influence décisive sur les objectifs stratégiques poursuivis par la personne morale contrôlée et sur les décisions importantes que celle-ci est susceptible de prendre »[784]. En conséquence, ce n'est pas la détention de la totalité du capital par le pouvoir adjudicateur, seul ou avec d'autres collectivités territoriales, qui détermine le contrôle exercé. C'est plutôt la représentativité effective au conseil d'administration de la personne morale qui est décisive pour éviter une mise en concurrence.

551. Dix ans après la jurisprudence *Teckal*, la CJUE a rendu une décision remarquable tendant à mettre en relief, dans la sphère de la coopération entre entités publiques, une nouvelle catégorie d'activités : les activités mutualisées de service public, distinctes des contrats dits *« in house »*[785]. C'est ainsi que les établissements publics locaux peuvent être considérés comme réalisant des activités *« in house »*, dès lors qu'ils sont directement rattachés à une commune, un département, une région ou un EPCI, mais aussi les SPL d'aménagement au sens de l'article L.327-1 du Code de l'urbanisme. Si l'intérêt d'une telle évolution du droit est appréciable, il faut cependant garder à l'esprit les risques juridiques encourus dans la pratique.

II. Les risques de conflits d'intérêts dans les activités dites *« in house »*

552. Aux termes du rapport de la commission dite « Sauvé », l'un des constats sur lesquels repose toute réflexion sur les conflits d'intérêts est que ceux-ci « procèdent rarement d'une volonté délibérée ou de la recherche d'un avantage mais demeurent, pour une large part,

[784] CJUE, affaires jointes C-383/21 et C-384/21, 22 décembre 2022, *Commune de Farciennes c/ Société wallonne du logement*, considérant 63.

[785] CJUE, affaire C-159/11, 19 décembre 2012, *Azienda Sanitaria Locale di Lecce, Università del Salento c/ Ordine degli Ingegneri della Provincia di Lecce e.a.*, points 34-35. Le raisonnement développé dans cette décision vient compléter la position de la Cour européenne dans l'affaire C-480/06, Recueil p. I-4747, 9 juin 2009, *Commission c/ Allemagne*, point. 37. V. en ce sens le commentaire de Fabien TESSON, « La Cour de justice de l'Union européenne précise l'exception à l'application du droit de la commande publique aux coopérations entre collectivités publiques », *JCP A*, n° 3, 2013, pp. 24-30.

involontaires ou inconscients »[786]. Aussi, sur la base notamment de cette caractéristique fondamentale, la réflexion autour de la prévention des conflits d'intérêts est essentiellement orientée plus vers l'opposition entre intérêts privés et intérêts publics, et moins vers la confrontation des intérêts publics[787]. Or, c'est dans ce dernier cas que s'illustre particulièrement la séparation des enjeux et des intérêts qui déterminent la représentation de chaque collectivité territoriale.

553. Après avoir dégagé les principales caractéristiques de la conceptualisation des conflits d'intérêts entre autres par l'Organisation de coopération et de développement économiques (OCDE)[788] et le Conseil de l'Europe[789], la commission précitée a proposé la définition tenant compte des enjeux juridiques du problème. Aux termes de cette définition, « [u]n conflit d'intérêts est une situation d'interférence entre

---

[786] Jean-Marc SAUVE, Didier MIGAUD et Jean-Claude MAGENDIE, *Pour une nouvelle déontologie de la vie publique*, Rapport de la Commission de réflexion pour la prévention des conflits d'intérêts dans la vie publique, Présidence de la République, 2011, p. 8 [mis en ligne sur le site https://www.vie-publique.fr/sites/default/files/rapport/pdf/114000051.pdf] [consulté le 29 juillet 2022].

[787] V. Pierre VILLENEUVE, « Prévention des conflits d'intérêts dans la sphère publique : de bien timides avancées, *JCP A*, n° 16, 15 avril 2013, pp. 2-5.

[788] OCDE, *Gérer les conflits d'intérêts dans le service public : lignes directrices de l'OCDE et expériences nationales*, Éditions OCDE, 2005, p. 15 [mis en ligne sur le site https://read.oecd-ilibrary.org/governance/gerer-les-conflits-d-interets-dans-le-service-public_9789264104945-fr#page16] [consulté le 29 juillet 2022]. Pour l'organisation, lorsqu'on parle d'un conflit d'intérêts, il s'agit d' « un conflit entre la mission publique et les intérêts privés d'un agent public, où celui-ci possède à titre privé des intérêts qui pourraient affecter la façon dont il s'acquitte de ses obligations et de ses responsabilités ».

[789] Conseil de l'Europe, *Recommandation n° R (2000) 10 du Comité des Ministres aux États membres sur les codes de conduite pour les agents publics*, 106e session, 11 mai 2000 [mis en ligne sur le site https://rm.coe.int/16806cc1ed#:~:text=Dans%20l'exercice%20de%20ses,des%20int%C3%A9r%C3%AAts%20l%C3%A9gitimes%20d'autrui.] [consulté le 29 juillet 2022]. L'article 13 du texte définit, en substance, le conflit d'intérêts en ces termes :
« 1. Un conflit d'intérêts naît d'une situation dans laquelle un agent public a un intérêt personnel de nature à influer ou paraître influer sur l'exercice impartial et objectif de ses fonctions officielles.
2. L'intérêt personnel de l'agent public englobe tout avantage pour lui-même ou elle-même ou en faveur de sa famille, de parents, d'amis ou de personnes proches, ou de personnes ou organisations avec lesquelles il ou elle a ou a eu des relations d'affaires ou politiques. Il englobe également toute obligation financière ou civile à laquelle l'agent public est assujetti. »

une mission de service public et l'intérêt privé d'une personne qui concourt à l'exercice de cette mission, lorsque cet intérêt, par sa nature et son intensité, peut raisonnablement être regardé comme étant de nature à influencer ou paraître influencer l'exercice indépendant, impartial et objectif de ses fonctions »[790]. Quoique constituant le « socle » de la conceptualisation du conflit d'intérêts en droit positif, cette définition cantonne cependant le problème à l'opposition entre les intérêts privés et les intérêts publics.

554. Dans le souci de contribuer à une « stratégie globale de prévention des conflits d'intérêts » en vue notamment de rénover la vie publique, la commission dite « Jospin » s'est attelé à clarifier et élargir le champ *ratione materiae* la notion de conflit d'intérêts. Aussi, suivant la définition retenue, « constitue un conflit d'intérêts une situation d'interférence entre un intérêt public et des intérêts publics ou privés de nature à compromettre l'exercice indépendant, impartial et objectif d'une fonction ». Faut-il préciser que cette définition a été reprise, à quelques termes près, par le législateur[791] en matière de prévention et de répression de ce qui se traduit pénalement par la prise illégale d'intérêt ou le délit de favoritisme prévus respectivement aux articles 432-12 et 432-14 du Code pénal. Il en est fait application notamment dans la codification de la réglementation de la commande publique[792].

555. Dès lors, la notion de conflit d'intérêts s'applique dans le cadre de cette recherche dans la mesure où l'intérêt public de la personne concourant à l'exercice d'une mission de représentation s'entend d'un

---

[790] J.-M. SAUVE, D. MIGAUD et J.-C. MAGENDIE, *op. cit.* (n° 786), p. 19.

[791] Loi n° 2013-907 du 11 octobre 2013 relative à la transparence de la vie publique, JORF n° 0238, 12 octobre 2013. En substance, le I de l'article 2 de la loi dispose : « Au sens de la présente loi, constitue un conflit d'intérêts toute situation d'interférence entre un intérêt public et des intérêts publics ou privés qui est de nature à influencer ou à paraître influencer l'exercice indépendant, impartial et objectif d'une fonction. »

[792] Article L.2141-10 – pour les marchés publics – et article 3123-10 – pour les contrats de concession – du Code de la commande publique. Aux termes de ces articles du Code de la commande publique, constitue une situation de conflit d'intérêts « toute situation dans laquelle une personne qui participe au déroulement de la procédure de passation [du marché public ou du contrat de concession] ou est susceptible d'en influencer l'issue a, directement ou indirectement, un intérêt financier, économique ou tout autre intérêt personnel qui pourrait compromettre son impartialité ou son indépendance dans le cadre de la procédure de passation du contrat de concession ».

avantage acquis irrégulièrement pour la collectivité territoriale représentée. Toutefois, cet avantage ne s'entend pas au sens de la « personnalisation » d'un intérêt privé pour la personne, « sa famille, ses proches ou des personnes ou organisations avec lesquelles elle entretient ou a entretenu des relations d'affaires ou professionnelles significatives, ou avec lesquelles elle est directement liée par des participations ou des obligations financières ou civiles »[793].

556. *In fine*, dans son arrêt du 22 décembre 2022[794], la CJUE a retenu une exigence autonome de représentativité des délégués des personnes morales publiques afin d'établir la représentation de tous les pouvoirs adjudicateurs participants à une coopération institutionnelle ou contractuelle[795]. Il s'ensuit que le devoir de probité attaché à la fonction de représentation nécessite de considérer attentivement les éléments déterminant la représentativité de la personne qui l'exerce, mais aussi les risques de conflits d'intérêts y afférents, et d'en tirer les conséquences de droit. Ces dernières ne doivent pas être tirées du seul fait que le délégué soit représentatif au regard des intérêts de la personne morale publique représentée, à l'instar d'une collectivité territoriale, mais plutôt de son action.

§2 La notion de collectivité chef de file, mécanisme de l'habilitation constitutionnelle

557. Le dispositif de la collectivité chef de file tend à concilier le principe de la libre administration des collectivités territoriales et l'efficacité des politiques publiques. Dans ce dispositif, la représentativité ne découle pas du fait que la collectivité est coordinatrice d'une action commune au niveau territorial, mais de la volonté du législateur et la coopération des autres collectivités territoriales (I). Cette représentativité a dès lors une assise complètement juridique tant par son origine que par la garantie de sa faisabilité (II). Elle permet ainsi de distinguer le dispositif de la collectivité chef de file des dispositifs similaires, notamment la fonction

---

793 J.-M. SAUVE, D. MIGAUD et J.-C. MAGENDIE, *op. cit.* (n° 786), p. 19.

794 CJUE, affaires jointes C-383/21 et C-384/21, 22 décembre 2022, *Commune de Farciennes c/ Société wallonne du logement*, considérant 70.

795 V. en ce sens le commentaire d'Isabelle HASQUENOPH, « Les limites de la coopération public-public », *AJDA*, n° 18, 2023, p. 963.

d'autorité organisatrice des compétences qu'une métropole exerce sur son territoire, en application des dispositions de l'article L.5217-2 IX du CGCT.

I. La représentativité de la collectivité chef de file du fait du législateur et des collectivités territoriales représentées

558. L'alinéa 5 de l'article 72 de la Constitution prévoit que « lorsque l'exercice d'une compétence nécessite le concours de plusieurs collectivités territoriales, la loi peut autoriser l'une d'entre elles ou un de leurs groupements à organiser les modalités de leur action commune ». C'est à l'évidence la seule ouverture constitutionnelle, et la première dans l'ordre juridique national, aux différentes formes d'arrangement entre les collectivités territoriales et leurs groupements sur l'exercice de leurs compétences. La notion de collectivité chef de file semble dès lors traduire l'acceptation d'une forme de liberté d'organisation au niveau territorial, plutôt encadrée par le législateur, sans induire une certaine différenciation institutionnelle des collectivités territoriales. La représentativité mise en exergue dans ce dispositif est alors fondée sur l'autorisation du législateur, ainsi que la coopération des collectivités territoriales représentées[796], à l'instar de la qualité de chef de file reconnue à la Communauté européenne d'Alsace[797], par les articles L.3431-1 et L.3431-2 du CGCT, sur le territoire de cette collectivité à statut particulier.

559. Dans le sens des dispositions précitées, l'action du représentant s'inscrit somme toute dans le cadre du mécanisme de l'habilitation législative. Sa représentativité est plutôt déduite des arrangements autour de l'exercice des compétences mises en œuvre dans le dispositif de « la collectivité chef de file », comme dans les dispositifs similaires : délégation de compétences, transfert de compétences, contractualisation, mutualisation de services, concertation entre collectivités territoriales sur leur action commune. Ces dispositifs montrent en réalité, et en dépit de la suppression de la clause de

---

[796] V. L. JANICOT, « Étude des principes constitutionnels de collectivité chef de file et de non-tutelle à l'aune du projet de loi de modernisation de l'action publique territoriale et d'affirmation des métropoles », *in* B. MATHIEU et M. VERPEAUX (dir.), *Les mutations constitutionnelles des collectivités territoriales. Huitième printemps du droit constitutionnel*, Dalloz, coll. « Thèmes & commentaires », 2014, pp. 23-35.
[797] V. en ce sens L. JANICOT, *op. cit.* (n° 302), p. 2421.

compétence générale, que les collectivités territoriales ont inéluctablement des compétences qui se chevauchent. Ces situations dans lesquelles plusieurs acteurs locaux sont susceptibles d'intervenir laissent penser que l'action publique locale, mais aussi l'intérêt local qu'elle comporte, est difficile à distinguer d'un territoire à un autre. De plus, dans le cadre de l'exercice d'une même compétence, la représentativité de l'acteur local agissant au nom de la collectivité chef de file n'est pas toujours la même, car la collectivité territoriale compétente et les moyens pour exercer cette compétence peuvent varier d'un contexte territorial à un autre.

560. En pratique, la région apparaît comme la collectivité territoriale la mieux placée pour être chef de file des politiques publiques territorialisées : le développement économique, les aides aux entreprises, les transports, la biodiversité, la transition énergétique, ou encore l'agenda 21. Mais cela ne constitue-t-il pas un risque pour la libre administration des autres collectivités ? La question se pose avec d'autant plus d'acuité lorsque des théoriciens du droit public estiment que « notre modèle de décentralisation territoriale n'atteindra réellement la maturité que lorsqu'il prendra franchement la voie de la régionalisation »[798]. D'autres considèrent que « [l]a décentralisation par blocs, opérée depuis les années 80, rend inévitable les enchevêtrements de compétences et les financements croisés. Lorsque, en conséquence, plusieurs collectivités, de plusieurs niveaux, doivent travailler ensemble sur des sujets transversaux (politique de la ville, transports...), il n'est pas absurde que l'une d'entre elles soit désignée comme « chef de file »[799]. Dans tous les cas, la prohibition de la tutelle exercée par certaines collectivités sur d'autres constitue au sein de ce mécanisme de l'habilitation une garantie du respect de principe fondamental de la libre administration de ces collectivités.

II. La prohibition de la tutelle comme garantie du dispositif de « chef de file »

561. En droit positif, il n'existe aucune hiérarchie dans l'action publique des collectivités territoriales, dont chacune s'administre librement et jouit d'une complète autonomie financière. En effet, l'on peut penser à première vue que « la structure des pouvoirs publics est

---

798 J.-B. AUBY, J.-F. AUBY et R. NOGUELLOU, *op. cit.* (n° 137), p. 62.
799 G. CARCASSONNE et M. GUILLAUME, *op. cit.* (n° 279), p. 352.

optiquement pyramidale, [mais] elle ne l'est pas juridiquement, une commune n'étant pas plus subordonnée à son département qu'un département ne l'est à sa région »[800]. C'est si vrai que l'article L.1111-3 du CGCT a été rédigé dans le sens que la « répartition de compétences entre les communes, les départements et les régions ne peut autoriser l'une de ces collectivités à établir ou exercer une tutelle, sous quelque forme que ce soit, sur une autre d'entre elles »[801]. Il s'ensuit que la répartition des prérogatives de la représentation doit s'attacher au respect du principe d'interdiction de la tutelle d'une collectivité sur une autre[802].

562. Le Conseil constitutionnel veille constamment à la prohibition de la tutelle de certaines collectivités territoriales sur d'autres, autant qu'il tient au respect du principe de la libre administration des collectivités territoriales[803]. Le Conseil d'État a eu l'occasion de préciser la jurisprudence du Conseil constitutionnel en considérant que ne constitue pas une forme de tutelle la modulation du taux des subventions par un département afin d'inciter financièrement les communes ou leurs syndicats à gérer en régie leurs réseaux d'eau et d'assainissement plutôt que de les affermer[804]. Il est important de relever que cet arrêt a été rendu dans le contexte juridique de la prohibition de la tutelle dans la Constitution elle-même, tel qu'issu de la révision constitutionnelle du 28 mars 2003. Ce faisant, le Conseil d'État a procédé à une interprétation restrictive du cinquième alinéa de l'article 72 de la Constitution en limitant la qualification de tutelle à l'exercice d'un contrôle effectif d'une collectivité sur une autre.

563. Dès lors, une simple incitation financière ne suffit pas à qualifier une mesure comme constituant une forme de tutelle, car il ne s'agit ni d'un mécanisme d'autorisation, ni d'un dispositif de contrôle. Le Conseil constitutionnel a par la suite validé cette interprétation, après avoir été saisi d'une question prioritaire de constitutionnalité dans le

---

[800] G. CARCASSONNE et M. GUILLAUME, *op. cit.* (n° 279), p. 352.
[801] *Ibidem.*
[802] CC, décision n° 2018-734 QPC, 27 septembre 2018, *Comité d'entreprise de l'établissement public d'aménagement de la Défense Seine Arche*, considérants 7 à 9.
[803] V. par exemple, CC, décision n° 94-358 DC, 26 janvier 1995, *Loi d'orientation pour l'aménagement et le développement du territoire*.
[804] CE, n° 236442, Assemblée, 12 décembre 2003, *Département des Landes*, considérant 3, mentionné aux tables du recueil Lebon.

même sens[805]. Pourtant, le recul, voire la quasi-disparition au moins en théorie, de la tutelle laisse apparaître de nouvelles formes de contrôle au travers des pratiques d'un nouveau genre[806]. Ces pratiques peuvent être observées, d'une part, dans les relations des collectivités territoriales avec l'État – à l'instar des contrats de développement territorial[807] – et, d'autre part, dans les relations entre ces collectivités elles-mêmes – à l'instar des contrats de développement départements-villes[808].

[805] CC, décision n° 2011-146 QPC, 8 juillet 2011, *Département des Landes*. Il faut cependant se garder de l'étendre à tous les cas de figure puisqu'une mesure de subvention peut être regardée comme un dispositif de contrôle au regard de l'importance des montants des subventions et leur influence, peu ou prou, sur l'équilibre des finances, ainsi que sur les capacités d'action de la collectivité récipiendaire. Cette mesure serait alors susceptible d'être qualifiée comme une forme de tutelle d'une collectivité sur une autre. En tout état de cause, la seule capacité d'influence ne suffit pas à établir l'existence de la tutelle d'une collectivité sur une autre. Ce qui est particulièrement intéressant, c'est que la jurisprudence administrative a inspiré en l'espèce la jurisprudence constitutionnelle ; les deux ont procédé à l'unification de la notion de tutelle en droit constitutionnel avec celle en droit administratif.

[806] V. en ce sens les développements de J.M. PONTIER, « Les contrôles et la tutelle », *AJDA*, n° 23, 2022, pp. 1311 *sq*.

[807] Les contrats de développement territorial désignent les seize projets de territoires élaborés par les collectivités territoriales et l'État et validés pour une durée de quinze ans afin de dynamiser les territoires du Grand Paris. Ces contrats constituent des outils stratégiques de planification et de programmation de la politique d'aménagement en vue du développement économique, social et urbain des territoires définis comme stratégiques et en particulier ceux desservis par le réseau de transport public du Grand Paris. Ils sont définis et précisés par le décret n° 2011-724 du 24 juin 2011 relatif aux contrats de développement territorial prévus par l'article 21 de la loi n° 2010-597 du 3 juin 2010 relative au Grand Paris, JORF n° 0146, 25 juin 2011.

[808] Il s'agit en général des projets de partenariat financier territorial élaborés par les communes et les départements. Ces contrats pluriannuels de développement d'une durée de trois ans offrent aux communes la possibilité de pallier les contraintes inhérentes aux dispositifs traditionnels de financement et leur permet de bénéficier d'un financement pérennisé qu'elles peuvent orienter sur leurs projets structurants.

Conclusion du chapitre

564. Les mécanismes de l'habilitation traduisent souvent la mise en œuvre d'une collaboration entre les collectivités territoriales dans un cadre juridique déterminé. Dans cette configuration, le pouvoir habilitant comme le représentant peut chacun donner à la fonction de représentation un équilibre qui traduirait une sorte de représentativité. Il convient de rappeler que la représentativité recherchée au travers du concept de « représentation équilibrée » vise à ce que les représentants « soient diversifiés, de façon à pouvoir défendre des intérêts catégoriels différents »[809].

565. En se prêtant à la représentativité, un mécanisme de l'habilitation peut contribuer à atteindre cet objectif, si le pouvoir habilitant ou le représentant lui-même l'intègre dans son action. Il est vrai que les prérogatives et obligations des représentants, attachées à leur mode de désignation et à leur statut, n'emportent pas de façon systématique la validité de leurs actes, tant dans les instances locales que dans les instances nationales et supranationales. Ces prérogatives et obligations préfigurent en fait de la qualité de représentant à laquelle s'attachent des considérations pratiques justifiant de sa représentativité.

566. Dans l'ordre juridique international, les collectivités territoriales n'ont pas de personnalité et, en conséquence, les mécanismes de l'habilitation sont appliqués parce qu'elles ne peuvent pas être des sujets de droit international. Ces collectivités ne sont pas ignorées pour autant sur le plan international[810]. Leur représentativité intervient dès lors qu'elles « peuvent être titulaires de droits et obligations et bénéficier de procédures prévues par le droit international »[811], notamment en matière de jumelage[812], de la

[809] O. Bui-Xuan, *op. cit.* (n° 647), p. 149.

[810] V. par exemple, la convention-cadre européenne sur la coopération transfrontalière des collectivités ou autorités territoriales de Madrid du 21 mai 1980, entrée en vigueur le 22 décembre 1981, et ses protocoles additionnels du 9 novembre 1995, du 5 mai 1998 et du 16 novembre 2009.

[811] R. Bourrel, *op. cit.* (n° 92), p. 27.

[812] V. le décret du 24 janvier 1956 portant création d'une commission chargée de coordonner les échanges internationaux dans le domaine communal, tel que modifié par le décret n°56-657 du 23 juin 1956 relatif à la commission chargée de coordonner les échanges internationaux dans le domaine communal, JORF, 6 juillet 1956.

coopération transfrontalière[813] et de la coopération décentralisée[814]. Ce faisant, elle laisse apparaître le phénomène d'instrumentalisation des fonds structurels européens ayant abouti à l'émergence et la consécration du fait régional. Par exemple, l'intervention du Fonds social européen dans la politique d'aide de la région Provence-Alpes-Côte d'Azur sous la forme d'un « chèque énergie » de 250 euros destiné au paiement des factures de gaz et d'électricité des familles en difficulté, entre le 19 septembre et le 15 décembre 2023.

567. L'habilitation offre par ailleurs l'opportunité d'identifier la représentativité d'un ressortissant national, sans qu'il y ait pour autant de représentation à l'œuvre[815]. C'est ainsi que les membres de la Commission européenne et de la CJUE sont réputés représenter les États qui les ont proposés à leurs postes, alors que leurs missions tendent à promouvoir l'intérêt général communautaire pour les uns et le droit communautaire pour les autres, avec des « garanties » de leur indépendance. En réalité, pris individuellement, le supposé représentant, « pour assumer ses fonctions, se doit même au contraire de préserver son indépendance par rapport à tout État membre et notamment celui qui l'a proposé, afin d'exercer sa mission dans le seul intérêt de l'Union »[816]. Il est certes représentatif de l'État sur la base du critère de la nationalité – aucune possibilité en parallèle pour un État de proposer un ressortissant non-national –, mais il n'est pas représentant de l'État puisqu'il n'y a aucun mécanisme de représentation à l'œuvre[817].

---

[813] V. l'article 65 de la loi n° 82-213 du 2 mars 1982 et l'article L.1115-4 du CGCT.

[814] V. l'article L.1115-1 du CGCT.

[815] V. Julia MOTTE-BAUMVOL, « Représentation et représentativité dans les organisations internationales », *in* O. BUI-XUAN (dir.), *op. cit.* (n° 7), p. 132. L'auteure estime qu'il y a représentation à travers le lien de nationalité des fonctionnaires des organisations internationales avec les États dont ils sont ressortissants.

[816] V. V. BOUHIER, *op. cit.* (n° 255), p. 124. L'auteur précise que « [c]ette obligation figure pour les commissaires à l'article 245 [alinéa 1] du TFUE, mais elle est également présente pour les juges, à l'article 253 [alinéa 1] du TFUE, de manière plus classique au regard des fonctions juridictionnelles ».

[817] Il est important de relever que les membres de la Commission en particulier sont, sur le plan politique, représentatifs des gouvernements de leurs pays. Les autorités proposent en général les noms des personnes qui partagent leurs idéaux et sensibilités.

568. À l'inverse, l'ordre juridique interne donne la possibilité d'avoir un mécanisme de représentation dans lequel les représentants n'incorporent aucune considération liée à la représentativité : c'est ce que nous appelons la représentation-incarnation.

CHAPITRE 2 : LA REPRÉSENTATION-INCARNATION ABSOLUMENT IMPERMÉABLE À LA REPRÉSENTATIVITÉ

569. La représentation se déduit de manière générale des normes constituant un ordre juridique, et non l'inverse. Parmi ces normes, l'intérêt général tend à expliquer le caractère seulement apparent du clivage entre les collectivités territoriales et l'État, issu de la décentralisation, et à justifier l'unité des pouvoirs publics. Cette unité repose essentiellement sur l'indifférence de la personnalité juridique des collectivités publiques qui résulte notamment de la notion de la Nation. Celle-ci est entendue comme un groupe humain largement constitué « qui se caractérise par la conscience de son unité et la volonté de vivre » ensemble au sein d'une communauté de droits et d'obligations « établie sur un territoire définie, et personnifiée par une autorité souveraine »[818].

570. La représentation-incarnation s'inscrit dans l'ordre des ruptures entre les pouvoirs propres et les compétences d'exécution des organes exécutifs locaux, à la différence de la représentation-mandat et la représentation-habilitation qui, elles, s'inscrivent plutôt dans celui de leurs continuités. Elle traduit la forme primitive du procédé de la représentation, tel que développé dans la conception hobbesienne du passage de l'« état de nature » à la « société civile ». Ce procédé est appréhendé comme le soubassement de la puissance du « tiers » à qui chacun consent d'imposer à tous sa volonté souveraine. On relève dès lors le rejet systématique de toute considération tendant à apercevoir à travers la représentation-incarnation les traits caractéristiques des habitants.

571. L'application du mécanisme de l'incarnation met donc en exergue l'exercice d'un pouvoir à l'origine étatique et prolongeant l'idée de la Nation. Or, à titre de rappel, la conception hobbesienne de la société humaine renvoie aux éléments fondamentaux constitutifs la personne publique originelle, soit l'État, à savoir le territoire, la population, et l'autorité détentrice de la puissance publique. En même temps elle rappelle que la représentation a été créée avec la puissance

---

[818] A. REY (dir.), *op.cit.* (n° 600), p. 943.

publique parce que les hommes furent incapables de se faire confiance les uns les autres. Face au danger de *« bellum omnium contra omnes »*, soit un état de guerre de chacun contre tous, « par l'entremise d'un Contrat social, les individus remettant toute leur force commune à un [pouvoir] total, garantiraient ainsi leurs existences réciproques »[819]. La représentation des collectivités territoriales, qui procède subsidiairement de la même nature juridique que celle de l'État, est ainsi conditionnée dès qu'il s'agit de les incarner intrinsèquement.

572. Selon Didier MINEUR, l'acception de la représentation soutenue par l'abbé SIEYES à la Révolution « n'est pas tant la reproduction de ce qui est, que la production de ce qui doit être »[820]. La forme aboutie de cette représentation totalement éloignée des considérations liées à la représentativité est le mécanisme de l'incarnation. En effet, conçue essentiellement sur la base d'une logique démographique discriminante – au sens didactique du terme –, la représentativité n'est pas compatible avec la vision objective de la personnalité morale de droit public des collectivités territoriales (Section 1). De surcroît, cette vision objective appliquée au mécanisme de l'incarnation est exclusive de tout ce qui relève des apparences (Section 2).

573. À la différence des précédents chapitres concernant les autres mécanismes de représentation étudiés dans cette recherche, il ne s'agit ici pas de confronter le mécanisme de l'incarnation à la représentativité. Il est plutôt question, dans ce bref chapitre, de relever et de justifier les motifs de l'imperméabilité du mécanisme de l'incarnation à la représentativité. En effet, une lecture combinée des jurisprudences communautaire et interne révèle la portée juridique de cette notion lorsqu'il s'agit d'établir la représentation des personnes morales publiques : la représentativité est attachée à l'exercice du pouvoir, à défaut à l'exercice d'une influence certaine, par le représentant[821].

---

[819] V. D. FONSECA, « Le philosophe aux loups. Actualité et inactualité de la représentation politique chez Hobbes », *in* O. BUI-XUAN, *op. cit.* (n° 7), p. 84.

[820] Didier MINEUR, *Archéologie de la représentation politique*, Presses De Sciences Po, coll. « Académique », 2010, p. 108.

[821] V. par exemple, CJUE, affaires jointes C-383/21 et C-384/21, 22 décembre 2022, *Commune de Farciennes c/ Société wallonne du logement*, considérant 70 ; CE, n° 421952, 30 janvier 2020, *Commune de Païta*, mentionné au recueil Lebon ; CE, n° 432590, 18 décembre 2019, *Port autonome de la Nouvelle-Calédonie, Société d'économie mixte la baie de la Moselle*, mentionné aux tables du recueil Lebon. Pour

Section 1 La vision objective de la personnalité publique des collectivités territoriales liée à l'unité nationale

574. En tant que personnes publiques, les collectivités territoriales ont une existence juridique propre et une nature sociale dominées par des règles de compétence ainsi que l'objectif transcendant de l'intérêt général. Le mécanisme de l'incarnation traduit la nature juridique intrinsèque de ces collectivités : d'une part, il a ses origines dans la conception jadis centralisatrice de l'exercice du pouvoir, et de ce fait de la représentation (§1), et, d'autre part, il est fondé sur des compétences propres au pouvoir exécutif local (§2). Le fonctionnement de ce mécanisme de représentation est donc tributaire du régime juridique général des collectivités territoriales, ainsi que de l'appréhension de ses mutations contemporaines.

575. Par ailleurs, le régime catégoriel des collectivités territoriales, prévu dans un souci de garantir quelque cohérence dans la mise en œuvre des compétences des collectivités territoriales, constitue l'unique considération sur la base de laquelle est mise en œuvre la représentation-incarnation. En pratique, ce régime met en évidence l'enjeu du territoire et, par suite, la logique territoriale de la représentation des collectivités territoriales, à l'instar de l'assemblée des maires de la métropole du Grand Paris, de la conférence métropolitaine des maires et des Conseils d'administration d'établissements sociaux ou médico-sociaux à caractère public. Il ne s'agit donc pas d'une considération liée à la représentativité à proprement parler.

§1 La conception originellement centralisatrice de l'administration territoriale

576. La constitutionnalisation du principe de l'organisation décentralisée de la République est la forme la plus aboutie des règles relatives à la personnalité publique des entités infra-étatiques dans l'ordre juridique interne. Distinctes les unes des autres, chacune de ces

---

ce dernier arrêt du juge administratif interne, v. le commentaire de S. BRAMERET, *AJDA*, n° 11, 2020, pp. 640-644. En somme, en réalisant un contrôle souple tendant à vérifier une application stricte de la loi – ni plus ni moins –, « la solution retenue [par le Conseil d'État] s'appuie sur l'apparence d'une impartialité, bien davantage que sur la réalité ».

entités est en principe incarnée par un représentant local. Il s'ensuit des compétences propres d'importance significative notamment pour le responsable de l'exécutif local, en matière de police administrative – en particulier pour le maire –, d'hiérarchie de l'administration publique et de gestion du patrimoine. Ces compétences, faut-il tout de même le préciser, sont exercées de manière indépendante vis-à-vis de l'organe délibérant et des autres personnes publiques y compris l'État.

577. Cette évolution du droit est consécutive aux mutations progressives du régime des collectivités territoriales, et de ce fait leurs effets sur les compétences propres du pouvoir exécutif local. On la doit à la fin de l'uniformité et à l'assouplissement du régime commun des collectivités territoriales (II) qui servaient à l'origine un découpage unitaire et uniformisante du territoire national par les institutions (I).

I. L'institutionnalisation d'un découpage unitaire et uniformisant du territoire national

578. L'unicité et l'indivisibilité de la République française se sont construites dès 1789, selon une pensée dogmatique : « Le principe de toute Souveraineté réside essentiellement dans la Nation. Nul corps, nul individu ne peut exercer d'autorité qui n'en émane expressément. »[822] D'une part, cette pensée a été utile à la création des collectivités territoriales autour des idéaux de l'unité nationale et de l'indivisibilité de la France d'abord en tant que royaume, ensuite en tant qu'empire, et enfin en tant que République. D'autre part, ces idéaux ont servi notamment à la formation d'un régime commun de ces collectivités « sur une équation compréhensible alors et devenue abusive depuis ; l'unité suppose l'égalité, l'égalité suppose l'uniformité »[823].

579. L'un des héritages de la Révolution, qui fut aussi « une préoccupation essentielle de l'Ancien Régime »[824], a donc été la mise en place d'une administration centralisée, avec un régime juridique uniforme pour chaque catégorie de collectivités territoriales et, à l'origine, dénué de toute considération liée à la représentativité. Jean-Arnaud MAZERES l'explique en ces termes : « En tant qu'elles ont une position spatiale, les collectivités locales se situent dans un ensemble

[822] Article 3 de la Déclaration des droits de l'Homme et du Citoyen de 1789.
[823] G. CARCASSONNE et M. GUILLAUME, *op. cit.* (n° 279), p. 349.
[824] J.-B. AUBY, J.-F. AUBY et R. NOGUELLOU, *op. cit.* (n° 137), p. 2.

qui les dépasse, et dont la cohérence générale leur échappe nécessairement : celle-ci se trouve établie par l'État qui les englobe dans l'unité de son territoire national, et les répartit, les positionne les unes par rapport aux autres au sein de cet ensemble. »[825] Et le professeur d'ajouter : « Dans cette perspective, le 'local' ne peut être que le résultat d'une représentation qui est celle émanant de l'État. Le local est dans une relation en quelque sorte passive à la représentation : il est 'représenté'. »[826]

580. Suivant une démarche à la fois unitaire et uniformisante, « du jour au lendemain, toutes les paroisses avaient été transformées en autant de communes, soumises exactement au même régime ». Par la suite, les départements ont été créés « sur un modèle qui devait beaucoup moins à la géographie qu'à la géométrie »[827]. En fait il s'est agi de suivre des divisions territoriales antérieures et d'adopter des dimensions quelque peu homogènes. Une démarche similaire a caractérisé plus tard la « difficile naissance »[828] des régions et leur institutionnalisation « dans la douleur »[829], à la suite de péripéties particulières. Il aura fallu passer par la création de vingt-et-une circonscriptions d'action régionale[830], cadres géographiques de la coordination administrative, puis l'institution des établissements publics régionaux[831], avant d'aboutir à l'accession des régions au statut des collectivités territoriales par la loi n° 82-213 du 2 mars 1982.

581. Le cadre juridique qui s'en est suivi a déterminé pendant une longue période une représentation « non discriminante » des collectivités territoriales. L'organisation territoriale est alors perçue comme un moyen de simplification des tâches et des responsabilités entre les mains et au service de l'État, ou du moins sous sa tutelle. L'un des nombreux effets pervers de cette organisation simplifiée du point de vue de l'État a été l'idée, au début des années 2010, d'une « sorte d'union-personnelle » entre le département et la région par

---

[825] J.-A. MAZÈRES, *op. cit.* (n° 5), p. 610.
[826] J.-A. MAZERES, *op. cit.* (n° 5), p. 610.
[827] J.-B. AUBY, J.-F. AUBY et R. NOGUELLOU, *op. cit.* (n° 137), p. 2. V. en ce sens l'édit de Compiègne de 1764 et l'édit de Marly de 1765 concernant les communes.
[828] V. Jacques BLANC et Bruno REMOND, *Les collectivités locales*, Presses de Sciences Po – Dalloz, coll. « Amphithéâtre », 1995, pp. 139-166.
[829] J.-M. PONTIER, *op. cit.* (n° 292), p. 533.
[830] V. le décret n° 60-516 du 2 juin 1960.
[831] V. la loi n° 72-619 du 5 juillet 1972.

l'institutionnalisation du conseiller territorial, qui a été abandonnée depuis [832]. C'est cette simplification que le procédé de la décentralisation, qui s'applique depuis un temps inférieur à la moitié d'un siècle, tend à redéfinir et ancrer à rebours de celle que l'on a forgée jadis.

II. La fin de l'uniformité et l'assouplissement du régime commun des collectivités territoriales

582. Avant la réforme constitutionnelle et législative de 2003, l'exigence d'uniformité était pratiquée, en tous points, rigoureusement et constamment à l'égard collectivités territoriales, mais moins à l'égard des collectivités, départements et régions d'Outre-mer à cause des dispositions particulières qui les régissent. De manière concrète, « [c]e qui existait ici devait exister là aussi. Ce que l'un souhait pouvoir faire, il en était empêché si tous ne recevaient pas le même droit, y compris sans qu'ils l'eussent revendiqué »[833]. Cette notion, faut-il le préciser, se situe dans le prolongement d'une formule ancienne disant que « [l]a République française est démocratique, une et indivisible », qui figurait au préambule de la Constitution de 1848 et depuis a disparu. Mais à la suite des déverrouillages juridiques, administratifs et politiques opérés par la première vague des lois de décentralisation adoptées entre 1982 et 1986, la France s'est écartée lentement mais progressivement, « comme à regret, du modèle d'État centralisé qui fut, idéologiquement, politiquement et institutionnellement parlant, son credo et son meilleur atout durant des siècles »[834].

583. Il est important de relever qu'à l'échelle européenne, le modèle unitaire français était devenu anachronique eu égard aux évolutions institutionnelles et aux variations conceptuelles des collectivités territoriales tenant notamment au fédéralisme (Allemagne, Belgique et Suisse) et au régionalisme (Espagne et Italie) des États voisins. Il faut cependant garder à l'esprit que l'uniformité des collectivités territoriales fut exigée pendant assez longtemps pour garantir l'unité et l'indivisibilité de la Nation. Par la suite, c'est « justement parce que, en

---

[832] Le risque était notamment qu'à terme une réorganisation plus radicale fasse du département une sorte d'instance subsidiaire ou une circonscription de la région sous la tutelle de celle-ci. Force est constater que ce risque n'a pas disparu.
[833] G. CARCASSONNE et M. GUILLAUME, *op. cit.* (n° 279), p. 350.
[834] B. RÉMOND, *op. cit.*, (n° 662), p. 9.

partie grâce à cela, cette unité et cette indivisibilité sont faites, et ne sont pas sérieusement mises en cause malgré, ici ou là, des effrois excessifs, elles exigent toujours l'égalité [des collectivités territoriales] mais n'imposent plus forcément l'uniformité »[835].

584. Mais en dépit du fait que l'acte II de la décentralisation ait assoupli le régime commun de ces collectivités, l'acte III s'est inscrit d'une certaine manière dans le sens d'un régime juridique uniforme, ou du moins uniformisant. La modification substantielle de la carte territoriale de la France métropolitaine a conduit en particulier à une intégration systématique de la quasi-totalité des communes au sein des EPCI[836], selon un procédé de généralisation parfois discutable au regard des particularités de certains territoires. C'est le cas de la métropole d'Aix-Marseille-Provence qui « a rencontré, dès sa création, des difficultés à faire émerger un projet métropolitain sur son périmètre », malgré les multiples compromis du législateur et des acteurs locaux[837].

§2 Une représentation des compétences dévolues aux collectivités territoriales

585. Le mécanisme de l'incarnation participe des règles d'attribution des compétences et, de ce fait, relativise le développement de l'identité des collectivités territoriales (I). Mais en même temps, on peut se demander si la complémentarité des pouvoirs locaux au sein d'un même territoire pourrait entrouvrir ce mécanisme à la représentativité, notamment du fait de la différenciation territoriale (II).

I. La relativisation de l'identité des collectivités territoriales par l'incarnation

586. Le procédé de la représentation tend sur le plan juridique à rendre valides actes accomplis par les acteurs locaux, en tenant compte de la diversité des collectivités territoriales mise en exergue tout au long

---

[835] G. CARCASSONNE et M. GUILLAUME *op. cit.* (n° 279), p. 350.

[836] En vigueur depuis le 1er janvier 2016.

[837] V. Mathieu DARNAUD et Françoise GATEL, *Métropole d'Aix-Marseille-Provence : une métropole à la croisée des chemins*, rapport d'information fait au nom de la commission des lois constitutionnelles, de législation, du suffrage universel, du Règlement et d'administration générale, n° 191, Sénat, 2022, p. 10, [mis en ligne sur le site https://www.senat.fr/rap/r22-191/r22-1911.pdf] [consulté le 19 février 2023].

de cette étude. La représentativité offre quant à elle des considérations au regard desquelles les représentants de ces collectivités peuvent être sociologiquement valables. Il n'est sans doute pas possible d'envisager la notion de représentativité dès lors que la représentation des collectivités territoriales est reliée aux éléments fondamentaux que sont l'État et la Nation. Ces enjeux sont si importants que la problématique de l'autonomie politique, combinée à l'affirmation des identités locales, se pose avec moins d'acuité. Il serait cependant anachronique de prétendre transposer ici une réflexion axée sur la représentation de la Nation en vue d'analyser la représentation des collectivités territoriales : le temps et l'objet ne s'y prêtent pas.

587. Sans en venir à mettre en cause l'unité et l'indivisibilité du peuple, traduites par le concept de la Nation, le mécanisme de l'incarnation tend à affirmer les singularités des collectivités territoriales. Dans ces conditions, les considérations liées à la représentativité des acteurs locaux n'ont pas lieu d'exister, étant donné que la fonction de représentation de ces acteurs repose sur la théorie de l'organe. Il s'agit dès lors de consolider les atouts de chaque collectivité territoriale, tout en limitant les ruptures entre les territoires et en amplifiant les synergies au sein de chaque unité catégorielle. C'est ainsi que Raymond CARRE DE MALBERG, fermement attaché à la notion de souveraineté nationale, a préféré *in fine* l'expression « organes d'État » au terme de représentant faisant traditionnellement le lien avec l'idée d'élection, et corrélativement avec l'idée de mandat ou de délégation[838].

II. L'ouverture improbable de la différenciation territoriale à la représentativité

588. À rebours de l'exigence d'uniformité, la différenciation territoriale tend à accorder la priorité à l'action des pouvoirs publics décentralisés en renforçant la légitimité, la capacité d'agir et la responsabilité des autorités locales. On peut estimer qu'il s'agit de l'aboutissement d'une réflexion entamée dès 1992[839] sur l'articulation de la forme de l'État et de l'organisation des pouvoirs publics fondée, au moins en théorie, sur la subsidiarisation des collectivités territoriales et leur complémentarité. C'est en effet ce que l'article L.1111-3-1 du

---

[838] R. CARRE DE MALBERG, *op. cit.* (n° 42), p. 281.
[839] Adoption de la loi d'orientation n° 92-125 du 6 février 1992 relative à l'administration territoriale de la République.

CGCT définit en ces termes : « Dans le respect du principe d'égalité, les règles relatives à l'attribution et à l'exercice des compétences applicables à une catégorie de collectivités territoriales peuvent être différenciées pour tenir compte des différences objectives de situations dans lesquelles se trouvent les collectivités territoriales relevant de la même catégorie, pourvu que la différence de traitement qui en résulte soit proportionnée et en rapport avec l'objet de la loi qui l'établit. »[840]

589. Or, en consacrant la différenciation territoriale comme principe de la décentralisation, le législateur abandonne manifestement la logique d'uniformisation, postulée par les « lois d'uniformisation du régime juridique » des collectivités territoriales[841]. Il a donc choisi une logique de territorialisation de leurs compétences. Et suivant la logique du raisonnement par l'absurde, la différenciation territoriale permettrait la rationalisation des compétences locales, notamment au sein de l'organisation complexe du système de santé français. Dans ce système caractérisé par la primauté de l'État concernant l'offre de soins ainsi que les politiques de santé publique, cette rationalisation aurait pour objectif d'optimiser la représentation mais aussi l'action des collectivités territoriales au niveau des instances de décision[842] et de mise en œuvre des décisions[843]. Mais en réalité, ce ne raisonnement n'est pas appliqué dans les mécanismes du mandat et les mécanismes de l'habilitation opérant en matière de santé[844], et *a fortiori* n'est pas applicable dans le mécanisme de l'incarnation.

---

[840] Cet article a été créé par l'article 1 de la loi n° 2022-217 du 21 février 2022.

[841] V. la loi du 10 août 1871 relative aux conseils généraux – adoptée au lendemain de la Commune insurrectionnelle de Paris –, et la loi du 5 avril 1884 relative à l'organisation municipale – appelée aussi « grande charte républicaine de la liberté municipale » –, JORF, 6 avril 1884.

[842] D'une part, le Parlement qui vote la loi de financement de la sécurité sociale et définit l'Objectif national de dépenses d'assurance maladie ; d'autre part, le Gouvernement qui organise l'offre sanitaire et médicosociale et finance le système de soins.

[843] Il s'agit des entités déconcentrées et territorialisées. V. « L'organisation de la santé, un système complexe », *Intercommunalités*, n° 280, 2023, p. 23.

[844] Par exemple, pour la représentation des collectivités territoriales au Conseil de surveillance des agences régionales de santé, au Conseil de surveillance d'établissement public de santé et au Conseil territorial de santé.

Section 2 L'inopérabilité de la représentativité dans le mécanisme de l'incarnation

590. À la différence d'autres mécanismes de représentation, le mécanisme de l'incarnation met en exergue l'unicité du représentant principalement au titre de l'unité nationale et accessoirement de l'autonomie des collectivités territoriales (§1). Il s'ensuit une conception de l'incarnation excluant la prise en compte des considérations liées à la représentativité, notamment les apparences perceptibles à travers le représentant. Au surplus, cette conception traduit à la fois le besoin de symboliser la continuité de la personne publique et l'absence de risque quant à ce (§2). Ainsi, l'incarnation des collectivités territoriales par leurs organes exécutifs est hermétique à la représentativité et toute ressemblance idéologique ou sociologique dans ce mécanisme est somme toute nulle.

§1 L'absence de pluralité et les risques d'abus du mécanisme de l'incarnation

591. Le mécanisme de l'incarnation n'est pas susceptible de pluralité qu'induit la représentativité dans l'ordre juridique interne. Il induit au contraire l'unicité de la représentation que ce soit dans les instances nationales ou dans les instances locales (I). De plus, à la différence des autres mécanismes de représentation, il n'est pas exposé à la technicité, l'expertise ou la neutralité que requiert la fonction de représentation autant que la décentralisation est davantage approfondie. En revanche, ce mécanisme comporte des risques de son utilisation pour des finalités contraires au droit (II).

I. L'unicité du mécanisme de l'incarnation dans les instances nationales et locales

592. À l'évidence, « les structures d'administration territoriale sont, en France, trop nombreuses et trop morcelées » [845]. Cela a été démontré

[845] Comité pour la réforme des collectivités locales, *Il est temps de décider*, rapport au président de la République, La Documentation française, 2009, p. 12. Les rapporteurs ajoutent : « Sans doute la loi Chevènement de 1999 a-t-elle puissamment favorisé l'éclosion des groupements de communes qui recouvrent la quasi-totalité du territoire. Mais leur périmètre géographique est parfois peu rationnel, leur diversité statutaire

dans cette recherche autant pour les communes, dont le mécanisme de fusion n'a finalement pas donné les résultats escomptés – et ce en dépit des différentes mesures incitatives prévues par le législateur –, que pour les départements et les régions. Dans cette espèce de tourbière administrative, face à un pouvoir central – national et supranational – de plus en plus fortement réaffirmé, on peut considérer plus largement que le sens même de la représentation dépend parfois de la définition que lui donnent aussi bien l'État que les collectivités territoriales. Du point de vue des pratiques observables, elle « est, logiquement, pour l'État, celle d'une duplication de lui-même. Non seulement l'État, produit le local, mais se reproduit dans le local »[846]. En ce sens, la représentation des collectivités territoriales ne serait rien d'autre qu'une reproduction des attributions que l'État a daigné concéder aux entités infra-étatiques.

593. Le mécanisme de l'incarnation peut être inscrit dans le prolongement du raisonnement ci-dessus, dès lors qu'il repose notamment sur des signes distinctifs qui traduisent son caractère symbolique. L'unicité du mécanisme requiert une différence de présentation, et de ce fait de la représentation, entre celui qui incarne la collectivité territoriale et les autres membres de l'exécutif local. Par exemple, pour ce qui concerne les élus municipaux, l'écharpe tricolore ne peut être portée que par une seule personne, lors d'une cérémonie publique : le maire ou l'adjoint le remplaçant. En outre, seul le maire de la commune nouvelle peut porter l'écharpe à franges d'or. Les maires délégués étant en fait adjoints au maire de la commune nouvelle, ils doivent donc porter l'écharpe avec glands à franges d'argent. Toutefois, le fait d'avoir un représentant unique constitue un risque de galvauder ce mécanisme de représentation.

(communautés de communes, communautés d'agglomération, communautés urbaines), accentuée par l'existence des « pays », est source de complexité et de rigidité, les économies d'échelle attendues ne se sont pas produites […]. [Les régions] font figure de collectivités récentes et l'on peut regretter que leur nombre relativement élevé, leur poids limité en termes financiers et l'éparpillement de leurs compétences ne soient pas en harmonie avec leur rôle dans la réorganisation en cours des services de l'Etat, qui privilégie le niveau régional, et dans la mise en œuvre des politiques européennes. Quant aux départements, collectivités anciennes dont le rôle est essentiel et apprécié notamment en matière sociale, ils se révèlent mal adaptés aux zones fortement urbanisées, où le canton apparaît frappé d'obsolescence. »

[846] J.-A. MAZÈRES, *op. cit.* (n° 5), p. 612.

II. Le risque d'utilisation du mécanisme de l'incarnation à des fins partisanes ou personnelles

594. Le mécanisme de l'incarnation demeure l'un de ceux qui exposent le plus la fonction de représentation des collectivités territoriales à un usage dévoyé, en particulier parce qu'il opère de manière individuelle contrairement aux autres mécanismes qui peuvent opérer de manière collective. Un jugement du tribunal correctionnel de Nanterre, prononcé en novembre 2022, illustre en ce sens l'utilisation illégale des moyens de représentation à des fins partisanes[847]. En effet, le juge pénal a condamné le maire de la commune de Boulogne-Billancourt[848] à la suite de l'envoi d'un courrier partisan aux habitants de la commune. Dans ce courrier de quatre pages, le maire a communiqué sa décision de ne pas briguer un nouveau mandat de député aux élections législatives de 2012[849]. Il a également mentionné qu'il apportait son soutien à un candidat déclaré dans une circonscription électorale de la commune pour lui succéder à l'Assemblée nationale, et y a joint la déclaration de candidature de ce dernier[850]. En l'espèce, la violation du droit électoral consiste en l'utilisation des moyens de communication officielle à des fins partisanes dans le cadre d'une campagne électorale. Elle intervient dans la fonction de représentation du maire du fait qu'il incarne la commune, sans pour autant engager la responsabilité de celle-ci.

---

[847] V. « Claude Guéant condamné à six mois de prison ferme aménagés pour escroquerie de frais de campagne », *Le Monde*, 22 novembre 2022 [mis en ligne sur le site https://www.lemonde.fr/politique/article/2022/11/22/claude-gueant-condamne-a-six-mois-de-prison-ferme-amenages-pour-escroquerie-de-frais-de-campagne_6151079_823448.html] [consulté le 26 janvier 2023].

[848] Le maire de la commune a été condamné à une peine de huit mois d'emprisonnement assortis d'un sursis simple et à une amende de 3 750 euros. Il a décidé d'interjeter appel du jugement devant la cour d'appel compétente.

[849] Par la suite, le législateur a interdit le cumul de fonctions exécutives locales avec un mandat parlementaire. V. la loi organique n° 2014-125 du 14 février 2014 interdisant le cumul de fonctions exécutives locales avec le mandat de député ou de sénateur, JORF n° 0040, 16 février 2014.

[850] Il convient de préciser que le candidat a été condamné dans cette affaire à une peine de dix-huit mois d'emprisonnement, dont douze assortis d'un sursis probatoire, pour avoir délibérément minoré ses frais de campagne pour les élections législatives de 2012. Comme le maire de la commune, il a décidé d'interjeter appel du jugement devant la cour d'appel compétente.

595. On peut dès lors identifier la faute personnelle qui, de manière classique, intervient dans l'exercice des fonctions administratives lorsque l'acte dommageable révèle « l'homme avec ses faiblesses, ses passions, ses imprudences »[851]. La responsabilité pénale et, ou civile du représentant peut être engagée lorsqu'il est établi que celui-ci a commis une faute personnelle, c'est-à-dire détachable de tout lien avec la fonction de représentation. Afin de pallier ce risque, des mesures d'encadrement du mécanisme de l'incarnation ont été prévues, notamment l'interdiction pour les élus municipaux de porter l'écharpe tricolore pour une occasion personnelle ou hors du territoire de la commune[852].

§2 L'essence procédurale et symbolique du mécanisme de l'incarnation

596. Le mécanisme de l'incarnation fait émerger un élément sous-jacent dans la conception de la décentralisation : la nécessité d'intégrer dans l'unité de la Nation l'existence des entités infra-étatiques établies sur les territoires de la République. Il s'agit dès lors d'un mécanisme de représentation par essence procédurale et symbolique qui ne fait pourtant acception d'aucun trait de ressemblance avec les particularités locales (I). Sa dimension symbolique traduit une représentation abstraite et sert à renforcer tout autant la fonction exécutive que la personnalité morale de la collectivité représentée (II).

I. Un mécanisme de l'incarnation exclusif de tout trait de ressemblance

597. La dimension symbolique du représentant en fait un vecteur de l'unité de la collectivité représentée. Concernant les communes, l'importance accordée aux règles procédurales ou protocolaires tend à préserver un symbole fort de la représentation : le port de l'écharpe tricolore traduisant ainsi l'autorité de l'État conférée à l'organe exécutif par la qualité d'officier d'état-civil et d'officier de police judiciaire. En effet, l'article 3 du décret de l'Assemblée nationale du 20 mars 1790 concernant les membres des assemblées administratives de

---

[851] É. LAFERRIÈRE, *op. cit.* (n° 330).

[852] L'argument de la *ratio legis* permet d'étendre cette interdiction aux autres élus locaux hors du territoire des collectivités territoriales représentées.

départements et de districts avait prévu : « Lorsque le maire et les officiers municipaux seront en fonction, ils porteront pour marque distinctive, par-dessus leur habit et en baudrier, une écharpe aux trois couleurs de la Nation, bleu, rouge et blanc, attachée d'un nœud, et ornée d'une frange couleur d'or pour le maire, blanche pour les officiers municipaux, et violette pour le procureur de la commune. »[853]

598. À ce titre, l'écharpe tricolore est le seul élément qui subsiste de l'ancien costume des maires, tel que décrit par le décret du 1er mars 1852 relatif au costume des fonctionnaires et employés dépendant du ministère de l'Intérieur[854]. La préservation de ce symbole est d'autant plus remarquable qu'aujourd'hui encore le port de l'écharpe tricolore, notamment pour les maires, est similaire à la description faite en 1790. Il est même actuellement réglementé par le CGCT, en son article D.2122-4 tel que modifié par le décret n° 2000-1250 du 18 décembre 2000[855]. Certes, les règles protocolaires ont sensiblement évolué depuis, mais la dimension procédurale et symbolique de la représentation par l'incarnation des collectivités territoriales subsiste. Elle participe de ce fait, d'une part, à l'existence de ces collectivités du point de vue administratif et, d'autre part, à la manifestation de l'autorité découlant de leur personnalité morale publique, du moins dans une dimension qui n'est pas négligeable.

---

[853] Ce décret est tombé en désuétude depuis de nombreuses années.

[854] *Ibidem*. V. JORF, Débats parlementaires - Sénat, 18 octobre 2001, p. 3311 et 13 décembre 2001, p. 3947.

[855] Décret n° 2000-1250 du 18 décembre 2000 modifiant l'article D.2122-4 du code général des collectivités territoriales, JORF n° 297, 23 décembre 2000. Il est rédigé comme suit : « Les maires portent l'écharpe tricolore avec glands à franges d'or dans les cérémonies publiques et toutes les fois que l'exercice de leurs fonctions peut rendre nécessaire ce signe distinctif de leur autorité.

Les adjoints portent l'écharpe tricolore avec glands à franges d'argent dans l'exercice de leurs fonctions d'officier d'état-civil et d'officier de police judiciaire, et lorsqu'ils remplacent ou représentent le maire en application des articles L.2122-17 et L.2122-18.

Les conseillers municipaux portent l'écharpe tricolore avec glands à franges d'argent lorsqu'ils remplacent le maire en application de l'article L.2122-17 ou lorsqu'ils sont conduits à célébrer des mariages par délégation du maire dans les conditions fixées par l'article L.2122-18.

L'écharpe tricolore peut se porter soit en ceinture soit de l'épaule droite au côté gauche. Lorsqu'elle est portée en ceinture, l'ordre des couleurs fait figurer le bleu en haut. Lorsqu'elle est portée en écharpe, l'ordre des couleurs fait figurer le bleu près du col, par différenciation avec les parlementaires. »

II. L'affirmation de la personnalité morale de la collectivité représentée

599. La responsabilité des organes délibérants d'administrer ces collectivités a été consacrée pour la première fois dans la Constitution sous la IVe République. En même temps il a été accordé aux organes exécutifs, notamment aux maires, la responsabilité d'appliquer les décisions des assemblées délibérantes[856]. Par la suite, la Constitution de la Ve République, sans reprendre l'intégralité de l'article 87 de la précédente loi fondamentale, est allée dans le même sens en prévoyant à l'article 72, alinéa 3, que la responsabilité d'administrer les collectivités territoriales incombe aux conseils élus. C'est ce qui justifie le principe de leur élection au suffrage universel direct[857], tandis que les organes exécutifs sont élus quant à eux au suffrage indirect.

600. En tant que personnes morales, les collectivités territoriales agissent en principe au travers de leurs organes, à l'instar des États et des organisations internationales dans la sphère publique. L'action administrative de leurs organes délibérants et exécutifs participe de la mission tendant à représenter ces collectivités, par le pouvoir de manifester leur volonté et de poser des actes juridiques exprimant leur volonté. De ce fait, on observe sur le plan politique une préférence prononcée du système représentatif français pour le mode de scrutin majoritaire et, par suite, un pouvoir exécutif fort, tant au niveau national qu'au niveau local. *In fine*, quoique les textes prévoient que le détenteur du pouvoir local est l'organe délibérant et que l'exécutant de ce pouvoir est l'organe exécutif, la pratique enseigne que c'est ce dernier qui concentre et exerce l'essentiel du pouvoir.

601. Enfin, l'impossibilité d'intégrer des considérations liées à la représentativité dans le mécanisme de l'incarnation emporte celle d'envisager la responsabilité de la collectivité représentée ou même du représentant. Ceci traduit de ce fait l'idée que les organes exécutifs locaux sont des corps conducteurs d'un pouvoir symbolique de l'action locale, selon le lieu, le moment et le contexte de la représentation.

---

[856] Article 87 de Constitution du 27 octobre 1946 : « Les collectivités territoriales s'administrent librement par des conseils élus au suffrage universel.
L'exécution des décisions de ces conseils est assurée par leur maire ou leur président ».
[857] V. l'article L.1111-1 du CGCT.

Conclusion du chapitre

602. En tant que personnes morales de droit public, l'action des collectivités territoriales est avant tout dominée par l'objectif de l'intérêt général, que celle-ci soit menée de façon individuelle ou collective. Cependant, la pratique du mécanisme de l'incarnation renvoie aux formes de représentation fondées notamment sur les idées individualistes de mandat, comme en droit privé, et de délégation de pouvoir, comme en science politique. Il s'agit d'une reconnaissance de l'identité distincte de ces collectivités au sein d'un processus de dévolution asymétrique des pouvoirs de l'État, permettant ainsi une prise en compte des identités locales. Le mécanisme de représentation à l'œuvre met en exergue la maîtrise de la symbolique des pouvoirs substantiels exercés au nom de l'État : la continuité institutionnelle dans le chef du détenteur des pouvoirs d'officier d'état-civil et d'officier de police judiciaire.

603. Le mécanisme de l'incarnation n'a ni pour objet ni pour effet d'administrer les collectivités territoriales dans le sens de manifester leur volonté ou de poser des actes juridiques exprimant leur volonté. Il ne s'agit pas non plus de porter ce qui lie ces collectivités ou les met en commun soit entre elles, soit avec leurs populations. L'intérêt de ce mécanisme est porté sur « qui » est représenté et non à « comment » la collectivité territoriale est représentée. Le représentant, organe exécutif, traduit une image forte de la collectivité représentée, en se substituant à celle-ci essentiellement dans la dimension de son appartenance catégorielle et de ses compétences. De manière classique et objective, il véhicule à la fois l'appartenance à la Nation – unité du peuple autour d'un pacte social de valeurs, principes et responsabilités communs et dans le respect de l'ordre public – la reconnaissance des identités locales exprimant la richesse de la République.

604. Au-delà de son caractère procédural et symbolique, la portée pratique du mécanisme de l'incarnation au niveau territorial doit être considérée au regard de l'importance du nombre des communes et, par suite, de leurs organes exécutifs. À savoir qu'au début de la décennie en cours, on a dénombré quelque 34 951 communes, 1 254 intercommunalités, 101 départements et 18 régions « hexagonales » et d'Outre-mer, représentés en somme par « 509 000 élus locaux, dont près de 99% relèvent du bloc communal »[858]. La DGCL a compté pour sa part, avant les dernières élections municipales organisées en 2020, « 503 305 conseillers municipaux, 67 159 conseillers communautaires, 4 031 conseillers départementaux et 1 922 conseillers régionaux »[859].

605. Dans ces circonstances, l'imperméabilité absolue du mécanisme de l'incarnation à la représentativité traduit une forme d'équilibre des pouvoirs fondé sur la prééminence de la souveraineté nationale : elle est exercée par l'État et incarnée, en l'occurrence, par les représentants locaux – organes exécutifs des collectivités territoriales. Cela a notamment pour effet de conforter le rôle et la fonction du pouvoir exécutif sur l'échiquier territorial, en plus de l'absence de responsabilité des organes exécutifs devant les organes délibérants dans l'ordre juridique national. Dès lors, la représentation-incarnation participe du renforcement de la prépondérance pratique ou factuelle du pouvoir exécutif, qui tend à contrebalancer la prééminence statutaire des organes délibérants. Cette prépondérance du pouvoir exécutif local est en somme le fruit des concessions de l'État – par la décentralisation – et de l'organe délibérant – par sa collaboration, notamment en matière budgétaire.

[858] Bruno ACAR - François SCHECHTER, *La formation des élus locaux*, Rapport au ministre du travail et au ministre chargé des collectivités territoriales, 2020 [mis en ligne sur le site https://www.interieur.gouv.fr/Publications/Rapports-de-l-IGA/Rapports-recents/La-formation-des-elus-locaux] [consulté le 22 juillet 2022].

[859] Données accessibles sur le site https://www.cohesion-territoires.gouv.fr/direction-generale-des-collectivites-locales] [consulté le 23 juin 2022].

Conclusion du titre

606. L'imperméabilité à la représentativité, relative pour les mécanismes de l'habilitation et absolue pour le mécanisme de l'incarnation, s'inscrit soit dans le schéma qualifié de représentation-production de la personnalité juridique des collectivités territoriales, soit dans le schéma qualifié de représentation-reproduction. Dans le premier cas, elle traduit l'affirmation des identités et, par la suite, des compétences propres à ces collectivités, c'est-à-dire une représentation sociologique (ressemblance). On considère que la représentativité renvoie à l'idée d'une « certaine ressemblance entres les représentants et les représentés »[860]. Pour reprendre la formule de Maurice Hauriou, il s'agit moins de traduire « une manière d'être de l'État », en tant qu'organe d'un appareil structurel, que d'incarner « autrui, par rapport à lui », en tant que sujet de la représentation[861].

607. En revanche, dans le second cas, l'imperméabilité à la représentativité revoie plutôt à une représentation téléologique (de compétences) des collectivités territoriales, avec une finalité similaire à celle de l'État. On observe aussi qu'il n'y a pratiquement aucun risque de décalage de la fonction de représentation puisqu'il s'agit moins de préserver les intérêts que de manifester l'existence de ces collectivités.

608. Plus précisément, dans les mécanismes de l'habilitation, il s'agit d'éviter de rendre « la prise de décision globale au sein de l'administration beaucoup plus complexe et coûteuse car les centres de décision se multiplient et les niveaux d'administration s'additionnent »[862]. L'ambivalence de la représentation-habilitation peut de façon paradoxale conduire à une meilleure représentation, en particulier là où la représentation-mandat produit une représentativité pour le moins biaisée. Dans l'hypothèse de la représentation au sein des comités de bassin, le Conseil d'État a reconnu qu'il peut s'ensuivre « un monopole de représentation qui ferait obstacle » à ce que des mesures

[860] O. Bui-Xuan, *op. cit.* (n° 7), p. 15.

[861] M. Hauriou, *Principes de droit public*, Dalloz, réimpression de l'édition de 1910, 2010, p. 229.

[862] P-L. Frier, *op. cit.* (n° 271), p. 106. V. aussi sur ce point Bernard Denni, « Représenter : gouverner au nom du peuple ? La contribution de Maurice Hauriou à l'analyse de la relation gouvernants-gouvernés », *in* F. D'Arcy (dir.), *La représentation*, Economica, coll. « Politique comparée », 1985, p. 73 *sq*.

soient prises « en vue d'assurer une meilleure représentation des représentants des usages économiques de l'eau » au sein des comités[863].

609. Dès lors, dans les mécanismes de l'habilitation, la portée réelle et juridique de la représentativité peut, selon le cas, être augmentée, relativisée, voire amenuisée « au nom d'une meilleure prise en compte des identités »[864] en particulier pour l'échelon communal. On peut à ce titre reprendre la formule d'Alexis de Tocqueville : « C'est pourtant dans la commune que réside la force des peuples libres. Les institutions communales sont à la liberté ce que les écoles primaires sont à la science ; elles la mettent à la portée du peuple ; elles lui en font goûter l'usage paisible et l'habituent à s'en servir. »[865]

610. Au sens de la décision n° 85-196 DC du 8 août 1985, la portée, ou l'exigence, de représentativité s'amoindrit autant que les mécanismes de représentation à l'œuvre sont de moins en moins liés à l'administration des collectivités territoriales. L'on tend à l'affirmation progressive des compétences, voire de l'existence de ces collectivités, d'une part, et l'accroissement des pouvoirs institutionnels et du rôle de leurs représentants, d'autre part. C'est ainsi que le mécanisme de l'incarnation est complètement imperméable à la représentativité, autant qu'il est mis en évidence les différentes facettes de la personnalité publique des collectivités territoriales qui sont incarnées.

611. Pour affirmer et conforter le principe d'indivisibilité de la République, ainsi que la forme unitaire de l'État, il a été institué des mécanismes de représentation de la Nation et de l'ensemble des citoyens par le Parlement. Les deux chambres qui le composent exercent en conséquence la souveraineté nationale appartenant au peuple, lorsque celui-ci ne l'exerce pas directement. L'enjeu est d'éviter une espèce de « fragmentation abusive de la représentation » des collectivités territoriales qui heurterait le principe d'indivisibilité de la République[866]. Or, ce principe emporte l'idée de l'indivisibilité de la représentation dans la sphère publique aussi bien au niveau national qu'au niveau territorial. Il correspond en fait aux dispositions

---

[863] CE, 6e et 5e chambres réunies, n° 445459, 22 septembre 2022, *Assemblée permanente des chambres d'agriculture*, inédit au recueil Lebon, considérant 6.
[864] O. BUI-XUAN, *op. cit.* (n° 7), p. 16.
[865] Alexis de TOCQUEVILLE, *De la démocratie en Amérique*, Ire partie, chapitre 5, 1835.
[866] V. C. CERDA-GUZMAN, *op. cit.* (n° 72), pp. 44-45.

constitutionnelles disposant que le représentant de l'État, représentant de chacun des membres du Gouvernement, a notamment la charge des intérêts nationaux dans les collectivités territoriales de la République[867].

[867] Article 72, alinéa 6, de la Constitution de la Ve République.

CONCLUSION DE LA SECONDE PARTIE

612. À l'instar des institutions nationales, les institutions locales sont confrontées à la personnalisation accrue des enjeux politiques, ainsi qu'à l'accroissement de la technicité des tâches et de la complexité de la gestion au regard de l'évolution en continu des besoins de la société. L'intégration progressive des considérations liées à la représentativité dans les mécanismes de représentation a été motivée notamment par le souci d'une représentation « juste et équilibrée » des collectivités territoriales. La nature essentiellement sociologique de ces considérations constitue un risque de décalage de la fonction de représentation sans doute lié à la compréhension, ou plutôt l'incompréhension de ce qui est et doit être représenté. La manière de représenter et l'appréhension de la représentation varient selon qu'il s'agit de la collectivité territoriale – personne publique – ou de la population – personnes privées. Dans cette recherche, les deux sont concernées par une représentation indirecte des habitants au travers des collectivités territoriales.

613. Plus précisément, les mécanismes suivant le schéma qualifié de représentation-production permettent aux représentants d'agir au nom et, ou pour le compte des collectivités territoriales représentées (act for). Il s'agit de préserver les intérêts qui sous-tendent l'exercice de leurs compétences : ici, l'enjeu consiste en l'affirmation de la personnalité morale de ces collectivités et à la reconnaissance de leurs identités distinctes. Les mécanismes suivant ce schéma participent de la mise en œuvre des compétences propres des collectivités territoriales, c'est-à-dire celles qui sont « déduites de la nature du pouvoir local, et non plus seulement des compétences déléguées par l'État » [868]. En d'autres termes, ils mettent en exergue la conception classique de l'autonomie locale : « le droit et la capacité effective pour les collectivités locales de régler et de gérer, dans le cadre de la loi, sous

---

[868] J.-B. AUBY, J.-F. AUBY et R. NOGUELLOU, *op. cit.* (n° 137), p. 7. Les auteurs estiment par la suite que l'autonomie locale désigne « des autorités indépendantes exerçant des compétences relativement étoffées, sous un contrôle réduit à la vérification du respect du droit » (p. 73).

leur propre responsabilité et au profit de leurs populations, une part importante des affaires publiques »[869].

614. En pratique, lorsque les mécanismes de représentation sont réceptifs à la représentativité, ils traduisent une certaine ressemblance entre les acteurs locaux et les collectivités territoriales au travers de leurs populations. Il s'agit essentiellement des mécanismes du mandat direct et du mandat indirect qui procèdent eux-mêmes des élections, dont sont issus en outre les pouvoirs locaux. Considérant le choix opéré dans cette recherche d'une approche externe de la représentation des collectivités territoriales, ces mécanismes n'ont ni pour objet ni pour effet d'établir une représentativité des acteurs locaux en lien immédiat avec les habitants de ces collectivités. Ainsi, lorsqu'on parle de la représentation des collectivités territoriales et de la représentativité des acteurs locaux, « il s'agit davantage de présence de membres d'un groupe dans une instance que de représentation à proprement parler »[870], soit une « représentation statistique ».

615. Dans l'autre schéma qualifié de représentation-reproduction, l'enjeu est de « tenir lieu », soit d'être à la place non pas des collectivités territoriales représentées mais de l'État (stand for). Il n'est pas vain de considérer que c'est dans l'ordre du transfert ou, à défaut, de la participation des collectivités territoriales à l'exercice des compétences nationales, voire supranationales. L'appréhension de l'image sous-jacente de l'État tiendrait donc à la similarité de sa personnalité morale de droit public à celle de ces collectivités. Les deux étant dominées par l'objectif d'intérêt général, la libre administration des collectivités territoriales devient le socle d'une liberté d'action naturelle concédée par l'État en tant que centre du pouvoir.

616. Quoique ces compétences soient autonomes et juridiquement garanties, en droit positif la Constitution ne reconnaît pas aux collectivités territoriales des domaines de compétences propres. Le seuil de ces compétences est donc fondamentalement inhérent à la représentation de ces collectivités par des conseils élus, c'est-à-dire au mandat électif de leurs organes, hormis le pouvoir réglementaire qui

---

[869] Article 3, paragraphe 1, de la Charte européenne de l'autonomie locale du 15 octobre 1985, STE n° 122. V. en ce sens, Gérard MARCOU, « Les collectivités locales en Europe », *Regards sur l'actualité*, n° 331, Les collectivités locales et l'Europe, 2007, p. 54 *sq*.

[870] O. BUI-XUAN, *op. cit.* (n° 7), p. 17.

leur est reconnu. C'est à ce titre que la représentation mise en œuvre ne produit pas l'image sous-jacente de l'État – postulée notamment par le contrôle de légalité et le contrôle du budget[871]. Au contraire elle met en relief l'identité et l'autonomie des collectivités territoriales, dès lors qu'elle s'affranchit du principe de subsidiarité.

617. Ce ne serait donc pas un pléonasme, soit une tautologie, d'estimer que la représentation est véritablement représentative lorsque le représentant reflète le représenté, et que l'on aperçoit à travers lui les caractéristiques permettant d'identifier ce dernier. Pour autant, le reflet du représenté ne peut être perçu à l'identique, étant donné que la fonction de représentation n'a pas pour effet d'effacer les traits caractéristiques du représentant. Cette espèce de « paradoxe du présent et de l'absent » est particulière pour les personnes morales publiques, en l'occurrence les collectivités territoriales. Le caractère fictif de leur existence juridique ne permet pas d'avoir de manière concrète ou papable les caractéristiques de leur identification. C'est en ce sens qu'il est envisageable de traduire la représentation des collectivités territoriales et la représentativité des acteurs locaux, même en dehors des instances de droit public, à l'instar des dispositifs de rationalisation des compétences locales ou de la collectivité chef de file.

618. Au demeurant, refléter les collectivités territoriales est d'autant une conséquence de leur personnalité juridique que cela relève de la nécessité de leur donner une apparence « physique », soit un caractère anthropomorphe au travers de leurs représentants. Le reflet de ces collectivités est dès lors perceptible uniquement lorsque l'on se place

---

[871] V. en ce sens les développements de J. BLANC et B. REMOND, *op. cit.* (n° 827), pp. 297-318. V. aussi P.-L. FRIER, *op. cit.* (n° 271), pp. 453-471. Concernant le contrôle de légalité auquel sont soumis les actes des réglementaires des collectivités territoriales, il est fondé sur l'obligation qui leur est faite de transmettre certains actes unilatéraux et conventionnels – par exemple, les arrêtés, décisions, délibérations et contrats – au représentant de l'État territorialement compétent, et la faculté pour celui-ci de les déférer devant le juge administratif. Il constitue en effet l'un des volets du contrôle administratif substitué aux anciens procédés de tutelle par la loi n° 82-213 du 2 mars 1982, tel que prévu par l'article 72, alinéa 6, de la Constitution. Son périmètre été significativement restreint à la suite de la loi n° 2004-809 du 13 août 2004 relative aux libertés et responsabilités locales et de l'ordonnance n° 2009-1401 du 17 novembre 2009 portant simplification de l'exercice du contrôle de légalité. Aussi son application a-t-elle été réduite au fur et à mesure à certains actes jusqu'à ne concerner, actuellement et essentiellement, que les actes relatifs à la commande publique, à la fonction publique territoriale et à l'urbanisme et environnement.

devant ou en rapport avec le « miroir », c'est-à-dire le représentant au sens étymologique du terme. C'est bien le sens de la « représentation-miroir » dans cette recherche.

CONCLUSION GÉNÉRALE

619. La théorie développée par Hans Kelsen enseigne qu'on ne peut parler de « représentation véritable » que lorsque le représentant a « l'obligation juridique d'exécuter la volonté des personnes qu'il représente et il faut que le respect de cette obligation soit juridiquement garanti »[872]. Dès lors, suivant l'objectif de cette obligation juridique, il est nécessaire d'identifier la volonté du représentant à celui du représenté, sinon la représentation ne serait qu'une « fiction ». À ce titre, l'identification de la volonté des collectivités territoriales, personnes morales publiques, n'est pas similaire à celles des personnes physiques dans le chef de leurs représentants. Ceci constitue une difficulté ontologique liée à la nature juridique des personnes morales en général, dont la volonté n'est en principe pas distincte de celle de leurs représentants seuls à pouvoir l'exprimer.

620. Si la représentation est indépendante de la représentativité l'inverse est tout aussi vrai, car « la représentation [n'implique] pas forcément la représentativité et la représentativité ne [s'appuie] pas nécessairement sur la représentation »[873]. Les deux notions s'articulent au gré des enjeux juridiques et du contexte sociologique propres à l'exercice des compétences ou à l'affirmation de la personnalité juridique des collectivités territoriales. En effet, les contentieux autour du projet de l'opération d'aménagement et de création d'une aire piétonne sur les berges de la rive droite de la Seine à Paris[874] et ensuite de l'interdiction de la circulation automobile sur ces voies[875] donnent une illustration de la nécessité de concilier l'action publique territoriale en termes de représentation et de représentativité. Dans ces circonstances, il est nécessaire d'avoir une vision globale et une analyse cohérente des décisions à prendre : d'abord en fonction du territoire – en l'espèce en tant que capitale et centre d'activités métropolitain –, ensuite en fonction des habitants en tant que premiers bénéficiaires de

[872] H. KELSEN, *op. cit.* (n° 78), p. 339.
[873] O. BUI-XUAN, *op. cit.* (n° 7), p. 17.
[874] V. CAA de Paris, chambres réunies, n° 18PA01325, 22 octobre 2018, mentionné aux tables du recueil Lebon.
[875] V. CAA de Paris, chambres réunies, n° 18PA03774, 21 juin 2019.

ces décisions, enfin en fonction des populations des collectivités périphériques en tant qu'usagers de la voie publique.

621. Il s'est agi dans cette recherche de concilier la logique territoriale et la logique démographique de la représentation des collectivités territoriales. Le Constituant a prévu que la République française est une et indivisible, et que son organisation est décentralisée. Pour sa part, le législateur dispose que le territoire de la République est le patrimoine commun de la Nation. Cependant, au sein de la République coexistent non seulement des groupements humains qui ne sont pas uniformes mais aussi des territoires différents en termes de configurations géographique, démographique, économique et institutionnelle. Dans la première partie, essentiellement axée sur logique territoriale de la représentation, il a été démontré que la représentation sénatoriale concilie les deux logiques de la représentation des collectivités territoriales. De même, dans la seconde partie, pourtant axée essentiellement sur les considérations démographiques de la représentativité, il a été démontré l'articulation des deux logiques de la représentation notamment dans le domaine de la coopération locale et des intercommunalités. Il convient dès lors d'apprécier la représentativité en tenant compte « des données territoriales à côtés des données démographiques, de la contrainte de la géographie sur les processus de représentation »[876].

622. La vision contemporaine des collectivités territoriales dans les instances européennes se traduit par leur participation grandissante, de manière formelle aux mécanismes fonctionnels et de manière informelle aux mécanismes décisionnels. Elles prennent une part active au travers d'une représentation ascendante d'élaboration – davantage au sein de l'Union européenne qu'au sein du Conseil de l'Europe – et à une représentation descendante d'exécution des règles du droit européen. Dans cette tendance, les collectivités territoriales disposent de moyens d'intervention, de manière formelle ou informelle, que ce soit en amont ou en aval de la prise de décisions au niveau européen. Pour autant, les procédures prévues à cet effet ne sauraient satisfaire les aspirations locales, tant l'intervention de ces collectivités est limitée à un rôle consultatif. Elles sont d'autant plus insatisfaisantes, au sein de l'Union européenne et du Conseil de l'Europe, que les collectivités

---

[876] V. D. RIBES, *op. cit.* (n° 60). p. 19.

territoriales sont considérées moins comme sujets qu'objets du droit européen, alors que ce sont elles qui lui donnent une assise locale.

623. Le souci de maitriser les enjeux de l'élaboration des normes européennes trouve sa source dans l'implication croissante des collectivités territoriales dans la mise en œuvre des règlementations européennes de plus en plus contraignantes, notamment en matière de la protection de l'environnement et de la commande publique. Cela passe essentiellement par un positionnement stratégique dans la chaîne d'élaboration et d'exécution des règles communes ; et meilleur sera ce positionnement si, par les mécanismes de l'habilitation, ces collectivités s'approprient les processus européens de « bonne gouvernance », notamment la Multi-level Governance, le New Public Management et la Digital Era Governance.

624. En parallèle, la recherche étant traversée par la dialectique représentation-représentativité, les deux notions trouvent un point d'intersection en l'adjectif « représentatif ». Cette étude mériterait donc d'être renouvelée, eu égard aux différentes évolutions de la notion de représentation tendant, par exemple, à trouver celle qui serait la plus pertinente sur le plan législatif, voire jurisprudentielle, pour les collectivités territoriales : représentation équitable – de la population et du territoire – ou représentation équilibrée – des pouvoirs. C'est d'autant plus intéressant que la démonstration juridique nécessite l'usage de termes précis ayant une signification claire et pertinente. Aussi cette entreprise réformatrice révèle-t-elle l'importance accrue de la représentativité qu'il faudrait qualifier juridiquement selon que l'on situe dans une dimension interne ou externe de la représentation. En démontrant que la représentativité n'est pas postulée par la représentation mais qu'elle est mieux affirmée dans ce procédé, les représentants sont-ils ipso facto représentatifs, dès lors qu'ils représentent les collectivités territoriales ?

625. Par l'analyse des différents mécanismes dans cette recherche, on se rend compte que l'étude de la représentation entre au cœur de la perception des représentants, de la simulation des collectivités territoriales représentées et de la réalité humaine et territoriale sous-jacente. Le défi a été de garder à l'esprit du début à la fin que ce qui donne à comprendre doit être lié à ce qui doit être compris. Dès lors, si de façon commune la nature du représentant n'épuise pas celle du représenté, les collectivités territoriales ne peuvent cependant être perçues qu'à travers leurs représentants à cause de l'abstraction qui les caractérise. Il faut donc se garder de la tentation vite arrivée de substituer les représentants à l'image des collectivités territoriales représentées, l'enjeu étant de concilier les deux logiques de la représentation au travers d'une harmonisation des concepts qu'ils comportent. Il s'agit essentiellement de l'urbain, du périurbain et du rural, pour la logique territoriale ; de la proportionnalité, du citoyen, de l'habitant, voire de la parité femmes-hommes, pour la logique démographique.

626. La finalité de toute cette réflexion est que, dans le cadre de la décentralisation prise sous toutes ses formes (identitaire, politique ou technique), la représentation fasse que l'impératif de proximité compose avec l'ambition d'une plus grande efficacité des collectivités territoriales[877]. Dès lors, peut-être pourrait-on espérer que l'idée de représentativité aboutisse à une représentation réellement inclusive comme remède à la défiance de la population vis-à-vis des représentants, du moins au niveau territorial.

---

[877] V. Nicolas KADA et Romain PASQUIER, « Introduction », *in* N. KADA *et alii* (dir.), *Dictionnaire encyclopédique de la décentralisation*, Berger-Levrault, 2017, p. 22.

BIBLIOGRAPHIE

I. OUVRAGES

A. Manuels et traites

1. Manuels et traités généraux

BARTHÉLÉMY (Joseph) - DUEZ (Paul), *Traité de droit constitutionnel*, Dalloz, 1926.

BISSARDON (Sébastien), *Guide du langage juridique : vocabulaire, pièges et difficultés*, 3e éd., LexisNexis, coll. « Objectif droit », 2009.

BRAIBANT (Guy) - DELVOLVE (Pierre) - GENEVOIS (Bruno) - LONG (Marceau) - WEIL (Prosper), *Les grands arrêts de la jurisprudence administrative*, 21e éd., Dalloz, 2017.

BURDEAU (Georges), *Traité de sciences politiques*, t. V, 2e éd., LGDJ, 1970.

CARRÉ DE MALBERG (Raymond), *Contribution à la Théorie Générale de l'État*, t. I, Sirey, 1920 ; t. II, Sirey, 1922.

CERDA-GUZMAN (Carolina), *Cours de droit constitutionnel et des institutions de la Ve République*, 1re éd., Gualino – Lextenso Éditions, coll. « Amphi LMD », 2015.

DEBARD (Thierry) - GUINCHARD (Serge) (dir.), *Lexique des termes juridiques*, 30e éd., Dalloz, 2022.

FRIER (Pierre-Laurent), *Précis de droit administratif*, 2e éd., Montchrestien, coll. « Domat – Droit public », 2003.

HOBBES (Thomas), *Léviathan, Traité de la matière, de la forme et du pouvoir de la république ecclésiastique et civile*, introd., trad. et notes de François TRICAUD, Dalloz-Sirey, coll. « Bibliothèque Dalloz », 1999 (1re éd., Sirey, 1971).

KELSEN (Hans), *Théorie pure du Droit*, trad. de Christian EISENMANN, Dalloz, 1962 (1re éd., 1960).

LONG (Marceau) et al., *Les grands arrêts de la jurisprudence administrative*, 21e éd., Dalloz, 2017.

MORAND-DEVILLER (Jacqueline), *Cours de droit administratif : cours, thèmes de réflexion, commentaires d'arrêt avec corrigés*, 4e éd., Montchrestien, 1995.

PACTET (Pierre), *Institutions politiques. Droit constitutionnel*, 16e éd., Armand Colin, coll. « U », 1997.

ROUSSEAU (Jean-Jacques), *Du contrat social*, L. III, chap. XV, éd. 1762, *in Œuvres complètes*, t. III, La Pléiade-Gallimard, 1964 (1re éd., 1762).

2. Manuels et traités relatifs à la décentralisation et aux collectivités territoriales

KADA (Nicolas) *et al.* (dir.), *Dictionnaire encyclopédique de la décentralisation*, Berger-Levrault, 2017.

AUBY (Jean-Bernard) - AUBY (Jean-François) - NOGUELLOU (Rozen), *Droit des collectivités locales*, 4e éd., PUF, coll. « Thémis - Droit », 2008.

BLANC (Jacques) - RÉMOND (Bruno), *Les collectivités locales*, Presses de Sciences Po – Dalloz, coll. « Amphithéâtre », 1995.

VITAL-DURAND (Emmanuel), *Les collectivités territoriales en France*, Hachette, 8e éd., coll. « Les fondamentaux : droit », 2011.

B. Ouvrages specialises

1. Monographies

AUDOIT (Chrystelle) *et al.*, *L'acte III de la décentralisation : une nouvelle donne pour les territoires*, Territorial, coll. « Essentiel », 2017.

BACOT (Guillaume), *Carré de Malberg et l'origine de la distinction entre souveraineté du peuple et souveraineté nationale*, CNRS, 1985.

BARLET (Margaux) - FOYART (Paul) - GOHET (Claire) - POPLIN (Arthur), *La participation citoyenne à l'échelle des grandes villes, grandes intercommunalités et métropoles*, Presses de Sciences Po – France Urbaine, 2019.

BOULAY (Jérémie) - CAMBER-ROUGÉ (Estelle), *La neutralité politique des collectivités territoriales. L'obligation institutionnelle de ne pas prendre parti*, Berger-Levrault, coll. « Les indispensables », 2016.

CADIOU (Stéphane), *Le Pouvoir local en France*, PUG, coll. « Le politique en plus », 2009.

CARCASSONNE (Guy) - GUILLAUME (Marc), *La Constitution introduite et commentée*, 9e éd., Éditions du Seuil, coll. « Points-Essais », 2009.

DE LUÇAY (Hélion), *Les assemblées provinciales sous Louis XVI et les divisions administratives de 1789*, 2e éd. revue et augmentée, G. de Graet, 1871.

ESTÈBE (Philippe), *L'égalité des territoires, une passion française*, PUF, coll. « La Ville en débat », 2015.

FARNEL (Franck J.), *Le lobbying : stratégies et techniques d'intervention*, Les éditions d'organisation, 1994.

FRINAULT (Thomas), *Le pouvoir territorialisé en France*, PUR, coll. « Didact Sciences politiques », 2012.

GOURGUES (Guillaume), *Les politiques de démocratie participative*, PUG, coll. « Libres cours politique », 2013.

GRATIEN (Jean-Pierre) - LEMIEUX (Emmanuel), *Pour en finir avec le Sénat ! Enquête sur une anomalie*, Éditions 1, coll. « Société »,1999.

Christophe Guilluy, *La France périphérique : comment on a sacrifié les classes populaires*, Flammarion, 2015.

JAUME (Lucien), *Hobbes et l'État représentatif moderne*, PUF, 1986.

KALIMERI (Vasiliki), *Le Conseil de l'Europe et les collectivités territoriales. Contribution à l'étude de l'autonomie locale*, L'Harmattan, coll. « Logiques juridiques », 2017.

LAPOINTE (Benoît), *La mondialisation et les collectivités territoriales : une relation étroite*, Berger-Levrault, coll. « Au fil du débat », 2017.

MAZEAUD (Alice) - NONJON (Magali), *Le marché de la démocratie participative*, Éditions du Croquant, 2018.

MICHOUD (Léon), *La théorie de la personnalité morale et son application au droit français*, 3e éd. mise au courant de la législation, de la doctrine et de la jurisprudence par Louis TROTABAS, 2e vol., LGDJ, 1932.

MICHOUD (Léon), *La théorie de la personnalité morale et son application en droit français*, 2e éd., LGDJ, 1924.

NORYNBERG (Patrick), *Une nouvelle ambition pour la démocratie participative. Un éventail de pratiques citoyennes*, Yves Michel Éditions, coll. « Société civile », 2014.

RÉMOND (Bruno), *De la démocratie locale en Europe*, Presses de Sciences Po, coll. « La bibliothèque du citoyen », 2001.

ROUSSEAU (Dominique), *Six thèses pour la démocratie continue*, Odile Jacob, coll. « Sciences humaines », 2022.

ROUSSEAU (Dominique), *Droit du contentieux constitutionnel*, 9e éd., Montchrestien, coll. « Précis Domat », 2010.

SIEYÈS (Emmanuel Joseph), *Qu'est-ce que le Tiers état ?*, Éditions du Boucher, 2002.

2. Thèses de doctorat

AUBY (Jean-Bernard), La notion de personne publique en droit administratif, thèse dactylographiée, Université de Bordeaux, 1979.

BACOYANNIS (Constantinos), *Le principe constitutionnel de libre administration des collectivités territoriales*, texte remanié de la thèse soutenue en 1989 à l'Université d'Aix-Marseille III, Economica-PUAM, 1993.

BOULET (Mathilde), *Les collectivités territoriales françaises dans le processus d'intégration européenne*, texte remanié de la thèse soutenue à l'Université de Besançon, L'Harmattan, coll. « Grale », 2012.

BRAMERET (Sébastien), *Les relations des collectivités territoriales avec les sociétés d'économie mixte locales : recherche sur l'institutionnalisation d'un partenariat public-privé*, texte remanié de la thèse soutenue en 2010 à l'Université de Grenoble, LGDJ-Lextenso, coll. « Bibliothèque de droit public », t. 21, 2012.

BRUNET (Pierre), *Vouloir pour la nation : le concept de la représentation dans la théorie de l'État*, texte remanié de la thèse soutenue en 1997 à l'Université Paris X, LGDJ, coll. « La pensée juridique », 2004.

CHEN (Chung-Wu), *Apparence et représentation en droit positif français*, texte remanié de la thèse soutenue en 1997 à l'Université Paris I – Panthéon-Sorbonne, LGDJ, coll. « Bibliothèque de droit privé », t. 340, 2000.

CLAVREUL (Collette), *L'influence de la théorie d'Emmanuel SYEYES sur les origines de la représentation en droit public,* thèse dactylographiée, Université Paris I – Panthéon-Sorbonne, 1982.

COLAVITTI (Romélien), *Le statut des collectivités infra-étatiques européennes : entre organe et sujet*, texte remanié de la thèse soutenue en 2012 à l'Université d'Aix-Marseille, Bruylant, coll. « Droit de l'Union européenne – Thèses », 2016.

DE BRIANT (Vincent), *L'action commune en droit des collectivités territoriales. Contribution à l'étude des compétences exercées en commun par l'État et les collectivités territoriales*, texte remanié de la thèse soutenue en 2009 à l'Université Paris II – Panthéon-Assas, L'Harmattan, coll. « Logiques Juridiques », 2009.

DEBBASCH (Roland), *Le principe révolutionnaire d'unité et d'indivisibilité de la République. Essai d'histoire politique*, texte remanié de la thèse soutenue en 1987 à l'Université Aix-Marseille III, Economica – PUAM, 1988.

DIDIER (Philippe), *De la représentation en droit privé*, texte remanié de la thèse soutenue en 1997 à l'Université Paris II Panthéon-Assas, LGDJ, 2000.

DURANTHON (Arnaud), *Subsidiarité et collectivités territoriales. Étude sur la subsidiarisation des rapports entre État et collectivités territoriales en droit public français*, texte remanié de la thèse soutenue en 2015 à l'Université Toulouse I Capitole, Dalloz, 2017.

GORGE (Anne-Sophie), *Le principe d'égalité entre les collectivités territoriales*, texte remanié de la thèse soutenue en 2009 à l'Université Aix-Marseille III, Dalloz, 2011.

GUEGUEN (Romaric), *L'action internationale des collectivités territoriales françaises dans le cadre de l'État unitaire*, texte remanié de la thèse soutenue en 2009 à l'Université d'Aix-Marseille III, PUAM, coll. « Centre de Recherches Administratives », 2015.

LAGRANGE (Evelyne), *Représentation et organisations internationales*, thèse dactylographiée, Université Paris I – Panthéon-Sorbonne, 2000.

LOUIS-JEUNE (Manès), *L'angle de la paradiplomatie au travers de l'action publique internationale des collectivités infraétatiques : l'exemple de la Caraïbe*, thèse dactylographiée, Université des Antilles et de la Guyane, 2017.

MARRE (Anissa), *L'action internationale des collectivités territoriales françaises. La construction d'une coopération interterritoriale et interrégionale dans l'Arc latin et le Maghreb*, thèse dactylographiée, Université Montpellier I, 2016.

MOREL (Benjamin), *Le Sénat et sa légitimité : l'institution interprète d'un rôle constitutionnel*, texte remanié de la thèse soutenue en 2016 à l'École normale supérieure Paris-Saclay, Dalloz, 2018.

OKI (Jean-Louis), *L'imputation, mécanisme fondamental de la responsabilité des personnes publiques*, thèse dactylographiée, Université de Bordeaux, 2017.

PAYET (Dorothée), *L'entité territoriale infra-étatique dans la jurisprudence de l'Union européenne. La Cour de justice de l'Union européenne face à la dimension régionale et locale des États membres*, thèse dactylographiée, Université de La Réunion, 2013.

ROBBE (François), *La représentation des collectivités territoriales par le Sénat. Étude sur l'article 24 alinéa 3 de la Constitution française du 4 octobre 1958*, thèse dactylographiée, Université de Besançon, 1998.

ROBBE (François), *La représentation des collectivités territoriales par le Sénat. Étude sur l'article 24 alinéa 3 de la Constitution française du 4 octobre 1958*, texte remanié de la thèse soutenue en 1998 à l'Université de Besançon, LGDJ-Montchrestien, 2001.

ROMBAUTS-CHABROL (Tiphaine), *L'intérêt public local*, texte remanié de la thèse soutenue en 2014 à l'Université Montpellier I, Dalloz, 2016.

ROUVEYRE (Matthieu), *Contribution à une redéfinition de l'autonomie financière des collectivités territoriales*, thèse dactylographiée, Université de Bordeaux, 2022.

SCHREIDER-DRESSAYRE (Aurélie), *L'évolution du statut des collectivités territoriales en droit européen et international*, thèse dactylographiée, Université Paris XI – Sceaux, 2011.

TARTOUR (Laurence), *L'autonomie financière des collectivités territoriales en droit français*, texte remanié de la thèse soutenue en 2011 à l'Université Paris I – Panthéon-Sorbonne, LGDJ-Lextenso, 2012.

TESOKA (Laurent), *Les rapports entre catégories de collectivités territoriales*, texte remanié de la thèse soutenue en 2003 à l'Université Montpellier I, PUAM, coll. « Collectivités locales », 2004.

3. Ouvrages collectifs

ABADIE (Marc) - AUBY (Jean-Bernard) - RENAUDIE (Olivier) (dir.), *Un nouveau système territorial ?*, Berger-Levrault, coll. « Au fil du débat », 2017.

ALLAND (Denis) - RIALS (Stéphane) (dir.), *Dictionnaire de la culture juridique*, Lamy-PUF, coll. « Quadrige - Dicos Poche », 2014.

BENETTI (Julie) (dir.), *Les collectivités territoriales et le principe d'égalité*, L'Harmattan, coll. « Droit des collectivités territoriales », 2016.

BUI-XUAN (Olivia) (dir.), *Représentation et représentativité dans les institutions*, LGDJ-Lextenso, coll. « Colloques & Essais », 2016.

CHICOT (Pierre-Yves), *Décentralisation et proximité : territorialisation et efficacité de l'action publique locale*, Dalloz, Coll. « Thèmes et commentaires », 2013.

D'ARCY (François) (dir.), *La représentation*, Economica, coll. « Politique comparée », 1985.

DOUENCE (Maylis) (dir.), *L'exercice des compétences locales entre rationalisation et créativité*, L'Harmattan, coll. « Droit des collectivités territoriales », 2017.

FERREIRA (Nelly) – JANICOT (Laetitia) (dir.), *Quel(s) avenir(s) pour les départements ?*, LGDJ-Lextenso, coll. « LEJEP », 2017.

LE POURHIET (Anne-Marie) - MATHIEU (Bertrand) - MÉLIN-SOUCRAMANIEN (Ferdinand) - ROUSSEAU (Dominique) (dir.), *Représentation et représentativité*, Dalloz, coll. « Thèmes & commentaires », 2008.

NEMERY (Jean-Claude) (dir.), *Quelle nouvelle réforme pour les collectivités territoriales françaises ?*, L'Harmattan, coll. « Grale », 2010.

POTVIN-SOLIS (Laurence) (dir.), *L'Union européenne et l'autonomie locale et régionale. Douzièmes Journées Jean Monnet*, Bruylant, coll. « Colloques Jean Monnet » 2015.

STECKEL-ASSOUÈRE (Marie-Christine) (dir.), *La recomposition territoriale : la décentralisation entre enjeux et obstacles*, L'Harmattan, coll. « Grale », 2016.

4. Chapitres d'ouvrages collectifs

AUBY (Jean-Bernard), « Réflexions sur la territorialisation du droit », *in La profondeur du droit local. Mélanges en l'honneur de Jean-Claude Douence*, Dalloz, coll. « Études, Mélanges », 2006.

ALLEMAND (Roselyne), « Incidences sur la Région des réformes de l'État et des collectivités territoriales », *in* NEMERY (Jean-Claude) (dir.), *RGPP et réforme des collectivités territoriales*, L'Harmattan, coll. « Grale », 2013, pp. 85-98.

CAILLOSSE (Jacques), « Retour sur le couple décentralisation-déconcentration », *in* WOEHRLING (Jean-Marie) (dir.), *Du droit local à la territorialisation du droit : perspectives et limites*, IDL, 2014, pp 103-117.

CAILLOSSE (Jacques), « L'intercommunalité devant le suffrage universel », *in* FLOQUET (Charles) (dir.), *Pour en finir avec la décentralisation*, L'Aube, coll. « Bibliothèque des territoires », 2002, pp. 121-128.

CHAVRIER (Géraldine), « La répartition du pouvoir normatif entre l'État et les collectivités territoriales », *in* MATHIEU (Bertrand) - VERPEAUX (Michel) (dir.), *Les mutations constitutionnelles des collectivités territoriales. Huitième printemps du droit constitutionnel*, Dalloz, coll. « Thèmes & commentaires », 2014, pp. 11-21.

DE LAUBADERE (André), « Vicissitudes actuelles d'une distinction classique : établissement public et collectivité territoriale, à propos des groupements des collectivités territoriales », *in Mélanges Couzinet*, Université des sciences sociales de Toulouse, 1974

DOCKÈS (Nicole), « De la nécessité de la représentation chez Hobbes », *in* FORNI (Raymond) - PONCELET (Christian) (dir.), *Le concept de représentation dans la pensée politique. Actes du colloque d'Aix-en-Provence, 2-3 mai 2002*, PUAM, coll. « Histoire des idées politiques », 2003, pp. 159-176.

DOLEZ (Bernard), « Réforme territoriale et transformation du personnel politique local. Les élections départementales de mars 2015 », *in* NEMERY (Jean-Claude) (dir.), *Quelle organisation pour les grandes régions en France et en Europe ?*, L'Harmattan, coll. « Grale », 2015, pp. 143-153.

DUPRÉ DE BOULOIS (Xavier), « La personnalité morale selon Michoud : regard publiciste », *in* DUPRÉ DE BOULOIS (Xavier) - YOLKA (Philippe) (dir.), *Léon Michoud*, LGDJ – Lextenso, 2014, pp. 171-189.

ENRIQUEZ (Eugène), « L'instance institutionnelle », *in* ENRIQUEZ (Eugène) (dir.), *L'organisation en analyse*, Presse universitaire française, 2003, pp. 77-87.

FAURE (Bertrand), « Aperçu sur le pouvoir réglementaire des collectivités territoriales », *in* WOEHRLING (Jean-Marie) (dir.), *Du droit local à la territorialisation du droit : perspectives et limites*, IDL, 2014, pp. 95-102.

FAURE (Bertrand), « La recomposition des collectivités territoriales françaises », *in* MATHIEU (Bertrand) - VERPEAUX (Michel) (dir.), *Les mutations constitutionnelles des collectivités territoriales. Huitième printemps du droit constitutionnel*, Dalloz, coll. « Thèmes & commentaires », 2014, pp. 91-97.

FAURE (Bertrand), « La définition constitutionnelle de la collectivité territoriale par Louis Favoreu », *in Long cours : mélanges en l'honneur de Pierre Bon*, Dalloz, coll. « Études, mélanges, travaux », 2014, pp. 215-223.

GAXIE (Daniel), « Les 'rouages' de la représentation », *in* MAZEAUD (Alice) (dir.), *Pratiques de la représentation politique*, PUR, 2014.

GESLOT (Christophe), « Condition de nationalité et droit de vote », *in* DEBARD (Thierry) et ROBBE (François) (dir.), *Le caractère équitable de la représentation politique*, L'Harmattan, Coll. « Questions contemporaines », 2005, pp. 13-33.

GORGE (Anne-Sophie), « Le principe d'égalité entre les collectivités territoriales », *in Droit et gestion des collectivités territoriales*, t. 31 : « L'enjeu de la dépense locale », 2011, pp. 691-700.

GUIGNARD (Didier), « Réflexions sur un couple singulier : décentralisation-simplification », *in* POUSSON (Jacqueline) - RUEDA (Frédérique), *Qu'en est-il de la simplification du droit ?*, Institut Fédératif de Recherche - Université Toulouse 1 Capitole, 2010, pp. 315-329.

HENNETTE VAUCHEZ (Stéphanie), « Neutralisation des énoncés juridiques et égalité femmes-hommes », *in* BUI-XUAN (Olivia) (dir.), *Le(s) droit(s) à l'épreuve de la non-binarité*, Lextenso-LGDJ, coll. « Colloques & Essais », 2023, pp. 217-230.

JADOT (Anne), « Les électeurs ruraux et le lien représentatif », *in* BARONE (Sylvain) - TROUPEL (Aurélia) (dir.), *Battre la campagne. Élections et pouvoir municipal en milieu rural*, L'Harmattan, coll. « Logiques politiques », 2010.

JANICOT (Laetitia), « Étude des principes constitutionnels de collectivité chef de file et de non-tutelle à l'aune du projet de loi de modernisation de l'action publique territoriale et d'affirmation des métropoles », *in* MATHIEU (Bertrand) - VERPEAUX (Michel) (dir.), *Les mutations constitutionnelles des collectivités territoriales. Huitième printemps du droit constitutionnel*, Dalloz, coll. « Thèmes & commentaires », 2014, pp. 23-35.

JAUME (Lucien), « Représentation », *in* ALLAND (Denis) - RIALS (Stéphane) (dir.), *Dictionnaire de la culture juridique*, Lamy-PUF, 2003, pp. 1338-1339.

LEPETRE-MITTELBERGER (Marie), « Les collectivités territoriales : des sujets de droit communautaire en devenir ? Étude menée à partir de l'exemple français », *in* ECKERT (Gabriel) - GAUTIER (Yves) - KOVAR (Robert) - RITLENG (Dominique) (dir.), *Incidences du droit communautaire sur le droit public français*, PUS, 2007, pp. 63-88.

MACHELON (Jean-Pierre), « Regard d'un constitutionnaliste sur l'espace décentralisé : le Sénat représentant des collectivités territoriales de la République », *in Espaces du service public : Mélanges en l'honneur de Jean du Bois de Gaudusson*, PUB, 2013, pp. 1177-1190.

MARGELLOS (Théophile), « L'émergence de la « région » dans l'ordre juridique communautaire », *in* VANDERSADEN (Georges), *L'Europe et les régions : aspects juridiques*, Université de Bruxelles, Bruxelles, 1997, pp. 19-63.

MOLINIER (Joëlle), « L'impact du droit de l'Union européenne sur l'organisation des collectivités territoriales », *in* CARLES (Joseph) - GUIGNARD (Didier) - REGOURD (Serge) (dir.), *Réformes et mutations des collectivités territoriales*, L'Harmattan, coll. « Grale », 2012, pp. 327-338.

POIRAT (Florence), « Territoire », *in* ALLAND (Denis) - RIALS (Stéphane) (dir.), *Dictionnaire de la culture juridique*, Lamy-PUF, coll. « Quadrige - Dicos Poche », 2014.

RANGEON (François), « Les effets du redécoupage régional », *in* NEMERY (Jean-Claude) (dir.), *Quelle organisation pour les grandes régions en France et en Europe ?*, L'Harmattan, coll. « Grale », 2015, pp. 227-238.

RIBES (Didier), « Représenter le territoire ? », *in* LE POURHIET (Anne-Marie) - MATHIEU (Bertrand) - MELIN-SOUCRAMANIEN (Ferdinand) - ROUSSEAU (Dominique) (dir.), *Représentation et représentativité*, Dalloz, coll. « Thèmes & commentaires », 2008.

ROMAN (Diane), « Reconnaissance juridique de la non-binarité et actions positives en faveur des femmes », *in* BUI-XUAN (Olivia) (dir.), *Le(s) droit(s) à l'épreuve de la non-binarité*, Lextenso-LGDJ, coll. « Colloques & Essais », 2023, pp. 231-250.

SICARD (Germain), « La représentation des collectivités selon les juristes médiévaux », *in* FORNI (Raymond) - PONCELET (Christian) (dir.), *Le concept de représentation dans la pensée politique. Actes du colloque d'Aix-en-Provence, 2-3 mai 2002*, PUAM, coll. « Histoire des idées politiques », 2003, pp. 29-32.

TOURNON (Jean), « Représenter ou gouverner, il faut choisir », *in* D'ARCY (François) (dir.), *La représentation*, Economica, coll. « Politique comparée », 1985, pp. 107-119.

VAN CUYCK (Alain), « L'instance institutionnelle comme fondement anthropologique, social et communicationnel de la culture organisationnelle », intervention au colloque international en sciences de l'information et de la communication, Nice, 8-9 décembre 2005, pp. 38-46 [mis en ligne sur le site https://archivesic.ccsd.cnrs.fr/sic_00198646].

VESTRIS (Isabelle), « Les entités infraétatiques, facteurs d'enrichissement du droit des organisations européennes (Union européenne et Conseil de l'Europe) », *in* PERROT (Danielle) (dir.), *Collectivités territoriales et organisations régionales : de l'indifférence à l'interaction*, L'Harmattan, coll. « Grale », 2014, pp. 109-144.

II. ARTICLES DE DOCTRINE ET CHRONIQUES

A. ARTICLES RELATIFS A LA REPRESENTATION ET LA REPRESENTATIVITE

ALLIÈS (Paul), « Le Sénat, un insupportable archaïsme », *in Changer de république* [mis en ligne le 20 mai 2008 sur le site https://blogs.mediapart.fr].

BARANGER (Denis) – BEAUD (Olivier), « Un regard de constitutionnalistes sur le rapport Jospin », *RFDA*, 2013, pp. 389-390.

BENETTI (Julie), « L'impact du fait majoritaire sur la nature du régime (Réflexions sur le régime parlementaire de la Ve République) », *Petites affiches*, n° 138, 2008.

BERINZON (M.) et al., « Les femmes au Sénat », *La Revue des droits de l'homme*, n° 2, 2012 [mis en ligne le 28 novembre 2013 sur le site http://revdh.revues.org/222].

BUI-XUAN (Olivia), « La 'représentation équilibrée entre hommes et femmes', une catégorie juridique équivoque », *RDP*, n° 2, 2015, pp. 425-443.

BUSSI (Michel), « Assurer la 'représentation des territoires'... mais lesquels ? », *Pouvoirs locaux*, n° 67, 2005, pp. 75-80.

CARCASSONNE (Guy), « Pour un Bundesrat français », *Pouvoirs locaux*, n° 67, 2005, pp. 104-109.

CUVELIER (Claire), « La réforme du vote en prison », *AJDA*, n° 19, 2023, pp. 981-989.

D'HARCOURT (Haude), « Le lobby des maires », Pouvoirs, n° 148, 2014, pp. 71-80.

DAUGERON (Bruno), « Représentation/représentativité : quels enjeux constitutionnels à la réforme du mode de scrutin pour les élections législatives ? », *Les Petites affiches*, n° 136, 2018, pp. 10-13.

DE SAINT SERNIN (Jean) - EHRHARD (Thomas), « La réforme électorale continue du Sénat de la Ve République : changer le mode de scrutin pour réformer les institutions », *RDP*, n° 1 [mis en ligne sur le site https://www.academia.edu/23232596/La_r%C3%A9forme_%C3%A9lectorale_continue_du_S%C3%A9nat_de_la_Ve_R%C3%A9publique_changer_le_mode_de_scrutin_pour_r%C3%A9former_les_institutions].

DUCHESNE (Sophie), « Citoyenneté, nationalité et vote : une association perturbée », *Pouvoirs*, n° 1, 2007, pp. 71-81.

DUMAS (Guillaume), « Comment quitter sa structure sans trop de casse », *La Gazette*, n° 9/2555, 2021, pp. 58-60.

FITTE-DUVAL (Annie), « La théorie des apparences, nouveau paradigme de l'action publique ? », *AJDA*, n° 8, 2018, pp. 440-448.

GARDÈRE (Anne), « La désignation des conseillers communautaires à la suite d'une fusion d'EPCI ou... le jeu des chaises musicales », *JCP A*, n° 36, fasc. 2235, 2016, pp. 15-17.

GARRAUD (Philippe), « La sélection du personnel politique local », *RFSP*, 1988, n° 3/38, pp. 402-432.

GRANDEMANGE (Jean-Pierre), « Amélioration de la représentation des collectivités territoriales au Sénat et contraintes constitutionnelles », *JCP A*, n° 10, 2013, pp. 15-19.

GRANGÉ (Jean), « Les déformations de la représentation des collectivités territoriales et de la population au Sénat », *RFSP*, n° 1, 1990, pp. 5-45.

GROUD (Hervé) - NEMERY (Jean-Claude), « La représentation des collectivités territoriales auprès des institutions européennes », *Annuaire des collectivités locales*, t. 26, 2006, pp. 573-583.

HAQUET (Arnaud), « Le statut de l'élu en filigrane », *AJDA*, n° 21, 2015, p.1210.

HAQUET (Arnaud), « La reconnaissance et le renforcement des droits des élus », *AJDA*, n° 10, 2020, pp. 569-575.

HAULBERT (Marine), « Le référendum d'initiative 'partagée' : représentants *versus* représentés ? Commentaire des dispositions législatives et organiques visant à l'application de l'article 11 de la Constitution », *RDP*, n° 6, 2014, pp. 1639-1665.

IMBERT (Louis), « Représentation des personnes publiques », *JCP A*, n° 11, fasc. 1089, 1995, pp. 1-24.

JAUME (Lucien), « La représentation : une fiction malmenée », *Pouvoirs*, n° 120, 2007, pp. 5-16.

JAUME (Lucien), « Autour de Hobbes : représentation et fiction », *Droits*, n° 21, 1995, pp. 95-103.

LE YONCOURT (Tiphaine), « Le Sénat républicain représentant des collectivités territoriales ? », *Pouvoirs*, n° 159, 2016, pp. 27-40.

LECOQ (Benjamin), « L'élection des conseillers de la métropole de Lyon : crash test d'un prototype », *AJDA*, n° 1, 2020.

LONG (Martine), « Le département après la loi NOTRe, un acte de décès non transformé », *AJDA*, n° 34, 2015, p. 1912.

MAZÈRES (Jean-Arnaud), « Les collectivités locales et la représentation. Essai de problématique élémentaire », *RDP*, 1990, pp. 607-642.

MÉNY (Yves) - SADOUN (Marc), « Conception de la représentation et représentation proportionnelle », *Pouvoirs*, n° 32, 1985, pp.5-14.

RENAUDIE (Olivier), « La représentation des territoires », *Revue Lamy des collectivités territoriales*, 2013, n° 92, pp. 56-63.

ROBBE (François), « Le Sénat défenseur des collectivités locales : histoire d'une 'appropriation' », *Pouvoirs Locaux*, n° 67, 2005, pp. 54-58.

ROBBE (François), « Le Sénat et la représentation des collectivités locales », *Civitas Europa*, n° 8, 2002, pp. 47-76.

SAOUDI (Messaoud), « Le concept constitutionnel de 'représentation équilibrée des territoires' pour l'élection des assemblées locales : vers une nouvelle conception de la représentation politique ? », *Représenter les territoires / Representing territories*, CIST2018, 2018, pp. 61-65.

SCHOETTL (Jean-Éric), « Le mode d'élection du Sénat doit permettre à celui-ci d'assurer la représentation des collectivités territoriales de la République », *Les Petites affiches*, n° 138, 2000, pp.19-23.

STRUDEL (Sylvie), « Polyrythmie européenne : le droit de suffrage municipal des étrangers au sein de l'Union, une règle électorale entre détournements et retardements », *RFSP*, n° 1, 2003, pp. 3-34.

VERPEAUX (Michel), « Démocratie représentative *versus* démocratie semi-directe », *AJDA*, n° 27, 2019, pp. 1553-1559.

VERPEAUX (Michel), « Peut-on contrôler les listes de candidats aux élections municipales ? », *JCP A*, n° 48, act. 746, 2019, pp. 2-3.

VERPEAUX (Michel), « Élection des conseillers métropolitains en 2020 : le gouvernement réfléchit à un nouveau mode de scrutin », *JCP A*, n° 16, act. 307, 2017, pp. 3-5.

VERPEAUX (Michel), « Égal accès des femmes et des hommes aux mandats politiques et loi politique », *AJDA*, n° 12, 2008, pp. 634-638.

WOLFF (Nathalie), « L'élection au suffrage universel direct des représentants des EPCI », *AJDA*, n° 20, 2011, pp.1120-1127.

ZELLER (Adrien), « Pour un Sénat Chambre des territoires », *Pouvoirs locaux*, n° 67, 2005, pp. 97-99.

B. ARTICLES RELATIFS A LA DECENTRALISATION ET AUX COLLECTIVITES TERRITORIALES

AUBY (Jean-Bernard), « La libre administration des collectivités locales : un principe à repenser ? », *La Gazette des Communes*, n° 1523, 1999, pp. 48-54.

BACOT (Guillaume), « L'apport de Tocqueville aux idées décentralisatrices », *Tocqueville et l'esprit de la démocratie. La Revue Tocqueville*, Presses de Sciences Po, 2005, pp. 203-239.

BAGHESTANI (Laurence), « À propos de la loi du 16 décembre 2010 de réforme des collectivités territoriales », *Les Petites affiches*, n° 86, 2011, pp.6-10.

BÉNOIT (Jean), « La liberté d'administration locale », *RFDA*, 2002, pp.1065-1079.

BENOIT (Gaëlle) et LABETOULLE (Alexandre), « Le groupement européen de coopération territoriale : une réforme en demi-teinte », *JCP A*, n° 29, fasc. 2231, 2015, pp. 20-23.

BERENZ (Philippe), « Responsabilisation financière des collectivités territoriales ou de leurs démembrements en cas de manquement au droit de l'Union européenne. Publication du décret d'application de l'article 112 de la loi NOTRe », *JCP A*, n° 4, 2017, pp. 2-3.

BERTOZZO (Matthieu), « Par les lois des 14 et 22 décembre 1789, la Révolution française fit de la France le maillage méticuleux des communes et des départements », *Revue générale du droit on line*, n° 18700, 2014.

BLANC (Didier), « Un nouvel instrument d'une diplomatie ultramarine ? La loi du 5 décembre 2016 relative à l'action extérieure des collectivités territoriales », *AJDA*, n° 4, 2018, pp. 208-214.

BOUILLANT (Nicolas), « Assurer l'égalité des territoires », *Constructif*, n° 46, 2017 [mis en ligne sur le site http://www.constructif.fr/bibliotheque/2017-3/assurer-l-egalite-des-territoires.html?item_id=3573].

BRAMERET (Sébastien), « La loi Sapin et les entreprises publiques locales : trente ans, l'âge de la raison ? », *AJDA*, n° 4, 2023, pp. 186-191.

BRISSON (Jean-François), « La territorialisation des politiques publiques », *RFFP*, n° 129, 2015, pp. 3-14.

BRISSON (Jean-François), « La loi du 16 décembre 2010 portant réforme territoriale ou le droit des collectivités territoriales en miettes », *AJDA*, n° 3, 2011, pp. 8-19.

BRISSON (Jean-François), « 'La France est une République indivisible… son organisation est décentralisée' ! », *RDP*, n° 1, 2003, pp. 111-114.

COURTEJAIRE (Jean-Pierre), « Vers la collectivité territoriale d'Alsace : pour ou contre ? », *JCP A*, n° 14, 2013, pp. 34-37.

DEROSIER (Jean-Philippe), « Pour préserver le Sénat, il faut que le mode d'élection des sénateurs change », *Marianne*, 21 septembre 2020, [mis en ligne sur le site https://www.marianne.net/agora/tribunes-libres/pour-preserver-le-senat-il-faut-que-le-mode-d-election-des-senateurs-change].

DRAMÉ (Bakary), « Établissement public de coopération intercommunale (EPCI) et principe constitutionnel de libre administration des collectivités territoriales, *BJCL*, n° 12/18, pp. 837-844.

FAURE (Bertrand), « Les communes : le retour », *AJDA*, n° 10, 2020, pp. 557-568.

FAURE (Bertrand), « Les métropoles ‘et le désert français’ ? », *AJDA*, n° 41, 2019, pp. 2430-2434.

FAURE (Bertrand), « Le leadership régional : nouvelle orientation du droit des collectivités territoriales ? », *AJDA*, n° 34, 2015, p.1898.

FAURE (Bertrand), « L'épisode constitutionnel de la réforme des collectivités territoriales (2014-2015) », *RDP*, n° 131, 2015, p. 1173.

FAURE (Bertrand), « La révision constitutionnelle de 2003 : vérité dix ans après », *AJDA*, n° 23, 2013, pp. 1328-1334.

FAURE (Bertrand), *et al.*, « La loi NOTRe : un vrai big bang territorial ? », *AJDA*, n° 34, 2015, pp. 34-39.

FAVOREU (Louis), « Décentralisation et Constitution », *RDP*, 1982, pp. 1279-1280.

FAVOREU (Louis) - ROUX (André), « La libre administration des collectivités territoriales est-elle une liberté fondamentale ? », *Les Cahiers du Conseil constitutionnel*, n° 12, 2002, pp. 88-92.

FERREIRA (Nelly), « La réforme territoriale… pour quelle décentralisation ? » *AJCT*, n° 9, 2014, pp. 412-416.

GARDERE (Anne), « Communes nouvelles : vers un nouvel essor ? », *JCP A*, n° 37, act. 578, 2019, pp. 4-6.

GARDERE (Anne), « Fusion d'EPCI suivant la procédure dérogatoire, attention à la motivation… », *JCP A*, n° 51-52, fasc. 2361, 2019, pp. 15-17.

GAUTHIER (Catherine), « Comment concilier la responsabilité exclusive de l'État en droit communautaire avec, en droit interne, les principes de libre administration des collectivités territoriales et d'organisation décentralisée de la République ? », *JCP A*, n° 38, 2004, pp. 1189-1190.

GÉRARD (Patrick), « Premier point sur la réforme de l'État territorial », *AJCT*, n° 8, 2015, pp. 432-434.

GESLOT (Christophe), « La loi constitutionnelle relative à l'organisation décentralisée de la République devant le Conseil constitutionnel », *RDP*, n° 3, 2003, pp. 793-807.

HAVARD (Léa), « La métropole collectivité territoriale de Lyon : évolution ou révolution ? », *AJDA*, n° 9, 2017, p. 510.

HERTZOG (Robert), « La France et la charte européenne de l'autonomie locale », *AJDA*, n° 28, 2016, p. 1551.

JANICOT (Laetitia), « La décentralisation et l'expérimentation normative », *Titre VII*, n° 9, 2022.

JANICOT (Laetitia), « Les départements : quel(s) avenir(s) ? », *AJDA*, n° 41, 2019, pp. 2417-2422.

JANICOT (Laetitia), « La fonction de collectivité chef de file », *RFDA*, 2014, pp. 472-480.

JANICOT (Laetitia), « Les métropoles à statut particulier : le Grand Paris, Lyon et Aix-Marseille-Provence », *AJDA*, 2014, pp. 612-613.

JANICOT (Laetitia), « Les collectivités territoriales, une définition doctrinale menacée ? », *RFDA*, n° 2, 2011, pp. 227-239.

JANICOT (Laetitia) - VERPEAUX (Michel), « La collectivité européenne d'Alsace ou les fruits d'un non-choix », *AJDA*, n° 38, 2019, pp. 2236-2243.

JEFFERY (Charlie), « L'émergence d'une gouvernance multi-niveaux dans l'Union européenne : une approche des politiques nationales », *Politiques et management public*, vol. 15, n° 3, 1997, pp. 211-231.

JOYE (Jean-François), « La notion de "chef de file" en droit des collectivités locales », *JCP CT-Intercommunalité*, n° 7, 2003, pp. 12-17.

KADA (Nicolas), « État et collectivités territoriales : (petite) cuisine et (grandes) dépendances », *AJDA*, n° 41, 2019, pp. 2423-2429.

KADA (Nicolas), « L'État, la décentralisation et les régions », *RFAP*, n° 4, 2015, pp. 887-906.

KADA (Nicolas), « L'État et le territoire : quelles missions pour quelle vision ? », *RFAP*, n° 4, 2015, pp. 907-922.

LONG (Martine), « Le département après la loi NOTRe, un acte de décès non transformé », *AJDA*, n° 34, 2015, p. 1912.

MARCHAND (Frédéric), « La nécessaire évolution de la forme sociale des sociétés publiques locales », *JCP A*, n° 14, 2013, pp. 2-3.

MARCOU (Gérard), « Développement économique : la région, chef de file ? », *RFAP*, n° 4, 2015, pp. 1037-1048.

MARCOU (Gérard), « Le principe d'indivisibilité de la République », *Pouvoirs*, n° 100, 2001, pp. 45-65.

MARCOU (Gérard), « Les collectivités locales dans les constitutions des États unitaires en Europe », *Nouveaux Cahiers du Conseil constitutionnel*, n° 42, 2014.

MARTIN (Julien) - RENAUDIE (Olivier), « Un droit au territoire ? Retour sur quelques malentendus », *Civitas Europa*, n° 38, 2017, pp. 203-220.

MAUROUX (Simon), « Communes nouvelles et intercommunalités : retours du terrain », *Intercommunalités*, n° 282, 2023, pp. 20-21.

MAUROUX (Simon), « Relations entre intercommunalités et communes nouvelles : compétences et gouvernance », *Intercommunalités*, n° 282, 2023, pp. 22-23.

MÉLIN-SOUCRAMANIEN (Ferdinand), « Le principe d'égalité entre collectivités territoriales », *Les Cahiers du Conseil constitutionnel*, n° 12, 2002, p. 93.

MÉLIN-SOUCRAMANIEN (Ferdinand), « Les adaptations du principe d'égalité à la diversité des territoires », *RFDA*, n° 5, 1997, pp. 906-925.

MEERSMAN (Jimmy), « La diplomatie démultipliée », *AJDA*, n° 7, 2023, pp. 319-325.

MEYER (Raphaël), « Transfert ou délégation de compétences : où en est-on ? », *Intercommunalités*, n° 276, 2022, pp. 20-21.

MONJAL (Pierre-Yves), « 'Le niveau local' dans le traité de Lisbonne ou la reconnaissance du rôle européen des collectivités territoriales », *AJDA*, n° 19, 2011, p. 1069.

MOZOL (Patrick), « La distinction entre les collectivités territoriales et les EPCI à l'épreuve de la loi du 27 janvier 2014 : entre complexification et reconsolidation. », *JCP CT*, n° 26, 2014, pp. 27-34.

PASQUIER (Romain), « Les régions dans la réforme territoriale : vers un fédéralisme à la française ? », *AJP A*, n° 2, 2016, pp.71-75.

PASTOR (Jean-Marc), « Vers un droit à la différenciation territoriale », *AJDA*, n° 27, 2020, p. 1508.

PONTIER (Jean-Marie), « Les contrôles et la tutelle », *AJDA*, n° 23, 2022, pp. 1311-1314.

PONTIER (Jean-Marie), « La ruralité saisie par le droit », *AJDA*, n° 30, 2022, pp. 1716-1723.

PONTIER (Jean-Marie), « Problèmes de compensation : entre les collectivités territoriales aussi », *AJDA*, n° 9, 2022, pp. 532-538.

PONTIER (Jean-Marie), « La réforme de l'organisation territoriale de l'État », *AJDA*, n° 5, 2020, pp. 281-288.

PONTIER (Jean-Marie), « La commune, exception administrative territoriale », *AJDA*, n° 34, 2020, pp. 1945-1950.

PONTIER (Jean-Marie), « Identité territoriale », *AJDA*, n° 27, 2018, pp. 1513-1519.

PONTIER (Jean-Marie), « La redéfinition des compétences : à la recherche de la cohérence », *RDP*, n° 5, 2015, p. 1241.

PONTIER (Jean-Marie), « *Requiem* pour une clause générale de compétence », *JCP A*, n° 2, 2011, pp. 47-55.

PONTIER (Jean-Marie), « L'intercommunalité, hier, aujourd'hui et demain », *JCP A*, n° 30-34, fasc. 2240, 2010, pp. 12-22.

REGOURD (Cécile), « Libre administration et intercommunalité », *AJDA*, n° 41, 2018, pp. 2327-2333.

RENAUDIE (Olivier), « Le Grand Paris », *RFDA*, 2016, pp. 490-496.

ROUAULT (Marie-Christine), « Un département a-t-il intérêt à mener campagne contre les projets de loi de réforme des collectivités territoriales ? », *JCP A*, n° 49, 2010, pp. 2-4.

VAN DER NOOT (Olivier), « La théorie génétique du droit et de la gouvernance. Présentation, défense et illustration », *Revue interdisciplinaire d'études juridiques*, vol. 72, n° 1, 2014, pp. 185-207.

VERPEAUX (Michel), « Une nouvelle loi pour les communes nouvelles », *AJDA*, n° 44, 2019, pp. 2613-2620.

VERPEAUX (Michel), « La loi NOTRe dans son contexte », *RFDA*, n° 4, 2016, pp. 645-677.

VERPEAUX (Michel), « Les nouvelles régions sont constitutionnelles », *JCP A*, n° 12, fasc. 2074, 2015, pp. 26-30.

VERPEAUX (Michel), « La loi portant nouvelle organisation territoriale de la République devant le Conseil constitutionnel : une nouvelle illustration de la parabole du moustique et du chameau », *JCP A*, n° 38-39, 2015, p. 18.

VERPEAUX (Michel), « L'unité et la diversité dans la République », *Nouveaux cahiers du conseil constitutionnel*, n° 42, 2014.

VERPEAUX (Michel), « La réforme territoriale et les nouveaux élus », *RFDA*, n° 2, 2011, pp. 246-257.

VERPEAUX (Michel), « La clause générale de compétence, consécration ou remise en cause ? », *Revue Lamy des collectivités territoriales*, n° 42, 2009, pp. 66-70.

VERPEAUX (Michel), « La loi constitutionnelle du 28 mars 2003 relative à l'organisation décentralisée de la République : libres propos, *RFDA*, n° 4, 2003, pp. 661-669.

VILLENEUVE (Pierre), « Prévention des conflits d'intérêts dans la sphère publique : de bien timides avancées, *JCP A*, n° 16, 15 avril 2013, pp. 2-5.

WINOCOUR LEFEVRE (Pauline), « La loi portant nouvelle organisation territoriale de la République devant le Conseil constitutionnel : nouvelle illustration de la parabole du moustique et du chameau », *JCP A*, n° 38-39, fasc. 2265, 2015, pp. 17-20.

III. NOTES DE JURISPRUDENCES, CONCLUSIONS ET COMMENTAIRES

BOISSY (Laurent), « La réforme de la représentativité devant le juge administratif », commentaire de l'arrêt de la CAA de Paris n° 13PA02876 du 24 novembre 2014 (confirmé par l'arrêt du CE n° 387420 du 30 décembre 2015, *CGT-FO*), *AJDA*, n° 1, 2015, pp. 43-45.

BRAMERET (Sébastien), « La SEML, candidate ordinaire de la commande publique ? », commentaire de l'arrêt du CE n° 432590 du 18 décembre 2019, *AJDA*, n° 11, 2020, pp. 640-644.

CARPENTIER (Chantal), « Commentaire de la décision n° 91-290 DC du 9 mai 1991 : loi portant statut de la Collectivité territoriale de Corse », *Les Petites Affiches*, n° 82, 1991, p. 20.

Comité national chargé de la publication des travaux préparatoires des institutions de la Cinquième République, *Documents pour servir à l'histoire de la Constitution du 4 octobre 1958*, vol. 1, « des origines de la loi constitutionnelle du 3 juin 1958 à l'avant-projet du 29 juillet 1958 », La Documentation française, 1987.

Cinquième République, *Documents pour servir à l'histoire de la Constitution du 4 octobre 1958*, vol. 2, « le Comité consultatif constitutionnel de l'avant-projet du 29 juillet 1958 au projet du 21 août 1958 », La Documentation française, 1988.

Cinquième République, *Documents pour servir à l'histoire de la Constitution du 4 octobre 1958*, vol. 3, « du Conseil d'État au référendum 20 août - 28 septembre 1958 », La Documentation française, 1991.

DAUMAS (Vincent), « Intercommunalité : le préfet ne peut s'écarter des seuils minimaux de population mentionnés au III de l'article L.5210 du CGCT », conclusions relatives à l'arrêt du CE n° 404891 du 17 mars 2017, *JCP A*, n° 15, fasc. 2094, 2017, pp. 19-22.

DEROSIER (Jean-Philippe), « Le redécoupage des cantons : une opération générale et encadrée », commentaire de la décision du CC n° 2013-667 DC du 16 mai 2013, *JCP A*, n° 47, 2013, pp. 38-42.

FAVOREU (Louis), « Décentralisation et Constitution », commentaire de la décision du CC n° 82-137 DC du 25 février 1982, *RDP*, 1982, pp. 1279-1280.

GENEVOIS (Bruno), « De l'égalité de suffrage à l'égalité de représentation », commentaire de la décision du CC n° 85-196 DC du 8 août 1985, *Annuaire international de justice constitutionnelle*, n° 1, 1985, p. 423.

GENEVOIS (Bruno), « Le principe d'égalité et la libre administration des collectivités territoriales », commentaire de la décision du CC n° 93-329 DC du 13 janvier 1994, *RFDA*, 1994, pp. 209-277.

GENEVOIS (Bruno), « L'établissement public et ses administrateurs unis sous un régime de droit public », commentaire de la décision du Tribunal des conflits n° 4070 du 14 novembre 2016, *AJDA*, n° 5, 2017, pp. 276-278.

HASQUENOPH (Isabelle), « Les limites de la coopération public-public », note sous l'arrêt rendu par la CJUE, affaires jointes C-383/21 et C-384/21, *AJDA*, n° 18, 2023, pp. 959-967.

LACHAUME (Jean-François), « Désignation des délégués communautaires entre deux renouvellements de conseils municipaux », note sous les arrêts rendu par le CE n° 408303 - n° 409475 - n° 410193, *AJDA*, n° 4, 2018, pp. 215-222.

LACHAUME (Jean-François), « Le contrôle du juge administratif sur le 'passer outre' préfectoral en matière d'intercommunalité », note sous l'arrêt rendu par la CAA de Bordeaux n° 18BX03674, *AJDA*, n° 23, 2019, pp. 1333-1341.

LAFERRIERE (Édouard), Conclusions sur la décision du Tribunal des conflits du 5 mai 1877, *Laumonnier-Carriol*, Recueil 437.

QUIRINY (Bernard), « La composition des conseils communautaires à l'épreuve du principe d'égalité », commentaire de la décision du CC n° 2014-405 QPC du 20 juin 2014, *JCP A*, n° 35, 2014, pp. 35-39.

ROAULT (Marie-Christine), « La loi de réforme des collectivités territoriales au crible du Conseil constitutionnel », commentaire de la décision du CC n° 2010-618 DC du 9 décembre 2010, *JCP A*, n° 2, 2011, pp. 16-22.

TESSON (Fabien), « La Cour de justice de l'Union européenne précise l'exception à l'application du droit de la commande publique aux coopérations entre collectivités publiques », commentaire de l'arrêt de la CJUE C-480/06 du 9 juin 2009, *JCP A*, n° 3, 2013, pp. 24-30.

VERPEAUX (Michel), « Démocratie représentative *versus* démocratie semi-directe », commentaire de la décision inédite du CC n° 2019-1 RIP, *AJDA*, n° 27, 2019, pp. 1553-1559.

VERPEAUX (Michel), « Histoire des collectivités territoriales et de la décentralisation », *JCP A*, fasc. 116-5, 23 juillet 2018.

VERPEAUX (Michel), « La fin du cumul des mandats : tout s'éclaircit ? », commentaire de la décision du CC n° 2014-689 DC du 13 février 2014, *JCP A*, n° 15, 2014, pp. 23-28.

VERPEAUX (Michel), « La représentation des communes au sein des conseils des communautés : tout est affaire de proportion », commentaire de la décision du CC n° 2015-711 DC du 5 mars 2015, *JCP A*, n° 18, 2015, pp. 28-31.

IV. RAPPORTS ET ÉTUDES

A. RAPPORTS OFFICIELS

ACAR (Bruno) - REIX (Patrick), *Délégation de compétences et conférence territoriale d'action publique, de nouveaux outils au service de la coopération territoriale*, Inspection générale de l'administration - La Documentation française, 2017.

ACAR (Bruno) - MORIN (Gabriel) - GIGUET (Xavier) - SCHECHTER (François), *La formation des élus locaux*, Inspection générale de l'administration - Inspection générale des affaires sociales, 2020.

APUR, *Livre blanc : nouvelle ceinture verte et transformations du boulevard périphérique. Cahier 2 : contributions*, Ville de Paris, 2022 [mis en ligne sur le site https://www.apur.org/fr/nos-travaux/ateliers-boulevard-peripherique].

BALLADUR (Édouard), *Une Ve République plus démocratique*, Fayard, 2009.

BARTOLONE (Claude) - WINOCK (Michel), *Refaire la démocratie*, rapport du groupe de travail sur l'avenir des institutions, n° 3100, Assemblée nationale, 2015.

BAS (Philippe) - BOCKEL (Jean-Marie) - LARCHER (Gérard), *Pour le plein exercice des libertés locales : 50 propositions du Sénat pour une nouvelle génération de la décentralisation*, Sénat, 2020.

BRUTEL (Chantal) - LEVY (David), *Le nouveau zonage en bassins de vie de 2012. Trois quarts des bassins de vie sont ruraux*, INSEE Première, n° 1425, 2012.

BUFFET (François-Noël) - LABAZÉE (Georges), Le cumul des mandats : moins cumuler pour plus d'efficacité, rapport d'information fait au nom de la délégation aux collectivités territoriales, n° 365, Sénat, 2012.

CICILLE (Patricia) - HALBERT (Ludovic) - ROZENBLAT (Céline), *Quelles métropoles en Europe ? Des villes en réseaux*, DATAR, La Documentation française, coll. « Travaux », 2012.

CLANCHÉ (François), *Trente ans de démographie des territoires. Le rôle structurant du bassin parisien et des très grandes aires urbaines*, INSEE Première, n° 1483, 2014.

Comité des régions, *La décentralisation dans l'Union européenne et la place de l'autonomie locale et régionale dans l'élaboration des politiques de l'UE et leur mise en œuvre*, avis du CR, JOUE, 2013, C 139/08.

Comité pour la réforme des collectivités locales, *Il est temps de décider*, rapport au président de la République, La Documentation française, 2009.

Conseil d'État, *Consulter autrement, participer effectivement*, La Documentation française, coll. « Études et documents du Conseil d'État », 2011.

Cour des comptes, *L'organisation territoriale de l'État*, La Documentation française, 2013.

Cour des comptes, *La décentralisation 40 ans après*, rapport public annuel, 2023, [mis en ligne sur le site https://www.ccomptes.fr/system/files/2023-03/20230310-RPA-2023_0.pdf].

DALLIER (Philippe) - PEYRONNET (Jean-Claude), *Faciliter l'exercice des mandats locaux : réflexions autour du statut de l'élu*, rapport d'information fait au nom de la délégation aux collectivités territoriales, n° 318, Sénat, 2012.

DARNAUD (Mathieu), *La revitalisation de l'échelon communal*, rapport d'information fait au nom de la commission des lois constitutionnelles, de législation, du suffrage universel, du Règlement et d'administration générale, n° 110, Sénat, 2018 [mis en ligne sur le site http://www.senat.fr/rap/r18-110/r18-1101.pdf].

DARNAUD (Mathieu) - GATEL (Françoise), *Métropole de Lyon - Communes : le pari d'un destin commun*, rapport d'information fait au nom de la commission des lois constitutionnelles, de législation, du suffrage universel, du Règlement et d'administration générale, n° 190, Sénat, 2022, [mis en ligne sur le site https://www.senat.fr/rap/r22-190/r22-1901.pdf].

DARNAUD (Mathieu) - GATEL (Françoise), *Métropole d'Aix-Marseille-Provence : une métropole à la croisée des chemins*, rapport d'information fait au nom de la commission des lois constitutionnelles, de législation, du suffrage universel, du Règlement et d'administration générale, n° 191, Sénat, 2022, [mis en ligne sur le site https://www.senat.fr/rap/r22-191/r22-1911.pdf].

DARNAUD (Mathieu) - GATEL (Françoise), *Proposition de loi constitutionnelle pour le plein exercice des libertés locales*, rapport d'information fait au nom de la commission des lois constitutionnelles, de législation, du suffrage universel, du Règlement et d'administration générale, Sénat, 2020, [mis en ligne sur le site https://www.senat.fr/rap/l20-048/l20-0485.html].

DARTOUT (Pierre), *Mission Devenir de la Métropole Aix-Marseille-Provence et du Conseil départemental des Bouches-du-Rhône*, Rapport au Premier ministre, 2019 [mis en ligne sur le site https://www.vie-publique.fr/sites/default/files/rapport/pdf/194000259.pdf].

Défenseur des droits, *Déconstruction des stéréotypes et préjugés*, 2012, [mis en ligne sur le site http://www.defenseurdesdroits.fr].

DOUCET (Philippe) - GOSSELIN (Philippe), rapport d'information sur le statut de l'élu, n° 1161, Assemblée nationale, enregistré à la Présidence de l'Assemblée nationale le 19 juin 2013.

GÉLARD (Patrice), *Rapport sur les secondes chambres en Europe : complexité parlementaire ou nécessité démocratique ?*, Étude n° 355/2005, CDL (2006)059, Conseil de l'Europe, 2006, [mis en ligne sur le site https://www.venice.coe.int/webforms/documents/default.aspx?pdffile=CDL(2006)059-f].

GOURAULT (Jacqueline) - GUILLAUME (Didier), *Rénover le dialogue entre l'État et les collectivités territoriales : une nécessité pour une démocratie apaisée*, rapport d'information fait au nom de la délégation aux collectivités territoriales, n° 272, Sénat, 2011.

GOURAULT (Jacqueline) - KRATTINGER (Yves), *Faire confiance à l'intelligence territoriale*, rapport d'information fait au nom de la mission commune d'information, n° 471, Sénat, 2009.

GOURAULT (Jacqueline) - KRATTINGER (Yves), *Rapport d'étape sur la réorganisation territoriale*, rapport d'information fait au nom de la mission Collectivités territoriales, n° 264, t. I, 2009.

GROSDIDIER (François) - TOCQUEVILLE (Nelly), *L'association des collectivités territoriales aux décisions de l'État qui les concernent : la codécision plutôt que la concertation*, rapport d'information fait au nom de la délégation aux collectivités territoriales, n° 642, 2016.

LARCHÉ (Jacques), *Rapport établi au nom de la commission des lois à l'occasion de l'étude de la proposition de loi organique portant réforme de la durée du mandat et de l'élection des sénateurs ainsi que de la composition du Sénat*, Sénat, n° 333, 2003 [mis en ligne sur le site https://www.senat.fr/rap/l02-333/l02-3331.pdf].

Le grand débat national, Analyse des contributions libres : cahiers citoyens, courriers et emails, comptes rendus des réunions d'initiative locale, Rapport final, *Cognito – Bluenove* – Roland Berger, 2019 [mis en ligne sur le site https://granddebat.fr/media/default/0001/01/e5d08f013099aaa17981cb61e508c8b299461683.pdf].

MAEDI, *Diplomatie et territoires. Pour une action extérieure démultipliée* – 21 propositions pour un nouveau partenariat MAEDI/Collectivités territoriales, La Documentation française, 2017.

MAGENDIE (Jean-Claude) - MIGAUD (Didier) - SAUVÉ (Jean-Marc), *Pour une nouvelle déontologie de la vie publique*, Rapport de la Commission de réflexion pour la prévention des conflits d'intérêts dans la vie publique, Présidence de la République, 2011 [mis en ligne sur le site https://www.vie-publique.fr/sites/default/files/rapport/pdf/114000051.pdf].

MÉZARD (Jacques), *Prendre acte de la décentralisation : pour une rénovation indispensable des contrôles de l'État sur les collectivités territoriales*, rapport d'information fait au nom de la délégation aux collectivités territoriales, n° 300, Sénat, 2012.

MOSCOVICI (Pierre), *Les pôles d'équilibre territorial et rural*, Cours des comptes, Référé n° S2021-2308, 26 janvier 2022, [mis en ligne sur le site https://www.ccomptes.fr/fr/documents/59700].

PEYRONNET (Jean-Claude), *La solidarité internationale à l'échelle des territoires : état des lieux et perspectives*, rapport d'information fait au nom de la délégation aux collectivités territoriales, n° 123, Sénat, 2012.

PEYRONNET (Jean-Claude), *Parlementaires : représenter les territoires sans les gérer*, rapport d'information fait au nom de la délégation aux collectivités territoriales, n° 238, Sénat, 2013.

PORTELLI (Hugues), *Rapport sur la proposition de loi constitutionnelle tendant à assurer la représentation équilibrée des territoires*, rapport d'information fait au nom de la commission des lois, n° 254, Sénat, 2015.

Pour un renouveau démocratique, Rapport de la Commission de rénovation et de déontologie de la vie publique, 2012 [mis en ligne sur le site https://www.vie-publique.fr/sites/default/files/rapport/pdf/124000596.pdf].

Sénat, *L'élu local au cœur de la décentralisation. Actes de colloque*, rapport fait au nom de l'Observatoire de la décentralisation, La Documentation française, 2006. *Le droit de vote des étrangers aux élections locales*, coll. « Les documents de travail du Sénat. Série législation comparée », n° 154, 2005.

Une Ve République plus démocratique, Rapport du Comité de réflexion et de proposition sur la modernisation et le rééquilibrage des institutions de la Ve République, 2007 [mis en ligne sur le site https://www.vie-publique.fr/sites/default/files/rapport/pdf/074000697.pdf].

United Cities and Local Governments, Founding congress final declaration, *Cities, local governments : the future for development* [déclaration finale du congrès de fondation de Cités et gouvernements locaux unis (CGLU), *Villes et gouvernements locaux : l'avenir du développement*], Paris, 5 mai 2004 [mis en ligne sur le site https://www.uclg.org/sites/default/files/english_declaration.pdf].

VANDIERENDONCK (René), *Laisser respirer les territoires,* rapport d'information fait au nom de la commission des lois, n° 485, 2017.

VANDIERENDONCK (René), *Quand la réforme rencontre les territoires*, rapport d'information fait au nom de la commission des lois, n° 730, Sénat, 2016.

VIALA (Arnaud), *Rapport d'information sur la préparation d'une nouvelle étape de la décentralisation en faveur du développement des territoires*, n° 1015, Assemblée nationale, 2018, [mis en ligne sur le site https://www.assemblee-nationale.fr/dyn/15/rapports/micterr/l15b1015_rapport-information].

B. Rapports de recherche et etudes

BEHAR Daniel - DELPIROU Aurélien, *Après la décentralisation : 15 propositions pour refonder l'action territoriale*, Terra Nova, 2021 [mis en ligne sur le site https://tnova.fr/site/assets/files/10506/terra-nova_apres-la-decentralisation_15-propositions-pour-renforcer-l-action-territoriale_130121.pdf?10xaq].

BROYELLE (Victor) - COLMOU (Yves) - MARTIN (Karine), *L'avenir de la décentralisation*, Terra Nova, 2011 [mis en ligne sur le site http://tnova.fr/rapports/l-avenir-de-la-decentralisation].

CERF-CASAU (Geneviève) - MWENDO (Judith) - Florent PHILIPPE, *Statut de l'élu(e) local(e)*, AMF, 2017 [mis en ligne le 21 juillet 2017 sur le site http://www.amf.asso.fr/upload/fichiers/documents/AMF_7828TELECHARGER_LA_BROCHURE.pdf].

DAVEZIES (Laurent) - MORVAN (Yves), *Pour une grammaire de la décentralisation*, Terra Nova, 2016 [mis en ligne sur le site http://tnova.fr/etudes/pour-une-grammaire-de-la-decentralisation].

DGCL, *Bulletin d'information statistique*, n° 182, 2024 [mis en ligne sur le site https://www.collectivites-locales.gouv.fr/files/Accueil/DESL/2024/BIS%20182%20interco%202024_VF.pdf].

DGCL, *Bulletin d'information statistique*, n° 163, 2022 [mis en ligne sur le site https://www.cohesion-territoires.gouv.fr/sites/default/files/2022-03/BIS_163%20interco%202022.pdf].

DGCL, *Bulletin d'information statistique*, n° 157, 2021 [mis en ligne sur le site https://www.collectivites-locales.gouv.fr/files/Accueil/DESL/2021/BIS/BIS%20%C3%A9lus%20locaux%202021.pdf].

DGCL, *Les collectivités locales en chiffres*, 2017.

DGCL, *Le guide des sociétés d'économie mixte locales*, La Documentation française, 2007.

DGCL, *La démocratie locale*, Les éditions des Journaux officiels, coll. « Législation et réglementation », 1998.

DURANTHON (Arnaud), *L'institution départementale à l'heure métropolitaine : quelles perspectives ?*, Étude pour l'Assemblée des Départements de France, L'Harmattan, 2019.

LAURENT (Éloi), *Vers l'égalité des territoires : dynamiques, mesures, politiques*, La Documentation française, 2013.

PONTHOREAU (Marie-Claire), *La ratification des traités internationaux, une perspective de droit comparé*, Service de recherche du Parlement européen, Unité Bibliothèque de droit comparé, 2019 [mis en ligne sur le site https://www.europarl.europa.eu/RegData/etudes/STUD/2019/637963/EPRS_STU(2019)637963_FR.pdf].

STRUDEL (Sylvie), *Le vote des étrangers en France. Y penser toujours, en parler parfois, ne l'appliquer jamais ?*, Sciences Po, 2007.

V. DISCOURS ET ENTRETIENS

DELEVOYE (Jean-Paul), « Fusionner Cese et Sénat, c'est absurde », *Le Point*, 3 octobre 2015.

MUSELIER (Renaud), « L'action publique entre Bruxelles et Marseille », *Europe parlementaire*, n° 38, 2019.

SIEYÈS (Emmanuel Joseph), discours concernant « la permanence et l'organisation du Corps législatif et sur la sanction royale », séance du 7 septembre 1789, *Archives parlementaires*, 1re série, t. 8.

TEXTES OFFICIELS

I. CONSTITUTION

A. Articles de la Constitution

Article 1er

Article 3

Article 4

Article 24

Article 27

Article 34

Article 39

Article 53

Article 61-1

Article 72

Article 72-1

Article 72-2

Article 72-3

Article 73

Article 74

Article 88-3

B. Lois constitutionnelles

Loi constitutionnelle n° 2024-200 du 8 mars 2024 relative à la liberté de recourir à l'interruption volontaire de grossesse, JORF n° 0058, 9 mars 2024.

Loi constitutionnelle n° 2008-724 du 23 juillet 2008 de modernisation des institutions de la Ve République, JORF n° 0171, 24 juillet 2008.

Loi constitutionnelle n° 2003-276 du 28 mars 2003 relative à l'organisation décentralisée de la République, JORF n° 75, 29 mars 2003.

Loi constitutionnelle n° 99-569 du 8 juillet 1999 relative à l'égalité entre les femmes et les hommes, JORF n° 157, 9 juillet 1999.

Loi constitutionnelle n° 95-880 du 4 août 1995 portant extension du champ d'application du référendum, instituant une session parlementaire ordinaire unique, modifiant le régime de l'inviolabilité parlementaire et abrogeant les dispositions relatives à la Communauté et les dispositions transitoires, JORF n° 181, 5 août 1995.

II. TEXTES EUROPÉENS

A. Traites

Traité sur le fonctionnement de l'Union européenne (TFUE) du 13 décembre 2007, JOUE n° C 326/47, 26 octobre 2012.

Traité sur l'Union européenne (signé le 7 février 1992 et entré en vigueur le 1er novembre 1993), JOUE n° C 191, 29 juillet 1992.

Charte européenne de l'autonomie locale (ouverte à la signature le 15 octobre 1985 et entrée en vigueur le 1er septembre 1988), Conseil de l'Europe, révision de novembre 2016.

Traité instituant la Communauté économique européenne (Traité CEE), 25 mars 1957.

Statut du Conseil de l'Europe (signé le 5 mai 1949 et entré en vigueur le 3 août 1949), STE n° 001, Série des traités européens - n° 1.

B. Reglements

Règlement (UE) n° 1302/2013 du Parlement européen et du Conseil du 17 décembre 2013 modifiant le règlement (CE) n° 1082/2006 relatif à un groupement européen de coopération territoriale (GECT) en ce qui concerne la clarification, la simplification et l'amélioration de la constitution et du fonctionnement de groupements de ce type, JOUE n° L 347/303, 20 décembre 2013.

Règlement (CE) n° 1082/2006 du Parlement européen et du Conseil relatif à un groupement européen de coopération territoriale (GECT), 5 juillet 2006, JOUE n° L 210/19, 31 juillet 2006.

C. Avis et recommandation

Avis du Comité des régions, 2013/C 139/08, *La décentralisation dans l'Union européenne et la place de l'autonomie locale et régionale dans l'élaboration des politiques de l'UE et leur mise en œuvre*, JOUE n° C 139/39-C 139/45, 17 mai 2013.

Conseil de l'Europe, *Recommandation n° R (2000) 10 du Comité des Ministres aux États membres sur les codes de conduite pour les agents publics*, 106e session, 11 mai 2000.

III. CODES

Code civil

Code électoral

Code de l'environnement

Code de l'urbanisme

Code de la commande publique

Code général des collectivités territoriales

Code pénal

IV. TEXTES LÉGISLATIFS

A. LOIS ORGANIQUES

Loi organique n° 2016-506 du 25 avril 2016 de modernisation des règles applicables à l'élection présidentielle, JORF n° 0098, 26 avril 2016.

Loi organique n° 2013-906 du 11 octobre 2013 relative à la transparence de la vie publique, JORF n° 0238, 12 octobre 2013.

Loi organique n° 2009-1523 du 10 décembre 2009 relative à l'application de l'article 61-1 de la Constitution, JORF n° 0287, 11 décembre 2009.

Loi organique n° 2003-704 du 1er août 2003 relative à l'expérimentation par les collectivités territoriales, JORF n° 177, 2 août 2003.

Loi organique n° 2003-696 du 30 juillet 2003 portant réforme de la durée du mandat et de l'âge d'éligibilité des sénateurs ainsi que de la composition du Sénat, JORF n° 175, 31 juillet 2003.

Loi organique n° 2000-294 du 5 avril 2000 relative aux incompatibilités entre mandats électoraux, JORF n° 82, 6 avril 2000.

Loi organique n° 98-404 du 25 mai 1998 déterminant les conditions d'application de l'article 88-3 de la Constitution relatif à l'exercice par les citoyens de l'Union européenne résidant en France, autres que les ressortissants français, du droit de vote et d'éligibilité aux élections municipales, et portant transposition de la directive 94/80/CE du 19 décembre 1994, JORF n° 120, 26 mai 1998.

B. LOIS ORDINAIRES

Loi n° 2023-656 du 25 juillet 2023 relative à l'accélération de la reconstruction et de la réfection des bâtiments dégradés ou détruits au cours des violences urbaines survenues du 27 juin au 5 juillet 2023, JORF n° 0171, 26 juillet 2023.

Loi n° 2023-506 du 26 juin 2023 tendant à garantir la continuité de la représentation des communes au sein des conseils communautaires, JORF, n° 0147, 27 juin 2023.

Loi n° 2022-217 du 21 février 2022 relative à la différenciation, la décentralisation, la déconcentration et portant diverses mesures de simplification de l'action publique locale, JORF n° 0044, 22 février 2022.

Loi n° 2020-290 du 23 mars 2020 d'urgence pour faire face à l'épidémie de covid-19, JORF n° 0072, 24 mars 2020.

Loi n° 2019-1461 du 27 décembre 2019 relative à l'engagement dans la vie locale et à la proximité de l'action publique, JORF n° 0301, 28 décembre 2019.

Loi n° 2019-816 du 2 août 2019 relative aux compétences de la Collectivité européenne d'Alsace, JORF n° 0179, 3 août 2019.

Loi n° 2019-809 du 1er août 2019 visant à adapter l'organisation des communes nouvelles à la diversité des territoires, JORF n° 0178, 2 août 2019.

Loi n° 2019-776 du 24 juillet 2019 visant à permettre aux conseillers de la métropole de Lyon de participer aux prochaines élections sénatoriales, JORF n° 0172, 26 juillet 2019.

Loi n° 2018-1213 du 24 décembre 2018 portant mesures d'urgence économiques et sociales, JORF n° 0298, 26 décembre 2018.

Loi n° 2018-702 du 3 août 2018 relative à la mise en œuvre du transfert des compétences eau et assainissement aux communautés de communes, JORF n° 0179, 5 août 2018.

Loi n° 2018-509 du 25 juin 2018 relative à l'élection des représentants au Parlement européen, JORF n° 0145, 26 juin 2018.

Loi n° 2017-1838 du 30 décembre 2017 relative à l'exercice des compétences des collectivités territoriales dans le domaine de la gestion des milieux aquatiques et de la prévention des inondations, JORF n° 0305, 31 décembre 2017.

Loi n° 2017-256 du 28 février 2017 de programmation relative à l'égalité réelle outre-mer et portant autres dispositions en matière sociale et économique, JORF n° 0051, 1er mars 2017.

Loi n° 2017-86 du 27 janvier 2017 relative à l'égalité et à la citoyenneté, JORF n° 0024, 28 janvier 2017.

Loi n° 2016-1657 du 5 décembre 2016 relative à l'action extérieure des collectivités territoriales et à la coopération des outre-mer dans leur environnement régional, JORF n° 0283, 6 décembre 2016.

Loi n° 2016-1500 du 8 novembre 2016 tendant à permettre le maintien des communes associées, sous forme de communes déléguées, en cas de création d'une commune nouvelle, JORF n° 0261, 9 novembre 2016.

Loi n° 2016-1087 du 8 août 2016 pour la reconquête de la biodiversité, de la nature et des paysages, JORF n° 0184, 9 août 2016.

Loi n° 2015-991 du 7 août 2015 portant nouvelle organisation territoriale de la République, JORF n° 0182, 8 août 2015.

Loi n° 2015-816 du 6 juillet 2015 ratifiant l'ordonnance n° 2014-1539 du 19 décembre 2014 relative à l'élection des conseillers métropolitains de Lyon, JORF n° 0155, 7 juillet 2015.

Loi n° 2015-292 du 16 mars 2015 relative à l'amélioration du régime de la commune nouvelle, pour des communes fortes et vivantes, JORF n° 0064, 17 mars 2015.

Loi n° 2015-264 du 9 mars 2015 autorisant l'accord local de répartition des sièges de conseiller communautaire, JORF n° 0058, 10 mars 2015.

Loi n° 2015-29 du 16 janvier 2015 relative à la délimitation des régions, aux élections régionales et départementales et modifiant le calendrier électoral, JORF n° 0014, 17 janvier 2015.

Loi n° 2014-773 du 7 juillet 2014 d'orientation et de programmation relative à la politique de développement et de solidarité internationale, JORF n° 0156, 8 juillet 2014.

Loi n° 2014-58 du 27 janvier 2014 de modernisation de l'action publique territoriale et d'affirmation des métropoles, JORF n° 0023, 28 janvier 2014.

Loi n° 2013-907 du 11 octobre 2013 relative à la transparence de la vie publique, JORF n° 0238, 12 octobre 2013.

Loi n° 2013-702 du 2 août 2013 relative à l'élection des sénateurs, JORF n° 0179, 3 août 2013.

Loi n° 2013-403 du 17 mai 2013 relative à l'élection des conseillers départementaux, des conseillers municipaux et des conseillers communautaires, et modifiant le calendrier électoral, JORF n° 0114, 18 mai 2013.

Loi n° 2012-1561 du 31 décembre 2012 relative à la représentation communale dans les communautés de communes et d'agglomération, JORF n° 0001, 1er janvier 2013.

Loi n° 2010-1563 du 16 décembre 2010 de réforme des collectivités territoriales, JORF n° 0292, 17 décembre 2010.

Loi n° 2010-597 du 3 juin 2010 relative au Grand Paris, JORF n° 0128, 5 juin 2010.

Loi n° 2010-559 du 28 mai 2010 pour le développement des sociétés publiques locales, JORF n° 0122, 29 mai 2010.

Loi n° 2007-224 du 21 février 2007 portant dispositions statutaires et institutionnelles relatives à l'outre-mer, JORF n° 0045, 22 février 2007.

Loi n° 2007-147 du 2 février 2007 relative à l'action extérieure des collectivités territoriales et de leurs groupements, JORF n° 31, 6 février 2007.

Loi n° 2006-823 du 10 juillet 2006 autorisant l'approbation de la Charte européenne de l'autonomie locale, adoptée à Strasbourg le 15 octobre 1985, JORF n° 0159, 11 juillet 2006.

Loi n° 2004-809 du 13 août 2004 relative aux libertés et responsabilités locales, JORF, 17 août 2004.

Loi n° 2004-204 du 9 mars 2004 portant adaptation de la justice aux évolutions de la criminalité, JORF n° 59, 10 mars 2004.

Loi n° 2003-697 du 30 juillet 2003 portant réforme de l'élection des sénateurs, JORF n° 175, 31 juillet 2003.

Loi n° 2003-590 du 2 juillet 2003 d'urbanisme et d'habitat, JORF n° 152, 3 juillet 2003.

Loi n° 2002-1303 du 29 octobre 2002 modifiant certaines dispositions du code de commerce relatives aux mandats sociaux, JORF, 30 octobre 2002.

Loi n° 2002-276 du 27 février 2002 relative à la démocratie de proximité, JORF, 28 février 2002 [et son rectificatif du 24 décembre 2002].

Loi n° 2000-493 du 6 juin 2000 tendant à favoriser l'égal accès des femmes et des hommes aux mandats électoraux et fonctions électives, JORF n° 131, 7 juin 2000.

Loi n° 2000-295 du 5 avril 2000 relative à la limitation du cumul des mandats électoraux et des fonctions et à leurs conditions d'exercice, JORF n° 82, 6 avril 2000.

Loi n° 99-586 du 12 juillet 1999 relative au renforcement et à la simplification de la coopération intercommunale, JORF n° 160, 13 juillet 1999.

Loi n° 99-533 du 25 juin 1999 d'orientation pour l'aménagement et le développement durable du territoire et portant modification de la loi no 95-115 du 4 février 1995 d'orientation pour l'aménagement et le développement du territoire, JORF n° 148, 29 juin 1999.

Loi n° 95-115 du 4 février 1995 d'orientation pour l'aménagement et le développement du territoire, JORF n° 31, 5 février 1995.

Loi n° 93-122 du 29 janvier 1993 relative à la prévention de la corruption et à la transparence de la vie économique et des procédures publiques, JORF n° 25, 30 janvier 1993.

Loi n° 92-683 du 22 juillet 1992 portant réforme des dispositions générales du code, JORF n° 169, 23 juillet 1992.

Loi n° 92-125 du 6 février 1992 relative à l'administration territoriale de la République, JORF n° 33, 8 février 1992.

Loi n° 92-108 du 3 février 1992 relative aux conditions d'exercice des mandats locaux, JORF n° 30, 5 février 1992.

Loi n° 91-662 d'orientation pour la ville du 13 juillet 1991, JORF n° 0167, 19 juillet 1991.

Loi n° 91-428 du 13 mai 1991 portant statut de la collectivité territoriale de Corse, JORF n° 111, 14 mai 1991.

Loi n° 85-97 du 25 janvier 1985 modifiant et complétant la loi n° 83-663 du 22 juillet 1983 et portant dispositions diverses relatives aux rapports entre l'État et les collectivités territoriales, JORF, 26 janvier 1985.

Loi n° 83-663 du 22 juillet 1983 complétant la loi n° 83-8 du 7 janvier 1983 relative à la répartition des compétences entre les communes, les départements, les régions et l'État, JORF, 23 juillet 1983.

Loi n° 83-8 du 7 janvier 1983 relative à la répartition de compétences entre les communes, les départements, les départements, les régions et l'État, JORF, 9 janvier 1983.

Loi n° 82-1169 du 31 décembre 1982 relative à l'organisation administrative de Paris, Marseille, Lyon et des établissements publics de coopération intercommunale, JORF, 1er janvier 1983.

Loi n° 82-659 du 30 juillet 1982 portant statut particulier de la région de Corse : compétences, JORF, 31 juillet 1982.

Loi n° 82-653 du 29 juillet 1982 portant réforme de la planification, JORF, 30 juillet 1982.

Loi n° 82-623 du 22 juillet 1982 modifiant et complétant la loi n° 82-213 du 2 mars 1982 relative aux droits et libertés des communes, des départements et des régions et précisant les nouvelles conditions d'exercice du contrôle administratif sur les actes des autorités communales, départementales et régionales, JORF, 23 juillet 1982.

Loi n° 82-214 du 2 mars 1982 portant statut particulier de la région de Corse : organisation administrative, JORF, 3 mars 1982.

Loi n° 82-213 du 2 mars 1982 relative aux droits et libertés des communes, des départements et des régions, JORF, 3 mars 1982.

Loi n° 77-729 du 7 juillet 1977 relative à l'élection des représentants à l'Assemblée des communautés européennes, JORF, 8 juillet 1977.

Loi n° 72-619 du 5 juillet 1972 portant création et organisation des régions, JORF n° 0160, 9 juillet 1972.

Loi n° 71-588 du 16 juillet 1971 sur les fusions et regroupements de communes, JORF, 18 juillet 1971.

Loi du 5 avril 1884 relative à l'organisation municipale, JORF, 6 avril 1884.

Loi du 10 août 1871 relative aux conseils généraux.

Loi du 22 décembre 1789-8 janvier 1790 relative à la constitution des assemblées primaires et des assemblées administratives, Recueil Duverger, page 86.

Loi du 14 décembre 1789 portant création des municipalités sur le territoire national.

V. TEXTES RÉGLEMENTAIRES

A. DECRETS

Décret n° 2020-412 du 8 avril 2020 relatif au droit de dérogation reconnu au préfet, JORF n° 0087, 9 avril 2020.

Décret n° 2017-1845 du 29 décembre 2017 relatif à l'expérimentation territoriale d'un droit de dérogation reconnu au préfet, JORF n° 0305, 31 décembre 2017.

Décret n° 2017-951 du 10 mai 2017 relatif aux comités de bassin, JORF n° 0110, 11 mai 2017.

Décret n° 2017-754 du 3 mai 2017 relatif à la composition et au fonctionnement du Conseil national de la montagne, JORF.

Décret n° 2016-901 du 1er juillet 2016 portant création du Fonds national des aides à la pierre, JORF n° 0153, 2 juillet 2016

Décret n° 2015-1169 du 22 septembre 2015 relatif à l'élection des conseillers métropolitains de Lyon et modifiant diverses dispositions d'ordre électoral, JORF n° 0220, 23 septembre 2015.

Décret n° 2014-508 du 19 mai 2014 relatif à la mission de préfiguration de la métropole du Grand Paris.

Décret n° 2012-770 du 24 mai 2012 relatif aux attributions du ministre de l'Égalité des territoires et du logement, JORF n° 0121, 25 mai 2012.

Décret n° 2000-1250 du 18 décembre 2000 modifiant l'article D.2122-4 du code général des collectivités territoriales, JORF n° 297, 23 décembre 2000.

Décret n° 97-322 du 2 avril 1997 portant publication du traité entre la République française et le Royaume d'Espagne relatif à la coopération transfrontalière entre collectivités territoriales, signé à Bayonne le 10 mars 1995, JORF n° 85, 11 avril 1997.

Décret n° 94-167 du 25 février 1994 modifiant certaines dispositions de droit pénal et de procédure pénale, JORF n° 48, 26 février 1994.

Décret du 1er mars 1852 relatif au costume des fonctionnaires et employés dépendant du ministère de l'Intérieur.

Décret du 20 mars 1790 concernant les membres des assemblées administratives de départements et de districts.

Décret du 26 février-4 mars 1790 relatif à la division de la France en départements.

Décret du 14 décembre 1789 relatif à la constitution des municipalités, JORF.

B. Arretes

Arrêté du 10 mai 2017 relatif à la représentation des collectivités territoriales et des usagers aux comités de bassin, JORF n° 0110, 11 mai 2017.

Arrêté du 14 avril 2017 relatif à la représentation des collectivités territoriales, des diverses catégories d'usagers, des personnes qualifiées et de l'administration de l'État aux comités de l'eau et de la biodiversité et à leur siège pris en application des articles R.213-50 et R.213-51 du Code de l'environnement, JORF n° 0091, 16 avril 2017.

Arrêté du 3 août 2016 relatif à la composition du conseil territorial de santé, JORF, 6 août 2016.

Arrêté du 14 juillet 2016 portant création d'une commune nouvelle, JORF n° 0252, 28 octobre 2016.

Arrêté du 12 octobre 2018 portant création de la commune nouvelle d'Évry-Courcouronnes, JORF n° 0080, 4 avril 2019.

JURISPRUDENCES

I. *DÉCISIONS DU CONSEIL CONSTITUTIONNEL*

CC, décision n° 2023-852 DC, 20 juillet 2023, *Loi visant à régulariser le plan local d'urbanisme intercommunal de la communauté de communes du Bas-Chablais.*

CC, décision n° 2023-849 DC, 14 avril 2023, *Loi de financement rectificative de la sécurité sociale pour 2023.*

CC, décision n° 2022-1013 QPC, 14 octobre 2022, *Communauté d'agglomération Vienne Condrieu Agglomération.*

CC, décision n° 2019-796 DC, 27 décembre 2019, *Loi de finances pour 2020.*

CC, décision n° 2019-1 RIP, 9 mai 2019, *Proposition de loi visant à affirmer le caractère de service public national de l'exploitation des aérodromes de Paris.*

CC, décision n° 2018-734 QPC, 27 septembre 2018, *Comité d'entreprise de l'établissement public d'aménagement de la Défense Seine Arche.*

CC, décision n° 2017-640 QPC, 23 juin 2017, *M. Gabriel A.*

CC, décision n° 2016-741 DC, 8 décembre 2016.

CC, décision n° 2016-565 QPC, 16 septembre 2016, *Assemblée des départements de France.*

CC, Décision n° 2016-135 ORGA, 8 septembre 2016, *Détermination par tirage au sort de l'ordre de la liste des candidats à l'élection du Président de la République et modalités de publication du nom et de la qualité des citoyens qui présentent des candidats à l'élection du Président de la République*, modifiée par la décision n° 2017-137 ORGA, 23 février 2017.

CC, décision n° 2015-521/528 QPC, 19 février 2016, *Commune d'Éguilles.*

CC, décision n° 2015-717 DC, 6 août 2015, *Loi portant nouvelle organisation territoriale de la République.*

CC, décision n° 2015-711 DC, 5 mars 2015, *Loi autorisant l'accord local de répartition des sièges de conseiller communautaire.*

CC, décision n° 2014-709 DC, 15 janvier 2015, *Loi relative à la délimitation des régions, aux élections régionales et départementales et modifiant le calendrier électoral.*

CC, décision n° 2014-405 QPC, 20 juin 2014, *Commune de Salbris.*

CC, décision n° 2014-689 DC, 13 février 2014, *Loi organique interdisant le cumul de fonctions exécutives locales avec le mandat de député ou de sénateur.*

CC, décision n° 2013-675 DC, 9 octobre 2013, *Loi organique relative à la transparence de la vie publique.*

CC, décision n° 2013-313 QPC, 22 mai 2013, *Chambre de commerce et d'industrie de région des îles de Guadeloupe et autres.*

CC, décision n° 2013-667 DC, 16 mai 2013, *Loi relative à l'élection des conseillers départementaux, des conseillers municipaux et des conseillers communautaires, et modifiant le calendrier électoral.*

CC, décision n° 2011-210 QPC, 13 janvier 2012, *Monsieur Ahmed S.*

CC, décision n° 2011-637 DC, 28 juillet 2011, *Loi organique relative au fonctionnement des institutions de la Polynésie française.*

CC, décision n° 2011-634 DC, 21 juillet 2011, *Loi fixant le nombre des conseillers territoriaux de chaque département et de chaque région.*

CC, décision n° 2011-146 QPC, 8 juillet 2011, *Département des Landes.*

CC, décision n° 2010-618 DC, 9 décembre 2010, *loi de réforme des collectivités territoriales.*

CC, décision n° 2010-602 DC, 18 février 2010, *Loi ratifiant l'ordonnance n° 2009-935 du 29 juillet 2009 portant répartition des sièges et délimitation des circonscriptions pour l'élection des députés.*

CC, décision n° 2009-595 DC, 3 décembre 2009, *Loi organique relative à l'application de l'article 61-1 de la Constitution.*

CC, décision n° 2008-573 DC, 8 janvier 2009, *Loi relative à la commission prévue à l'article 25 de la Constitution et à l'élection des députés.*

CC, décision n° 2007-547 DC, 15 février 2007, *Loi organique portant dispositions statutaires et institutionnelles relatives à l'Outre-mer.*

CC, décision n° 2005-529 DC, 15 décembre 2005, *Loi organique modifiant les dates des renouvellements du Sénat.*

CC, décision n° 2004-490 DC, 12 février 2004, *Loi organique portant statut d'autonomie de la Polynésie française.*

CC, décision n° 2003-476 DC, 24 juillet 2003, *Loi organique portant réforme de la durée du mandat et de l'âge d'éligibilité des sénateurs ainsi que de la composition du Sénat.*

CC, décision n° 2003-475 DC, 24 juillet 2003, *Loi portant réforme de l'élection des sénateurs.*

CC, décision n° 2003-468 DC, 3 avril 2003, *Loi relative à l'élection des conseillers régionaux et des représentants au Parlement européen ainsi qu'à l'aide publique aux partis politiques.*

CC, décision n° 2001-454 DC, 17 janvier 2002, *Loi relative à la Corse.*

CC, décision n° 2000-431 DC, 6 juillet 2000, *Loi relative à l'élection des sénateurs.*

CC, décision n° 2000-429 DC, 30 mai 2000, *Loi tendant à favoriser l'égal accès des femmes et des hommes aux mandats électoraux et fonctions électives.*

CC, Décision n° 99-410 DC, 15 mars 1999, *Loi organique relative à la Nouvelle-Calédonie.*

CC, décision n° 98-407 DC, 14 janvier 1999, *Loi relative au mode d'élection des conseillers régionaux et des conseillers à l'Assemblée de Corse et au fonctionnement des Conseils régionaux.*

CC, décision n° 98-400 DC, 20 mai 1998, *Loi organique déterminant les conditions d'application de l'article 88-3 de la Constitution relatif à l'exercice par les citoyens de l'Union européenne résidant en France, autres que les ressortissants français, du droit de vote et d'éligibilité aux élections municipales, et portant transposition de la directive 94/80/CE du 19 décembre 1994*.

CC, décision n° 98-397 DC, 6 mars 1998, *Loi relative au fonctionnement des Conseils régionaux*.

CC, décision n° 96-373 DC, 9 avril 1996, *Loi organique portant statut d'autonomie de la Polynésie française*.

CC, décision n° 94-358 DC, 26 janvier 1995, *Loi d'orientation pour l'aménagement et le développement du territoire*.

CC, décision n° 93-329 DC, 13 janvier 1994, *Loi relative aux conditions de l'aide aux investissements des établissements d'enseignement privés par les collectivités territoriales*.

CC, décision n° 92-316 DC, 20 janvier 1993, *Loi relative à la prévention de la corruption et à la transparence de la vie économique et des procédures publiques*.

CC, décision n° 92-313 DC, 23 septembre 1992, *Loi autorisant la ratification du traité sur l'Union européenne*.

CC, décision n° 92-312 DC, 2 septembre 1992, *Traité sur l'Union européenne*.

CC, décision n° 92-308 DC, 9 avril 1992, *Traité sur l'Union européenne*.

CC, décision n° 91-290 DC, 9 mai 1991, *Loi portant statut de la collectivité territoriale de Corse*.

CC, décision n° 91-291 DC, 6 mai 1991, *Loi instituant une dotation de solidarité urbaine et un fonds de solidarité des communes de la région d'Ile-de-France, réformant la dotation globale de fonctionnement des communes et des départements et modifiant le code des communes*.

CC, décision n° 87-227 DC, 7 juillet 1987, *Loi modifiant l'organisation administrative et le régime électoral de la ville de Marseille*.

CC, décision n° 86-208 DC, 2 juillet 1986, *Loi relative à l'élection des députés et autorisant le Gouvernement à délimiter par ordonnance les circonscriptions électorales.*

CC, décision n° 85-197 DC, 23 août 1985, *Loi sur l'évolution de la Nouvelle-Calédonie.*

CC, décision n° 85-196 DC, 8 août 1985, *Loi sur l'évolution de la Nouvelle-Calédonie*

CC, décision n° 84-185 DC, 18 janvier 1985, *Loi modifiant et complétant la loi n° 83-663 du 22 juillet 1983 et portant dispositions diverses relatives aux rapports entre l'Etat et les collectivités territoriales.*

CC, décision n° 84-174 DC, 25 juillet 1984, *Loi relative aux compétences des régions de Guadeloupe, de Guyane, de Martinique et de la Réunion.*

CC, décision n° 82-146 DC, 18 novembre 1982, *Loi modifiant le code électoral et le code des communes et relative à l'élection des conseillers municipaux et aux conditions d'inscription des Français établis hors de France sur les listes électorales.*

CC, décision n° 82-137 DC, 25 février 1982, *Loi portant statut particulier de la région de Corse.*

CC, décision n° 82-138 DC, 25 février 1982, *Loi portant statut particulier de la région de Corse.*

CC, décision n° 82-137 DC, 25 février 1982, *Loi relative aux droits et libertés des communes, des départements et des régions.*

CC, décision n° 79-104 DC du 23 mai 1979, *Loi modifiant les modes d'élection de l'Assemblée territoriale et du Conseil de gouvernement du territoire de la Nouvelle-Calédonie et dépendances et définissant les règles générales de l'aide technique et financière contractuelle de l'État.*

CC, décision n° 76-71 DC, 30 décembre 1976, *Décision du Conseil des communautés européennes relative à l'élection de l'Assemblée des Communautés au suffrage universel direct.*

CC, décision n° 62-20 DC, 6 novembre. 1962, *Loi relative à l'élection du Président de la République au suffrage universel direct, adoptée par le référendum du 28 octobre 1962.*

II. DÉCISIONS DE LA COUR DE JUSTICE DE L'UNION EUROPÉENNE

CJUE, affaires jointes C-383/21 et C-384/21, 22 décembre 2022, *Commune de Farciennes c/ Société wallonne du logement.*

CJUE, affaire C-159/11, 19 décembre 2012, *Azienda Sanitaria Locale di Lecce, Università del Salento c/ Ordine degli Ingegneri della Provincia di Lecce e.a.*

CJUE, affaires jointes C-182/11, 29 novembre 2012, *Econord Spa c/ Comune di Cagno* et C-183/11, *Comune di Varese.*

CJUE, affaire C-480/06, Recueil p. I-4747, 9 juin 2009, *Commission c/ Allemagne.*

CJCE, affaire C-340/04, 11 mai 2006, *Carbotermo SpA.*

CJCE, affaire C-26/03, Recueil p. I-1, 11 janvier 2005, *Stadt Halle et RPL Lochau.*

CJCE, affaire C-107/98, Recueil p. I-08121, 18 novembre 1999, *Teckal c/ Comune di Viano.*

III. DÉCISIONS DU TRIBUNAL DES CONFLITS

TC, décision n° 4070 du 14 novembre 2016, *Office public de l'habitat Moselis.*

TC, décision du 5 mai 1877, *Laumonnier-Carriol.*

TC, décision du 30 juillet 1873, *Pelletier.*

TC, décision du 8 février 1873, *Blanco.*

IV. ARRÊTS DU CONSEIL D'ÉTAT

CE, n° 472123, 14 octobre 2024, *Institut Montaigne*.

CE, n° 457980, 3e et 8e chambres réunies, 14 octobre 2022, *Association « Réunissons Polangis »*.

CE, 6e et 5e chambres réunies, n° 445459, 22 septembre 2022, *Assemblée permanente des chambres d'agriculture*.

CE, n° 421952, 10e et 9e chambres réunies, 30 janvier 2020, *Commune de Païta*.

CE, n° 434071, 3e et 8e chambres réunies, 19 décembre 2019, *Maire de la commune d'Hesdin*.

CE, n° 432590, 7e et 2e chambres réunies, 18 décembre 2019, *Port autonome de la Nouvelle-Calédonie, Société d'économie mixte la baie de la Moselle*.

CE, n° 404906, 4e et 5e chambres réunies, 19 janvier 2018, Association des maires de France et des présidents d'intercommunalité.

CE, n° 410338, 1re et 6e chambres réunies, 15 novembre 2017, *Monsieur H... G...*

CE, n° 410193 1re et 6e chambres réunies, 18 octobre 2017, *Élection des conseillers communautaires de Villeneuve-en-Perseigne*.

CE, n° 401144, 9e et 10e chambres réunies, 26 avril 2017, *Élections au conseil de la communauté de communes du Sud*.

CE, n° 404891, 3e et 8e chambres réunies, 17 mars 2017, *Communauté de communes du Cordais et du Causse*, mentionné au recueil Lebon.

CE, n° 399323, 10e et 9e chambres réunies, 13 janvier 2017, *Madame G... J...*

CE, n° 396912 (QPC), 3e et 8e chambres réunies, 15 avril 2016, *Communauté d'agglomération du Grand Besançon*.

CE, n° 394218, 3e chambre, 18 décembre 2015, *Commune de Pertuis*.

CE, n° 394717, 3e chambre, 18 décembre 2015, *Commune d'Éguilles*.

CE, n° 394016, 3e et 8e chambres réunies, 27 novembre 2015, *Commune d'Aix-en-Provence.*

CE, n° 372359, 6e et 1re chambres réunies, 11 février 2015, *Ministre de la justice*, mentionné au recueil Lebon.

CE, n° 380920, 1re chambre, 21 novembre 2014, *Monsieur J... et autres.*

CE, n° 381055, 8e chambre, 19 novembre 2014, *Département de la Lozère.*

CE, n° 382640, 8e chambre, 19 novembre 2014, *Monsieur B...*

CE, n° 382651, 4e chambre, 13 novembre 2014, *Département d'Eure-et-Loir.*

CE, n° 380715, 4e chambre, 13 novembre 2014, *Union des démocrates de Dordogne.*

CE, n° 380543, 4e chambre, 13 novembre 2014, *Département des Ardennes.*

CE, n° 381050, 4e chambre, 13 novembre 2014, *Département de Haute-Savoie.*

CE, n°378573, 1re chambre, 24 octobre 2014, *Commune de Vert-le-Grand.*

CE, n° 381134, n° 380511, n° 382745 et n° 379529, 2e chambre, 6 octobre 2014.

CE, n° 380554 (QPC), 7e chambre, 4 juillet 2014, *Ardèche Avenir.*

CE, n° 375278 (QPC), 3e et 8e chambres réunies, 11 avril 2014, *Commune de Salbris.*

CE, n° 363678, 3e chambre, 13 novembre 2013, *Communauté de communes de la Plaine de France.*

CE, n° 353342, 7 novembre 2013, *Monsieur A...*

CE, n° 365079, 7e et 2e chambres réunies, 6 novembre 2013, *Association pour la défense du cadre de vie de Marsannay-la-Côte.*

CE, n° 350744, 6e chambre, 11 avril 2012, *Monsieur I....*

CE, n° 334898, 3e et 8e chambres réunies, 7 mars 2012, *Commune de Trélans.*

CE, n° 343327, 1re et 6e chambres réunies, 9 décembre 2011, *Communauté urbaine Nice Côte d'azur.*

CE, n° 330137, 4e et 5e chambres réunies, 3 octobre 2011, *Lille Métropole - Communauté urbaine de Lille.*

CE, n° 340973, 9e et 10e chambres réunies, 23 mai 2011, *Région Nord-Pas-de-Calais.*

CE, n° 320577, 3e et 8e chambres réunies, 16 mai 2011, *Syndicat départemental d'énergies de l'Indre.*

CE, n° 337265, 4e et 5e chambres réunies, 16 mars 2011, *Monsieur A....*

CE, n° 339077, 9e et 10e chambres réunies, 17 décembre 2010, *Préfet des Landes.*

CE, n° 338499, 1re et 6e chambres réunies, 23 juillet 2010, *Commune de Savigny-sur-Orge.*

CE, n° 327422, 1re et 6e chambres réunies, 10 février 2010, *Beyney et alliés.*

CE, n° 329068, 9e et 10e chambres réunies, 30 décembre 2009, *Élections européennes outre-mer.*

CE, n° 320465, 2e et 7e chambres réunies, 18 novembre 2009, *Communauté d'agglomération Perpignan Méditerranée.*

CE, n° 295599, 9e et 10e chambres réunies, 16 octobre 2009, *Association syndicale autorisée du Canal de GAP.*

CE, n° 312782, 2e et 7e chambres réunies, 22 juillet 2009, *Région des Pays de la Loire.*

CE, n° 319243, 3e et 8e chambres réunies, 11 mars 2009, *Communauté d'agglomération du Drouais.*

CE, n° 317664, 4e et 5e chambres réunies, 19 février 2008, *Commune de Saint-Martin Valmeroux.*

CE, n° 294746, 2e et 7e chambres réunies, 17 décembre 2008.

CE, n° 271990, 3e et 8e chambres réunies, 28 novembre 2007, *Monsieur G... et autres.*

CE, n° 283000, 5e et 4e chambres réunies, 25 juillet 2007, *Société France Télécom.*

CE, n° 293882, 5e et 4e chambres réunies, 25 juillet 2007, *Ministre d'État, ministre de l'Intérieur et de l'Aménagement du territoire.*

CE, n° 297711, 2e et 7e chambres réunies, 9 juillet 2007.

CE, n° 292946, 3e et 8e chambres réunies, 27 juin 2007, *Commune de Calais.*

CE, n° 293161, 1re chambre, 30 avril 2007, *Commune de Woippy.*

CE, n° 298103, 10e et 9e chambres réunies, 30 mars 2017, *Commune de Cilaos.*

CE, n° 290687, 3e et 8e chambres réunies, 9 mars 2007, *Commune de Noisy-le-Sec.*

CE, n° 292084, 8e et 3e chambres réunies, 19 janvier 2007, *Conseil régional de Franche-Comté.*

CE, n° 286316, 7e et 2e chambres réunies, 9 août 2006, *Association des avocats conseils d'entreprises.*

CE, n° 292029 (Référé), 11 avril 2006, *Assemblée de Polynésie française.*

CE, n° 290417, Juge des référés, 1er mars 2006, *Commune de Salies-Du-Salat.*

CE, n° 287656, 3e et 8e chambres réunies, 1er février 2006, *Préfet du Puy-de-Dôme.*

CE, n° 279422, 3e et 8e chambres réunies, 5 octobre 2005, *Commune de Saint-Martin-de-Nigelles.*

CE, n° 274315, 8e et 3e chambres réunies, 27 juillet 2005, *Commune d'Herry*.

CE, n° 262078, Section du contentieux, 1er avril 2005, *Commune de Villepinte*.

CE, n° 255418, 3e et 8e chambres réunies, 18 mars 2005, *Syndicat départemental d'électrification d'Ille-et-Vilaine*.

CE, n° 269727, 3e et 8e chambres réunies, 10 novembre 2004, *Ministre de l'intérieur, de la sécurité intérieure et des libertés locales*.

CE, n° 247645, 6e et 1re chambres réunies, 5 avril 2004, *Commune de Luzarches*.

CE, n° 236442, Assemblée, 12 décembre 2003, *Département des Landes*.

CE, n° 258377, 4e et 6e chambres réunies, 5 novembre 2003, *SCI Campastier*.

CE, n° 233289, 7e et 5e chambres réunies, 28 avril 2003, *SELRL Acaccia*.

CE, n° 238039, Assemblée, 5 mars 2003, *Ordre des avocats à la Cour d'appel de Paris*.

CE, n° 226630, 3e et 8e chambres réunies, 29 juillet 2002, *Association des consommateurs de la Fontaulière*.

CE, n° 229247, Section du contentieux, 18 janvier 2001, *Commune de Venelles*.

CE, n° 76872, 3e chambre, 29 décembre 2000, *Département de la Moselle*.

CE, n° 187961, 7e et 5e chambres réunies, 29 novembre 2000, *Commune des Ulis*.

CE, n° 205842, 3e et 8e chambres réunies, 7 juillet 2000, *Préfets de l'Indre et du Cher*.

CE, n° 195713, Section du contentieux, 9 décembre 1998.

CE, n° 195711, 3e et 5e chambres réunies, 30 novembre 1998.

CE, n° 195660 et n° 195661, 1re et 4e chambres réunies, 25 novembre 1998.

CE, n° 179091, 3e et 5e chambres réunies, 1er juillet 1998.

CE, n° 160663, 9e et 8e chambres réunies, 3 juin 1998, *Commune d'Antilly.*

CE, n° 174071, 3e et 5e chambres réunies, 16 janvier 1998, *Commune de la Courneuve.*

CE, n° 176644, 3e et 5e chambres réunies, 4 juillet 1997, *Collectivité territoriale de Corse.*

CE, n° 174907, 9e et 8e chambres réunies, 18 décembre 1996.

CE, n° 156950, 8e chambre, 4 mars 1996, *Commune de Meudon.*

CE, n° 127881, 3e chambre, 26 mai 1993, *Commune des Ulis.*

CE, n° 127020, 3e et 5e chambres réunies, 2 avril 1993, *Commune de Longjumeau.*

CE, n° 113116, 1re et 4e chambres réunies, 11 juillet 1990, *Élections municipales d'Entremont.*

CE, n° 77036, 3e et 5e chambres réunies, 27 octobre 1989.

CE, n° 59892, 10e et 8e chambres réunies, 24 juillet 1987.

CE, n° 00119, Section du contentieux, 6 mars 1981, *Association de défense des habitants du quartier de Chèvre-morte et autres*, mentionné au recueil Lebon.

CE, n° 64308, Section du contentieux, 2 novembre 1966, *Dessendier.*

CE, arrêt n° 90.508, 28 juin 1950, *Commune de Choignes et Société immobilière de la Croix*, Recueil 393.

CE, n° 71856, Section du contentieux, 10 novembre 1944, *Sieur Langneur.*

INDEX

(Les chiffres renvoient aux numéros de pages auxquels les sujets figurent)

TABLE DES MATIÈRES

APPENDICE

DÉCENTRALISATION : REGARDS CROISÉS SUR LA RÉFORME DES COLLECTIVITÉS TERRITORIALES PAR FUSION DES RÉGIONS EN FRANCE ET PAR SUBDIVISION DES PROVINCES AU CONGO

1. La décentralisation, et le découpage des collectivités territoriales qui s'en suit, est au cœur des problématiques juridiques, politiques, administratives, économiques et sociales auxquelles sont confrontés les États unitaires de manière générale. À ce titre, la République française et la République démocratique du Congo (RDC) ont été confrontées au défi commun de réformer la configuration géographique et administrative de leurs entités régionales ou provinciales, au regard des enjeux internes et externes de ces deux États. Dans les deux plus grands pays francophones du monde – en termes de nombre de locuteurs[878] –, ces réformes territoriales mettent en évidence des considérations politiques et juridiques, mais aussi des enjeux stratégiques internationaux et de leurs régions géographiques respectives.

2. Les systèmes juridiques de la France et de la RDC ne sont pas liés par l'histoire, notamment la colonisation[879], mais on peut observer quelques points de convergence traduisant en particulier une similitude de la décentralisation dans les deux pays. En effet, en RDC comme en France, la décentralisation telle que constituée dans sa forme contemporaine a été initiée de manière quasi-simultanée, en 1982, par deux textes législatifs. Il s'agit, d'un côté, de l'ordonnance-loi n° 82-

[878] Le dernier classement de l'Organisation internationale de la Francophonie (OIF), publié en janvier 2023 sur le site Internet statista.com, révèle que sur trente-six pays ayant le français comme langue courante ou officielle, la France (66,4 millions de locuteurs, soit 97 % de la population) et la RDC (48,9 millions de locuteurs, soit 51 % de la population) sont les pays qui dénombrent le plus de francophones dans le monde[mis en ligne sur le site https://fr.statista.com/statistiques/1345913/nombre-francophones-par-pays-monde/] [consulté le 5 mars 2023]. Pour plus de détails, voir Nivine KHALED (dir.), *La langue française dans le monde 2022*, Éditions Gallimard, 2022.

[879] La RDC, autrefois Congo belge, a été une colonie de la Belgique entre le 15 novembre 1908 et le 30 juin 1960, après avoir été pendant vingt-trois ans une possession personnelle du roi des Belges Léopold II.

006 du 25 février 1982 portant organisation territoriale, politique et administrative de la République du Zaïre ; et de l'autre, la loi n° 82-213 du 2 mars 1982 relative aux droits et libertés des communes, des départements et des régions de France. Et plus récemment, la France métropolitaine est passée, le 1er janvier 2016, de vingt-deux à treize régions[880] par une réforme législative[881] ; quelques mois plus tôt, en juillet 2015, la RDC était passée, quant à elle, de onze à vingt-six provinces en application des articles 2, 3 et 226 de la Constitution du 18 février 2006. Quoique la démarche suivie en RDC soit à l'opposé de celle de la France, les éléments de vigilance pris en compte pour la réalisation de l'acte III de la décentralisation chez cette dernière sont assez pertinents pour être appliqués au contexte de la décentralisation congolaise, voire ailleurs.

3. En général, les collectivités territoriales – appelées aussi collectivités infra-étatiques – correspondent aux personnes morales de droit public exerçant, au sein d'un État unitaire, des compétences sur un territoire délimité à destination de personnes constituant un groupement humain déterminé[882]. Les régions ou provinces – selon le pays en l'occurrence – en constituent l'échelon local le plus élevé, soit juste après la « collectivité étatique ». Elles constituent en pratique un cadre d'exercice du pouvoir et d'influence politique. Aussi, de façon différenciée, leur mise en place n'a pas été pas aisée, tant en France qu'en RDC, car la détermination du territoire par le droit n'est pas seulement une question de technique juridique, mais c'est aussi une réalité éminemment politique. Par son aptitude à découper et agencer des territoires, le droit se manifeste dans ses relations avec la science politique. D'où l'intérêt d'une approche au sens de construction juridique, dès lors que le choix des instruments d'une réforme territoriale est nécessairement dicté par des considérations liées à sa

---

[880] La Corse est à proprement parler une collectivité à statut particulier ayant notamment des compétences régionales. L'article 84 de la loi n° 91-428 du 13 mai 1991 portant statut de la collectivité territoriale de Corse, JORF n° 111, 14 mai 1991, prévoit en substance que la collectivité de Corse est assimilée à une région – au sens de la définition légale du terme – et son conseil exécutif assimilé à un conseil régional.
[881] L'article 72 de la Constitution de la Ve République française ne détermine pas le nombre de collectivités territoriales de droit commun.
[882] V. les développements de Romélien COLAVITTI, *Le statut des collectivités infra-étatiques européennes : entre organe et sujet*, Bruylant, coll. « Thèses », 2015.

faisabilité politique (repères historiques, contexte global, éléments explicatifs approfondis, enjeux et perspectives à court et moyen terme).

4. Du côté français, en dépit de la création de vingt et un préfets de région par les décrets du 14 mars 1964, le rejet du projet de réforme de la région – et surtout du régionalisme – par référendum, en 1969, a été notamment à l'origine de la démission du président de la République, Charles DE GAULLE. L'épilogue du feuilleton de désamour des Français envers la région s'est traduit par la « difficile naissance »[883] et l'institutionnalisation « dans la douleur »[884] de cette collectivité territoriale. La première phase a débuté par la promulgation, le 2 mars 1982, de la loi relative aux droits et libertés des communes, des départements et… des régions. La seconde est intervenue en 2003 lorsque les régions ont acquis le statut constitutionnel de collectivités territoriales[885], à l'instar des communes et des départements. Leur nombre et leur taille, tels que maintenus jusqu'au 31 décembre 2015, correspondent aux vingt et une « circonscriptions d'action régionale », une carte préexistante conçue en 1960 pour rendre efficace l'action des services de l'État notamment en matière de planification.

5. Du côté congolais cependant, il y avait six provinces à l'accession du pays à l'indépendance le 30 juin 1960. La Constitution du 1er août 1964, dite de Luluabourg, avait consacré la forme fédérale de l'État avec un nouveau découpage territorial faisant passer le nombre de provinces à vingt et une. Cette réforme, aussi éphémère que la Ire République, a été abolie sous la IIe République et a laissé la place à une subdivision du territoire national en neuf de provinces[886], longtemps maintenue jusqu'au redécoupage du Kivu en trois provinces (Nord-Kivu, Sud-Kivu et Maniema). Outre ce redécoupage opéré à titre expérimental, d'autres réformes territoriales ont été initiées, notamment en 1982 et en 1996, mais le nombre de provinces a été maintenu à onze de 1988 jusqu'à la réforme amorcée en juillet 2015.

---

883 V. Jacques BLANC et Bruno REMOND, *Les collectivités locales*, Presses de Sciences Po – Dalloz, coll. « Amphithéâtre », 1995, pp. 139-166.

884 Jean-Marie PONTIER, « Problèmes de compensation : entre les collectivités territoriales aussi », *AJDA*, n° 9, 2022, p. 533.

885 Loi constitutionnelle n° 2003-276 du 28 mars 2003 relative à l'organisation décentralisée de la République.

886 Dénommées « régions » sous le régime du Maréchal MOBUTU SESE SEKO.

6. L'intérêt des réformes territoriales menées au cours de la même période en France métropolitaine[887] et en RDC, par fusion et par subdivision de territoires, aiguise la curiosité du chercheur, étant donné l'inexistence d'étude comparative à ce sujet. Aussi stimulante que soit cette étude sur le plan intellectuel, la méthode comparative employée présente des limites, tant les différences sont évidentes et profondes entre les deux États dans l'élaboration et l'application des normes. Néanmoins, dans un contexte de sociétés « mondialisées », voire « globalisées », les règles de droit interne ont tendance à s'interpénétrer à l'aune de l'évolution des principaux courants juridiques internationaux. S'ouvrant aux influences supranationales, les modes de pensée juridique sont de plus en plus enclins, du fait d'hybridation, à une sorte de généralisation, voire d'uniformisation, par une circulation des normes. C'est le cas notamment des principes communs de l'action publique des échelons administratifs, y compris ceux des collectivités territoriales.

7. Dès lors, il y a lieu de se demander si la normativité de ces deux processus a permis un redécoupage territorial efficient au regard du droit positif : la France « est une République indivisible » dont l'organisation est décentralisée, et la RDC se revendique un État « uni et indivisible » fortement décentralisé. En réalité, les deux processus suscitent quelques interrogations qu'il convient de mettre en perspective de part et d'autre des réformes à l'étude. En premier lieu, il s'agit de s'intéresser aux enjeux internes des régions ou provinces issues du nouveau découpage. En second lieu, il s'agit de s'intéresser aux enjeux externes qui posent la question d'une nouvelle conception de la décentralisation dans les deux pays, concernant notamment les

---

[887] De manière générale, le terme « France métropolitaine » désigne le territoire de la République française qui comprend les quatre-vingt-seize départements situés sur le continent européen. Le reste du territoire national est reparti sur cinq départements et régions d'outre-mer (DROM) – Guadeloupe, Guyane, La Réunion, Martinique et, depuis avril 2011, Mayotte – et sur les collectivités d'outre-mer (COM) suivantes : Nouvelle-Calédonie, Polynésie française, Saint-Barthélemy, Saint-Martin, Saint-Pierre-et-Miquelon, Wallis et Futuna, Terres australes et antarctiques françaises, ainsi que l'île de Clipperton. Hormis le département de Mayotte, la particularité des DROM est qu'ils ont les mêmes régimes et compétences que les départements et régions situées en France métropolitaine, mais ils disposent de deux assemblées juxtaposées : le conseil départemental pour délibérer des affaires qui relèvent du département et le conseil régional pour celles qui relèvent de la région.

rapports entre collectivités territoriales tant au niveau national qu'au niveau supranational.

8. Il s'ensuit qu'en théorie, la « forme de l'État congolais a davantage à voir avec ce qui se fait en Italie ou en Espagne (deux exemples typiques d'États régionaux) »[888]. Mais en pratique, elle en est encore loin et plutôt proche du modèle subsidiaire français. Dès lors, la démarche de la fusion législative des régions opérée en France et celle de la division constitutionnelle des provinces mise en œuvre en RDC peuvent faire l'objet d'une approche conceptuelle commune, notamment au travers des cadres juridiques et contextuels des redécoupages ainsi réalisés. C'est dans cette optique que l'internalisation des mécanismes de redécoupage territorial (I) fait écho aux externalités des réformes opérées dans les deux États unitaires (II).

I. L'INTERNALISATION DES PROCESSUS DE REDÉCOUPAGE TERRITORIAL EN FRANCE ET EN RDC

9. Le processus de redécoupage territorial requiert avant tout de l'objectivité, dont des éléments de diagnostic nécessaires pour garantir le succès de la réforme envisagée (A). La démarche y afférente met ainsi en évidence un diagnostic de territoire, c'est-à-dire un état des lieux de manière transversale, ainsi qu'une problématique clairement définie, qui se traduit par des objectifs (stratégiques et opérationnels) pouvant être évalués en termes d'actions concrètes. En l'occurrence, la différence du cadre juridique interne des processus de redécoupage territorial en France et en RDC peut être observée notamment à travers le choix du mode de fonctionnement dominé par les règles de compétence, la dimension du territoire, la capacité financière, le nombre d'habitants, ainsi que la taille des organes locaux des régions ou provinces. Le caractère objectif de cette démarche est cependant confronté aux enjeux politiques et sociaux du processus engagé (B).

---

[888] V. Delphine POLLET-PANOUSSIS, « La Constitution congolaise de 2006 : petite sœur africaine de la Constitution française », *in RFDC*, n° 75, 2008, p.457. Qu'il nous soit permis de nous inscrire en faux concernant précisément l'intitulé de cet article.

A. LES ÉLÉMENTS DE DIAGNOSTIC NÉCESSAIRES AUX DEUX PROCESSUS DE REDÉCOUPAGE TERRITORIAL

10. Par définition, la décentralisation est « le transfert de certaines compétences de l'État à des collectivités territoriales relativement indépendantes du pouvoir central. Dans ce cadre, les décisions ne sont pas prises au nom de l'État par un agent de l'État, mais au nom d'une collectivité territoriale par un organe élu qui émane d'elle »[889]. Cela étant, une précision terminologique mérite d'être apportée sur le processus engagé en RDC. L'article 4 de la Constitution de 2006 prévoit le démembrement de territoire comme méthode de création de nouvelles provinces et entités territoriales, aux côtés de la méthode de regroupement. Or, en l'occurrence, il ne s'agissait pas d'une création de provinces à proprement parler mais de la mise en œuvre de la carte des provinces, telle que prévue à l'article 2 du même texte. Ainsi, en toute logique, on devrait parler de « nouvelle organisation territoriale » ou de « découpage territorial », expressions qui s'inscrivent dans le cadre de la décentralisation[890]. Cette précision traduit en fait une erreur non seulement sémantique mais aussi conceptuelle qui traverse le processus de redécoupage territorial opéré en RDC.

11. Concernant la carte administrative de la France, elle a la spécificité d'être constituée d'un très grand nombre de communes[891], d'où une particulière fragmentation du territoire national par rapport aux voisins européens, ainsi que les difficultés de cohésion des politiques publiques et de l'égalité territoriale. L'acte III de la décentralisation a révélé la volonté des pouvoirs publics de favoriser deux échelons comme cadre principal de l'action publique territoriale :

---

[889] Sébastien BISSARDON, *Guide du langage juridique : vocabulaire, pièges et difficultés*, 3e éd., LexisNexis, coll. « Objectif droit », 2009, p. 153.

[890] V. l'article 3 de la Constitution congolaise. Par ailleurs, il sied de noter qu'en RDC on parle communément de la « division » du pays en provinces et de la « subdivision » des provinces en entités territoriales.

[891] Début 2023, l'ensemble des communes françaises représentent 40 % des communes de toute l'Union européenne et 75 % de ces communes ont moins de 1 000 habitants.

il s'agit de l'échelon régional[892] et de l'échelon intercommunal[893], en particulier les métropoles. Le redécoupage des régions participe dès lors d'un grand chantier de rationalisation du territoire, faisant passer le nombre de régions métropolitaines de vingt-deux à treize[894], dont sept nouvelles régions créées par la technique de fusion. Il convient de relever que le rapport du comité pour la réforme des collectivités locales, présidé par Édouard BALLADUR, avait proposé de baisser le nombre de régions métropolitaines à quinze, afin de faire évoluer la taille des régions métropolitaines en comparaison avec les échelons similaires au sein de l'Union européenne.

12. Par ailleurs, les éléments de diagnostic utilisés ont permis, *in fine*, d'accompagner le redécoupage territorial d'une extension de compétences ainsi que d'un accroissement de ressources des régions françaises. Ces éléments correspondent aux critères établis dans un travail du Commissariat général à la stratégie et à la prospective – France Stratégie – avec la participation de l'Université Paris-Dauphine[895]. En l'occurrence, ils ont servi à l'élaboration du découpage des régions en vigueur depuis le 1er janvier 2016 et se déclinent essentiellement en quatre points :

- Services publics : accessibilité, disponibilité, efficacité, cohérence ;
- Démographie réelle : population active, densité, comparabilité nationale et internationale ;
- Économie (PIB, croissance) : productivité, compétitivité, centres de gravité interne et externe ;
- Infrastructures : viabilité, connectivité, intérêt local, national ou international.

---

892 Loi n° 2015-29 du 16 janvier 2015 relative à la délimitation des régions, aux élections régionales et départementales et modifiant le calendrier électoral, JORF n° 0014, 17 janvier 2015. Le nouveau découpage des régions s'est fait sans modification des départements qui les composent.

893 Loi n° 2014-58 du 27 janvier 2014 de modernisation de l'action publique et d'affirmation des métropoles, JORF n° 0023, 28 janvier 2014.

894 Y compris la collectivité de Corse.

895 V. Jean PISANI-FERRY (dir.), *Quelle France dans dix ans ? Les chantiers de la décennie*, rapport au président de la République, France Stratégie, 2014.

13. En RDC, la réforme menée a manqué l'étape fondamentale du diagnostic territorial qui conditionne le succès de toute réforme pour un pays aussi inégalement structuré. C'est en ce sens que, selon l'ONG *Greenpeace* Afrique, les inondations meurtrières survenues début mai 2023 dans la province du Sud-Kivu ont révélé « la nécessité pour les autorités de travailler sur un plan national d'aménagement du territoire, avec un accent particulier sur les risques d'inondations dans certains endroits du pays » [896]. Sur le plan administratif, une mission interministérielle avait effectué du 14 au 30 novembre 2009 une évaluation de la décentralisation au regard des dispositions pertinentes de la Constitution la fixant comme mode de gestion de certaines entités territoriales de la République et au regard des dispositions de la loi n° 08/012 du 31 juillet 2008[897]. L'idée était d'évaluer, par une approche dialectique mettant en œuvre des séances de travail avec les acteurs locaux, notamment le fonctionnement des provinces et leurs rapports avec l'État et les entités territoriales décentralisées (ETD)[898]. En réalité, les résultats de cette mission – intervenue après l'installation des premières assemblées provinciales le 18 décembre 2006[899] – ne peuvent être mises en perspective avec le redécoupage territorial opéré en 2015, dès lorsqu'ils ont été élaborés sur la base de l'ancienne configuration des onze provinces.

---

[896] Cité par BUSHUSHU, « Après des inondations meurtrières en RDC, les recherches de disparus continuent », *Courrier international*, [mis en ligne sur le site https://www.courrierinternational.com/depeche/apres-des-inondations-meurtrieres-en-rdc-les-recherches-de-disparus-continuent.afp.com.20230508.doc.33em9kg.xml] [consulté le 10 mai 2023].

[897] Loi n° 08/012 du 31 juillet 2008 portant principes fondamentaux relatifs à la libre administration des provinces.

[898] V. par exemple les éclairages de Pamphile MABIALA MANTUBA-NGOMA, Jean-Michel KUMBU KI NGIMBI et Bob KABAMBA, *Le processus de décentralisation en République Démocratique du Congo*, Publications de la Fondation Konrad Adenauer, 2009.

[899] Les assemblées provinciales étaient constituées à l'issue des élections législatives provinciales de 2006. Il n'est pas vain de relever que le règlement intérieur de ces assemblées a été adopté suivant le modèle du règlement de l'Assemblée nationale, dont les membres ont eux aussi été élus la même année. Le problème est que les textes législatifs de référence adoptés par la Parlement sont intervenus après l'installation des bureaux définitifs des assemblées provinciales, le 14 janvier 2007. En conséquence, on a observé une instabilité de ces assemblées à cause notamment des dysfonctionnements aux plans administratifs et financiers liés à une mauvaise articulation, voire une carence complète, de la conception et la mise en œuvre de la décentralisation en RDC.

14. Il s'ensuit que, dix ans après l'entrée en vigueur du dernier découpage des provinces, la décentralisation en RDC est « chaotique » et, de surcroît, certaines nouvelles provinces issues de la réforme territoriale de 2015 sont complètement démunies, à « l'image du 'renard affamé' devant des raisins mûrs qu'il convoite, mais incapable de les cueillir »[900]. Les difficultés tiennent essentiellement de la non-application des mécanismes d'interopérabilité entre l'État et les provinces, symptôme d'un déficit de « souveraineté administrative »[901] que connaît le pays depuis plusieurs décennies. Dans ces circonstances, la décentralisation congolaise souffre d'un faible degré d'intégration en interne et d'un défaut de compétitivité et d'efficience en externe. Il convient dès lors de réinventer le cadre juridique par une réappropriation des éléments du diagnostic territorial – qui constitueront le soubassement des règles en vue d'une meilleure application – par une grille d'analyse en deux temps : un constat objectif (atouts/forces et faiblesses) et une projection opérationnelle (opportunités et menaces).

B. L'INCIDENCE DES ENJEUX POLITIQUES ET SOCIAUX INTERNES

15. L'un des principaux enjeux de la dernière réforme territoriale française – mise en œuvre dans le sillage du triptyque des lois du 27 janvier 2014 (MAPTAM), du 7 août 2015 (NOTRe) et du 16 janvier 2015 (délimitation des régions) – a été de réduire les disparités entre les territoires, en particulier les régions et les intercommunalités. Le redécoupage territorial par le mécanisme de fusion a permis notamment la réduction des écarts démographiques qui pouvaient varier entre les régions, par exemple « de 800 000 habitants dans le Limousin

---

900 Jean-Pierre LOTOY ILANGO-BANGA, *Décentralisation chaotique en République démocratique du Congo*, L'Harmattan, coll. « Géopolitique mondiale », 2018.

901 Lors d'une conférence de presse commune avec le Président congolais à Kinshasa, le 4 mars 2023, le Président français, Emmanuel MACRON, a déclaré en des termes peu diplomatiques : « Depuis 1994 […], vous n'avez pas été capables de restaurer la souveraineté ni militaire, ni sécuritaire, ni administrative de votre pays. » V. en ce sens Colette BRAECKMAN, « A Kinshasa, Macron met les pieds dans le plat », *Le Soir* [mis en ligne sur le site https://www.lesoir.be/498987/article/2023-03-05/kinshasa-macron-met-les-pieds-dans-le-plat] [consulté le 20 mars 2023].

à 12 millions en Île-de-France »[902], afin de permettre une gouvernance locale efficace pour un meilleur équilibre territorial. En parallèle, le redécoupage territorial par le mécanisme de subdivision, en RDC, a aussi permis la réduction des mêmes écarts qui pouvaient varier entre les provinces, par exemple de 1,5 millions d'habitants dans le Maniema à 8 millions dans le Katanga[903]. Cependant, il est remarqué que dans les deux pays le leadership des régions au niveau territorial est encore un défi à relever, tout comme l'accès aux services publics locaux et les relations avec les services déconcentrés font obstacle à leur transversalité. On relève aussi une dichotomie des effets politiques du principe de l'élection indirecte des organes exécutifs, associé au redécoupage territorial opéré dans les deux pays : le poids politique des présidents de région a été renforcé à l'échelle nationale en France[904], tandis que celui des gouverneurs de province a été sensiblement réduit en RDC[905].

16. Par ailleurs, dans sa version initiale, l'article 226 de la Constitution congolaise avait prévu l'entrée en vigueur des vingt-six provinces « endéans trente-six mois qui suivront l'installation effective des institutions politiques prévues par la [...] Constitution ». Cette disposition a été modifiée par une loi constitutionnelle adoptée au début de l'année 2011 par le Parlement réuni en Congrès[906]. De ce fait, la

---

[902] François HOLLANDE, *Les leçons du pouvoir*, Stock, 2018, p. 241.

[903] Jean-Claude BRUNEAU, *Les nouvelles provinces de la République Démocratique du Congo : construction territoriale et ethnicités*, L'Espace Politique, 2009, [mis en ligne sur le site http://journals.openedition.org/espacepolitique/1296] [consulté le 25 septembre 2022].

[904] Deux présidents de région ont présenté leur candidature à l'élection présidentielle de 2022 : il s'agit de Xavier BERTRAND (Hauts-de-France) et Valérie PECRESSE (Île-de-France). Un autre, Laurent WAUQUIEZ (Auvergne-Rhône-Alpes), est devenu en 2024 président du groupe La Droite républicaine à l'Assemblée nationale.

[905] À la suite des élections de 2019, les gouverneurs des nouvelles provinces congolaises ont quasiment tous été voués aux remous politiques de leurs assemblées provinciales et ont été soumis à l'épreuve des motions de censure, de toute évidence, politiquement dictées par le pouvoir central.

[906] Loi n° 11/002 du 20 janvier 2011 portant révision de certains articles de la Constitution de la RDC du 18 février 2006. L'article 226 de la Constitution a été modifié en ces termes : « Une loi de programmation détermine les modalités d'installation de nouvelles provinces citées à l'article 2 de la présente Constitution. En attendant, la République Démocratique du Congo est composée de la Ville de Kinshasa et de dix provinces suivantes dotées de la personnalité juridique : Bandundu, Bas-Congo, Equateur, Kasaï-Occidental, Kasaï-Oriental, Katanga, Maniema, Nord-Kivu, Province Orientale et Sud-Kivu ».

compétence de fixer les modalités d'installation de nouvelles provinces citées à l'article 2 de la Constitution a été transférée au législateur.

17. Pour autant, le pouvoir politique central a procédé au redécoupage territorial selon un schéma anachronique, négligeant les considérations liées au personnel administratif, pourtant pivot de l'action publique. Le Programme des Nations unies pour le développement (PNUD) et le gouvernement congolais ont financé une formation sommaire des agents territoriaux bien après la mise en place des Commissaires spéciaux à la tête des nouvelles provinces. L'impréparation des agents et, plus généralement, l'absence d'une administration territoriale à proprement parler ont contribué au fonctionnement chaotique des nouvelles provinces. Ainsi, l'élan d'une décentralisation sur la base du régionalisme constitutionnel a été fortement remis en cause par des considérations politiques, dès l'année 2013 : absence de gouvernement national pendant plusieurs mois, prérogative accordée au président de la République de relever de leurs fonctions les gouverneurs de province pourtant élus[907], nomination par le président de la République des Commissaires spéciaux à la place de ces gouverneurs.

18. Au surplus, la réforme territoriale opérée en RDC n'a pas intégré les considérations liées à la qualité de vie des habitants, eu égard à l'efficience de la prise de décisions au niveau local. En fait, le statut hybride du gouverneur de province, en tant que coordonnateur des services déconcentrés – et de ce fait représentant (du chef) de l'Etat dans la province[908] –, mais aussi chef de l'administration provinciale, n'est pas de nature à faciliter l'appropriation de la décentralisation tant par les dirigeants que par la population. Afin de pallier cette difficulté, ce ne serait pas une idée saugrenue de créer par la loi un poste de

[907] Cette prérogative présidentielle a été créée par la loi n° 11/002 du 20 janvier 2011 portant révision de certains articles de la Constitution de la RDC du 18 février 2006. La révision ainsi opérée a notamment ajouté un dernier alinéa à l'article 198 de la Constitution, rédigé en ces termes : « Lorsqu'une crise politique grave et persistante menace d'interrompre le fonctionnement régulier des institutions provinciales, le Président de la République peut, par une ordonnance délibérée en Conseil des ministres et après concertation avec les bureaux de l'Assemblée nationale et du Sénat, relever de ses fonctions le gouverneur d'une province. Dans ce cas, la Commission électorale nationale indépendante organise l'élection du nouveau Gouverneur dans un délai de trente jours. »

[908] Au sens des articles 63 à 65 de la loi n° 08/012 du 31 juillet 2008 portant principes fondamentaux relatifs à la libre administration des provinces.

commissaire du gouvernement dans chaque province pour coordonner la mise en œuvre par les services déconcentrés des politiques publiques décidées au niveau national. Le commissaire du gouvernement sera donc le référent de chaque ministre national au sein de la province de son affectation et, soit dit en passant, ne devra pas être originaire de celle-ci. En tant que coordonnateur de l'action gouvernementale dans la province, il supervisera le fonctionnement de l'ensemble des services déconcentrés placés sous l'autorité hiérarchique des directeurs provinciaux, mais il n'exercera aucune tutelle sur les services des provinces ou des ETD.

19. En outre, l'article 3 de la Constitution congolaise dispose que les ETD sont la ville, la commune, la chefferie et le secteur ; et aux termes des articles 4 et 5 de la loi organique n° 08/016 du 7 octobre 2008 [909], l'organisation territoriale congolaise comprend aussi des entités territoriales déconcentrées (ETd) que sont le territoire, le quartier, le groupement et le village. L'article 5 de cette loi organique précise que les ETD sont dotées de la personnalité juridique et jouissent de la libre administration et de l'autonomie de gestion de leurs ressources humaines, économiques, financières et techniques, tandis que les ETd sont dépourvues de la personnalité juridique. En regroupant l'ensemble des services déconcentrés (tels que les inspections provinciales de l'enseignement, de la santé, de l'agriculture, etc.) dans une même gouvernance et sous une responsabilité commune, il sera possible de mieux identifier les domaines de compétences du pouvoir provincial et des ETD, en les distinguant de ceux du pouvoir central.

20. La décentralisation apparaîtra dès lors moins complexe au travers d'une approche pragmatique permettant de mieux identifier les autorités compétentes et d'établir les responsabilités en cas de défaillances au niveau local. Pour la RDC, cette démarche permettra *in fine* de multiplier et de rapprocher les centres de décision sur l'ensemble des territoires du pays, à l'instar du fonctionnement de l'administration de l'État français en structures préfectorales depuis 1800 [910]. Elle constituerait en même temps une réponse à la critique récurrente, et

---

[909] Loi du 28 pluviôse an VIII (17 février 1800) concernant la division du territoire français et l'administration, Recueil Duvergier, p. 88.

[910] Loi organique n° 08/016 du 7 octobre 2008 portant composition, organisation et fonctionnement des Entités Territoriales Décentralisées et leurs rapports avec l'État et les Provinces, JORDC, 10 octobre 2008

combien pertinente, de l'éloignement géographique de la capitale, Kinshasa, comme unique centre de décision. Une illustration de cette critique se trouve en effet dans les événements consécutifs à la subdivision de l'ancienne province de Bandundu en trois nouvelles provinces : Kwango, Kwilu et Maï-Ndombe. Dans cette nouvelle configuration, le plateau des Bateke a été administrativement rattaché à la province de Maï-Ndombe, à la fois comme secteur (ETD) et « territoire de la République » (ETd). L'anomalie de ce double statut juridique, combiné à l'éloignement du centre de décision, a entraîné des difficultés administratives liées à l'exploitation agricole des terres. La confusion ainsi créée a atteint son paroxysme, en 2022, à Kwamouth – chef-lieu du territoire situé à 120 kilomètres de la capitale – et a muté en conflit communautaire causant la mort de plus de 180 personnes et le déplacement de près de 20 000 autres[911].

21. Pour la France comme pour la RDC, l'un des défis majeurs de la décentralisation, et des réformes territoriales subséquentes, est la mise en œuvre d'une organisation territoriale cohérente et pérenne, dont le fonctionnement préserve l'unité du pays et renforce la cohésion nationale. Aussi, force est de constater que le projet gouvernemental relatif au développement des cent quarante-cinq territoires de la RDC présente des incohérences de même nature que le redécoupage territorial opéré au cours de la précédente décennie. Son abandon serait d'ailleurs envisagé par le président de la République, Félix TSHISEKEDI. Pourtant, une préparation sérieuse ainsi que la mobilisation de ressources et de qualifications transversales auraient permis de concilier ce projet avec les piliers de la décentralisation, à savoir : le principe électif des acteurs locaux, le système de gouvernance représentative, le respect des droits et libertés individuels et, dans une certaine mesure, l'économie de marché[912]. *In fine*, la clarification des considérations internes des redécoupages territoriaux à l'étude, relevées et exploitées dans cette partie de la recherche, doit être mise en perspective avec les enjeux externes liés notamment au contexte supranational et régional.

---

[911] Pour plus de développements sur les conflits armés en RDC, Charles ONANA, *Holocauste au Congo. L'Omerta de la communauté internationale*, L'Artilleur, 2023.
[912] V. en ce sens les « quatre axes importants » de la décentralisation en RDC, mis en évidence dans un ouvrage collectif sous la direction de Patrick DEVLIEGER et Hilaire MBIYE LUMBALA, *La décentralisation en RD Congo : enjeux juridiques, politiques, socioéconomiques et culturels*, L'Harmattan, 2016.

II. LES EXTERNALITÉS DES RÉFORMES TERRITORIALES FRANÇAISE ET CONGOLAISE DANS LE CADRE DE LA DÉCENTRALISATION

22. La problématique de la présente étude est imprégnée notamment de la situation géographique des deux États unitaires : d'une part, la France, pays d'Europe occidentale appartenant à l'Union européenne et ayant une frontière terrestre commune avec huit États[913] ; d'autre part, la RDC, pays d'Afrique centrale appartenant à l'Union africaine et ayant une frontière terrestre commune avec neuf États[914]. Dans ce contexte, les enjeux externes des deux réformes territoriales à l'étude sont essentiellement autour de la construction d'un ordre supranational de portée post-étatique, voire postnational pour la France en particulier. La logique de cette construction – aboutie pour l'Union européenne et en cours pour l'Union africaine – se veut économiquement libérale dans un marché ouvert et quasiment sans frontières intérieures. Il s'agit donc dans cette partie d'exploiter la différence du cadre juridique international des deux réformes territoriales soumises à l'étude et d'expliquer en même temps les impératifs de cohérence européens qui s'imposent à la France ainsi que les impératifs de cohérence africains qui s'imposent à la RDC.

23. Dans le même temps, il est observé qu'en France et au Congo, le nouveau découpage des régions ou provinces a redéfini l'équilibre des territoires non seulement à l'intérieur de ces collectivités territoriales mais aussi entre elles-mêmes et les collectivités équivalentes des pays voisins. C'est le cas notamment dans le domaine de la coopération décentralisée sur le plan interne et, surtout au regard de leur poids économique, sur le plan externe : certaines régions françaises apparaissaient moins compétitives à cause notamment de leur taille, tandis que certaines provinces congolaises apparaissaient trop vastes. Ainsi, entre attractions et répulsions, des considérations stratégiques dépassant le cadre strictement national entrent en jeu dans les réformes territoriales française et congolaise (A) ; cela traduit l'idée

---

913 Allemagne, Andorre, Belgique, Espagne, Italie, Luxembourg, Monaco et Suisse.

914 Angola, Burundi, Centrafrique, Congo (Brazzaville), Ouganda, Rwanda, Sud-Soudan, Tanzanie et Zambie.

qu'au-delà du droit, la décentralisation ne peut être efficace sans la prise en compte des considérations géopolitiques et géoéconomiques (B).

A. LES ENJEUX STRATÉGIQUES SUPRANATIONAUX DES RÉFORMES TERRITORIALES FRANÇAISE ET CONGOLAISE

24. La décentralisation implique par essence des conséquences juridiques (pouvoir de décision et responsabilité des dirigeants locaux), administratives (autonomie de gestion économique et financière des entités locales) et politiques (élection des organes dirigeants). En ce sens, les pays qui ont compris les effets de la mondialisation savent qu'ils convient de constituer, en interne, des grands pôles territoriaux, scientifiques, économiques et financiers pour être en mesure de faire face aux enjeux de la planète. Du côté français, l'ancien président de la République, François HOLLANDE, a admis que la réforme territoriale menée sous son mandat avait notamment pour objectif de « réduire le nombre de régions pour donner à chacune une dimension européenne »[915], et d'en faire *in fine* les locomotives de l'échelon territorial.

25. En revanche, dans une stratégie de contrôle du pouvoir politique, des Commissaires spéciaux chargés de diriger vingt et une nouvelles provinces[916] avaient été nommés en RDC, le 29 octobre 2015. Chaque Commissaire spécial était secondé de deux adjoints pour des questions politiques et économiques. Alors que le pays a un positionnement stratégique sur le plan écologique, la faiblesse de cette démarche est d'avoir donné à ces acteurs une mission essentiellement

---

[915] François HOLLANDE, *Les leçons du pouvoir*, Stock, 2018, p. 241. À titre de comparaison, l'Allemagne compte seize Länder, depuis la réunification du pays en 1990.

[916] Les vingt et une nouvelles provinces sont issues de la subdivision de six provinces préexistantes : Bandundu, Équateur, Katanga, Province orientale et Kasaï orientale. V. en ce sens deux rapports de la Cellule technique d'appui à la décentralisation (CTAD) : *La décentralisation au service de la paix, de la démocratie, du développement et de l'unité nationale. État des lieux des institutions politiques et des administrations de nouvelles provinces 2 ans après leurs installations*, 2017, 38 p. ; *Rapport général des travaux des assises du 2e forum national de la décentralisation en RDC et proposition d'une feuille de route pour la mise en œuvre des recommandations formulées (11-14 décembre 2019)*, 2020, 193 p.

politique. En conséquence, confrontés à la quasi-inexistence de tissu économique et d'autorité publique, les Commissaires spéciaux et leurs adjoints ont cherché avant tout à se donner un avenir politique au lieu de doter les nouvelles provinces d'une administration, des services et des infrastructures minimales.

26. Si le développement des régions n'est pas conditionné par leur dimension géographique, les nouvelles régions françaises se sont quand même révélées plus compétitives que les anciennes en particulier face à d'autres régions européennes. Cependant, limitées par la forme unitaire de l'État, la véritable différence entre les régions françaises et leurs voisines européennes tient essentiellement aux modèles les plus importants : le fédéralisme (Allemagne, Belgique et Suisse) et le régionalisme (Espagne et Italie) des États. Les autres régions européennes disposent « d'une forte légitimité politique face à l'État central et aux collectivités locales, de capacités financières importantes, d'une grande autonomie d'action et même d'un pouvoir réglementaire, voire législatif, que les régions françaises sont très loin d'avoir »[917]. Concernant l'exercice d'un pouvoir réglementaire ou législatif infranational, il est important de relever que sur ce point la comparaison est en défaveur des régions françaises qui accusent un déficit par rapport aux provinces congolaises : les assemblées provinciales congolaises ont la compétence de légiférer au niveau territorial par voie d'édit[918].

27. Les régions françaises disposent toutefois d'un pouvoir réglementaire restreint, en particulier depuis la limitation de la clause de compétence générale aux communes[919] par la loi n° 2015-991 du 7 août 2015 portant nouvelle organisation territoriale de la République (NOTRe). Cette limitation intervenue après la réforme des régions françaises peut être palliée par « un très fort accroissement de leurs moyens financiers et de leurs compétences et une affirmation [plus poussée] de leur rôle vis-à-vis des autres collectivités territoriales »[920],

---

[917] Philippe SUBRA, *Quel bilan tirer de la nouvelle carte régionale*, Vie publique, mis en ligne le 14 avril 2021, consulté le 25 septembre 2022 [mis en ligne sur le site https://www.vie-publique.fr/parole-dexpert/279435-quel-bilan-tirer-de-la-nouvelle-carte-regionale-par-philippe-subra] [consulté le 26 septembre 2022].

[918] Article 197, aliéna 2, de la Constitution de la RDC.

[919] Le Conseil constitutionnel a validé cette limitation dans sa décision n° 2016-565 QPC, 16 septembre 2016, *Assemblée des départements de France*, considérants 5 et 6.

[920] Philippe SUBRA, *op. cit.*

notamment par un usage efficient du mécanisme de la collectivité chef de file. En outre, les carences des régions dans ce domaine ne sont pratiquement pas perceptibles car elles sont compensées à un double point de vue : sur le plan interne, les compétences des autres collectivités territoriales – départements, communes et intercommunalités –, ainsi que le pouvoir réglementaire y afférent ; et sur le plan externe, le pouvoir consultatif mais aussi le lobbying de leurs représentants au Comité des régions de l'Union européenne et au Congrès des pouvoirs locaux et régionaux du Conseil de l'Europe. Mais il ne faut pas perdre de vue le contexte général de réduction des dépenses publiques en France, tant sur le plan national que local, entrainant la baisse du poids financier des régions, alors que leurs dépenses ont été renforcées par l'accroissement de leurs compétences depuis la dernière réforme territoriale[921].

28. En parallèle, la réforme des provinces congolaises a été compromise non seulement par l'assujettissement politique des élus locaux au pouvoir central, le manque de moyens financiers découlant du mauvais fonctionnement de la retenue à la source de 40 % de la part des recettes à caractère national allouées aux provinces (article 175, alinéa 2 de la Constitution), mais aussi l'absence d'autonomie d'action et d'initiative réglementaire des autorités provinciales. Il faut ajouter le contexte d'insécurité lié aux conflits armés particulièrement accrus depuis la prise de la ville de Goma, chef-lieu du Nord-Kivu, le 28 janvier 2025 et de la ville de Bukavu, chef-lieu du Sud-Kivu, le 14 février 2025 par le mouvement rebelle Alliance Fleuve Congo – M23 et les forcées armées du Rwanda[922]. En outre, inertes devant les défis démographique et écologique auxquels elles sont confrontées, les provinces congolaises ne sont pas capables d'assumer une véritable politique en matière d'action sociale, ni de gestion des ressources naturelles, alors que le pays compte une centaine de millions d'habitants et regorge la plus grande réserve de tourbières au monde sur près de 145 500 kilomètres carrés. Il apparaît dès lors nécessaire de réfléchir à

---

[921] V. Aurèlie AVELINE, Chrystelle AUDOIT, Laurent ROTURIER et Mounia IDRISSI, *L'acte III de la décentralisation, une nouvelle donne pour les territoires*, Territorial éditions, 2017. À vouloir répondre à tous les enjeux territoriaux à la fois, tout en s'exonérant d'une réforme constitutionnelle, la dernière réforme territoriale française est-elle passée à côté de son sujet, faute d'avoir défini une bonne stratégie ?
[922] V. Résolution 2773 (2025) du Conseil de sécurité des Nations unies. V. aussi Thierry VIRCOULON, « La Mission des Nations unies au Congo ou l'exemplaire inutilité des Casques bleus », *Notes de l'IFRI*, Ifri, février 2025, 18 p.

une réforme globale de la forme unitaire décentralisée de l'État, de mettre en place une vraie dotation générale des provinces et des ETD par la Caisse nationale de péréquation prévue à l'article 181 de la Constitution et de rectifier le mécanisme, du reste anticonstitutionnel, de rétrocession de 40 % des recettes provinciales par l'État. L'idée est d'avoir *in fine* des provinces viables, c'est-à-dire administrativement libres et économiquement autonomes afin d'exercer pleinement leurs compétences concurrentes et exclusives[923].

B. LES CONSIDÉRATIONS GÉOPOLITIQUES ET GÉOÉCONOMIQUES LIÉES AUX DEUX RÉFORMES TERRITORIALES

29. L'inefficacité de la réforme territoriale en RDC se pose avec plus d'acuité depuis l'adhésion du pays à la Zone de libre-échange africaine (ZLECAf), dont la création a officiellement coïncidé avec l'inauguration de la phase opérationnelle du marché intérieur africain le 7 juillet 2019 à Niamey (Niger). Un autre enjeu pour cet État unitaire est désormais de constituer géographiquement et administrativement un espace incontournable pour relier l'hémisphère nord et l'hémisphère sud du continent, la zone de libre-échange s'étendant de la Méditerranée au sud de l'océan Atlantique et de l'océan Indien. En effet, l'entrée en vigueur de la ZLECAf le 1er janvier 2021 porte l'ambitieux projet de l'unité de l'Afrique qui, au travers des opportunités de son marché intérieur et de ses propres capacités, doit pouvoir mettre en œuvre un schéma de développement inclusif et cohérent. Il s'ensuit « une forte dimension sociale dans le processus de mise en place de cette zone de libre-échange continentale, dans un contexte de lutte contre la pauvreté, de création de compétitivité et de dynamisme économique, d'encouragement des investissements, tout en plaçant les populations africaines au centre de ce processus et tout en opérant par une intégration par le bas »[924].

---

[923] Articles 203 et 2024 de la Constitution congolaise. V. en ce sens les priorités identifiées par Gérard GEROLD, « RD Congo : l'échec des pouvoirs provinciaux, une nouvelle étape dans la déconstruction de la troisième République », *Les Cahiers d'Afrique de l'Est / The East African Review*, n° 48, 2014, p. 86.

[924] Hajer GUELDICH, « Accord portant création de la zone de libre-échange continentale africaine » [mis en ligne sur le site

30. La ZLECAf a ainsi donné naissance au plus vaste espace de libre-échange au monde : un ensemble de cinquante-cinq États membres de l'Union africaine, plus d'un milliard d'habitants, près de 3 500 milliards de dollars de produit intérieur brut combiné, possibilité de sortir 30 millions de personnes de la pauvreté et d'augmenter les revenus du continent de 470 milliards de dollars[925]. Dès lors, on peut en déduire que la RDC, du fait de sa superficie et de sa position géostratégique, doit avoir des institutions décentralisées capables de supporter notamment le volume des échanges escomptés, à l'image des institutions équivalentes en France, et disposer des instruments administratifs y afférents. Aussi, à l'instar de la France qui a adapté l'organisation et le fonctionnement de ses régions métropolitaines à l'évolution du droit et des pratiques de l'Union européenne, la RDC devrait considérer les nombreuses mutations en cours dans la région subsaharienne en particulier dans la mise en œuvre encore inachevée du fonctionnement de ses provinces. La nouvelle organisation territoriale de la RDC a vocation à inclure notamment les impératifs de la circulation des personnes et des marchandises, soit la concurrence économique à l'œuvre entre territoires africains au regard de la ZLECAf.

31. Du côté français en revanche, la fusion et la modification des limites territoriales des régions ont été pensées au moins dans une perspective géoéconomique de manière à leur donner une taille pertinente au regard de leurs « homologues européennes ». On pourrait ainsi estimer que l'objectif du redécoupage des régions françaises a été atteint[926], au regard notamment de la proposition n° 1 du Comité pour

---

https://www.ceja.ch/images/CEJA/articles/droit_de_integration_et_de_union_africaine/Accord_portant_creation_Zone_Libre_echange_continentale_africaine.pdf] [consulté le 19 mars 2023]. Lire aussi de la même auteure, « L'Accord prévoyant la mise en place d'une zone de libre-échange continentale (ZLECAf) en Afrique du 21 mars 2018 », *Revue Vigie Afrique* (Cap Afriques), n° 1, 2018.

925 Pavithra RAO, « L'initiative de commerce guidé de la ZLECAf prend son envol et vise à faciliter et à stimuler le commerce intra-africain », *Afrique Renouveau*, 12 octobre 2022, [mis en ligne sur le site https://www.un.org/africarenewal/fr/magazine/octobre-2022/linitiative-de-commerce-guid%C3%A9-de-la-zlecaf-prend-son-envol-et-vise-%C3%A0-faciliter#:~:text=Les%20huit%20pays%20participant%20%C3%A0,repr%C3%A9sentent%20cinq%20r%C3%A9gions%20d'Afrique] [consulté le 19 mars 2023].

926 Voir la loi n° 2015-29 du 16 janvier 2015 relative à la délimitation des régions, aux élections régionales et départementales et modifiant le calendrier électoral, JORF n° 0014, 17 janvier 2015.

la réforme des collectivités locales concernant la rationalisation de la carte territoriale, qui visait en fait à en réduire le nombre à une quinzaine[927]. Mais en réalité, un rapport public de la Cour des comptes, dressant « un bilan de la performance de l'organisation territoriale qui a résulté de la mise en œuvre par étapes » du processus de la décentralisation[928], est assez critique en ce sens.

32. La réforme territoriale de 2015 a permis dans tous les cas à la France d'avoir un nombre et une taille de régions pertinents à l'échelle européenne, en dépit des velléités de son détricotage[929]. Œuvre du législateur français, elle a été réalisée en poursuivant une logique d'articulation des compétences entre l'État et les différentes collectivités territoriales, posée dès 1982 avec les lois dites Defferre. Fruits d'un long processus et d'expériences variées, les compétences des nouvelles régions ont pu être maitrisées notamment au travers de l'orientation des budgets, la priorité des politiques publiques et la restructuration de l'administration et des services publics locaux. Il est donc souhaitable que le législateur congolais emboite le pas de son homologue français, notamment par la création d'une fonction publique territoriale et par l'érection d'une entité locale intermédiaire, dans le respect de la Constitution de 2006. En effet, le redécoupage des provinces congolaises n'a pas été accompagné de mécanismes efficaces dans le cadre élargi de la décentralisation, ni d'institutions adaptées notamment aux principaux enjeux économiques et environnementaux définis au niveau supranational. Aussi convient-il de préciser que la mise en œuvre de cette réforme territoriale a été amorcée à la suite de la loi du 2 mars 2015, dans un contexte d'instabilité lié à la fin du second mandat de l'ancien président de la République, Joseph KABILA. On peut ainsi estimer que ladite réforme tenait moins à une réflexion mature qu'à la préservation d'intérêts politiques et partisans internes, exacerbée par des pressions externes.

---

[927] Edouard BALLADUR, *Il est temps de décider*, rapport au Président de la République, Présidence de la République, 2009.

[928] Cour des comptes, *La décentralisation 40 ans après*, rapport public annuel, 2023, p. 63 [mis en ligne sur le site https://www.ccomptes.fr/system/files/2023-03/20230310-RPA-2023_0.pdf] [consulté le 14 mars 2023].

[929] Victor DIWISCH, « Alsace : nouveau bras de fer entre élus sur la sortie de la région Grand Est », *La Croix*, 14 mai 2024, [mis en ligne sur le site https://www.la-croix.com/france/alsace-nouveau-bras-de-fer-entre-elus-sur-la-sortie-de-la-region-grand-est-20240514] [consulté le 12 juin 2024].

33. Au surplus, les germes des difficultés de la décentralisation en RDC peuvent être identifiés tant sur le plan juridique que sur le plan politique. En effet, d'une part, la Constitution de la IIIe République prévoit une organisation territoriale structurée autour de deux pôles principaux inégalement répartis : d'un côté, des provinces qui s'étendent sur des milliers de kilomètres carrés et, de l'autre, des villes, communes, secteurs et chefferies qui s'étendent sur des surfaces géographiques assez réduites. À l'évidence, il manque une entité intermédiaire de taille moyenne qui pourrait servir de relais des compétences pour les provinces dans les territoires urbains comme dans les territoires ruraux[930]. Si cette entité était créée ou identifiée parmi les ETD, il conviendrait de lui attribuer la responsabilité de la coordination et du suivi de l'exécution des compétences de proximité à l'échelon infra-provincial, notamment en matière de l'éducation, de la santé et de la cohésion sociale. Elle constituerait ainsi un cadre d'harmonisation et de coordination des politiques publiques en matières sociale et sanitaire pour les entités infra-provinciales, à l'instar des districts en Allemagne et aux États-Unis ou des départements en France. Il convient toutefois de préciser que dans le dernier cas la pratique – politique – tend à relativiser l'intérêt d'une telle entité intermédiaire entre les régions et les villes : on peut raisonnablement penser que les départements français risquent à nouveau d'être sur la sellette eu égard aux tentatives, jadis infructueuses, de les unir avec les régions par la fusion de leurs représentants au sein des conseillers territoriaux[931].

34. D'autre part, l'ancrage politique du fait provincial – et local – dans l'organisation institutionnelle de la RDC, comme de la France par ailleurs, attache *in fine* à la décentralisation un enjeu démocratique. Dès lors, la tendance du pouvoir central à vouloir lier l'action administrative des pouvoirs locaux à son projet politique est non seulement anachronique, mais traduit aussi une conception biaisée du cadre général de la décentralisation : la prise de décision politique et

[930] Au sens des articles 203 et 204 de la Constitution du 18 février 2006.

[931] V. la loi n° 2010-1563 du 16 décembre 2010 de réforme des collectivités territoriales, JORF n° 0292, 17 décembre 2010. Après l'abandon du projet à la suite de l'arrivée de la Gauche au pouvoir en 2012, une nouvelle proposition de loi, n° 380, enregistrée au Sénat le 1er mars 2023, tend à rétablir les conseillers territoriaux, le même élu exerçant à la fois les fonctions de conseiller régional et celles de conseiller départemental. Voir aussi Éric WOERTH, « Décentralisation : le temps de la confiance », mai 2024, p. 84 [mis en ligne sur le site https://www.vie-publique.fr/files/rapport/pdf/294470.pdf] [consulté le 13 juin 2024].

administrative au plus près du citoyen. C'est le cas de la démarche du président congolais, Félix TSHISEKEDI, qui souhaite revenir à la nomination des gouverneurs de province et modifier ainsi l'article 198, alinéa 2, de la Constitution en supprimant le principe de leur élection par les assemblées provinciales [932]. Toutes choses étant égales par ailleurs, cette tendance est aussi perceptible du côté français notamment au travers de la récente proposition du président français, Emmanuel MACRON, tendant à « supprimer un échelon territorial pour ramener plus de simplicité et de liberté sur les territoires » [933]. La finalité commune de ces initiatives présidentielles est de pouvoir influer davantage sur le régime des collectivités territoriales, soit par le pouvoir de nomination de leurs organes, soit par la limitation du nombre de leurs représentants.

35. Au demeurant, d'un côté comme de l'autre, les redécoupages opérés par la fusion des régions françaises et par la subdivision des provinces congolaises suscitent des critiques variées. Il peut être relevé notamment un manque de méthode – géographique ou historique – soutenable, des intentions contradictoires, des résultats illisibles et, en conséquence, des compétences diversement réparties et un affaiblissement des services de l'État dans les territoires. Balbutiantes, trébuchantes ou vacillantes, ces réformes territoriales traduisent l'idée que la décentralisation, et le découpage territorial qui s'ensuit, est un système en perpétuelle modulation dont les soubresauts ont finalement un impact inéluctable sur la représentation des collectivités territoriales.

---

[932] LM, « Félix Tshisekedi souhaite la nomination plutôt que l'élection des gouverneurs de province », *mediacongo.net*, 13 décembre 2023, [mis en ligne sur le site https://www.mediacongo.net/article-actualite-130703_felix_tshisekedi_souhaite_la_nomination_plutot_que_l_election_des_gouverneurs_de_province.html] [consulté le 19 septembre 2024].

[933] Benoît FLOC'H, « 'Il faudra supprimer un échelon territorial', estime Emmanuel Macron », *Le Monde*, 12 juin 2024, [mis en ligne sur le site https://www.lemonde.fr/politique/article/2024/06/12/il-faudra-supprimer-un-echelon-territorial-estime-emmanuel-macron_6239177_823448.html] [consulté le 13 juin 2024].

Structures éditoriales du groupe L'Harmattan

L'Harmattan Italie
Via degli Artisti, 15
10124 Torino
harmattan.italia@gmail.com

L'Harmattan Hongrie
Kossuth l. u. 14-16.
1053 Budapest
harmattan@harmattan.hu

L'Harmattan Sénégal
10 VDN SICAP AMITIE 3
BP 45034 Dakar-Fann
direction@senharmattan.com

L'Harmattan Cameroun
Tsinga/Derrière polyclinique FECAFOOT
BP 11486 Yaoundé
Jacques.koukam@harmattan.fr

L'Harmattan Burkina Faso
Villa 281, secteur 23 623, rue 14.32
Ouagadougou
zagbie@outlook.fr

L'Harmattan Guinée
Almamya, rue KA 028 OKB Agency
BP 3470 Conakry
harmattanguinee@yahoo.fr

L'Harmattan RDC
185, avenue Nyangwe
Commune de Lingwala – Kinshasa
matangilamusadila@yahoo.fr

L'Harmattan Congo
219, avenue Nelson Mandela
BP 2874 Brazzaville
deunovmikhael@gmail.com

L'Harmattan Mali
Immeuble Mgr Jean Marie Cissé
Aci Hamadallaye
BP 145 Bamako
syllaka@yahoo.fr

L'Harmattan Togo
Djidjole – Maison Amela
face EPP BATOME
02 BP 20680 Lomé
didieramela11@gmail.com

L'Harmattan Côte d'Ivoire
Résidence Karl – Cité des Arts
Abidjan-Cocody
03 BP 1588 Abidjan
harmattan.ivoire@gmail.com

L'Harmattan Bénin
Rue 604, (Immeuble à l'entrée
de la rue UCAO- Cite de Saint-Jean)
Cotonou
stepcorpus@gmail.com

Nos librairies en France

Librairie internationale
16, rue des Écoles
75005 Paris
librairie.internationale@harmattan.fr
01 40 46 79 11
www.librairieharmattan.com

Librairie des savoirs
21, rue des Écoles
75005 Paris
librairie.sh@harmattan.fr
01 46 34 13 71
www.librairieharmattansh.com

www.ingramcontent.com/pod-product-compliance
Lightning Source LLC
LaVergne TN
LVHW021146061026
849535LV00002B/375